Contratos Normativos

Contratos Normativos

2023

Ermiro Ferreira Neto

ALMEDINA

CONTRATOS NORMATIVOS
© ALMEDINA, 2023

AUTOR: Ermiro Ferreira Neto

DIRETOR ALMEDINA BRASIL: Rodrigo Mentz
EDITORA JURÍDICA: Manuella Santos de Castro
EDITOR DE DESENVOLVIMENTO: Aurélio Cesar Nogueira
ASSISTENTES EDITORIAIS: Larissa Nogueira e Letícia Gabriella Batista
ESTAGIÁRIA DE PRODUÇÃO: Laura Roberti

DIAGRAMAÇÃO: Almedina
DESIGN DE CAPA: Roberta Bassanetto

ISBN: 9786556279343
Agosto, 2023

Dados Internacionais de Catalogação na Publicação (CIP)
(Câmara Brasileira do Livro, SP, Brasil)

Ferreira Neto, Ermiro
Contratos normativos / Ermiro Ferreira Neto.
São Paulo : Almedina, 2023.

ISBN 978-65-5627-934-3

1. Contratos (Direito civil) – Brasil
2. Contratos (Direito comercial) – Brasil
3. Responsabilidade contratual – Brasil
I. Título.

23-162673 CDU-347.44

Índices para catálogo sistemático:

1. Direito contratual 347.44

Aline Graziele Benitez – Bibliotecária – CRB-1/3129

Coleção IDiP
Coordenador Científico: Francisco Paulo De Crescenzo Marino

Este livro segue as regras do novo Acordo Ortográfico da Língua Portuguesa (1990).

EDITORA: Almedina Brasil
Rua José Maria Lisboa, 860, Conj. 131 e 132, Jardim Paulista | 01423-001 São Paulo | Brasil
www.almedina.com.br

NOTA DO AUTOR

Contratos normativos criam normas para regular contratos futuros que venham a ser firmados entre as partes (contrato normativo interno), ou entre elas e terceiros (contrato normativo externo).

A adoção de contratos com este perfil é um reflexo do pluralismo dos modos de contratar e da necessidade de certos setores econômicos ajustarem suas próprias normas de autorregulação. À luz da legislação brasileira, a interpretação conjunta dos artigos 425, 113, § 2º e 421-A, inciso I, todos do Código Civil, cria um regime jurídico geral de admissão da validade e da eficácia dos contratos normativos.

Os seus efeitos jurídicos devem ser agrupados em torno de duas funções. Contratos normativos podem exercer função preparatória. Neste caso, o efeito jurídico que os distingue é o dever atribuído aos contratantes de cumprir, em contratos futuros, o conteúdo previamente ajustado entre si.

O inadimplemento poderá ensejar a execução específica da obrigação, inclusive pelo terceiro em favor de quem tenha sido estipulada alguma obrigação. Contratos normativos podem exercer também função regulatória. Neste caso, as partes ficam obrigadas a regular o seu comportamento em atenção às normas do contrato normativo.

Os efeitos decorrentes da função regulatória obrigam as partes e permitem a terceiros tomar estes instrumentos como parâmetro de interpretação e integração dos contratos futuros. O reconhecimento destes efeitos permite aprimorar a jurisprudência dos tribunais em conflitos envolvendo códigos de autorregulação, convenções coletivas de consumo, contrato de franquia, contratos bancários e contrato de locação em *shopping center*.

AGRADECIMENTOS

Dedicar-me à pesquisa e escrever esta tese não teria sido possível sem o apoio de dezenas de pessoas e instituições.

A compreensão e o cuidado de minha esposa amada, Camila, foram fundamentais durante este período, mesmo após viver um ano entre Salvador e São Paulo, e de enfrentarmos juntos os meses das medidas mais duras de combate à pandemia. Sem o seu olhar, sua motivação e a sua parceria, definitivamente, eu não chegaria até aqui. Como frutos deste amor, em mais de uma oportunidade fui obrigado a explicar a João e a Felipe a razão de tantos livros, viagens e horas no computador. Mesmo me sentindo em dívida com eles, nunca deixei de ser coberto de carinho. Bim, Jão, Pipo: muito obrigado, nada do que eu diga, ao longo de toda a minha vida, poderá traduzir o quanto eu amo vocês.

Esta rede de apoio familiar se estende aos meus pais, meus irmãos e meus sogros – assistentes involuntários deste projeto, cuja torcida e ajuda foram enormes. Particularmente com relação ao meu pai e a minha mãe, gosto de pensar que esta tese já estava sendo gestada na minha infância, em meio aos livros da nossa casa, às conversas sobre o valor da educação e da palavra empenhada. Esta semente foi regada cuidadosamente por eles nos primeiros anos da minha vida e, se cheguei até aqui, fico feliz e orgulhoso por não ter me desviado do que aprendi.

Ao meu orientador, Professor Eduardo Tomasevicius Filho, devo muito mais que as perguntas argutas, o diálogo aberto e os textos fornecidos. Fui por ele acolhido na Universidade de São Paulo e, mais que um orientador, ganhei um amigo e um exemplo em que me mirar. Jamais conheci alguém com uma visão tão clara sobre sua própria missão enquanto professor: devolver à sociedade, na forma de conhecimento, o investimento que a universidade pública faz em nós, estudantes e pesquisadores. Em muitos momentos, guiei-me por esta sua exortação. Por tudo isto, e pela carta de recomendação dirigida ao Instituto Max Planck, em Hamburgo, para cujo período de pesquisas vi-me infelizmente tolhido pela pandemia, a minha gratidão será eterna.

Desde 1827, a Faculdade de Direito acolhe estudantes de todo o Brasil sob as suas arcadas. Em razão deste caldo cultural, não é possível entrar e sair do Largo São Francisco sendo a mesma pessoa. Pelas conversas, pelo ambiente francamente democrático e respeitoso, e pelas lições de vida, não posso deixar de agradecer às queridas professoras Teresa Ancona Lopez, Paula Forgioni e Maria Cristina de Cicco, como também aos professores Carlos Dabus Maluf, José Augusto Fontoura, Ignacio Poveda, José Alexandre Tavares Guerreiro e Eduardo Munhoz. Aos professores Bernardo Bissoto, José Eduardo Figueiredo, Walter Christofoletti Júnior e às professoras Vera Fradera e Renata Pompeu, devo as muitas reflexões obtidas na banca examinadora deste trabalho, todas fundamentais para o seu aprimoramento.

É conhecido por todos a angústia existencial causada por um trabalho acadêmico: durante a pesquisa, o autor torna-se genuinamente monotemático, circunstância que somente é aliviada após descobrir que não sofre deste mal sozinho. Por isto, devo agradecer aos muitos colegas que também viveram esta aflição, curada pela companhia constante. Em nome de todos eles, agradeço imensamente aos amigos Alexandre Gomide, Bruno Borgarelli, Carolina Castro Costa, Cícero Dantas (também pela obtenção, na Alemanha, do texto de Alfred Hueck), Danilo Mergulhão e Tarcísio Neto. Mesmo fora da universidade, em São Paulo pude também contar com a amizade de Rodrigo Boaventura Martins e Vânia Andrade. Em Salvador, por terem motivado o doutorado, sou grato a Técio Gomes e a Daniel Novais.

Nos últimos doze anos, tenho aprendido muitíssimo mais com meus alunos do que tenho tentado ensinar. Esta tese não teria sido possível sem o ambiente mágico da sala de aula, viabilizado especialmente pela Faculdade Baiana de Direito. Para mim, é motivo de muito orgulho integrar o seu maravilhoso corpo docente, onde pude me juntar a muitos dos meus ídolos acadêmicos. Além da amizade e da compreensão, sou grato especialmente por terem me garantido acesso à nossa espetacular biblioteca, mesmo durante a pandemia. A Fredie Didier Júnior, pelo convite e pela confiança; a Fernando e Carolina, por exercerem a arte da liderança gentil e rigorosa, guiando-nos sempre em direção à excelência: meu muito obrigado.

Por fim, neste período dividi meu tempo também com nosso escritório de advocacia, o que me obriga a agradecer imensamente a minhas sócias, Geisy e Lara, pelo apoio de sempre. Toda nossa equipe foi fundamental para que eu pudesse ter a tranquilidade necessária para concluir este trabalho.

Agradeço especialmente a Lara Rangel, Thiago Ribeiro, Camilla Galvão, Rodrigo Lima, sem prejuízo de nenhuma outra pessoa, e de igual modo a Daniel Araújo, pela ajuda com a pesquisa de jurisprudência e organização das referências.

APRESENTAÇÃO

Em 1910, M. Hauriou, na 1ª edição de seus *Principes de droit public*, definiu a *previsão* como sendo a essência do contrato, concepção essa expressa em uma famosa frase: *o contrato é a empresa mais ousada que se pode conceber para estabelecer a dominação da vontade humana sobre os fatos, integrando-os por antecipação em um ato de previsão.*

Já outro autor, Didier Ferré[1] acrescenta que sim, o contrato é um instrumento de previsão *e nisto traduz um ato de prudência e, como se conjuga no futuro, por isto manifesta uma audácia.*

A pesquisa realizada pelo Doutor Ermiro Ferreira Neto, objeto desta obra, é facilmente inserida nos termos das duas referências doutrinárias acima transcritas.

Com efeito, teve como eixo central a origem, conceito e utilização, em diversos ordenamentos jurídicos, dos denominados "Contratos Normativos" cuja finalidade é justamente a de tornar determinadas relações contratuais mais seguras, mediante a previsão de eventuais obstáculos à consecução das suas finalidades e pela criação de instrumentos para contornar eventuais obstáculos impeditivos da sua consecução. Nesse aspecto, o pensamento do Autor, ao redigir sua tese, demonstrou que um contrato cujo objeto é audacioso pode, se bem conduzido, atingir seus objetivos sem maiores percalços.

[1] In Prefácio ao livro de Anne-Cécile **MARTIN**, onde foi publicada sua tese sobre *L'imputation des risques entre contractants*, LGDJ, Paris, 2009.

Assim, a obra in comento coloca no plano central o princípio da Autonomia Privada, ou seja, o poder da vontade entendido de um modo objetivo, concreto e real, em razão do qual gozam os particulares de liberdade contratual, regulando, mediante a sua vontade e dentro da lei, as relações de que participam, determinando-lhes o conteúdo e a respectiva disciplina jurídica. Esse princípio está reconhecido em nosso Código Civil, em seu artigo 425, onde está posto que *é lícito às partes estipular contratos atípicos, observadas as normas gerais fixadas neste Código.*

A pesquisa do Autor, desenvolvida seriamente, muito bem elaborada e apresentada de forma excelente, expõe ao leitor variados e pouco estudados aspectos do notável instrumento de trocas, que é o contrato. No caso dos Contratos Normativos, tema da tese, surgidos e estruturados pela prática, eles vêm circulando entre as famílias de Direito civil e de Common law há longos anos, comprovando o quanto os conceitos jurídicos fundados nas atividades privadas voltadas às trocas atravessam fronteiras sem a menor formalidade, dado seu objetivo de aperfeiçoar as relações entre operadores do comércio, visando sobremaneira a Segurança jurídica das partes, máxime em se tratando de contratos de longa duração, logrando-a mediante um ato de previsão, ou seja, um contrato bem elaborado. Desta sorte, os Contratos Normativos contribuem eficazmente para prevenir surpresas desagradáveis aos operadores do comércio.

Ademais, a disposição do Autor de enfrentar um tema como este tem também um motivo alicerçado em uma evidência, qual seja, a de que, nos dias atuais, as partes atuantes em determinados âmbitos do Direito têm preferência pelas soluções negociadas mediante contratos, ao invés do recurso as previstas em lei. Nesse aspecto, fica patente a longa e exitosa prática do Autor na advocacia com ênfase no âmbito contratualista.

Tanto o Autor como seu orientador foram extremamente felizes na escolha do tema da tese, ora publicada. Com efeito, temos uma longa e proveitosa tradição de recepção de modelos privatistas em nosso Direito, propiciando uma permanente atualização e enriquecimento de nosso sistema interno.

Da mesma forma, o Direito Comparado, em sua faceta de contribuir para o progresso e atualização do Direito entre as ordens jurídicas, está sempre presente em nosso dia a dia, sobretudo na prática contratual, civil e comercial.

Como se tudo isso não bastasse, o período pela qual atravessa a Humanidade é reputado como sendo aquele onde vige uma enorme extensão da Autonomia Privada, fomentando, desta sorte, a recepção e fácil adaptação de modelos provindos de outros ordenamentos, uma vez comprovadas a sua eficiência e facilidade de adaptação ao sistema receptor.

Por fim, a tese, ora publicada em livro, consiste em uma forma profícua de utilização de um interessante e original estudo acadêmico, a contribuir para o progresso do direito contratual e de sua aplicação na prática. Esta é uma das missões da Universidade, que forma não somente professores, mas igualmente operadores do Direito com uma visão diferenciada do fenômeno jurídico, baseada em recursos como a pesquisa científica e o estudo crítico de outros sistemas.

Nesse sentido, merecem todos os encômios o Autor, seu Orientador e sua Editora.

Encerrando minha apresentação desta obra almejo votos de que tenha ela muito êxito, recompensando o seu Autor pelo profícuo trabalho desenvolvido.

VERA MARIA JACOB DE FRADERA

PREFÁCIO

A Bahia, de onde saíram os nossos mais brilhantes juristas de todos os tempos, entre os quais Augusto Teixeira de Freitas, Ruy Barbosa, Eduardo Espínola e Orlando Gomes, permanece sendo um manancial de grandes estudiosos do direito. Nos últimos anos, devido à proximidade acadêmica que se estabeleceu no âmbito do direito civil entre a Universidade Federal da Bahia – UFBA, que abriga sua faculdade de direito, conhecida como a "Casa de Orlando Gomes", e a Universidade de São Paulo – USP, a qual é a mais antiga do Brasil, sendo conhecida como "Arcadas", foi possível acompanhar o surgimento de mais uma geração de civilistas baianos que tanto contribuem para o ensino do direito, assim como para a formação da doutrina nacional, em razão da seriedade e empenho, somados ao talento de todas e todos, que compõem uma verdadeira escola baiana de direito civil.

Logo, não podia ser diferente com o agora doutor Ermiro Ferreira Neto. Oriundo da "Casa de Orlando Gomes", onde defendeu sua dissertação de mestrado sobre direitos da personalidade, veio ele a São Paulo para ingressar no Programa de Pós-Graduação em Direito da USP, com o fim de obter o título que ele tanto desejava, do mesmo modo que outros egressos da UFBA, foram orientandos dos meus colegas de departamento. Tive a honra de ter sido escolhido por Ermiro para orientá-lo nessa etapa de sua trajetória acadêmica, e, ao final, sentir a alegria de ver o resultado de sua pesquisa, defendida perante rigorosa banca examinadora, com um texto que é, na verdade, uma interessante reflexão sobre a teoria geral dos contratos e sobre a função do contrato na sociedade.

O tema dos contratos normativos já havia sido objeto de análise pelo grande jurista baiano Orlando Gomes em seus escritos, destacando-se, em especial, a sua obra "Transformações Gerais do Direito das Obrigações", sendo ele uma referência segura e um importante ponto de partida para o estudo a ser realizado. Juristas europeus tinham enfrentado essa questão por meio de conceitos, entre os quais o de contrato normativo na Alemanha e na Itália, e de contrato-quadro na doutrina francesa, com a qual eu tinha mais contato e familiaridade. Estas foram as razões que me levaram por selecionar esta pesquisa, pois eu entendia que faltava um texto contemporâneo sobre o assunto no direito civil brasileiro.

Uma vez selecionado, Ermiro teve desempenho destacado nas disciplinas do curso, participando ativamente das aulas, manifestando-se com argúcia e preparo, especialmente na disciplina "Os desafios do direito civil na sociedade pós-moderna". Durante a escrita da tese, Ermiro teve de enfrentar o desafio de realizar a pesquisa durante a pandemia de COVID-19, sem poder frequentar assiduamente o acervo da Faculdade de Direito da USP, que se tornou temporariamente indisponível em 2020, vindo a tornar-se parcialmente disponível com o avanço da vacinação entre nós. Também viu seu projeto de estada no renomado Max-Planck Institut für ausländisches und internationales Privatecht, de Hamburgo, com acesso vedado a nós, brasileiros, pelos mesmos problemas sanitários. Mas nada disso o fez desanimar: com muito axé, Ermiro superou esse enorme obstáculo, logrando acesso à doutrina necessária para a articulação dos argumentos de sua tese. O que eu procurei fazer, nesse período de orientação via Google Meet, foi extrair o máximo do talento de Ermiro, estimulando-o a expor por escrito o que pensava, a posicionar-se sobre os tópicos principais acerca da pesquisa que conduzia, para que o texto fosse cada vez mais autoral e crítico.

Estou certo de que o leitor terá em mãos um trabalho que enriquece o direito civil brasileiro. Agradeço por eu ter sido um interlocutor privilegiado de sua pesquisa e faço votos de que este livro seja uma referência aos futuros pesquisadores e uma contribuição significativa da USP para a sociedade. Meus parabéns!

EDUARDO TOMASEVICIUS FILHO
Professor Associado do Departamento de Direito Civil da Faculdade de Direito da USP

SUMÁRIO

1.
INTRODUÇÃO

Esta tese cuida dos *contratos normativos*. Por esta expressão, pretende-se designar os contratos que criam normas para disciplinar o comportamento dos contratantes entre si, ou entre eles e terceiros.

Ao tratar dos contratos, é usual ter em mente os instrumentos que viabilizam trocas econômicas pontuais entre dois sujeitos de direito. Em metáforas e explicações transmitidas desde a graduação em Direito, a imagem mais básica de um contrato põe em causa os negócios firmados para a transmissão da propriedade, a cessão da posse ou a prestação de um determinado serviço. Nestes casos, as partes se engajam em torno de obrigações contrapostas e bem definidas, a exemplo do que ocorre na compra e venda, na locação e no mútuo.

Os *contratos normativos* operam de forma distinta. Por meio deles, normas de conduta são criadas para os contratantes, à maneira de uma "lei privada", cuja observância será obrigatória entre eles próprios, ou quando firmarem negócios com terceiros. Embora *contratos normativos* possam também disciplinar trocas econômicas, isto é feito não apenas a partir da previsão de obrigações pontuais, mas também de como as partes devem se conduzir nas suas relações.

Esta peculiaridade suscita questões inclusive sob o ponto de vista do ensino jurídico. Em 1975, Antônio Chaves, professor catedrático de direito civil da Universidade de São Paulo, identificou que os *contratos normativos* compunham a realidade das relações privadas, embora esta categoria estivesse ao largo dos currículos de direito civil. No programa proposto pelo ex-diretor da Faculdade de Direito, o primeiro tópico sobre os contratos em geral deveria apresentar aos alunos o conceito de contrato, seus princípios gerais e, além disso, a tendência contemporânea de constituição de *contratos normativos*[2].

Mais de 45 anos depois da proposta do professor Antônio Chaves, a expressão *contrato normativo* ainda levanta dúvidas, seja quanto a sua precisão conceitual, seja quanto ao seu conteúdo. Não há na legislação brasileira, seja no âmbito do direito privado ou fora dele, menção à expressão. Igualmente, o tema não obteve tratamento direto nem no Código Civil vigente, nem no anterior.

Paradoxalmente, vive-se hoje tempos que demonstram ainda maior importância do tema. Cada vez mais, contratos são utilizados como instrumentos de regulação do comportamento de agentes econômicos, entre si ou entre eles e terceiros com quem venham a contratar. A observação do cotidiano demonstra que a norma legal não detém mais o monopólio da disciplina das condutas. A norma contratual é produzida no exercício da autonomia privada dos sujeitos de direito, e é importante fonte para a ordenação dos contratantes ou de setores sociais relevantes.

Conforme discutido na doutrina, esta regulação contratual, que se opõe à regulação legal por ser produzida por consenso, e não por imposição, encontra nos *contratos normativos* um poderoso veículo para a sua criação. São normativos, por exemplo, os instrumentos de autorregulação presentes nos setores bancário, financeiro e publicitário, na medida em que o comportamento dos participantes é ordenado à maneira de um verdadeiro código de conduta. Igualmente, são normativos os contratos que disciplinam a associação entre dois contratantes para atingir determinado objetivo, estipulando deveres de conduta e procedimentos, e não apenas obrigações pontuais.

Manifestações contratuais com estas características sugerem a existência de diferenças importantes quando comparadas com contratos que disciplinam trocas econômicas pontuais. Aparentemente, a ordem legal vigente não foi construída para se relacionar com contratos que criam, eles próprios, normas para vincular contratos futuros.

[2] CHAVES, Antonio. Reformulação do ensino do direito civil. Novas técnicas. Um programa. **Revista da Faculdade De Direito**, Universidade de São Paulo, v. 70, 1975, p. 37-78.

Alguns exemplos podem tornar mais concreto este problema.

Dois contratantes pactuam o preço e as condições de entrega de batatas, caso tenham interesse em firmar um futuro contrato de fornecimento de mercadorias. Que efeito jurídico pode-se esperar de um negócio com este perfil? Os contratantes poderão exigir a constituição do contrato futuro? Dado que o contrato futuro poderá não ser firmado simplesmente se uma das partes não concordar, o contrato-base seria válido, já que aparentemente há aí uma condição puramente potestativa?

Vários contratantes, fornecedores de batatas, firmam um contrato entre si, comprometendo-se a adotar condutas previstas em código de autorregulação na relação com terceiros. Por exemplo, obrigam-se a preservar o meio-ambiente, a não usar agrotóxicos e a adotar boas práticas no transporte das batatas até os compradores. Que efeito jurídico espera-se de um contrato com este perfil? Os contratantes podem exigir o cumprimento destas regras? Que consequência jurídica a ordem legal prevê para o descumprimento destas regras em relação aos terceiros? Estas normas podem ser utilizadas por juízes para interpretar ou integrar os contratos que venham ser firmados com terceiros?

Estas fricções, e as possibilidades de compatibilizar este novo perfil dos contratos com a legislação brasileira, motivou a investigação realizada ao longo da pesquisa.

Como se vê, o tema é amplo e comporta muitos recortes possíveis. Trabalhos publicados no Brasil se dedicaram nas últimas décadas a explorar algumas destas dimensões, ao tratar, por exemplo, dos contratos-quadro, dos contratos coletivos, das redes contratuais ou das convenções coletivas de consumo. Ao explorar estes temas, a doutrina acentua as suas particularidades, restringindo as conclusões obtidas aos seus campos correspondentes.

Nesta tese, procurou-se explorar outro ponto de vista. Tomando por hipótese que negócios com este perfil são, de fato, contratos, a pesquisa pretendeu realizar um contraste entre os *contratos normativos* e a legislação brasileira para aferir o que os contratantes podem obter deles, em termos de efeitos jurídicos. Buscou-se examinar os *contratos normativos* enquanto uma categoria geral de direito civil, organizando como e em que medida a ordem jurídica brasileira reconhece efeitos a estes negócios.

A opção feita exclui, portanto, maiores considerações sobre os efeitos dos *contratos normativos* no âmbito das relações de trabalho, que de resto já vem sendo estudada há bastante tempo por autores nacionais, especialmente desde a última reforma trabalhista e a diretriz da prevalência do "negociado sobre o legislado". Do mesmo modo, embora existam manifestações interessantes sobre o uso de *contratos normativos* no âmbito das contratações públicas, inclusive em âmbito internacional a partir dos chamados *procurement agreements*, a pretensão de dar ao tema um tratamento sob a lente do direito civil levou a que fossem restringidas considerações mais aprofundadas a respeito deste tópico. A referência a estes dois âmbitos de aplicação, quando feitas, deve ser tomada apenas como ilustração dos problemas aqui tratados.

A metodologia adotada na tese pressupôs a identificação das várias hipóteses em que contratos firmados entre particulares adquirem a condição de uma espécie de ordenação privada. Em especial, a pesquisa buscou recolher situações em que estas normas vinculam contratos futuros firmados entre as partes ou entre elas e terceiros. A partir deste material, examinou-se como a jurisprudência tem lidado com este fenômeno contemporâneo e se as soluções sustentadas pelos tribunais são adequadas, à luz do desenvolvimento doutrinário do tema.

Diante disso, é possível indicar o plano geral do trabalho. O texto está dividido em seis capítulos.

No segundo deles, logo após a Introdução, busca-se contextualizar o tema. Os *contratos normativos* têm a sua gênese ligada às primeiras décadas do século XX, como uma técnica jurídica para viabilizar negociações coletivas trabalhistas. O seu recente desenvolvimento, contudo, deve ser visto no pano de fundo das mudanças pelas quais passou o contrato, e as funções que por ele podem ser desempenhadas na pós-modernidade.

No terceiro, apresentam-se as linhas gerais do *contrato normativo*, seus principais elementos e as classificações empregadas pela doutrina. A partir do primeiro texto sobre o tema, publicado na Alemanha em 1923, buscou-se traçar sua evolução doutrinária. Considerando a influência sobre o direito brasileiro, a pesquisa prestigiou o exame do tema sob as óticas do direito francês (*contrat cadre*) e do direito italiano (*contratto normativo*). Também neste capítulo, dada a importância dos ensinamentos de Orlando Gomes para a formação do direito privado brasileiro, e por ter sido o primeiro autor nacional a tratar do tema, ainda que de modo lateral, os elementos levantados pelos autores estrangeiros foram comparados com o debate sobre a natureza jurídica da convenção coletiva de trabalho.

O quarto capítulo examina a existência de manifestações contratuais no direito brasileiro que admitam o reconhecimento da qualificação como *contrato normativo*. Esta avaliação considerou a legislação brasileira e possíveis obstáculos à validade jurídica desses negócios, à luz de óbices levantados nas experiências italiana e francesa.

Passando ao tratamento dos efeitos jurídicos dos *contratos normativos*, o quinto capítulo trata da função preparatória. Buscou-se agrupar aqui os efeitos que atribuem ao *contrato normativo* a condição de um contrato preparatório, cujas cláusulas deverão ser observadas se as partes vierem a contratar no futuro, entre si ou com terceiros, conforme o caso. Foram examinados, de igual modo, os problemas relativos ao inadimplemento e a possibilidade de execução específica de suas obrigações.

O sexto capítulo trata da função regulatória dos *contratos normativos*. Sob esta rubrica, foram enfeixados os seus efeitos concernentes à possibilidade de regular comportamentos das partes. Nesta condição, considerou-se que contratos normativos devem servir como parâmetro de interpretação e integração de negócios futuros firmados entre as partes ou em face de terceiros.

Por fim, no sétimo capítulo, a partir da aplicação dos elementos que qualificam os *contratos normativos*, buscou-se identificar na jurisprudência lides comuns envolvendo manifestações contratuais que possam ser qualificadas como tal. As soluções construídas pelos tribunais foram comparadas com as soluções propostas ao longo do trabalho, objetivando--se o aprimoramento da jurisprudência, à luz do desenvolvimento do tema. Os grupos de casos escolhidos abrangem os seguintes temas: (i) códigos de autorregulação; (ii) convenções coletivas de consumo; (iii) contrato de franquia; (iv) contratos bancários; (v) contrato de locação em *shopping center*.

2.
CONTRATO E PLURALISMO DOS MODOS DE CONTRATAR NA PÓS-MODERNIDADE

Neste capítulo, pretende-se demonstrar que os contratos normativos devem ser localizados como um específico *modo de contratar*.

As regras criadas por meio de um contrato normativo geram eficácia sobre negócios posteriores que venham a ser firmados entre os próprios contratantes, ou entre estes e terceiros. Diante disso, parte do conteúdo dos contratos futuros será, em verdade, definido e extraído a partir do que dispôs o contrato normativo.

Compreender esta categoria exige que se tome como pano de fundo os condicionamentos históricos e culturais incidentes sobre as técnicas existentes para a constituição de contratos.

2.1. Contrato: produto histórico-cultural

O contrato, enquanto categoria jurídica, é produto de condicionamentos sociais, enquadrados no tempo e no espaço. Sob este ponto de vista, o contrato é uma construção cultural[3].

[3] Na expressão conhecida de Tobias Barreto: "É preciso bater cem vezes e cem vezes repetir: o Direito não é um filho do céu, é simplesmente, um fenômeno histórico, um produto cultural da humanidade". TOBIAS, Barreto. Ideia do direito. *In*: TOBIAS, Barreto. **Estudos de direito**. Salvador: Livraria Progresso, 1951, p. 168-169.

A capacidade de disciplinar relações sociais por meio de contratos é uma conquista histórica. A distinção principal entre a sociedade contemporânea e as gerações anteriores está na esfera ocupada pelo contrato nos inúmeros vínculos entre os sujeitos de direito[4].

Mesmo a lei não tem a importância do contrato, na medida em que a atuação legislativa não é capaz de acompanhar o desenvolvimento da sociedade, de um modo geral[5]. Ao se comparar a lei e o contrato sob esta perspectiva, as regras derivadas da autonomia testemunham de modo mais próximo do que a norma legal os instrumentos e as técnicas que dada sociedade se vale para regular condutas.

Por força disso, nem os contratos, nem as normas legais sobre contratos possuem caráter estritamente técnico e livre de valores[6]. O que se entende por contrato ou como os contratos são constituídos são questões para as quais as respostas deverão ter como base as práticas sociais, a moral e o modelo econômico de uma dada época[7].

Não é incomum que esta premissa não seja alcançada no âmbito da pesquisa jurídica, que eventualmente toma o contrato como dogma, levando à conclusão equivocada de que esta categoria seria uma espécie dada pela natureza das coisas, e não uma construção social[8].

[4] "[...] the society of our day in mainly distinguished from that of preceding generations by the largeness of the sphere which is occupied in it by the Contract" Tradução Livre: "a sociedade de nossos dias, principalmente, distingue-se das gerações anteriores pelo amplo espaço ocupado pelo Contrato. MAINE, Henry. **Ancient law**: its connection with the early history of society and its relation to modern ideas. 4. ed. Nova Iorque: Henry Holt and Company, 1906, p. 278. Para uma análise da obra de Maine e da sua importância para a antropologia e para a sociologia do direito: VILLAS BÔAS FILHO, Orlando. *Ancient law* – um clássico revisitado 150 anos depois. **Revista da Faculdade de Direito da USP**, v. 106-107, p. 527-562, jan.-dez., 2011-2012.

[5] "[...] legislation has nearly confessed its inability to keep pace with the activity of man". MAINE, Henry. **Ancient law**: its connection with the early history of society and its relation to modern ideas. 4. ed. Nova Iorque: Henry Holt and Company, 1906, p. 278.

[6] GOMES, Técio Spínola. **O processo de formação do contrato**: abordagem comparatista entre a tradição da *common law* e o direito brasileiro. 160 f. 2017. (Tese) Doutorado em Direito. Faculdade de Direito da Universidade de São Paulo (USP), São Paulo, 2017, p. 32.

[7] MARQUES, Claudia Lima. **Contratos no Código de Defesa do Consumidor**: o novo regime das relações contratuais. 5. ed. São Paulo: RT, 2006, p. 37.

[8] Toma-se aqui o ponto de vista de Enzo Roppo: "[...] daí resulta que o próprio modo de ser e de se conformar do contrato como instituto jurídico não pode deixar de sofrer a influência

Em artigo originalmente publicado em 1934, Louis Josserand já advertia para o perigo de não ter presente a dimensão do contrato enquanto produto cultural. Para o autor, a força lógica da teoria do direito das obrigações construída pelos romanos contribuía para a percepção de que estes esquemas tornariam o contrato uma categoria jurídica imutável[9].

Esta concepção, de fato, é falsa. O erro está no pressuposto de que os esquemas abstratos previstos na legislação designam um único perfil possível para o que pode ser um contrato[10].

A evolução dos modos de contratar, e da forma como o direito regula as relações contratuais, tem sido impulsionada por inúmeros fatores. O desenvolvimento do comércio e da indústria, e, de maneira mais geral,

decisiva do tipo de organização político-social a cada momento afirmada. Tudo isto se exprime através da fórmula da relatividade do contrato (como aliás todos os outros institutos jurídicos): o contrato muda a sua disciplina, as suas funções, a sua própria estrutura segundo o contexto económico-social em que está inserido". ROPPO, Enzo. **O contrato.** Trad. Ana Coimbra e Januário Gomes. Coimbra: Almedina, 2009, p. 24. Esta afirmação é reiterada na última frase da mesma obra: "[...] a verdade é que não existe uma <<essência>> histórica do contrato; existe sim o contrato, na variedade das suas formas históricas e das suas concretas transformações". ROPPO, Enzo. **O contrato.** Trad. Ana Coimbra e Januário Gomes. Coimbra: Almedina, 2009, p. 348.

[9] JOSSERAND, Louis. A evolução moderna do conceito de contrato. Trad. Thalles Ricardo Alciati Vallim. **Revista de Direito Civil Contemporâneo**, out.-dez. 2018, v. 17, p. 337-351, 2018.

[10] "Lo studio dottrinale del diritto produce una semplificazione dei dati offerti all'indagine del giurista e genere in questo modo alcuni equivoci, sui quali da tempo gli autore usano soffermarsi. In matéria negoziale si ritengono tali sorattutto la descrizione den contratto in termini di categoria generale e la conseguente individuazione di um procedimento unitário di formazione dell'ato [...]. Quell'approcio resulta artificioso, in quanto finalizzato ad affermare la valenza meramente tecnica delle propozioni giuridiche e la loro conseguente impermeabilità rispetto sia alle opzioni valutative, sai alle trasformazioni determinate dal trascorrere del tempo" Tradução livre: "O estudo doutrinário do direito produz uma simplificação dos dados oferecidos à investigação do jurista e, portanto, gera alguns mal-entendidos, nos quais os autores se debruçam há muito tempo. Em matéria de negócio, considera-se sobretudo a descrição do contrato em termos de categoria geral e a consequente identificação de um procedimento unitário para a formação do ato [...]. Essa abordagem é artificial, pois visa a afirmar o valor puramente técnico das proposições jurídicas e sua consequente impermeabilidade com relação a outras opções de valoração e transformações determinadas com o passar do tempo [...]". SOMMA, Alessandro. **Autonomia privata e strutura del consenso.** Aspetti storico-comparativi di uma vicenda concettuale. v. 3. Milano: Giuffré, 2000, p. 2-3.

a intensificação das trocas econômicas, tem desafiado a teoria geral dos contratos a formatar modelos contratuais compatíveis com as exigências de cada momento. Estes influxos, ao longo da história, tem catalisado construções dogmáticas e jurisprudenciais importantes, como a teoria do abuso de direito e a boa-fé[11].

Ter este elemento em vista permite tomar o fenômeno contratual sob uma lente ampla, relacionando práticas contratuais e os modos de formação de contrato com contextos históricos específicos. A correta apreensão dos contratos normativos exige que se faça esta breve revisão.

2.2. Contrato e modernidade

A abordagem proposta permite, em primeiro plano, reunir as práticas negociais, e o modo pelo qual o direito as regula, sob o ponto de vista histórico da modernidade.

A modernidade compreende o período histórico de cerca de 200 anos, que se iniciou no século XVIII com o fim da Idade Média e a erupção do movimento Iluminista[12]. Trata-se de um período longo e todas as ressalvas devem ser feitas sobre a possibilidade de condensar pelo menos dois séculos de história em um mesmo conceito[13].

A era moderna é especialmente importante para o direito[14]. Embora se saiba que o fenômeno jurídico, enquanto sistema de organização de condutas sociais, seja inegavelmente anterior a este momento histórico,

[11] JOSSERAND, Louis. A evolução moderna do conceito de contrato. Trad. Thalles Ricardo Alciati Vallim. **Revista de Direito Civil Contemporâneo**, out.-dez. 2018, v. 17, p. 337-351, 2018.

[12] TOMASEVICIUS FILHO, Eduardo. Inteligência artificial e direitos da personalidade: uma contradição em termos? **Revista da Faculdade de Direito da Universidade de São Paulo**, São Paulo, v. 113, jan.-dez. 2018, p. 133.

[13] A ausência de consenso quanto aos marcos temporais da modernidade é indicada por John Kelly como um ponto de importância menor, não sendo fundamental a definição de datas precisas quanto ao início ou quanto ao fim da era moderna. Mais importante seria fixar os eventos cuja ocorrência permitiram eclodir o novo momento histórico e que para o autor seriam "o restabelecimento da tradição greco-romana na arte e literatura e a fratura da antiga unidade católica da Europa ocidental, com a Reforma protestante". KELLY, John Maurice. **Uma breve história da teoria do direito ocidental**. São Paulo: Martins Fontes, 2010, p. 207.

[14] KELLY, John Maurice. **Uma breve história da teoria do direito ocidental**. São Paulo: Martins Fontes, 2010, p. 207.

a modernidade, em razão de seus múltiplos influxos teóricos, ainda hoje tem influência decisiva sobre a forma como o direito é pensado e praticado.

Isto não significa que a modernidade tenha sido um período de pensamento jurídico único ou sequer uniforme. Não existe uma única corrente filosófica dita moderna, como também não há apenas um sistema jurídico representante deste período histórico[15].

A despeito disso, o individualismo é o valor comum entre os principais teóricos da modernidade[16]. Na construção de todas as correntes deste período, com influência sobre o direito, vê-se o prestígio atribuído à autonomia e à liberdade da pessoa humana[17].

Recolher esta raiz histórica serve para demonstrar que a manifestação, a partir do século XVIII, de ideias ligadas ao racionalismo jurídico, tem uma matriz humanista. A apreensão científica do direito é um marco e uma conquista civilizatória fundamental, servindo a valores como a justiça e a igualdade na aplicação do direito, ao contrário da crítica comum dirigida à técnica jurídica neste momento histórico.

Particularmente para o direito privado, a concepção da ordem jurídica como um sistema permitiu o desenvolvimento de uma nova relação entre autonomia privada e norma legal, na medida em que os contratos passaram a conviver com a lei dentro de um sistema que assegurava a ampla validade jurídica dos contratos que observavam os requisitos previstos, abrangendo todos os campos da vida privada[18].

[15] VILLEY, Michel. **A formação do pensamento jurídico moderno**. São Paulo: Martins Fontes, 2005, p. 174.

[16] Miguel Reale enumera as principais contribuições da Modernidade para a construção do Direito no período, destacando que a Hugo Grócio atribui-se a "a auto-suficiência dos direitos inatos do homem, independentemente da existência ou não de Deus"; a Hobbes, "a autonomia da vontade como fonte geradora da ordem social e política"; a Locke, "a fundação da convivência social no livre consentimento e nos limites ao exercício do poder"; a Leibniz, "o autônomo poder criador do intelecto em harmonia com os imperativos éticos universais"; e, por fim, a Thomasius, a "intangibilidade da consciência, a salvo de toda interferência do público. REALE, Miguel. **Nova fase do direito moderno**. São Paulo: Saraiva, 1990, p. 75.

[17] Conforme sintetizado por Villey, são conquistas deste período a "exaltação do papel do homem, de sua razão, e da invenção humana na produção do direito". VILLEY, Michel. **A formação do pensamento jurídico moderno**. São Paulo: Martins Fontes, 2005, p. 172.

[18] A construção do direito enquanto ciência, própria do jusracionalismo, é devedora em grande parte do desenvolvimento de uma metodologia própria a partir do direito civil e

Mais que isto, o respeito e o prestígio ao que se contratou, inclusive com a defesa do distanciamento do poder público das relações privadas, formou um dos pilares do direito construído neste momento cultural. Segundo Max Weber, os interesses econômicos da burguesia necessitavam de "um direito inequívoco, claro, livre de arbítrio administrativo irracional e de perturbações irracionais por parte de privilégios concretos". Esta demanda teria sido "uma das forças motrizes mais importantes da racionalização formal do direito" uma vez que, conforme intui-se, a formação de um direito seguro e justo pressupunha a sua aplicação equânime e com base em critérios reacionais[19].

É este caldo cultural que permitirá libertar-se da noção de que as normas jurídicas são criadas e aplicadas à luz da vontade de uma entidade externa, mas sim sobre as necessidades da razão e tendo presente a experiência da realidade[20].

A pretexto deste projeto de direito sistemático e completo, deve-se atentar para o testemunho de um dos mais importantes juristas representantes desta visão, o alemão Friedrich Karl von Savigny.

posteriormente ampliada para os demais ramos. Esta importante função histórica do direito civil é ressaltada por Karl Larenz, ao julgar, à altura da década de 1960, que não errava ao afirmar "que o movimento metodológico tem hoje sua maior intensidade no campo do Direito Civil". LARENZ, Karl. **Metodologia da ciência do direito**. Trad. José Lamego. 8. ed. Lisboa: Fundação Calouste Gubenkian, 2019, p. XXI.

[19] WEBER, Max. **Economia e sociedade**. Trad. Regis Barbosa e Karen Elsabe Barbosa. v. 2. Brasília: Universidade de Brasília, 1999, p. 123.

[20] WIEACKER, Franz. **História do direito privado moderno**. Trad. António Manuel Botelho Espanha. Lisboa: Fundação Calouste Gulbenkian, 2004, p. 12. Tal avanço particular no campo do direito civil deve-se a Savigny, a quem se atribui a qualidade de expor, pioneiramente, a primeira metodologia jurídica "após o ocaso do Direito natural", tendo influenciado "duradouramente a literatura juscientífica do século XIX, mesmo onde se intentava a sua refutação". LARENZ, Karl. **Metodologia da ciência do direito**. Trad. José Lamego. 8. ed. Lisboa: Fundação Calouste Gubenkian, 2019, p. 06. A doutrina outorga à sua obra "grau de universalidade e de abrangência metódica" sem precedentes, mesmo quando comparada à obra de outros autores alemães que buscaram o intento de dar caráter científico ao fenômeno jurídico. RODRIGUES JUNIOR, Otavio Luiz. **Distinção sistemática e autonomia epistemológica do direito civil contemporâneo em face da Constituição e dos direitos fundamentais.** 682 f. 2017. Tese (Livre-Docência). Faculdade de Direito da Universidade de São Paulo (USP), São Paulo, 2017, p. 40.

Em texto clássico escrito em 1814[21], sua visão é claramente favorável à produção e à prática de um direito baseado em metodologia própria. Isto não significava confiar ingenuamente na completude de um Código Civil[22]. A pretensão deveria ser alcançada com método na aplicação do direito, substituindo-se o mito da inteireza da legislação pela coerência interna e pela visão do fenômeno jurídico como uma ciência própria.

Esta lógica permitirá dizer que há certo e errado na aplicação do direito, assim como é possível dizer que há certo e errado na matemática ou na física. Assim como em cada triângulo o ângulo formado entre dois lados permite inferir onde deve estar o terceiro, na ciência jurídica existem vetores que permitem, a partir de uma lógica coerente e sistemática, deduzir conclusões, o que confirma caráter científico à sua aplicação[23].

Do ponto de vista dos contratos, a lógica do individualismo fundamenta a possibilidade jurídica, atribuída aos indivíduos, de autorregular suas relações, a partir de regras definidas em consenso.

A contribuição do pensamento moderno para a construção do direito é enorme. A própria base do Estado é devedora das formulações decorrentes do jusracionalismo[24], ao explicar sua própria existência a

[21] Trata-se do texto "Da vocação de nosso tempo para a legislação e a jurisprudência", escrito como uma resposta a texto anterior publicado por Anton Thibaut, em que este último defendia a necessidade de uma Código Civil alemão para afastar a influência do Código Civil francês após a Alemanha livrar-se do julgo de Napoleão. MORRIS, Clarence (org.). **Os grandes filósofos do direito**. Trad. Reinaldo Guarany. São Paulo: Martins Fontes, 2002, p. 288.

[22] O texto, vertido para o português, pode ser encontrado em: LOPES, José Reinaldo de Lima; QUEIROZ, Rafael Mafei Rabelo; ACCA, Thiago dos Santos. **Curso de história do direito**. São Paulo: Método, 2009, p. 260: "No tocante à matéria, a tarefa mais importante e mais difícil é a integridade do Código, consistindo o problema em compreender bem essa tarefa, sobre a qual estão todos de acordo. Já que o Código está destinado a ser a única fonte do direito, deve conter efetivamente de antemão a solução para todos os casos que possam aparecer. [...]. Mas todos os que já observaram atentamente os casos litigiosos dar-se-ão conta facilmente de que essa empresa será estéril, porque os casos reais apresentam diversidades além do imaginável".

[23] LOPES, José Reinaldo de Lima; QUEIROZ, Rafael Mafei Rabelo; ACCA, Thiago dos Santos. **Curso de história do direito**. São Paulo: Método, 2009, p. 260.

[24] AMARAL, Francisco. Racionalidade e sistema no direito civil brasileiro. **Revista de Informação Legislativa**, Brasília, n. 121, p. 236, jan.-mar. 1994, p. 236.

partir da ideia de contrato. Tal se deu a partir das chamadas formulações contratualistas[25] próprias da era moderna e que convergiam na ideia de que os contratos eram o fundamento mais elementar da formação da sociedade.

As formulações contratualistas põem o fenômeno contratual como célula constante em todos os modelos de organização social – do Estado ao mercado. A evolução desta lógica pode ser encontrada na matriz teórica do jusracionalismo e na construção das bases dogmáticas do contrato conforme se conhece atualmente.

Outro elemento desta relação entre direito e contrato na modernidade diz respeito ao valor substancial atribuído ao monismo, isto é, à ideia de que apenas ao Estado é dada a atribuição de produzir normas gerais, abstratas e de observância obrigatória por todos[26].

Como veículo jurídico para dar fundamento à necessidade de unidade nacional decorrente da criação dos Estados absolutistas, a lógica

[25] KELLY, John Maurice. **Uma breve história da teoria do direito ocidental**. São Paulo: Martins Fontes, 2010, p. 276. Segundo Judith Martins-Costa, este movimento se traduz na expansão do "contratualismo como modelo antropológico, metaforizando o fundamento da própria sociedade como assembleia de indivíduos livres que, afastando os entraves jurídicos derivados do *status* medieval, atuam economicamente na ordem social". MARTINS-COSTA, Judith. Contratos: conceito e evolução. *In*: LOTUFO, Renan; NANNI, Giovanni Ettore (coord.). **Teoria geral dos contratos**. São Paulo: Atlas, 2011, p. 35.

[26] O monismo é uma das ideias-chave que inspiram os movimentos codificadores. Na França, a pretensão de uma legislação que submeta igualmente todos os cidadãos a uma só legislação é destacado no discurso de Portalis preliminar ao projeto do Código Civil francês. A perseguição cega deste objetivo, contudo, aparece neste texto clássico como algo perigoso e potencialmente desvirtuador das boas características de um Código: "Magistrados respeitáveis haviam, mais de uma vez, projetado o estabelecimento de uma legislação uniforme. A uniformidade é um tipo de perfeição que, nas palavras de um célebre autor, toma algumas vezes os grandes espíritos, e impressiona infalivelmente os pequenos". A uniformização não poderia ser alcançada às custas da retirada completa de certo poder atribuído ao juiz na aplicação do Direito: "Nós também nos precavemos contra a perigosa ambição de querer tudo regular e tudo prever. Quem poderia pensar que aqueles para os quais um Código parece excessivamente volumoso são justamente os que ousam prescrever ao legislador a terrível tarefa de nada deixar à decisão do juiz?". Portanto, monismo e a ideia de um Código Civil não são antíteses à função do juiz em aplicar o Direito, tendo sido sempre reconhecido, em maior ou menor grau, mesmo na mais emblemática das codificações, algum espaço para a atividade criativa do magistrado. LOPES, José Reinaldo de Lima; QUEIROZ, Rafael Mafei Rabelo; ACCA, Thiago dos Santos. **Curso de história do direito**. São Paulo: Método, 2009, p. 231-232.

do monismo se implantou na doutrina continental para fazer frente à necessidade de uma ordem jurídica que também deveria ser absolutista, ou seja, que igualmente alcançasse todos os cidadãos governados pela mesma monarquia[27].

Todos estes valores que influenciaram o direito moderno se desdobram, na perspectiva da teoria dos contratos, na criação de um conceito pretensamente universal, racional e científico de contrato, que se inspira igualmente nos ideais de liberdade, racionalismo e, em certa medida, de monismo.

Quanto a este último ponto, observa-se que ao negar natureza contratual a relações jurídicas constituídas à margem da lei, o direito da modernidade cria também um contrato da modernidade, cujas regras de formação, que é o que especificamente interessa a este capítulo, são também monistas, com pouca abertura para novas técnicas de contratação.

Conclui-se, assim, que o que hoje se convencionou chamar de autonomia contratual, como um princípio fundante na maior parte das ordens jurídicas, encontra fundamento importante na era moderna. A liberdade, enquanto valor intrínseco à modernidade, legitima que os indivíduos possam constituir contratos com ampla margem de autonomia; sob este prisma, o direito da modernidade prestigiou a capacidade das partes de autorregular seus interesses, sendo o contrato um veículo para essa finalidade.

É possível ilustrar o cenário a partir do discurso proferido por Jean-Étienne-Marie Portalis, por ocasião da apresentação do projeto do Código Civil francês. No conhecido "Discurso preliminar ao primeiro projeto de Código Civil", apresentado em 1801 (o projeto viria a ser aprovado em 1804), o autor destaca o que deveria ser uma das diretrizes da codificação: reconhecer que "os homens devem poder negociar livremente sobre tudo o que lhes interessa. Suas necessidades os aproximam; seus contratos se multiplicam na medida de suas necessidades"[28].

[27] CARBONNIER, Jean. **Sociologia jurídica**. Trad. Luis Diez-Picazo. 2. ed. Madrid: Editorial Tecnos, 1982, p. 119.

[28] LOPES, José Reinaldo de Lima; QUEIROZ, Rafael Mafei Rabelo; ACCA, Thiago dos Santos. **Curso de história do direito**. São Paulo: Método, 2009, p. 239.

A construção da ideia de liberdade contratual, na modernidade, deve ser vista como uma característica de um momento histórico de luz, e não de trevas para a teoria dos contratos. A afirmação é importante para se contrapor à crítica, bastante referida na doutrina brasileira, de que o liberalismo teria sido um período de suposta ausência de regulação do valor da justiça nos contratos ou, pior, de uma liberdade sem limite algum.

Já se disse, por exemplo, que "o Direito Civil deve [...] ser concebido como a 'serviço da vida' a partir de sua raiz antropocêntrica, não para repor em cena o individualismo do século XVIII, nem para retomar a biografia do sujeito jurídico, mas sim para se afastar do tecnicismo e do neutralismo"[29].

Na mesma direção, sustenta-se também a necessidade de superar a modernidade para ascender "o sujeito enquanto ser humano ao centro protetivo do Direito – por força do conteúdo axiológico concretizado nas normas que o integram". Esta crítica considera que a modernidade teria inaugurado um processo de "virtualização da pessoa"[30], já que o direito produzido neste período, supostamente, preocupava-se apenas com a adoção de conceitos abstratos, mas não com a tutela concreta dos cidadãos.

Em sentido semelhante, é usual referir-se à crise do paradigma liberal dos contratos com o mesmo tom negativo[31].

[29] FACHIN, Luiz Edson. **Teoria crítica do direito civil**. 3. ed. Rio de Janeiro: Renovar, 2012, p. 18.

[30] ARONNE, Ricardo. Sistema jurídico e unidade axiológica. Os contornos metodológicos do Direito civil-constitucional. **Revista do Instituto de Direito Brasileiro**, Lisboa, n. 01, p. 89, 2013.

[31] "Morto por consumpção e senectude ou caído no letargo que precede a morte, e ainda não percebido por muitos juristas, é o paradigma liberal do contrato que não consegue ressuscitar apesar do admirável esforço realizado pelos pandectistas de ontem e de hoje". LÔBO, Paulo Luiz Netto. Transformações gerais nos contratos. **Revista Trimestral de Direito Civil**, Rio de Janeiro, v.16, p. 109, out.-dez. 2003. No mesmo sentido: "Enraizado no racionalismo--individualista, o sistema jurídico liberal induz à lógica, à generalidade e à abstração. A partir de sua orientação filosófica, exagera o papel da razão, em detrimento da experiência, utilizando como método de investigação científica os dados obtidos por dedução, excluindo os elementos empíricos obtidos por indução. Isto determinou, por longo período, a prisão do jurista à busca do sentido do direito exclusivamente no texto legal, afastada a preocupação com realizar justiça, e ao positivismo, chegando a KELSEN e sua teoria pura, divorciada da realidade. Em

Contudo, a modernidade não afastou a ideia de justiça contratual[32]. São muitos os elementos históricos que atestam isto[33]. Logo, as críticas formuladas nestes termos devem ser afastadas.

Especificamente quanto ao Código Civil francês – diploma principal para o qual se voltam as críticas –, não se deve perder de vista que ele foi forjado na combinação dos "antigos costumes germânicos da região norte da França, do direito romano [...] e do direito canônico". Entre

KELSEN, o direito é apreendido como um sistema de normas, um conjunto de relações lógicas desvinculadas da natureza e do homem que dela faz parte. Trata-se da expressão mais acabada da neutralidade do direito". RAMOS, Carmem Lúcia Silveira. A constitucionalização do direito privado e a sociedade sem fronteiras. *In*: FACHIN, Luiz Edson (coord.). **Repensando fundamentos do direito civil contemporâneo**. Rio de Janeiro: Renovar, 1998, p. 12.

[32] O ponto de vista é ratificado por Reinhard Zimmermann ao tratar da influência de Aristóteles e São Tomás de Aquino na construção do instituto da lesão: "These ideas about equality of exchange go back to Aristotle (who had argued that neither party, as a matter of commutative justice, must be enriched at the expense of the other) from where they were taken up and further developed by St. Thomas Aquinas. They profoundly influenced both the doctrine of canon law and the earlier natural-law theorists: so much so that laesio enormis, which provided relief only incertain extreme cases, was regarded as entirely unsatisfactory. Each deviation from the just price, so it was argued, constitutes a peccatum". Tradução livre: "Essas ideias sobre equilíbrio nas trocas remontam a Aristóteles (que sustenta que nenhuma parte, como forma de justiça comutativa, deve ser enriquecida às custas da outra), de onde foram retiradas e, posteriormente, desenvolvidas por São Thomas de Aquino. Elas influenciaram profundamente tanto a doutrina do direito canônico, quanto as teorias jusnaturalistas já existentes: tanto que, a *laesio enormis* que apenas fornecia assistência em casos extremos de incerteza, era considerada completamente insatisfatória. Cada desvio do preço justo, como era argumentado, constituía um *peccatum*". ZIMMERMANN, Reinhard. **The law of obligations.** Roman Foundations of the Civilian Tradition. Cape Town: Juta & Co, Ltd, 1992, p. 266.

[33] Exemplo disto pode ser verificado na exigência de equivalência das prestações no campo dos contratos (*ne plus exigatur quam par est*), de inspiração na tradição aristotélica-tomista. Esta exigência é encontrada na gênese do jusracionalismo, até o fim do século XVIII. WIEACKER, Franz. **História do direito privado moderno**. Trad. António Manuel Botelho Espanha. Lisboa: Fundação Calouste Gulbenkian, 2004, p. 334. Estes valores podem ser encontrados na gênese do Código Civil francês, diploma mais importante deste período histórico, Veja-se, a título ilustrativo, a advertência de Portalis: "Sem dúvida, tanto em matéria civil como em matéria comercial é preciso boa-fé, reciprocidade e igualdade nos contratos". LOPES, José Reinaldo de Lima; QUEIROZ, Rafael Mafei Rabelo; ACCA, Thiago dos Santos. **Curso de história do direito**. São Paulo: Método, 2009, p. 241.

historiadores do direito, há consenso quanto ao fato de que houve muito pouca inovação ao se comparar as regras do *Code* e o direito que lhe antecedeu. Disto se infere que a condição de uma legislação injusta e desapegada de valores sociais, sustentada por alguns, não é completamente correta[34].

Seja como for, a erupção de novos valores ditos pós-modernos se impôs à construção do direito, com implicações na regulação jurídica dos contratos. Como principal reflexo disto, o monismo contratual da modernidade jurídica abre espaço para o pluralismo de técnicas de formação dos contratos, como reflexo da própria pluralidade de interesses que formam as relações sociais na pós-modernidade.

2.3. Direito dos contratos na pós-modernidade

O marco final da modernidade é a Segunda Guerra Mundial. A partir daí, os valores e os ideais da modernidade são substituídos por outros, com reflexos em inúmeros campos das relações sociais. Para explicar e condensar as características deste novo momento histórico, considera-se a partir de então iniciada a era pós-moderna[35].

[34] O *Code Civil* é usualmente o principal destinatário da crítica à influência do Liberalismo no Direito Civil. É necessário notar, porém, que o *Code* jamais abraçou esta suposta postura que toma a vontade como fonte exclusiva e ilimitada de obrigações jurídicas. A observação de Dário de Moura Vicente, sobre o ponto, é precisa: "[..] segundo se deduz do referido preceito do código francês, os contratos apenas produzem os efeitos neles visados na medida em que se hajam 'formado legalmente'. Requer-se na lei francesa, além disso, que lhes esteja subjacente uma 'causa real e lícita'; e 'a obrigação sem causa, baseada numa falsa causa ou numa causa ilícita, não produz qualquer efeito'. Por outro lado, consoante resulta do art. 1.135 do referido Código, os contratos obrigam não apenas ao que neles se encontra estipulado, mas também às consequências que a equidade, os usos e a lei imputem às obrigações convencionadas pelas partes. E a ordem pública limita, em qualquer caso, a liberdade contratual. Não falta por isso quem observe, referindo-se às disposições do Código francês, que 'os próprios textos que parecem consagrar a autonomia da vontade, na realidade restringem-na'. Em França, a vontade das partes não constitui, em suma, a única medida das obrigações decorrentes do contrato". VICENTE, Dário de Moura. A autonomia privada e os seus diferentes significados à luz do direito comparado. **Revista de Direito Civil Contemporâneo**, São Paulo, 2016, v. 8, jul-set. 2016.

[35] "A partir da década de 1950, inaugurou-se uma nova era: a pós-modernidade. Desde então, relativizaram-se as antigas instituições, entre as quais, as religiões e a família. A revolução

À parte o marco temporal adotado, o que se convencionou como pós-modernidade tem como principal característica o declínio dos principais valores que serviram de elementos para a construção das correntes teóricas ligadas à modernidade[36].

Inúmeros fatores são usualmente sustentados como causa para a superação deste período. Algumas explicações são mais etéreas e consideram que a ruptura com o espírito da modernidade teria decorrido da contradição entre o reconhecimento formal dos direitos individuais do homem e a negação dos direitos fundamentais[37].

Outras, por seu turno, buscam fundamentos econômicos, a exemplo do aprofundamento do êxodo da população do campo para as cidades, dos grandes progressos no transporte e na comunicação (a aviação e o telégrafo sem fio foram invenções da primeira metade do século)[38], ou do exponencial desenvolvimento do mercado de consumo[39].

sexual e a revolução nos costumes ocorridas na década de 1960, bem como as transformações nos mercados de trabalho – em nível local e em escala mundial –, somadas à massificação dos meios de comunicação, resultaram no pluralismo de ideias, na ausência de consensos sobre valores, no aumento exponencial do consumo de bens e serviços, na multiplicidade de estruturas familiares, além da crescente aceitação das opções sexuais das pessoas e da diversidade de identidades de gênero". TOMASEVICIUS FILHO, Eduardo. Inteligência artificial e direitos da personalidade: uma contradição em termos? **Revista da Faculdade de Direito da Universidade de São Paulo**, São Paulo, v. 113, jan.-dez. 2018, p. 134.

[36] Neste ponto, ao menos para o fim de se investigar os efeitos deste contexto histórico sobre o Direito, pode-se tomar como certa a constatação de Eduardo Bittar, para quem "menos que prender-se a datas e referências estanques", a relação entre Pós-Modernidade e Direito deve adotar como premissa "a identificação deste processo de ruptura como modo de se diferenciar e de se designar com clareza o período de transição irrompido no final do século XX e que possui por traço principal a superação dos paradigmas erigidos ao longo da modernidade". BITTAR, Eduardo. O direito na pós-modernidade. **Revista Seqüência**, Florianópolis, 2008, n. 57, p. 132, dez. 2008, p. 132.

[37] GHERSI, Carlos Alberto. Posmodernidad jurídica: el analisis contextual del derecho como contracorrente a la abstracción jurídica. **Revista da Faculdade de Direito da UFRGS**, Porto Alegre, v. 15, p. 21, 1998.

[38] KELLY, John Maurice. **Uma breve história da teoria do direito ocidental**. São Paulo: Martins Fontes, 2010, p. 462.

[39] "Em primeiro lugar, a revolução no campo das telecomunicações e da informática permitiu uma aceleração da produção industrial e do comércio interno e internacional, que jamais poderia ser concebida nos meados do século XX. Passamos, em todos os ramos de atividade, das progressões aritméticas para as progressões geométricas da ciência e da tecnologia, exigindo

Explicar os efeitos da pós-modernidade sobre o direito, contudo, apenas a partir de uma mudança econômica, não parece alcançar a real dimensão destes reflexos. A se comparar o direito que se praticava na modernidade com o atual estágio da ciência jurídica, e em particular da teoria dos contratos, é fácil perceber que a mudança enorme não pode ser atribuída apenas às mudanças no mercado de consumo ou no modo de fornecimento de bens e serviços.

Por isto, deve-se atribuir melhor razão a outra hipótese. Os efeitos da pós-modernidade sobre o direito devem ser explicados a partir do choque sobre a noção de sistema e em razão da hipercomplexidade da sociedade formada a partir deste período.

A conjugação destes dois elementos põe em questão a própria função da lei. O ideal monista de uma lei única para todos, embora correto, atrita com a relevância obtida por certos grupos sociais neste período histórico (consumidores, trabalhadores, crianças e adolescentes, profissionais liberais, dentre outros). Cada grupo passa a exigir a proteção de seus direitos e interesses específicos - algo como uma lei especial para cada grupo. Esta circunstância quebra a permanente tendência à unidade, que é inspiração da ideia moderna de lei[40].

Esta mudança deve ser compreendida a partir do pluralismo como elemento da pós-modernidade, presente em inúmeros desdobramentos deste período, quer seja no campo do pluralismo de ideias, como demonstra a profusão de novas teorias do direito[41] correspondentes a este período, quer seja no campo do pluralismo das fontes propriamente

do indivíduo uma formação contínua e um poder de tomar decisões rápidas, que nem sempre se impunham no passado. Podemos, assim, definir a nossa era como sendo não somente a da 'incerteza', à qual se referia Galbraith, ou da 'descontinuidade', como a caracterizava Peter Drücker, mas a da constante mudança, da extrema velocidade, do desaparecimento das distâncias e das fronteiras e da completa renovação das ciências. WALD, Arnoldo. O novo Código Civil e o solidarismo contratual. **Revista de Direito Bancário e do Mercado de Capitais**, São Paulo, 2003, v. 21, jul.-set. 2003.

[40] AZEVEDO, Antônio Junqueira de. O direito pós-moderno. **Revista USP**, 1999, n. 42, jun.-ago. 1999, p. 100.

[41] KELLY, John Maurice. **Uma breve história da teoria do direito ocidental**. São Paulo: Martins Fontes, 2010, p. 472.

ditas, sendo exemplo a influência do direito internacional sobre as normas nacionais[42].

Alguns destes movimentos em direção a novas teorias do direito, no contexto norte-americano, foram catalogados por Gary Minda. Como fruto da pós-modernidade, o autor destaca a criação de escolas críticas a inúmeras dimensões do direito moderno, a exemplo das correntes da *law and economics*, os *critical legal studies*, mais conhecidos, como também os debates sobre direito, feminismo, literatura e racismo.

Gary Minda sustenta como causa para o surgimento destas correntes do pensamento jurídico norte-americano o fim da *era da fé* (*Age of Faith*), que é como ele ilustra o período moderno. Segundo o professor norte-americano, o fim da modernidade levou à quebra do *status quo* e, particularmente no direito, ao rompimento do dogma que separava a sociedade e o fenômeno jurídico[43]. Deste encontro surgiu a necessidade de a pluralidade dos setores sociais empoderados pelo movimento pós-moderno obterem legitimidade no direito e na doutrina jurídica[44]. Além da produção acadêmica buscar preencher esta demanda, vê-se reflexos disto inclusive na reformulação dos currículos e no perfil de alunos e de professores[45].

Estas evidências demonstram a relevância do pluralismo para a compreensão da pós-modernidade. Há uma mudança substancial de postura, do ponto de vista da regulação jurídica, quando comparado com o individualismo que caracterizou a modernidade.

A pós-modernidade se caracteriza pelo reconhecimento da diversidade e isto, no plano legislativo, se desdobra na proteção de relações jurídicas tidas por especiais, no sentido de merecedoras de tutela para além da regulação geral dos Códigos. Exemplo disso, no Brasil, pode ser visto nas diversas leis especiais editadas para regular relações jurídicas

[42] MARQUES, Claudia Lima. Contratos bancários em tempos pós-modernos. **Revista de Direito do Consumidor**, v. 15, São Paulo, 1998.

[43] MINDA, Gary. **Postmodern legal movements**. Nova Iorque: New York University Press, 1995, p. 63.

[44] MINDA, Gary. **Postmodern legal movements**. Nova Iorque: New York University Press, 1995, p. 79.

[45] MINDA, Gary. **Postmodern legal movements**. Nova Iorque: New York University Press, 1995, p. 247.

específicas[46], como a locação de bem imóvel urbano ou as relações de consumo[47-48].

Outro reflexo surge em diversas áreas como a *internet*, o setor de tecnologia em geral, esportes e setores econômicos em que agentes privados criam sua própria disciplina, emulando uma lei, sem qualquer envolvimento do legislador[49].

[46] É usual, na doutrina brasileira, valer-se da expressão "fragmentação do contrato" para expressar esta fuga do Código Civil para as legislações especiais. O sentido da expressão não deve ser confundido com a "quebra" do contrato, contudo, supondo-se o seu fim. Nesta linha: NEGREIROS, Teresa. **Teoria do contrato.** Novos paradigmas. 3. ed. Rio de Janeiro: Renovar, 2006, p. 30-31.

[47] Tendo o Código Civil anterior entrado em vigor em 1916, com raízes longas deitadas na tradição oitocentista, a sua manutenção por mais de oitenta anos somente foi possível em razão de leis especiais que regularam de modo mais específico direitos de grupos como trabalhadores, consumidores, crianças e adolescentes, ou ainda relações que se desenvolveram em razão da urbanização crescente, como foi o caso da locação de imóveis urbanos. Trata-se de movimento paralelo ao que ocorreu em outros países como solução para acomodar, nos sistemas nacionais de direito privado, a tutela de relações especiais, sem, porém, abandonar o papel central do Código Civil. Na Alemanha, este testemunho é dado por Zimmermann, que chega a mencionar a formação de um sistema secundário de direito privado, tantas são as leis especiais editadas desde a entrada em vigor do BGB – significativamente em 1º de janeiro de 1900. ZIMMERMANN, Reinhard. The German Civil Code and the development of private law in Germany. *In*: ZIMMERMANN, Reinhard. **The new German law of obligations.** Historical and comparative Perspective. Oxford: Oxford Press, 2005, p. 22.

[48] Especificamente sobre a ideia de pluralismo nas relações de consumo, tal fundamento tem servido ao propósito de sustentar o cabimento de arbitragem no âmbito de conflitos entre fornecedor e consumidor, uma vez que não se pode adotar apenas um único modelo (estatal) de resolução de conflitos: OLIVEIRA FILHO, João Glicério de; TEIXEIRA, Rafael Carneiro D'Ávila. Limites e possibilidades da arbitragem nas relações de consumo. **Revista de Direito Civil Contemporâneo**, São Paulo, v. 16, jul-set., p. 159-179, 2018. A tese também foi defendida por Antônio Junqueira de Azevedo: AZEVEDO, Antônio Junqueira de. A arbitragem e o direito do consumidor. **Revista da Faculdade de Direito da Universidade de São Paulo**, v. 91, p. 265-266, 1996.

[49] GÜNTHER, Klaus. **Legal pluralism or uniform concept of law?** Globalisation as a problem of legal theory. No foundations: an interdisciplinary journal of law and justice, Helsinque, 2008, n. 5, abr. 2008. Disponível em: http://www.nofoundations.com/issues/NoFo5Gunther.pdf. Acesso em: 08 jun. 2020. Antônio Junqueira de Azevedo, ainda uma década antes, chega a semelhante constatação: "A existência pluralista de organismos que decidem com base em seus próprios códigos deontológicos (por exemplo, conselhos de ética de advogados, médicos, publicitários) ou a de entidades como a Justiça Desportiva e a Bolsa de Valores ou, ainda, a de instituições que possuem suas próprias normas e órgãos decisórios

No plano dos contratos, as mudanças introduzidas pela pós-modernidade projetam os seus efeitos sobre os modos de contratar, isto é, sobre os meios e as técnicas de que se valem os contratantes para constituir contratos entre si[50].

A pós-modernidade permitiu o desenvolvimento de novas formas de contratar, facilmente perceptíveis nos contratos de adesão, nas condições gerais de contratação ou nas contratações eletrônicas. Estes específicos modelos de contratação convivem com outros, viabilizando aos agentes o uso de técnicas diversas de contratar, todas consideradas válidas e sob o abrigo da categoria jurídica do contrato.

Enfim, a pós-modernidade no direito dos contratos reconhece como manifestação contratual legítima os negócios firmados por meio de técnicas distintas, tal qual a que é imanente ao contrato normativo, cujo objeto não seja propriamente a cessão de bens e direitos, mas a criação de uma

(por exemplo, as universidades), ao invés de assustar o jurista ('Agora nada depende da lei e do juiz!'), deve levá-lo a reconhecer a especificidade de cada situação. A lei e o juiz ficarão para os casos extremos". AZEVEDO, Antônio Junqueira de. O direito pós-moderno. **Revista USP**, 1999, n. 42, jun.-ago. 1999, p. 100. A perplexidade de Antônio Junqueira de Azevedo seria ainda maior atualmente, particularmente com relação à Bolsa de Valores, a se ter em conta a existência de um "tribunal" criado por efeito da autorregulação: a BM & FBovespa Supervisão de Mercados (BSM). O funcionamento e as peculiaridades deste órgão têm chamado a atenção da imprensa: PIMENTA, Guilherme. BSM: um tribunal na bolsa de valores. **JOTA**. [S.l.], 26 jun. 2018. Disponível em: https://www.jota.info/especiais/bsm-um-tribunal-na-bolsa-de-valores-26062018. Acesso em: 27 abr. 2021.

[50] Estas mudanças têm no Brasil especial dimensão, na medida em que o Código Civil de 1916 tem raízes ligadas diretamente à modernidade e o Código que lhe sucedeu, em 2002, foi preparado sob a influência direta da pós-modernidade no Direito. No campo dos contratos, ainda tratando do projeto do Código Civil de 2002, e não da legislação aprovada, estas diferenças são acentuadas por Clóvis do Couto e Silva: "O direito contratual tinha sua fonte na autonomia da vontade, não se levando em conta o aparecimento dos denominados 'contratos de adesão', como os denominou Raymond Saleilles, ao verificar que a autonomia concreta das partes havia diminuído extraordinariamente por força da desproporção do poder de discutir as cláusulas contratuais existentes entre as partes. Também a doutrina da cláusula *rebus sic stantibus* não fora adotada, e o meio econômico não a poderia exigir. Numa economia agrária, com moeda estável, não haveria por que sugerir-se a adoção dessa cláusula, vigorante apenas em épocas de crise". SILVA, Clóvis do Couto. O direito civil brasileiro em perspectiva histórica. **Revista de Informação Legislativa**, v. 25, n. 97, p. 170, jan.-mar 1988, p. 170.

espécie de ordem jurídica privada[51] apta a regular os negócios futuros firmados entre os contratantes ou entre estes e terceiros.

O pluralismo das trocas econômicas e interações sociais, aliado à autonomia das partes, leva ao crescimento exponencial do uso dos contratos como técnica para disciplinar relações na sociedade.

Como reflexo disso, François Ost e Michel Van der Kerchove advogam que, na célebre figura da pirâmide de Hans Kelsen, que evoca ordem e estabilidade, deve ser aberto espaço cada vez maior para o contrato enquanto polo produtor de normas. A ampliação da autorregulação contratual, por meio do reconhecimento de novas técnicas contratuais, é um desdobramento do prestígio conferido à democracia participativa[52].

Estes modelos distintos de formação dos contratos se impõem à realidade. Não é suficiente apenas referir que a pós-modernidade suplantou o

[51] O sentido aqui indicado é o de uma *private ordering*, conforme descrevem Michael Trebilcock e Steven Elliot: "Private ordering holds out the possibility for individuals to fashion life plans for themselves [...] in a way that no standardized legal norms [...] is likely to achieve. A properly structured legal regime that is respectful of private contractual ordering can serve as a support for the personal autonomy of those that it governs, and can promote their welfare by enabling them to arrange their affairs as they see it". Tradução livre: "A ordem privada possibilita aos indivíduos elaborarem planos para si próprios [...] de modo que nenhuma norma padronizada pública permitiria. O regime legal devidamente estruturado que respeita a ordem privada contratual pode servir de suporte para a autonomia pessoal dos cidadãos e promover o seu bem-estar, permitindo-lhes organizarem os seus negócios da forma que quiserem". TREBILCOCK, Michael; ELLIOT, Steven. The scope and limits of legal paternalism. Altruism and coercion in family financial arrangements. *In*: BENSON, Peter (ed.). **The theory of contract law**. New Essays. Nova Iorque: Cambridge University Press, 2001, p. 51.

[52] OST, François; VAN DE KERCHOVE, Michel. **De la pyramide au réseau pour une théorie dialectique du droit**. Bruxelas: Facultés Universitaires Saint-Louis, 2002, p. 39. A célebre figura da pirâmide, tomada por Kelsen para explicar o sistema jurídico, é também referida por Russel para explicar a formação de contratos a partir de outros contratos: "Em efecto, si se partiera de las clássicas – y arraigadas – ideas de Hans Kelsen en relación com la jerarquía normativa, creemos que podría llegar a formularse la tesis de que el conjunto contractual surgido tras la celebración de um contrato normativo constituye uma nueva y pequena prolongación de la pirâmide normativa concebida por el célebre autor austriaco" Tradução livre: "Com efeito, se partíssemos das ideias clássicas – e enraizadas – de Hans Kelsen em relação à hierarquia normativa, acreditamos que se poderia formular a tese de que o conjunto contratual surgido após a celebração de um contrato normativo constitui uma nova e pequena extensão da pirâmide normativa concebida pelo célebre autor austríaco. RUSSEL, Oliver Soro. **Los contratos como fuente de normas**: contratos marco, contratos normativos y contratos de colaboración. Madrid: Reus, 2014, p. 405.

modelo clássico de formação dos contratos. Do ponto de vista da técnica do contrato normativo, particularmente, é preciso enquadrá-la neste arco viabilizado pela pós-modernidade para ser possível posteriormente discutir aspectos dogmáticos e problemas advindos do confronto com a legislação brasileira.

2.4. Pluralismo e modelos de formação dos contratos

Nas seções anteriores, buscou-se demonstrar de que modo as construções históricas e culturais próprias da modernidade e da pós-modernidade impactaram os modelos jurídicos de formação dos contratos.

Embora cada um destes modelos[53] tenha fundamentos jurídicos ligados a paradigmas diferentes, é necessário destacar que a relação entre eles não é de exclusão.

A regulação jurídica dos contratos na pós-modernidade, assim, permite mencionar a existência de três grandes modelos de formação dos contratos: (i) um modelo ligado à modernidade, em que há ampla liberdade de contratar; (ii) um modelo cujo desenvolvimento se deu sobretudo na pós-modernidade, em razão da massificação dos contratos, em que há restrita liberdade de contratar; e (iii) um terceiro modelo, objeto deste trabalho, em que as partes valem-se da liberdade de contratar para construir normas que regularão contratos futuros.

2.4.1. Modelo de formação com ampla liberdade de contratar

O modelo de formação dos contratos consagrado pela modernidade admite ampla liberdade para a definição do seu conteúdo e para a constituição dos contratos em si.

Tal amplitude não importa em liberdade sem limites. A liberdade contratual sempre teve restrições[54]. É errada e falsa a ideia de que houve

[53] A construção de modelos para a descrição da realidade normativa, neste ponto, é inspirada em Miguel Reale. Os modelos aludidos podem ser reconduzidos à ideia de esquema ou representação, de criação intelectual para organizar e descrever certo fenômeno jurídico. Outros trabalhos se valem deste método. REALE, Miguel. **Fontes e modelos do direito**. São Paulo: Saraiva, 1994; MARTINS-COSTA, Judith. **Modelos de direito privado**. São Paulo: Marcial Pons, 2014; TIMM, Luciano. **Direito contratual brasileiro**. Críticas e alternativas ao solidarismo jurídico. 2. ed. São Paulo: Atlas, 2015.

[54] GOMES, Técio Spínola. **O processo de formação do contrato**: abordagem comparatista entre a tradição da *common law* e o direito brasileiro. 160 f. 2017. (Tese) Doutorado em Direito.

um tempo, frequentemente ligado ao nascimento do liberalismo, em que a autonomia contratual foi absoluta.

Essa ressalva é fundamental para se afastar a noção equivocada de que a autonomia privada deve levar a um contratualismo anárquico, no âmbito do qual inexistiriam limites ao poder atribuído aos contratantes para definir o conteúdo de suas relações contratuais. Quando se pretende descrever o modelo de ampla liberdade contratual para definir seu conteúdo, deve-se ter em vista a ressalva de que a história da liberdade contratual é a história das suas limitações[55].

A influência dos valores da modernidade, no âmbito da regulação dos contratos, teve por efeito conferir prestígio às escolhas individuais dos contratantes. Antes da modernidade, a vontade individual dos contratantes não era o principal elemento necessário para a formação dos contratos[56].

A construção cultural do conceito de contrato e das técnicas para a sua constituição reflete o triunfo de um ideal. Em maior ou menor medida, a consagração da autonomia privada demonstra a sua "estreita conexão com a economia de mercado, na medida em que pressupõe, e é instrumento necessário, do exercício da liberdade de empresa e da propriedade privada"[57].

Este primeiro modelo, assim, corresponde à projeção máxima da liberdade de contratar e da liberdade de definir o conteúdo dos contratos. A noção que preenche esta primeira acepção do direito de contratar tem sua origem diretamente conectada às correntes filosóficas e econômicas

Faculdade de Direito da Universidade de São Paulo (USP), São Paulo, 2017, p. 68.

[55] A expressão é atribuída ao jurista alemão Walter Leisner: RIBEIRO, Joaquim de Souza. **O problema do contrato**. As cláusulas contratuais gerais e o princípio da liberdade contratual. Coimbra: Almedina, 1999, p. 235.

[56] A confirmar este dado, Manoel Ignácio Carvalho de Mendonça afirmou, no início do século XX: "Aos sacramentos e às formulas invioláveis do direito romano, que atravessaram quasi inatacáveis todo o periodo monotheico da idade media, succedeu o dominio metaphysico da vontade absoluta das partes como *lei dos contractos*". MENDONÇA, Manoel Ignacio Carvalho de. **Contractos no direito civil brasileiro**. t. I. 2. ed. Rio de Janeiro: Freitas Bastos, 1938, p. 13.

[57] VICENTE, Dário de Moura. A autonomia privada e os seus diferentes significados à luz do direito comparado. **Revista de Direito Civil Contemporâneo**, São Paulo, 2016, v. 8, jul-set. 2016.

que prestigiaram a capacidade da pessoa humana de, em grupo ou individualmente, disciplinar suas trocas econômicas, independente ou à parte da regulação estatal.

Dita construção supõe igualdade entre os contratantes. Teriam eles as mesmas informações e compreensão do negócio, sendo assim livres para contratar ou não, bem como para definir o conteúdo do contrato. Por isto, é correto dizer que os contratos paritários compõem o modelo clássico de contratação, "que pressupõe a equivalência dos poderes negociais e a existência efetiva de negociações preliminares, dispensando a intervenção legislativa e judicial, em sua essência"[58].

Como retrato deste modelo de contratação, é usual que se lhe atribua a condição de *lex contractus*, como no sempre referido artigo 1.103 do Código Civil francês, quando estatui que os contratos legalmente formados fazem lei para as suas partes[59]. Seja textualmente, a exemplo do que fazem também os Códigos Civis espanhol[60] e italiano[61], seja em termos doutrinários, é comum a menção ao contrato como verdadeira lei privada, construída a partir da vontade das partes, capaz mesmo de afastar a norma legal.

Como modelo diretamente vinculado à noção moderna de contrato, é certo dizer que as regras jurídicas, aqui, tutelarão mais a genética do negócio, preocupando-se mais com a formação do consenso, com o procedimento de vinculação (de geração de obrigação jurídica), do que com seu conteúdo[62].

Assim, sob a luz do prestígio conferido à autonomia das partes, o modelo de ampla liberdade contratual para definição do conteúdo atrai três consequências.

[58] LÔBO, Paulo. **Contratos**. São Paulo: Saraiva, 2018, p. 28.

[59] FRANÇA. Código Civil. "Art. 1.103. Les contrats légalement formés tiennent lieu de loi à ceux qui les ont faits". Tradução livre: "Os contratos legalmente formados tomam o lugar da lei para aqueles que os assinaram".

[60] ESPANHA. Código Civil. "Art. 1.091. Las obligaciones que nacen de los contratos tienen fuerza de ley entre las partes contratantes, y deben cumplirse a tenor de los mismos. Tradução livre: "As obrigações que decorrem dos contratos possuem força de lei entre as partes, devendo ser cumpridas por elas".

[61] ITÁLIA. Código Civil. "Art. 1372. Il contratto ha forza di legge tra le parti" [...]. Tradução livre: O contrato tem força de lei entre as partes.

[62] TIMM, Luciano. **Direito contratual brasileiro**. Críticas e alternativas ao solidarismo jurídico. 2. ed. São Paulo: Atlas, 2015, p. 65.

Em primeiro lugar, na relação entre contrato e norma legal, esta última terá conteúdo frequentemente supletivo ao negócio firmado entre as partes, e não obrigatório. Em segundo, a norma estabelecerá parâmetros para interpretar o contrato firmado, buscando conservar ao máximo a vontade manifestada pelos contratantes. Por fim, em terceiro lugar, a norma legal cria mecanismos de controle de validade do contrato baseando-se justamente no modo pelo qual a vontade foi manifestada, tendo em vista *quem* a manifestou (capacidade jurídica), por qual *meio* (forma prevista em lei) e, sobretudo, se houve consciência e liberdade na manifestação (vícios do consentimento).

2.4.2. Modelo de formação com restrita liberdade de contratar: contrato de adesão e condições gerais do contrato

A massificação das relações jurídicas desafia o quadro geral de regulação do direito dos contratos.

Se a autonomia individual é o principal pilar da teoria geral dos contratos, a despersonalização das relações contratuais repercute fortemente sobre todo este setor do direito privado.

O modelo construído desde o final do século XVIII, que pressupunha que dois contratantes mantivessem tratativas, discutissem o conteúdo de determinado negócio e, como resultado destes debates, firmassem um contrato, não é compatível com a realidade da maioria das relações econômicas desenvolvidas a partir do século XX.

Este quadro é usualmente ligado ao desenvolvimento do mercado de consumo de massa, o que exigiu a formatação de um modo próprio de contratar no contexto em que bens e serviços fossem fornecidos, de maneira uniforme, a uma grande quantidade de pessoas. Nestas circunstâncias, a contratação individualizada, com formatação de um instrumento para cada contratante que, por exemplo, pretender firmar um negócio com um banco, uma seguradora ou uma concessionária de serviço público, é economicamente inviável.

Este impasse prático exigiu uma solução jurídica teórica, na medida em que a doutrina contratualista considerava a autonomia como elemento essencial para a formação do contrato, sendo os seus efeitos jurídicos produto do consenso obtido entre as partes.

Contratos em que uma das partes apenas aderia a termos uniformemente pré-dispostos pela outra, neste contexto, correspondiam a figura *sui generis*. Muito embora, ao final, o contrato se formasse pelo consentimento da parte que aderiu ao instrumento, havia uma restrição grave ao exercício da autonomia na definição do conteúdo do negócio.

São estas as circunstâncias de fato que permitem o desenvolvimento teórico da categoria do contrato de adesão[63], própria deste segundo modelo de contratação.

A expressão *contrats d'adhesion* é atribuída a Raymond Saleilles, que a cunhou no início do século XX. Esta específica modalidade de contratação, para o autor, se caracteriza pela ausência de liberdade e, nesta medida, pela ausência de igualdade entre os contratantes.

Diversamente dos contratos ordinários, em que seus efeitos jurídicos decorrem de um processo de negociação entre partes igualmente capazes de influenciar no seu conteúdo, nos contratos de adesão predomina exclusivamente uma só vontade, que se impõe não apenas a uma pessoa, mas a uma coletividade indeterminada de contratantes[64].

[63] A doutrina costuma reconhecer o contrato de adesão a partir de três requisitos: (i) a uniformidade; (ii) a predeterminação; e (iii) a rigidez de suas cláusulas. MONTEIRO, António Pinto. Contratos de adesão e cláusulas contratuais gerais: problemas e soluções. **Revista Trimestral de Direito Civil**, São Paulo, v. 7, 2001. A uniformidade contratual é exigência da necessidade de se garantir uniformidade no plano econômico, isto é, quanto ao fornecimento de bens e serviços de igual natureza a todos os contratantes. Trata-se de uma "exigência da racionalização da atividade econômica que por ela se desenvolve". A predeterminação está na essência do contrato de adesão, caracterizando-o com maior vigor. É esta característica que lhe atribui a marca mais significativa, uma vez que suas cláusulas não se criam em razão de tratativas ou negociações, mas sim em razão da criação unilateral de uma das partes, anterior à decisão da outra de a elas aderir ou não. É possível que tais cláusulas não sejam predispostas pela própria parte do contrato, mas por um terceiro, entidade privada (associações de determinado setor econômico, por exemplo) ou pelo Poder Público (vide o caso dos contratos relativos a serviços públicos regulados pelo Estado): mesmo nestes casos, admite-se a presença do requisito da predeterminação. Por fim, diz-se que a rigidez também será requisito essencial, eis que as "cláusulas são rígidas porque devem ser uniformes e não seria possível flexibilidade, porque desfiguraria a *specie*". GOMES, Orlando. **Contratos**. 26. ed. São Paulo: Saraiva, 2008, p. 116-117.

[64] SALEILLES, Raymond. **De la déclaration de volonté**. Paris: F. Pichon, 1901. Disponível em: http://dlib-pr.mpier.mpg.de/. Acesso em: 06 maio 2021, p. 229. O acesso ao texto só foi possível em razão do belíssimo trabalho de preservação e de divulgação desta e de outras obras clássicas de autores europeus, desenvolvido pelo Max-Planck-Institut für europäische Rechtsgeschichte.

A restrição que permite conduzir a categoria dos contratos de adesão ao modelo de restrita liberdade contratual, para Raymond Saleilles, sequer permitia atribuir a esta figura a natureza de contrato. Segundo o autor, esta categoria seria apenas um pretenso contrato e que, àquela altura do início do século XX, ainda dependia de uma construção jurídica adequada[65].

Ainda na França, coube a René Demogue demonstrar que o enfrentamento desta realidade dependia de ver as coisas como elas são, e não a partir dos quadros de hipóteses desenvolvidos pela doutrina. Escrevendo ainda no início do século, o autor contesta a existência de contratos em que as partes são completamente livres e iguais, o que parece jogar por terra a premissa sustentada por Raymond Saleilles para desconsiderar a natureza contratual das contratações por adesão.

René Demogue, em tom realista, alude a circunstâncias colhidas da experiência francesa àquela altura e que exigiam reconhecer que a completa liberdade das partes, na realidade, não é algo completamente verdadeiro.

Para o autor, circunstâncias como em que uma das partes tem menos informação que a outra, ou encontra-se em posição de maior necessidade e por isto aceita as condições impostas por sua contraparte, ou mesmo hipóteses puramente subjetivas como a audácia de um contratante e a timidez do outro, levarão a contratações em que não haverá influência equilibrada dos dois sujeitos no resultado final do negócio[66].

Atualmente, a dúvida sobre a natureza contratual do contrato de adesão não se justifica. Há, nesta modalidade, criação de relações jurídicas por força não da vontade estatal, mas da vontade comum das partes – requisito essencial para a constituição de uma relação contratual –, o que impede que se lhe negue a condição de contrato.

Ainda que para concordar com o que foi predisposto por uma das partes, há manifestação da vontade; igualmente, há uma causa e, pode-se dizer, uma função social dos contratos de adesão, os quais correspondem a tecnologia importante para viabilizar o acesso a bens e serviços prestados de modo padronizado, sem a qual isto não seria possível.

[65] SALEILLES, Raymond. **De la déclaration de volonté**. Paris: F. Pichon, 1901. Disponível em: http://dlib-pr.mpier.mpg.de/. Acesso em: 06 maio 2021, p. 229.

[66] DEMOGUE, René. **Les notions fondamentales du droit privé**. Essai critique, pour servir d'introduction à l'étude des obligations. Paris: Arthur Rousseau, 1911, p. 573.

Por seu turno, as condições gerais do contrato correspondem à categoria próxima do contrato de adesão, sendo igualmente reflexo deste segundo modelo de formação dos contratos.

A origem comum e as opções legislativas distintas entre os países, que ora pretendem regular as condições gerais, ora as contratações por adesão geram certa confusão conceitual. Parte substancial deste dissenso tem origem no uso de expressões distintas para designar o fenômeno da uniformização dos contratos, na França (contratos de adesão) e na Alemanha (cláusulas contratuais gerais).

Resulta disso, por exemplo, o fato de que em Portugal, o Decreto-Lei n. 446/85 trata das "cláusulas contratuais gerais", expressão que, ao mencionar a generalidade, alude à característica também presente nos contratos de adesão. A confusão se agrava ao se ter em vista que "cláusulas" compõem contratos, o que torna ainda mais difícil diferenciar as duas figuras. Já na Alemanha, a *Allgemeine Geschaftsbedingungen Gesetz*, editada em 1976 e conhecida pela sigla *AGB-Gesetz* ou simplesmente *AGBG*, dispõe sobre o que em português se conhece como condições gerais – mas também não deixa de gerar confusão, ante o sentido específico que o vocábulo "condição" recebe na dogmática jurídica (como, por exemplo, dispõe o art. 121 do Código Civil brasileiro[67]).

A árdua tarefa de obter alguma ordenação quanto ao uso destas expressões já levou à aparente desistência na organização do tema. Já se disse que todas as designações (contratos de adesão, condições gerais dos contratos, cláusulas contratuais gerais, contratos *standard*, dentre outras) representam a mesma realidade[68].

Todavia, à parte a confusão conceitual, é certo que condições gerais do contrato designam algo distinto dos contratos de adesão. Condições gerais antecedem os contratos de adesão; antes de tornar-se um contrato, a adesão se dá a regras predispostas por uma das partes, do que resulta uma relação de antecedente (condições gerais) e consequente (contrato de adesão)[69].

[67] GOMES, Orlando. **Contratos**. 26. ed. São Paulo: Saraiva, 2008, p. 108.

[68] MONTEIRO, António Pinto. Contratos de adesão e cláusulas contratuais gerais: problemas e soluções. **Revista Trimestral de Direito Civil**, São Paulo, v. 7, 2001.

[69] BIANCA, Massimo. **Diritto civile**: Il contratto. v. 3. 3. ed. Milano: Giuffré, 2019, p. 316; FRANCHI, Valeria. Le condizioni generali di contratto ed i contratti conclusi medinte moduli

Assim, condições gerais podem ser descritas como o conjunto de regras predispostas por uma das partes e que integrará, uniformemente, os contratos futuros.

As condições gerais são completamente unilaterais, pelo que sequer se pode falar em contrato, mas de mero negócio jurídico unilateral. Somente com a manifestação de vontade do aderente é que as ditas condições comporão o conteúdo, agora sim, do contrato que será firmado entre as partes.

Ao se estipular regras para a condições gerais, deve-se ter em vista dois momentos distintos. O primeiro deles é o período entre a criação das condições e a adesão a elas pelos futuros contratantes. O segundo momento, já após terem elas se convertido em contrato, diz respeito a sua aplicação nas relações contratuais *in concreto*.

É fácil ver que os problemas advindos do segundo momento são questões relativas à aplicação da lei ao contrato, que pouco diferem do que ocorre com contratos de adesão ou outros negócios jurídicos. Para tutelar as regras predispostas antes mesmo delas se tornarem contratos, as respectivas legislações de Portugal e Alemanha preveem mecanismos de controle administrativo e judicial anteriores à contratação, antes mesmo das condições gerais criarem direito subjetivo para seus contratantes[70].

O resgate das categorias correspondentes aos contratos de adesão e às condições gerais de contratação, como se vê, permite inseri-las como parte de um modelo de formação de contratos, e não como um tipo contratual específico das relações de consumo, ao contrário do que sustentam alguns autores.

No contexto deste modelo, já se disse que a restrição à liberdade de definir o conteúdo dos contratos seria prova da propalada crise, ou da morte do contrato. Este ponto de vista tem destaque na obra de Patrick Atiyah, que pretende resgatar historicamente o apogeu na ideia de

o formulari. La tutel della parte debole non predisponente nei confronti delle clausole vessatorie ed abusive. *In*: FAVA, Pasquale (coord.). **Il contratto**. Trattato teórico – pratico. Milão: Giuffrè, 2012, p. 840.

[70] No Brasil, não há um regime específico para as condições gerais do contrato. Os mecanismos administrativos de controle se restringem a serviços públicos regulados, por meio de regras editadas por agências reguladoras. As normas do Código de Defesa do Consumidor se aplicam de modo indistinto aos contratos de adesão e às condições gerais de contratação. MONTEIRO, António Pinto. Contratos de adesão e cláusulas contratuais gerais: problemas e soluções. **Revista Trimestral de Direito Civil**, São Paulo, v. 7, 2001, p. 08-09.

liberdade contratual, localizando-o entre os anos de 1770 e 1870, quando, então, deu-se a crise por ele mencionada. Segundo o professor inglês, o declínio do prestígio conferido à liberdade contratual pode ser explicado pelas falhas do modelo contratual clássico em entregar respostas a questões práticas e econômicas relevantes, a exemplo de interesses de terceiros nos contratos (o que coloca em xeque a doutrina da relatividade), as assimetrias de informação dos consumidores ou o problema dos monopólios[71]. De modo semelhante, é bastante conhecida a tese de Grant Gilmore, segundo a qual o contrato estaria morto, tendendo a ser absorvido pela *Law of Torts*[72].

Esta percepção, porém, não é correta. Em primeiro lugar, as duas obras devem ser consideradas no seu contexto e com atenção especial para as peculiaridades da doutrina contratual de países de tradição na *common law*. Em verdade, as críticas formuladas têm em vista a especificidade da formação dos contratos na Inglaterra e nos Estados Unidos. Particularmente na obra de Grant Gilmore, vê-se que o título se tornou mais conhecido e provocativo que o conteúdo do próprio livro; nota-se, com o curso do tempo, que nem mesmo o autor defendera verdadeiramente o abandono do contrato[73]. Mais que isto: é o próprio Grant Gilmore quem sustenta a

[71] ATIYAH, Patrick S. **The rise and fall of freedom of contract**. Oxford: Oxford University Press, 1979, p. 681.

[72] GILMORE, Grant. **The death of contract**. Columbus: The Ohio State University Press, 1974, p. 95.

[73] Esta é a conclusão de comentadores recentes, inclusive no Brasil: "Como se aludiu em sede introdutória, Gilmore, aparentemente, queria que seu livro fosse lido como uma novela histórica – toca em temas gerais de forma deliberadamente provocativa, visando a inflamar uma controvérsia acadêmica. A dita 'morte' do contrato que intitula o livro representa, para Gilmore, principalmente o abandono da noção clássica da *bargain theory of consideration* como o único critério para a determinação da existência da relação contratual. [...]. Assim, não o contrato, mas a teoria geral clássica, no momento em que escreve, parece ter verdadeiramente perecido – ou, pelo menos, parte dela pereceu. Aponta-se que algo ainda subsistiria, como suas categorias tradicionais, que continuaram a organizar os *Casebooks*. [...]. O autor teve sucesso com seu intuito polemizador, mas, em consequência dele, não faltaram críticas ao trabalho, geralmente apontando suas insuficiências, desacertos, ou reclamando de seus exageros, a despeito de seu sucesso prosaico. Muitas das críticas, contudo, embora acertadas, soam injustas ao imputar a Gilmore a culpa por não ter escrito um livro que não tinha qualquer intenção, embora fosse certamente capaz de escrever". WALKER, Mark Pickersgill. Grant Gilmore e 'a morte do contrato': o ciclo de vida da 'clássica' teoria geral dos contratos estadunidense. **Revista de Direito Civil Contemporâneo**, v. 20, p. 193-222, jul.-set. 2019, p. 193-222.

"ressureição do contrato", o que sugere não uma crise sem fim do instituto, mas a reformulação de algumas de suas bases clássicas[74].

Além disso, é válido dizer que se é certo que a massificação do consumo, principal vetor das mudanças indicadas, impôs grande restrição à liberdade contratual, não se pode desconsiderar que as contratações realizadas à moda clássica, com ampla discussão de cláusulas, persistiram e ainda persistem, sobretudo entre empresas ou entre pessoas naturais, fora do mercado de consumo.

A afirmação da derrocada do contrato, assim, supõe que o modelo clássico de formação dos contratos seja o único possível, o que se trata de grave erro.

A principal consequência imposta pela organização econômica a partir do século XX sobre a teoria geral dos contratos não foi a sua aniquilação, mas a compreensão de que a regulação dos contratos deve ter em vista modelos diferentes de contratação, em um espectro que distingue situações em que a liberdade contratual é ampla e aquelas em que a autonomia será mais restrita.

Neste último caso, a norma legal tratará de proibir certas práticas, cominar sanções e proteger a parte cuja manifestação da vontade será apenas a de aderir ou não à relação contratual.

Esta compreensão é ratificada por Cristiano de Souza Zanetti, que em pesquisa ampla para investigar a tutela da liberdade contratual desde o direito romano e comparar o regime jurídico brasileiro com o dos demais países latino-americanos, entende que não se pode realizar um juízo de valor entre modelos de contratação com liberdade ampla e modelos com liberdade restrita.

Para o autor, no "direito brasileiro, não se hesita em afirmar que há, de um lado, os contratos submetidos aos limites clássicos e, de outro, os que regulam as relações de consumo, sujeitos a restrições bastante incisivas"[75]. Esta percepção singela não permite falar em crise do modelo

[74] "Contract is dead – but who knows what unlikely ressurection the Easter-tide may bring?" Tradução livre: "O contrato está morto – mas quem sabe que ressurreição improvável a maré de Páscoa pode trazer?". GILMORE, Grant. **The death of contract**. Columbus: The Ohio State University Press, 1974, p. 112.

[75] ZANETTI, Cristiano de Sousa. **Direito contratual contemporâneo** – a liberdade contratual e sua fragmentação, v. 5. São Paulo: Método, 2008, p. 271.

de contratação clássico, fundado na liberdade contratual, mas sim na admissão de outros modos de contratar, pelas legislações em geral. O sistema brasileiro é exemplo disso – da convivência harmônica da regulação de modelos de contratação distintos.

A propalada crise do contrato parte, ademais, de um equívoco metodológico perigoso. Os desdobramentos da sociedade pós-industrial sobre a disciplina das relações contratuais não raro são examinadas sob uma lente que atribui a tal circunstância um juízo de valor negativo, sendo bastante ilustrativo deste tipo de reflexão que se fale em *morte* do contrato.

Porém, a pós-modernidade não impôs a morte, tampouco crise do contrato enquanto categoria; ao contrário, deve-se reconhecer a expansão dos modos de contratar e, portanto, uma dimensão ainda maior da relação jurídica contratual enquanto célula de organização social e econômica.

Ainda que se reconheça a fragmentação da liberdade contratual, assim compreendido o aumento de restrições para o exercício da autonomia, é possível sustentar que os limites são sempre os mesmos, ou seja, a licitude, os bons costumes, a ordem pública, a boa-fé e a função social[76].

A restrição à liberdade contratual foi algo bom e necessário para que fossem alcançados os propósitos de expandir o consumo, diminuir custos de transação e garantir o acesso de mais pessoas a bens e serviços essenciais[77]. A produção de bens e serviços padronizados exige que o modelo

[76] ZANETTI, Cristiano de Sousa. **Direito contratual contemporâneo** – a liberdade contratual e sua fragmentação, v. 5. São Paulo: Método, 2008, p. 274.

[77] "Bilhões de transações comerciais por ano são regidas pela padronização. O custo da negociação e da acomodação de demandas individuais é inviável. A padronização permite a redução desses custos. Permite que as empresas pensem seu negócio, planejem, aloquem recursos e sejam, enfim, eficientes, em nome do bem comum. A primeira ideia desse raciocínio é que os termos padrões reduzem os custos de redação dos contratos. A redução dos custos de redação ocorre porquanto a reprodução literal das cláusulas de um contrato para o seguinte não exigiria a intervenção de especialistas a cada operação e a cada agente. Muitas associações se encarregam de estudar as cláusulas de determinado mercado, evitando que cada agente tenha que fazê-lo individualmente, sem necessidade de incorrer nos custos correspondentes com advogados. Nos Estados Unidos, por exemplo, as companhias de seguro contam com o *Insurance Services Office* que registra suas apólices de seguro e as vende para as seguradoras. Ele se reúne comos comissários em cada Estado da Federação e garante que a linguagem seja aprovada, analisa as decisões judiciais e atualiza suas apólices a fim de acomodá-las. No mesmo sentido, o American Institute of Architects redige cláusulas para seu segmento. Os exemplos se multiplicam". CARNEIRO, Fernando Toledo. Boilerplates: uma olhada nas

de contratação seja igualmente padronizado[78]. Esta poderosa reunião foi um dos elementos fundamentais para o desenvolvimento econômico ao longo do século XX.

Por conta disso, é incorreto falar que a concepção clássica do contrato é boa e sua antítese, decorrente da sociedade de consumo, é uma concepção ruim.

Autores formados sob forte influência da teoria contratual clássica registraram uma curiosa antipatia quanto a novas modalidades de contratação[79]. Esta circunstância demonstra o vácuo existente, durante algum período, em que a doutrina contratual pressupunha um determinado modelo, mas o mercado e as pessoas operavam, em seus negócios diários, com outros mecanismos de contratação.

A crítica aos contratos de adesão encontra eco inclusive em países de tradição bastante liberal, cujo nível de intervenção do poder público nos contratos é substancialmente menor do que ocorre na tradição brasileira. Nos Estados Unidos, por exemplo, tratando do largo uso de cláusulas-padrão, já se disse que a atribuição a particulares do poder de definir regras uniformes para contrato seria uma indevida delegação aos privados do poder legislativo estatal (*democratic degradation*)[80].

No entanto, ao longo do tempo, a teoria geral do contrato criou fundamentos teóricos relevantes para regular os modelos de contratação massificada de modo adequado, a partir de premissas distintas tomadas para quando a contratação se dá a partir do exercício amplo da liberdade contratual.

A uniformização dos contratos pode ser regulada de modo eficiente, não se podendo nem de longe falar em atribuição ilimitada a particulares do poder de regular relações jurídicas.

teorias norte-americanas sobre a padronização contratual. **Revista de Direito Privado**, v. 79, 2007, p. 83-98.

[78] MONTEIRO, António Pinto. Contratos de adesão e cláusulas contratuais gerais: problemas e soluções. **Revista Trimestral de Direito Civil**, São Paulo, v. 7, 2001, p. 04.

[79] RODRIGUES, Silvio. **Contratos e declarações unilaterais da vontade**. 29. ed. São Paulo: Saraiva, 2003, p. 43.

[80] RADIN, Margaret Jane *apud* CARNEIRO, Fernando Toledo. Boilerplates: uma olhada nas teorias norte-americanas sobre a padronização contratual. **Revista de Direito Privado**, v. 79, 2007, p. 83-98.

Além disso, o modelo de formação dos contratos com restrita liberdade de contratar não se circunscreve apenas ao mercado de consumo. É possível a contratação por adesão também entre empresas (tome-se como exemplo os contratos de franquia, em que a franqueadora predetermina as cláusulas e os candidatos a franqueadores aceitam ou não as condições para a contratação) ou entre pessoas físicas, fora do mercado de consumo (aqui, por exemplo, o caso em que um proprietário de vários imóveis predisponha um modelo de locação para os possíveis locatários, sem aceitar discutir o seu conteúdo).

Embora seja o mercado de consumo o seu *locus* preferencial e o contexto que permitiu o desenvolvimento da matéria, hoje se reconhece que a necessidade de contração *standard* não é exclusiva das relações de consumo, mas também de outras relações contratuais em geral[81]. Atualmente, é forçoso reconhecer que mesmo em contratos complexos, como os de fusões e aquisições de empresas, as cláusulas-padrão, ou *boilerplates clauses*, ocupam um papel proeminente no regular das relações jurídicas[82].

Estas circunstâncias demonstram que, apesar da expressão ter se tornado corrente, o uso e sua regulação demonstram que não existem propriamente contratos de adesão, mas contratações firmadas por adesão[83], dado o largo uso em inúmeras áreas do Direito. Esta evidência permite que se tome o contrato de adesão como um modelo de formação de contratos, tal como aqui se sustenta.

O alerta tem particular importância para o regime brasileiro de tutela dos contratos de adesão, posto que sua disciplina é distinta, quer seja o contrato de adesão firmado no mercado de consumo, quando então será regido pelo Código de Defesa do Consumidor, quer seja ele constituído fora de uma relação consumerista, hipótese em que será regido pelo Código Civil.

Os dois modelos de regulação são substancialmente distintos. O Código Civil se limita a dispor, no artigo 423, que havendo dúvida

[81] ZANETTI, Cristiano de Sousa. **Direito contratual contemporâneo** – a liberdade contratual e sua fragmentação, v. 5. São Paulo: Método, 2008, p. 275.

[82] CARNEIRO, Fernando Toledo. Boilerplates: uma olhada nas teorias norte-americanas sobre a padronização contratual. **Revista de Direito Privado**, v. 79, 2007, p. 83-98.

[83] MENEZES CORDEIRO, Antônio. **Tratado de direito civil português**. v. I. Parte geral, t. I. 3. ed. Coimbra: Livraria Almedina, 2005, p. 425.

quanto à interpretação de certa cláusula em um contrato de adesão, deve-se adotar aquela que for mais favorável ao aderente[84]. O artigo 424, por seu turno, determina a nulidade das cláusulas que, constantes de um contrato de adesão, "estipulem renúncia antecipada do aderente a direito resultante da natureza do negócio", regras que não encontram paralelo nos outros modelos de contratação[85].

No âmbito do Código de Defesa do Consumidor, o regime das contratações por adesão foi tratado de modo mais amplo. Tal postura se afigura adequada não apenas pelo evidente aspecto de que a maioria dos contratos de adesão se dê no mercado de consumo; há que se considerar, igualmente, que a posição do aderente-consumidor é ainda mais perigosa que um aderente comum, vez que agrega-se à manifestação de vontade restringida, a hipossuficiência técnica, econômica e informacional.

Assim, a regulação introduzida pelo Código de Defesa do Consumidor é também ilustrativa deste modelo de formação de contrato que se baseia em liberdade reduzida de conformação do seu conteúdo, posto que: (i) não retira a condição de contrato de adesão se, no instrumento, for inserida cláusula específica para uma determinada contratação (artigo 54, § 1º); e (ii) prima pela tutela da informação, obrigando o predisponente a ser claro e ostensivo, ao ponto de determinar inclusive um tamanho mínimo de fonte, devendo além de tudo ser dado destaque especial a cláusulas que limitem direitos do consumidor (§ 3º e 4º).

[84] Reinhard Zimmermann localiza a origem desta regra na formulação de Celsus, contida no Digesto, segundo a qual "Cum quaeritur in stipulatione, quid acti sit, ambiguitas contra stipulatorem est" (Sempre que surgir alguma dúvida em uma estipulação, a ambiguidade deve ser contrária ao estipulador). A regra sobreviveu aos séculos para ser aplicada hoje por "modern courts and writers who were desperately looking for devices to combat unfair standard contract terms". Tradução livre: "cortes modernas e doutrinadores que estão procurando desesperadamente dispositivos para combater termos injustos em contratos *standards*". ZIMMERMANN, Reinhard. **The law of obligations**. Roman Foundations of the Civilian Tradition. Cape Town: Juta & Co, Ltd, 1992, p. 639-641.

[85] A chamada "Lei da Liberdade Econômica" (Lei n. 13.874/2019) acrescentou ao artigo 113 do Código Civil o § 1º, segundo o qual, dentre outras regras, a interpretação deve atribuir ao negócio jurídico o sentido que "for mais benéfico à parte que não redigiu o dispositivo, se identificável". Neste ponto, há certa semelhança com a regra do artigo 423, mas não equivalência, já que aparentemente trata-se de regra que pode ser afastada, conforme artigo 421-A. Ademais, exige-se a possibilidade de identificação de quem redigiu o dispositivo, o que não ocorre na regra do contrato de adesão.

A opção do legislador brasileiro segue tendência identificada em outros países. Às técnicas de contratação para as circunstâncias descritas da sociedade de consumo correspondem regras próprias, que pretenderão regular o contrato em três planos, que não terão mais em vista apenas a tutela da liberdade contratual: (i) o plano da formação do contrato e da transparência; (ii) o plano da justiça contratual das cláusulas; e (iii) o plano da reação jurídica às cláusulas tidas por abusivas[86].

Mais importante: não se podendo mais supor, concretamente, igualdade de condições entre contratantes livres, torna-se claro que em relação aos contratos nos moldes contemporâneos, que se realizam em série, a preocupação principal deve ser a defesa de quem adere aos negócios e tem seus direitos restringidos sem informação adequada[87]. Esta deve ser a diretriz principal para a boa regulação de contratos formados no âmbito deste modelo de contratação.

2.4.3. Modelo de formação com ampla liberdade de contratar para preordenar contratos futuros: contrato normativo

Por fim, a pós-modernidade permitiu a criação de um terceiro modelo para a formação dos contratos. Aqui, adota-se como referência a ampla liberdade contratual, mas cujo uso volta-se no sentido de regular e coordenar o conteúdo de relações contratuais futuras, entre as partes ou entre estas e terceiros. Este modelo é representado pela categoria do *contrato normativo*.

Como se verá nos capítulos posteriores, é possível tomar como exemplo de contrato normativo a convenção coletiva de consumo (artigo 107 do Código de Defesa do Consumidor). Por força desta previsão, associações representantes de consumidores e de fornecedores negociam efetivamente – e não simplesmente aderem a termos pré-fixados – as regras que se aplicarão às relações de consumo estabelecidas entre seus associados. Uma vez fixados os termos após ampla negociação, as condições

[86] MONTEIRO, António Pinto. Contratos de adesão e cláusulas contratuais gerais: problemas e soluções. **Revista Trimestral de Direito Civil**, São Paulo, v. 7, 2001.

[87] GOMES, Orlando. **Contratos**. 26. ed. São Paulo: Saraiva, 2008, p. 08. No mesmo sentido, reconhecendo a existência de profunda distinção de fato entre o *contraente debole* que adere a *contratti di massa* e o *contraente forte* e, por conseguinte, a distinção da tutela que deve a ordem jurídica conferir a tais situações: BIANCA, Massimo. **Diritto civile**: Il contratto. v. 3. 3. ed. Milano: Giuffré, 2019, p. 313.

contratuais ficarão uniformizadas, de modo que as partes às quais tais termos negociados são dirigidos obriguem-se a observar suas disposições.

Vê-se algo semelhante em contratos afetados à construção de relações complexas, para distribuição ou construção, por exemplo. Nestes casos, é usual a constituição de *framework agreements*, isto é, de contratos que estabelecem as linhas gerais de suas contratações futuras, preordenando certas condições tal qual faria uma norma legal.

É possível aludir a inúmeros outros exemplos com estrutura contratual semelhante, em que um instrumento cria regras gerais para regular a relação jurídica e os futuros contratos fiquem obrigados a observar este negócio-base.

Vê-se que aqui há a uniformização, ao menos em parte, do conteúdo de relações jurídicas. Tal se dá, porém, não por imposição, mas por negociação entre grupos, ou entre partes individuais. Além da uniformização de regras, as relações jurídicas estabelecidas sob este modelo trazem consigo a nota da estipulação de um regime contratual único para contratos coligados que, tal qual satélites, gravitam e encontram sua causa no contrato normativo.

Esta modalidade de contratação, que deita suas origens no direito alemão do início do século XX, influenciou a ascensão dos contratos coletivos no direito do trabalho, é largamente utilizada em outros setores do direito privado e deve ser vista sob o arco do pluralismo próprio da pós-modernidade. Ao contrário da propalada crise do contrato, o contrato normativo é testemunha da expansão do uso do contrato não apenas para regular interesses individuais, mas também para alcançar coletividades e regular mercados.

Neste sentido, é possível localizar esta técnica como expressão da contratualização do direito[88], cujos desdobramentos se expandem para domínios tão distintos quanto o direito administrativo, o direito penal, o direito de família e os direitos reais[89]. Trata-se de movimento já iden-

[88] FRADERA, Véra Jacob de. Art. 7º: liberdade contratual e função social do contrato – art. 421 do Código Civil. *In*: MARQUES NETO, Floriano Peixoto; RODRIGUES JÚNIOR, Otávio Luiz; LEONARDO, Rodrigo Xavier (org.). **Comentários à Lei de Liberdade Econômica**. São Paulo: RT, 2020, p. 294.

[89] O uso superlativo dos contratos em todos os setores da vida social, como instrumento de regulação e mesmo em campos antes blindados quanto a seus efeitos, é uma característica do atual momento histórico. Para ilustrar, basta pensar: (i) na principal diretriz da reforma

tificado para descrever o aumento do prestígio outorgado aos vínculos consentidos, formados por vontade das partes, distintos neste ponto dos vínculos jurídicos impostos pela lei.

Não é estranho, portanto, admitir que contratos possam regular outros contratos futuros, constituindo normas de observância obrigatória. Trata-se de expressão da liberdade de contratar e que, se é certo que se deve tomar esta possibilidade como algo juridicamente viável para todo tipo de relação contratual, tampouco parece possível que esta técnica seja vedada enquanto conceito.

Este modelo, em que o contrato normativo assume importante expressão, concretiza o espírito da autonomia contratual sob o ponto de vista da pós-modernidade, na linha de que toda estratégia negocial, enquanto organização de trocas no mercado, seja considerada uma manifestação jurídica[90].

Disto resulta o reconhecimento jurídico deste modelo de regulação dos contratos, e não a sua negação. O novo, aquilo que é criado não pela lei,

do direito do trabalho, levada a efeito em 2017 e que, ao alterar a Consolidação das Leis do Trabalho, reforça a possibilidade de convenções e acordos coletivos terem "prevalência sobre a lei" (artigo 611-A); (ii) nas recentes discussões sobre a contratualização do direito penal, que agora vê-se às voltas com acordos de não-persecução penal e acordos de colaboração premiada, que não são nada mais do que negócios jurídicos; (iii) no movimento de contratualização do direito administrativo, este em curso há muito, como demonstrado pelo largo uso das parcerias público-privadas e cujos reflexos mais recentes se fazem sentir na institucionalização de soluções consensuais entre particulares e Poder Público (artigo 26 da Lei de Introdução às Normas do Direito Brasileiro, incluído pela Lei n. 13.655/2018); ou ainda, (iv) na admissão mais ampla dos negócios jurídicos processuais, no âmbito do direito processual civil, por força da cláusula geral inserida no novo Código de Processo Civil, em 2015 (artigo 190), além do uso cada vez mais disseminado da arbitragem, cuja natureza contratual é conhecida e inquestionável pela jurisdição brasileira. Este movimento é amplo e espalha seus efeitos por toda a ordem jurídica, inclusive no campo do direito civil. A contratualização referida também aqui se sente, como demonstra o cada vez mais largo uso de contratos (i) no âmbito dos direitos da personalidade; (ii) nos direitos reais (sendo exemplo vistoso a contratualização da multipropriedade, introduzida no Código Civil pela Lei n. 13.777/2018); e (iii) no direito de família e das sucessões, que não mais se limita a tratar do tema em pactos antenupciais e testamentos, mas também agora em figuras como o contrato de namoro e em negócios relacionados ao planejamento sucessório.

[90] POMPEU, Renata Guimarães. **Autonomia privada na relação contratual**. Belo Horizonte: D'Plácido, 2015, p. 115.

mas pela autonomia individual – desde que respeitado o espaço concedido para isto pela norma legal – não é necessariamente contra o direito.

Este reconhecimento deve ser visto como um elemento do direito na pós-modernidade, o que importa em relações contratuais que venham ao encontro dos desafios destes novos tempos.

Um destes desafios se externa no perfil de certas relações e conflitos que "deixam de ter a proporção e a perspectiva de conflitos individuais e passam a conflitos conjunturais, coletivos, associativos, difusos, transindividuais, motivando o colapso das formas tradicionais"[91]. Este alerta parece especialmente correto sob o ponto de vista da regulação jurídica dos contratos, o que demanda técnicas contratuais que permitam melhor compor os interesses envolvidos nas relações com este perfil singular.

Por outro lado, considerando a complexidade das relações sociais e econômicas da contemporaneidade, a erupção da técnica do contrato normativo vem ao encontro da possibilidade de regulação contratual destas questões. O papel da cooperação entre os agentes econômicos para o desenvolvimento e a inovação não deve encontrar na técnica contratual uma camisa de força, mas sim apoio para que novas formulações jurídicas sejam criadas para a realidade que se apresenta[92].

Todas estas circunstâncias, assim, admitem que se insira a categoria dos contratos normativos neste contexto de transformações jurídicas motivadas pela pós-modernidade, especialmente como instrumento contratual para concertação de relações desenvolvidas em torno de mais de um negócio jurídico e que demandem governança e colaboração entre as partes.

Localizar os contratos normativos como um desdobramento do pluralismo das formas de contratar permite acrescentar esta categoria ao repertório de técnicas de contratação da contemporaneidade, e não tomá-la como um gênero estranho ao direito.

[91] BITTAR, Eduardo. O direito na pós-modernidade. **Revista Seqüência**, Florianópolis, 2008, n. 57, p. 132, dez. 2008, p. 143.

[92] WALD, Arnoldo. O novo Código Civil e o solidarismo contratual. **Revista de Direito Bancário e do Mercado de Capitais**, São Paulo, 2003, v. 21, jul.-set. 2003.

3.
CONTRATO NORMATIVO: FUNDAMENTOS TEÓRICOS, ELEMENTOS E CLASSIFICAÇÃO

As primeiras manifestações doutrinárias a respeito do contrato normativo datam do primeiro terço do século XX, deixando bastante clara a ligação entre esta nova categoria e as relações econômicas decorrentes da crescente industrialização.

São elementos importantes deste contexto o desenvolvimento dos sindicatos e de outras entidades coletivas de representação, além do aumento da complexidade dos negócios.

O contrato normativo, neste cenário, surge como instrumento apto a articular tanto consensos entre entidades coletivas ou vários contratantes individualmente, quanto para criar um regime jurídico contratual ao qual um conjunto de negócios deva ser submetido.

Por se tratar de um produto mais da prática contratual do que da lei, o contrato normativo desafia os limites da autonomia privada: em que medida podem os sujeitos de direito criar normas contratuais para disciplinar amplamente seu próprio comportamento? O contrato normativo pode ser tido como uma *lex contractus*, no sentido de um instrumento que cria normas obrigatórias, cuja fonte é a liberdade contratual e não a autoridade do Estado?

Neste capítulo, tomando-se como norte as questões acima, busca-se levantar os elementos principais para qualificar os contratos normativos, caracterizando-os e distinguindo-os de outras categorias.

3.1. Norma e contrato

Diz-se *normativo*, na língua portuguesa, o adjetivo que atribui qualidade ou força de *norma* a algo[93]. O contrato normativo, portanto, em termos literais, é um contrato que cria normas. A exata apreensão do que isto significa, em termos jurídicos, exige o exame da relação entre norma e contrato.

Já se disse que a "experiência jurídica é uma experiência normativa"[94]. Segundo Norberto Bobbio, uma das dimensões mais importantes para a apreensão do direito está na sua redução formal à noção de conjunto de normas.

Contudo, isso não faz da norma um elemento exclusivo do direito. Existem normas para regular a vida social, religiosas, normas específicas de grupos sociais menores, como são as associações ou as famílias, e as normas baixadas pelo poder público na forma de leis. Em comum a todas elas há o fato de consistirem em "proposições que têm a finalidade de influenciar o comportamento dos indivíduos e dos grupos, de dirigir as ações dos indivíduos rumo a certos objetivos em vez de rumo a outros"[95].

A norma jurídica, portanto, é apenas parte da experiência normativa aludida por Norberto Bobbio. Em meio a normas de outras naturezas, a norma jurídica se particulariza em razão da consequência de sua violação; o seu descumprimento aciona uma sanção jurídica, isto é, uma resposta especial à violação de uma norma jurídica, na forma de uma sanção externa e institucionalizada[96].

Existem outros possíveis critérios que aludem à origem estatal da norma jurídica, generalidade, sua imperatividade ou à possibilidade de coagir seu destinatário ao cumprimento. A proposta de Norberto Bobbio, contudo, tem o mérito de depurar todos estes parâmetros, resumindo-os no fato de que a resposta à violação de uma norma jurídica é organizada

[93] FERREIRA, Aurélio Buarque de Holanda. **Novo Dicionário da Língua Portuguesa**. 2. ed. Rio de Janeiro: Nova Fronteira, 1986, p. 1.199.

[94] BOBBIO, Norberto. **Teoria da norma jurídica**. Trad. Ariani Bueno Sudatti e Fernando Pavan Baptista. 6. ed. São Paulo: Edipro, 2016, p. 25.

[95] BOBBIO, Norberto. **Teoria da norma jurídica**. Trad. Ariani Bueno Sudatti e Fernando Pavan Baptista. 6. ed. São Paulo: Edipro, 2016, p. 28.

[96] BOBBIO, Norberto. **Teoria da norma jurídica**. Trad. Ariani Bueno Sudatti e Fernando Pavan Baptista. 6. ed. São Paulo: Edipro, 2016, p. 158.

por meio de outras normas jurídicas, as quais vinculam a aplicação da sanção por parte de um órgão externo.

Nesta perspectiva, um contrato pode criar norma[97]. Ao estabelecer regras em um determinado contrato, tendo por fundamento o exercício da autonomia privada, os contratantes fixam normas[98]. Este poder atribuído aos particulares não retira, nem diminui, o poder muito mais amplo resguardado ao Estado para disciplinar regras de conduta através da norma legal. Ao contrário, a norma (dita negocial ou contratual) somente terá validade se produzida em conformidade com as prescrições baixadas pelo Estado[99].

Uma vez que a norma contratual seja produzida de forma válida, isto é, em observância aos comandos prescritos pela norma legal, esta articulação entre a autonomia privada e a ordem estatal produz norma jurídica.

Esta concepção encontra apoio na concepção normativista do negócio jurídico que, sobretudo sob a influência de Luigi Ferri, considera que o

[97] "O conceito de autonomia é utilizado no sentido próprio de normas ou complexo de normas nas quais o legislador e o executor se identificam, tanto no direito privado, quando no direito público. No direito privado, fala-se em esfera da autonomia privada para indicar a regulamentação de comportamentos que os cidadãos dão a si mesmos, independentemente do poder público. Podemos entender um contrato como uma norma autônoma, no sentido de que é uma regra de conduta que deriva da mesma vontade das pessoas que se submetem a ela. Em um contrato, aqueles que estabelecem as regras e aqueles que devem segui-las são as mesmas pessoas". BOBBIO, Norberto. **Teoria da norma jurídica**. Trad. Ariani Bueno Sudatti e Fernando Pavan Baptista. 6. ed. São Paulo: Edipro, 2016, p. 91.

[98] Embora este seja um tema clássico, objeto de relevante debate teórico, o plano prático comprova esta afirmação. Como indicado no capítulo anterior, o uso de contratos para criar uma espécie de código ou ordenamento contratual é um fenômeno da contemporaneidade que pode ser localizado na pretensão de grupos sociais e, dentro deles, os contratantes, criarem sua própria lei, o que é admitido pela legislação, desde que os limites traçados na norma legal sejam observados. Ratificando esta observação, confira-se: "O que se observa [...] é o fato de que os contratos que visam a regulação de situações concretas passam cada vez mais a ter um caráter também normativo à medida que visam regular a projeção de trocas no futuro de longo prazo. Os contratos passam, pois, a ter um caráter também constitucional, processual e normativo [...]". MACEDO JÚNIOR, Ronaldo Porto. **Contratos relacionais e defesa do consumidor**. 2. ed. São Paulo: Saraiva, 2007, p. 70.

[99] PONTES DE MIRANDA, Francisco Cavalcanti. **Tratado de Direito Privado**. Atual. Pedro Paulo Teixeira Manus e Carla Teresa Martins Romar. t. XLVII, São Paulo: RT, 2012, p. 421-422.

negócio jurídico é fonte normativa e, nestes termos, é meio para produzir normas jurídicas[100].

Luigi Ferri se opõe àqueles que consideram o negócio jurídico apenas criador de direitos subjetivos, cuja validade seria extraída da lei, e não do contrato em si. Segundo o autor italiano, se do negócio jurídico é possível extrair direitos, isto ocorre por força da mediação feita pela norma. A norma que dá suporte a qualquer prerrogativa decorrente de um contrato, para ele, é a própria norma contratual, e não a norma legal[101].

A norma construída em um contrato, contudo, não se submete apenas ao império da vontade das partes. Ainda que ela seja considerada direito objetivo[102], a norma negocial encontra sua validade na ordem jurídica legal. Os contratantes, portanto, devem articular o poder normativo que lhes é concedido pelo Estado com os limites previstos pelas normas legais a fim de que os negócios privados sejam reconhecidos como válidos pela ordem jurídica[103].

A construção de Luigi Ferri confere fundamento teórico importante ao poder que a ordem jurídica deve conceder aos sujeitos de direito, potencializando a liberdade contratual.

[100] "[...] considero el negocio jurídico como fuente normativa, entendiendo tal expressión en el sentido de modo de manifestación de normas jurídicas". Tradução livre: "Considero o negócio jurídico como fonte normativa, entendendo tal expressão no sentido de forma de manifestação das normas jurídicas".
FERRI, Luigi. **La autonomia privata**. Trad. Luiz Sandro Mendizabal. Santiago: Ediciones Olejnik, 2018, p. 32.

[101] FERRI, Luigi. **La autonomia privata**. Trad. Luiz Sandro Mendizabal. Santiago: Ediciones Olejnik, 2018, p. 27.

[102] FERRI, Luigi. **La autonomia privata**. Trad. Luiz Sandro Mendizabal. Santiago: Ediciones Olejnik, 2018, p. 25. Também assim, especificamente tratando dos contratos normativos, Penalva dos Santos sustenta: "a justificativa dogmática do contrato normativo torna-o fonte de autodisciplina, ou seja de norma interpartes, pela qual a fonte de direito objetivo pode, em dada situação, residir naquelas próprias que a ela se sujeitam. [...] É, dessarte, o contrato normativo o invólucro dentro do qual nascem, vivem e morrem os contratos celebrados sob a sua égide, no sistema de verticalização dos instrumentos contratuais". SANTOS, Joaquim Antônio Penalva. Regulamentação jurídica do "shopping center". *In:* PINTO, Roberto Wilson Renault; OLIVEIRA, Fernando Albino de (coord.). ***Shopping centers.*** Questões jurídicas. São Paulo: Saraiva, 1991, p. 99.

[103] FERRI, Luigi. **La autonomia privata**. Trad. Luiz Sandro Mendizabal. Santiago: Ediciones Olejnik, 2018, p. 35.

Ao mesmo tempo, não permite que a capacidade de criar normas seja exercida de modo arbitrário. As normas legais restringem a autonomia dos contratantes. Vem daí a sua conhecida proposição, segundo a qual autonomia privada é o exercício da liberdade no âmbito normativo permitido pela ordem jurídica; nisto, difere da autonomia da vontade, que submeteria os efeitos decorrentes dos negócios jurídicos apenas aos desígnios da vontade interna de cada sujeito[104].

O tema dos contratos normativos permite revisar e reafirmar a atualidade da doutrina de Luigi Ferri, mais de 60 anos após a publicação da primeira edição de *L'autonomia privata*. A dinâmica das relações sociais e econômicas a confirmam e lhe atribuem força para que seja esta concepção a que melhor traduz a relação entre liberdade contratual e poder de autodisciplina dos contratantes.

Exemplo disso pode ser localizado no estudo publicado em três volumes por Alessandro Somma sobre os conceitos de contrato e autonomia privada na Europa. O autor sustenta que a investigação sobre os fundamentos teóricos a respeito da formação do contrato não pode prescindir de uma investigação histórica sobre o sentido da autonomia privada. Trilhando uma linha iniciada a partir do século XVIII, o autor aponta três fases para distinguir os sentidos jurídicos diversos de contrato ao longo do tempo.

Em primeiro lugar, com base em teóricos como Grotius e Pufendorf, há a fase correspondente a que Somma chama de modelo jusracionalista (*modelo giusrazionalista*), em que o contrato deve ser visto, substancialmente, como uma promessa de transferir um direito. Nota-se aqui a valorização da sua função translativa de direitos e bens (*contratto scambio*). Em segundo lugar, o autor destaca o que chama de modelo pandectista (*modello pandettista*), onde o contrato deve ser visto como uma confluência de interesses manifestados pela parte, independentemente de ter como propósito a transferência de bens e de direitos – *contratto acordo*. Por fim, Alesssandro Somma considera que o modelo atual se caracteriza pela tutela de uma troca mútua de promessas entre as partes e que produz confiança quanto ao seu cumprimento (*contratto affidamento*)[105].

[104] FERRI, Luigi. **La autonomia privata**. Trad. Luiz Sandro Mendizabal. Santiago: Ediciones Olejnik, 2018, p. 89.

[105] SOMMA, Alessandro. **Autonomia privata e strutura del consenso**. Aspetti storico-comparativi di uma vicenda concettuale. v. 3. Milano: Giuffré, 2000, p. 438.

Para o autor, o modelo atual reforça a ideia de contrato como norma. Ao trocarem promessas e criarem vínculo jurídico, os contratantes criam um preceito baseado na autonomia privada e constituem sua própria lei[106], cuja confiança gerada entre eles é a base do reconhecimento conferido pela ordem legal a tal prerrogativa[107].

A visão de contrato como norma, contudo, não admite que se confunda norma legal e norma contratual. Ambas apenas são comparáveis à luz do poder criador de regras de conduta que emana de cada uma delas. Os possíveis efeitos extraídos da norma contratual dependem da validade que lhe é dada pela norma legal. A articulação entre uma e outra não admite tomá-las como espécies equivalentes.

A distinção deve ser feita à luz dos conceitos de direito objetivo e direito positivo. Por ser formado de normas jurídicas, o direito positivo, vigente, baixado pelo poder público, é sempre direito objetivo. O contrário, contudo, não é verdadeiro porque nem todo direito objetivo é direito positivo.

Para ilustrar, observa-se que não são normas de direito positivo as normas nascidas da vontade autônoma dos sujeitos de direito, embora se possa dizer que são direitos objetivos. Este é o caso, por exemplo, das normas criadas por contratos, estatutos, convenções, convênios, regimentos ou regulamentos de toda ordem[108].

Decorre deste poder normativo atribuído aos particulares não apenas a capacidade de criar normas, mas também, em uma expansão desse poder, a capacidade de constituir um ordenamento contratual. Conforme notou Emilio Betti, a autonomia privada garante aos sujeitos o direito de configurarem "um auto-regulamento, e até, ainda mais, um regulamento direto, individual, concreto, de determinados interesses pessoais, efetivado pelos próprios particulares interessados"[109].

Esse poder permite sustentar que se a ordem legal admite criar normas jurídicas (convencionais), conclui-se que um ordenamento contratual,

[106] SOMMA, Alessandro. **Autonomia privata e strutura del consenso**. Aspetti storico--comparativi di uma vicenda concettuale. v. 3. Milano: Giuffré, 2000, p. 370-371.

[107] SOMMA, Alessandro. **Autonomia privata e strutura del consenso**. Aspetti storico--comparativi di uma vicenda concettuale. v. 3. Milano: Giuffré, 2000, p. 370-372.

[108] TELLES JÚNIOR, Goffredo. **Iniciação na ciência do direito**. 4. ed. São Paulo: Saraiva, 2008, p. 109-110.

[109] BETTI, Emilio. **Teoria geral do negócio jurídico**. Campinas: Servanda, 2008, p. 82.

ou seja, um conjunto de normas para regular uma certa relação jurídica é fonte de direito objetivo, respeitados os limites que lhe são impostos pelo ordenamento legal.

Sendo a norma negocial produzida em observância dos limites e ditames da norma legal, atribuir-lhe a condição de direito objetivo prestigia o dever de agir conforme o que se ajustou no exercício da autorregulação.

Nas palavras de Karl Larenz, também um defensor da concepção normativista, quando o contratante firma um negócio jurídico, a "sua obrigação não resulta, portanto, de que a lei a ligue a uma determinada previsão, como consequência jurídica". Tendo a norma contratual obedecido os limites e as prescrições da norma legal, o dever de observá-la e cumpri-la decorre dela própria, imediatamente, e somente de modo indireto da norma legal, que reconhece a possibilidade de criar normas a partir de um "contrato obrigacional juridicamente válido"[110].

Esta compreensão, que vê o contrato como norma, não é unânime. Existem autores que negam este ponto de vista e atribuem apenas à norma legal esta qualidade.

É a posição de Antônio Junqueira de Azevedo, para quem o negócio jurídico não cria norma: ao contrário, ele é fato jurídico e, nesta condição, sofre os efeitos da incidência da norma legal[111].

Outros autores esposam este mesmo entendimento, sempre defendendo que o contrato ou, em uma perspectiva mais ampla, o negócio jurídico, não cria norma, mas relação jurídica, a partir dos efeitos da lei sobre o seu conteúdo fático[112].

A posição desta corrente, bem vista, não é inteiramente incompatível com a noção de que contrato produz norma. De fato, atribuir ao negócio jurídico uma função preceptiva, reguladora de condutas, exige que duas premissas sejam respeitadas.

Em primeiro lugar, deve-se ter certo que a norma negocial não pode afrontar a norma legal. Se é firme o entendimento de que a autonomia

[110] LARENZ, Karl. **Metodologia da ciência do direito**. Trad. José Lamego. 8. ed. Lisboa: Fundação Calouste Gubenkian, 2019, p. 419-420.

[111] AZEVEDO, Antônio Junqueira de. **Negócio jurídico** – existência, validade e eficácia. 4. ed. São Paulo: Saraiva, 2002, p. 14.

[112] MELLO, Marcos Bernardes de. **Teoria do fato jurídico**: plano de existência. 22. ed. São Paulo: Saraiva, 2019, p. 181.

privada somente pode ser exercida nos limites da lei, não há uma antítese verdadeira entre norma negocial e norma legal, na medida em que o reconhecimento dos efeitos jurídicos da primeira depende de um perfeito encaixe nos limites da segunda.

Uma vez que isto ocorra, os fatos regulados pelo contrato sofrerão incidência das suas normas, com todos os efeitos daí decorrentes quanto à criação de relações jurídicas a partir da incidência imediata da norma negocial e somente de modo mediato da norma legal.

Em segundo lugar, sendo produto da autonomia privada, contratos podem ter maior ou menor função preceptiva. Sob esse ponto de vista, a oposição à noção de que o contrato é fonte de direito não considera que os preceitos criados pelo negócio jurídico podem assumir diferentes dimensões, regulando situações mais ou menos individuais ou criando hipótese fáticas mais ou menos amplas.

Assim, por exemplo, um contrato de locação e um estatuto de uma associação são igualmente negócios jurídicos. É clara, contudo, a distinção entre as hipóteses fáticas criadas por cada um destes instrumentos.

Enquanto o instrumento da locação tem função preceptiva menor, estipulando regras mais concretas e individuais, o segundo tem função preceptiva mais ampla, criando normas mais gerais para regular todas as relações no âmbito da entidade. Não atribuir a ambos os negócios a condição de criadores de norma, no sentido aqui exposto, é um exagero, ainda que a amplitude dos preceitos possa variar.

Enfim, todo contrato cria norma[113]. Este poder não é uma qualidade especial dos contratos normativos. O que distingue a categoria dos con-

[113] As normas criadas no exercício da autonomia privada são, portanto, fonte de direito. Tais fontes encontram-se em permanente articulação com a norma legal – esta última também fonte e fixadora dos limites para o exercício do poder negocial. Na Itália, este importante debate tem permitido à doutrina reconhecer, corretamente, que à parte a importante discussão teórica, o fato é que "regole di fonte privata (non necessariamente condivise da tutti i destinatari) possano atteggiarsi a regole oggettive che disciplinano esaustivamente (senza il concorso o l'esplicito e formale riconoscimento da parte di fonti statuali) e con la pretesa di colmare vuoti di potere pubblico, interi settori dell'esperienza socio–econômica". Tradução livre: "Regras de fontes privadas (não necessariamente compartilhadas por todas as partes) podem se apresentar como regras objetivas que disciplinam exaustivamente (sem o concurso ou o reconhecimento explícito e formal por fontes estatais), e com o pretexto de preencher lacunas no poder público, setores inteiros da sociedade econômica". CRISCUOLO, Fabrizio.

tratos normativos dos outros instrumentos ordinários é a natureza das suas regras: por força da estrutura contratual que lhe é inerente, o contrato normativo emula a norma legal em diversos aspectos, viabilizando a criação de um conjunto próprio de normas de conduta, cuja validade e eficácia deve ser reconhecida pela ordem legal[114].

L'autodisciplina. **Autonomia privata e sistema delle fonti**. Napoli: Edizioni Scientifiche Italiane, 2000, p. 51. Ainda nesta linha, reconhece-se a existência de norma negocial não apenas nos instrumentos contratuais que regem a relação dos contratantes que os firmam, como também de um direito dos particulares ("diritto dei privati"). As normas negociais, neste último caso, são formuladas para alcançar terceiros que não aqueles que elaboraram as normas, sendo exemplos as normas técnicas, os códigos de autorregulação, os códigos deontológicos, dentre outros. Segundo Marta Cerioni, esta hipótese revela "in um certo senso, il carattere di eteronomia e che producono effetti *erga omnes* per tutta la categoria cui si rivolgono". Tradução livre: "de certo modo, o caráter da heteronomia e que produz efeitos *erga omnes* para toda categoria que está voltado". CERIONI, Marta. **Prime riflessioni sulle fonti dell'autonomia privata**. Annali dela Facoltà Giuridica dell'Universitá di Camerino, 2012, n. 1. Disponível em: https://afg.unicam.it/sites/afg.unicam.it/files/CERIONI_prime_riflessioni_fonti.pdf. Acesso em: 16 abr. 2021. Para um amplo painel desta discussão: FUNDAÇÃO ITALIANA DE NOTARIATO. **Autonomia privata e fonti del diritto**: atti del convegno tenutosi a Firenzi il 16 maggio 2019. Milão: Giuffrè, 2019.

114 Em sua obra, Luigi Ferri trata especificamente dos contratos normativos enquanto categoria de negócio com expressivo conteúdo normativo: "Es certo que el establecimiento de una norma nueva es mucho más evidente en los negocios que incluyen la constitución de um vínculo obligatorio y, sobre todo, em los contratos de ejecución continuada o periódica, donde la norma contractual sobrevive aun uma vez cumplida y conserva su eficacia vinculante para toda uma seria cronológica de cumplimientos, hasta la extinción del contrato. Esto para no hablar de los llamados contratos normativos, que contienen normas dictadas para disciplinar futuras e hipotéticas relaciones entre dos sujetos. Recuerdo aquí el artículo 1.252, párr. 2º C.c.it, segundo el cual las partes pueden establecer preventivamente las condicionesde la compensación voluntaria; y el artículo 1.352 C.c.it, el cual prevá que las partes convengan por escrito la adopción de uma determinada forma para la futura conclusión de un contrato, y por lo tanto también de vários". Tradução livre: "É certo que o estabelecimento de uma nova norma é muito mais evidente nos negócios que contemplam o estabelecimento de vínculo obrigatório e, sobretudo, nos contratos de execução continuada ou periódica, onde a norma contratual sobrevive mesmo depois de cumprido e conserva sua eficácia vinculante para toda uma série cronológica de cumprimentos do contrato, até a sua rescisão. Isso sem falar nos chamados contratos normativos, que contêm regras editadas para disciplinar relações futuras e hipotéticas entre dois sujeitos. Lembro aqui do artigo 1.252, parágrafo 2º C.c.it, segundo o qual as partes podem estabelecer preventivamente as condições de indenização voluntária; e o artigo 1.352 C.c.it, que prevê que as partes concordem por escrito em adotar certa forma para a futura celebração de um contrato e, portanto, também de vários outros". FERRI, Luigi.

Este ponto de vista é fundamental para a correta compreensão sobre como operam os contratos normativos. Salvo a hipótese específica das convenções coletivas no direito do trabalho, que por expressa previsão constitucional (artigo 8º, III) vincula a categoria econômica representada, independentemente da manifestação de vontade individual de seus integrantes, as normas produzidas por contratos normativos somente podem gerar direitos subjetivos (e, por conseguinte, pretensões baseadas nestes direitos) para aqueles que, ao manifestarem sua vontade livremente, submetam-se voluntariamente aos seus ditames.

Ter presente esta premissa reforça a capacidade do contrato normativo de coordenar e uniformizar relações jurídicas que se desdobram em negócios distintos. Seja em uma convenção coletiva de consumo, em um acordo de cooperação entre duas companhias ou, para ficar em três exemplos simples, em um contrato-quadro bancário, o que obriga as partes a observar e cumprir as regras voluntariamente estipuladas é a percepção de que estas disposições criam normas jurídicas.

Sob esta condição, ainda que a norma jurídica contratual diga respeito a um negócio futuro ou que não obrigue as partes a contratar, mas apenas adotar condições negociais preordenadas para o caso de vir a fazê-lo, estas circunstâncias não retiram a obrigação de cumprir a regra estipulada.

Estas normas jamais se equivalerão às normas legais. Suas disposições não têm o mesmo conteúdo geral, abstrato e vinculante de uma norma legal – ainda que possam ser gerais e abstratas a ponto de alcançarem terceiros que venham a aderir posteriormente aos seus termos.

Ilustra-se essa relação por meio da imagem de várias molduras superpostas: como moldura mais ampla, encontra-se a norma legal, dentro da qual é possível construir uma moldura menor correspondente ao contrato normativo, dentro da qual, por sua vez, deverão ser constituídos os contratos que se submeterão ao regime do negócio-base.

Os direitos e deveres fixados às partes alcançadas por esta estrutura derivarão sempre da autonomia privada, nos limites da lei e até onde ela lhe reconhecer validade.

La autonomia privata. Trad. Luiz Sandro Mendizabal. Santiago: Ediciones Olejnik, 2018, p. 56.

3.2. Acordo semântico: contrato normativo, negócio jurídico normativo, contrato quadro, contrato coletivo e contrato tipo

Fixada em que medida deve ser compreendida a relação entre norma e contrato, é necessário precisar o sentido de inúmeras expressões aptas a exprimir a criação de normas através de contratos.

O contrato normativo é um veículo utilizado para formar contratos, tratando-se de técnica conhecida na praxe contratual. Em diversos países, reconhece-se a ideia segundo a qual dois ou mais contratantes podem estipular, em um instrumento, regras mínimas que deverão ser obedecidas caso venham a contratar no futuro, entre si ou com terceiros.

Não há, contudo, um acordo semântico claro sobre a expressão que deve ser utilizada para designar este instrumento. Esta grande divergência deve ser atribuída a dois problemas.

Em primeiro lugar, o contrato normativo é substancialmente uma prática negocial. Sujeitando-se à criatividade das partes, que lhe emprestam função em seus diversos usos, são os próprios contratantes que lhe conferem a designação, o que tem variado em razão de aspectos culturais e linguísticos.

A doutrina, ao tratar do tema, tenta captar e traduzir juridicamente uma técnica decorrente da liberdade contratual, cujo *nomen juris* ainda não foi fixado na bibliografia de modo amplo.

Este aspecto conduz ao segundo problema, relativo à ausência de norma legal, na grande maioria dos países, para regular o contrato normativo.

É certo que a pesquisa jurídica tem como principal fonte a lei. A inexistência de normas legais que tratem do tema diretamente, criando um tipo contratual ou um quadro básico de regras que o regule de modo específico, contribui para a divergência a respeito da expressão que deve designar esta prática contratual.

Por esta razão, é importante precisar as expressões comumente utilizadas pela doutrina, fixando em que termos elas devem ser compreendidas.

Usualmente, utiliza-se a expressão contrato normativo, em uma primeira dimensão mais genérica, para designar o contrato cujo objeto é o ajuste prévio, pelos contratantes, de regras ou condições negociais que devam ser observadas em contratações futuras a serem realizadas entre si, ou entre uma delas e terceiros.

Nesta medida, o contrato normativo deve ser visto como uma estrutura contratual, e não um tipo contratual específico, por meio da qual é possível predispor e articular contratos futuros.

Esta acepção aproxima-se do significado atribuído à expressão pela doutrina italiana, como se verá adiante. Por esta designação, concebe-se um instrumento que (i) dispõe sobre contratos futuros e que (ii) em princípio, não obriga as partes a contratarem, mas apenas a observar as regras previamente fixadas se vierem a contratar.

Em vista desses elementos, uma primeira distinção é necessária. O contrato normativo não se confunde com o *negócio jurídico normativo.*

Contrato é categoria contida no gênero mais amplo dos negócios jurídicos. Negócios jurídicos são atos (jurídicos) destinados a produzir os efeitos (jurídicos) definidos pelos declarantes, constituindo, modificando ou extinguindo uma relação (jurídica); contrato, por sua vez, é negócio jurídico formado pela manifestação de vontade de pelo menos dois sujeitos de direito[115].

Assim, quanto ao número de declarantes, ou o negócio jurídico é contrato, caso em que será formado pela manifestação de pelo menos duas vontades (ou mais, caso em que dir-se-á que o contrato é plurilateral), ou se trata de negócio jurídico unilateral. Em sentido *lato*, ambos podem ser tratados como negócios jurídicos, daí a necessidade de precisão a fim de evitar confusões conceituais[116].

Os negócios jurídicos normativos, portanto, correspondem à categoria mais ampla que a dos contratos normativos. Assim como contratos são espécie de negócio jurídico, a categoria dos contratos normativos está contida no gênero negócio jurídico normativo. Existem negócios normativos, contudo, que prescindem da manifestação de vontade de pelo menos dois sujeitos.

É bem possível que um sujeito de direito possa, por manifestação de vontade apenas sua, constituir normas para regular outras relações jurídicas. Vê-se, isto, por exemplo, na instituição de regras urbanísticas de um loteamento.

[115] PONTES DE MIRANDA, Francisco Cavalcanti. **Tratado de Direito Privado**. Atual. Marcos Ehrardt Júnior e Marcos Bernardes de Mello. t. III. São Paulo: RT, 2012, p. 55.

[116] PONTES DE MIRANDA, Francisco Cavalcanti. **Tratado de Direito Privado**. Atual. Marcos Ehrardt Júnior e Marcos Bernardes de Mello. t. III. São Paulo: RT, 2012, p. 281.

Ao requerer junto ao ofício de registro de imóvel o parcelamento urbano, ao proprietário é atribuído o poder normativo de, nos limites da legislação, regular temas relativos à ocupação e restrições quanto ao uso do solo no âmbito do loteamento (art. 6º, Lei n. 6.766/1979).

Trata-se de autêntico negócio jurídico normativo. Ele se sujeita, inclusive, à aplicação da teoria da perda da base do negócio jurídico para afastar a incidência dessas regras quando a sua observância não for mais possível em razão da consolidação de ocupações urbanas em sentido oposto ao exigido no ato de instituição[117].

[117] Nesta linha, o Tribunal de Justiça do Estado de São Paulo já teve a oportunidade de casos em que se discute a eficácia de restrições convencionais estabelecidas no ato de instituição do loteamento, na hipótese em que o ambiente urbano já tenha sido transformado e se consolidado em sentido oposto às regras urbanísticas definidas na origem. A solução dada considerou que as normas urbanísticas convencionais decorrem de negócio jurídico normativo e que, a ele, é possível aplicar-se a teoria da perda da base do negócio jurídico: "Logo, ainda que não se acolha, no caso, a tese da revogação da restrição convencional pela lei municipal posterior mais liberal, de feição específica na disciplina da matéria das restrições convencionais da cidade, é preciso ponderar, como já se disse, o critério da perda de eficácia da restrição convencional pela perda da base objetiva do negócio jurídico normativo (cf. Antônio Junqueira de Azevedo, apoiado em Larenz, no parecer publicado na RT 741/115), considerando a realidade dinâmica da cidade, para a situação concreta e específica da região e do local onde o prédio foi erguido. De fato, é preciso considerar, de um lado, que a cidade não é estática, mas dinâmica, e, de outro, que as restrições convencionais impostas pelo loteador não são perpétuas, mas podem ceder, até mesmo, pela desfiguração da base fática e objetiva que antes lhe deu razão, mas, agora, não mais a sustenta. Não se nega a relevância dos loteamentos implantados na cidade de São Paulo no início do século passado, com inspiração no modelo conhecido como "cidade jardim de Ebenezer Howard", 1902, nem mesmo que muitos deles até foram alçados a categoria de tombamento ambiental de bairro (que busca, desde então, preservar o perfil da urbanização implantada, que vai do modelo de desenvolvimento urbano à qualidade de vida no bairro). Entretanto, quando houver desfiguração fático-urbanística do corredor, da via pública, do local ou da região, onde o bairro foi implantado com a restrição convencional, é possível justificar a perda de império das referidas restrições urbanísticas convencionais. A situação, destaque-se, foi bem examinada em parecer do saudoso Prof. Antônio Junqueira de Azevedo, no exame da Av. Brasil, situada em bairro dos Jardins, nesta cidade, para a qual foi apontada a perda de base, por alteração da situação fática de origem, da restrição urbanística convencional prevista pela empresa loteadora ('Restrições convencionais de loteamento – obrigação *propter rem* e suas condições de persistência'. Parecer publicado na RT 741/115-122)". BRASIL. **Tribunal de Justiça do Estado de São Paulo**, Apelação n. 0165744-43.2006.8.26.0000, Rel. Des. Vicente de Abreu Amadei, 1ª Câmara de Direito Público, j. 04/11/2014.

Por outro lado, elementos semelhantes ao que se vê nos contratos normativos são comumente presentes na categoria do *contrat cadre*, cunhada entre autores franceses, e que entre autores de língua portuguesa tornou-se conhecida pela designação *contrato-quadro*.

Conforme será explicado adiante, o contrato-quadro, embora também disponha sobre contratos futuros, distingue-se do contrato normativo porque o seu objetivo é criar uma relação estável e duradoura de cooperação entre as partes; a este elemento soma-se o fato de que o contrato-quadro obriga os contratantes a firmarem os instrumentos futuros, o que não ocorre no âmbito do contrato normativo.

Existe uma relação de gênero e de espécie entre os dois instrumentos[118]. Por se tratar de instrumento atípico, nada impede que o contrato normativo seja utilizado com elementos do contrato-quadro. Por razão semelhante, o desenvolvimento dado ao tema por autores franceses pode ser utilizado para explicar certos aspectos comuns às categorias.

Isto é feito ao longo deste trabalho para, por exemplo, considerar que contratos normativos podem gerar efeitos independentes dos contratos futuros, ou ainda para contemplar a hipótese em que os contratos normativos podem dispor sobre a obrigação de contratar.

Além disso, no sentido aqui utilizado, o contrato normativo não designa apenas contratos firmados com a participação de uma ou mais entidades coletivas, a exemplo das convenções coletivas de trabalho[119]. Neste ponto, contratos normativos não se confundem com *contratos coletivos*.

[118] Também assim: "Ou seja, o contrato-quadro se revela espécie do gênero contrato normativo, inserindo-se nessa categoria jurídica". MENDES, Davi Guimarães. **O contrato-quadro no direito privado brasileiro**. 2019. Dissertação (Mestrado em Direito), Universidade de São Paulo (USP), São Paulo, 2019, p. 34.

[119] "[...] os autores examinados são quase todos unânimes em afirmar que a convenção coletiva é um instituto 'híbrido' onde se encontra o binômio contratualidade – normatividade. Contratualidade, por representar a vontade dos sujeitos que livremente manifestam sua vontade, ou seja, o somatório da média das vontades individuais, que constituem a vontade coletiva. As vontades antagônicas do representante da categoria econômica, se obrigam através de um contrato a cumprir as obrigações estabelecidas, uma vez que as partes se obrigam a respeitar o que convencionaram. Devido à obrigatoriedade ao cumprimento do que foi convencionado, assemelha-se ao contrato normativo, ou também chamados de contratos-tipo, ou segundo outros, se classificariam entre os *pacta* de modo *contraendi*, ficando as partes, assim obrigadas a cumprir as cláusulas estabelecidas. Não deixa de possuir a convenção coletiva,

Na definição à italiana e na origem alemã da categoria, não é estranha a classificação do contrato normativo em corporativo ou não corporativo. O primeiro é firmado com a participação de uma entidade coletiva (associação ou sindicato, por exemplo). A ligação feita entre contrato normativo e contratos coletivos, assim, apenas considera a existência de contratos normativos corporativos (ou coletivos), ao contrário da perspectiva adotada ao longo desta tese.

Por fim, alguns autores tratam do contrato normativo como um "contrato-tipo"[120], na perspectiva de que os contratos normativos servem ao propósito de uniformizar relações contratuais.

Também não é este o único objetivo dos contratos normativos e nem mesmo o principal. Esta designação parece mais adequada para as relações massificadas indicadas no capítulo anterior, cujos instrumentos principais para sua viabilidade são o contrato de adesão e as condições gerais do contrato.

Contratos normativos, ao contrário, são firmados com maior liberdade para contratar e para definir o seu conteúdo, daí porque esta categoria não se liga, senão para efeitos de comparação, ao contrato-tipo[121].

Em sentido semelhante a esta aparente confusão, colhe-se na jurisprudência brasileira inúmeras menções ao contrato normativo em circunstâncias bastante distantes dos elementos elencados para caracterizar a categoria. Isto ocorre, por exemplo, em decisões que mencionam

natureza contratual, porém acrescida de efeitos normativos, com força idêntica às normas jurídicas materiais". SZANIAWSKI, Elimar. **O sindicato e suas relações com a Justiça do Trabalho.** São Paulo: LTr., 1986.

[120] SIRENA, Pietro. Contratto normativo (diritto civile). *In*: Il diritto. **Enciclopedia giuridica** IV. Milão: Corriere Della Sera, 2007, p. 288.

[121] Em termos comparativos não é de todo incorreto qualificar o contrato-tipo como uma modalidade de contrato normativo, como defende Francesco Messineo. Segundo o autor, é possível distingui-los por gradação: enquanto no contrato normativo algumas regras do contrato futuro são ajustadas previamente, no contrato-tipo todo o esquema contratual encontra-se predisposto. MESSINEO, Francesco. **Il contratto in genere**. t. I. Milão: Giuffré, 1973, p. 679. Por este ponto de vista, contudo, outros instrumentos deveriam se agregar à comparação, a exemplo do contrato preliminar, na medida em que todos exercem uma função preparatória, conforme será melhor exposto no capítulo 4. A comparação de Francesco Messineo, assim, na verdade reforça a distinção entre as duas espécies, embora se possa atribuir uma função semelhante a ambos.

contratos firmados com bancos públicos de fomento. Estas decisões[122] atribuem a condição de "normativo" a contratos de mútuo com este perfil porque as suas cláusulas não seriam decorrentes da livre vontade das partes, mas de regras fixadas pelo poder público.

O uso da expressão, nesta hipótese, é equivocado. O eventual caráter dirigista de um determinado contrato, no sentido de que a liberdade contratual das partes está restrita em razão de normas de ordem pública, não é elemento de caracterização do contrato normativo.

Conforme será explorado ao longo do capítulo, contrato normativo é o negócio jurídico bilateral, ou plurilateral, cujo objeto é a criação de normas para regular condutas ou fixar previamente condições negociais para outros contratos futuros, firmados entre os próprios contratantes ou com terceiros.

A partir deste conceito, busca-se destacar a principal particularidade do contrato normativo, e que o distingue de outros negócios. Sua principal função está na projeção da sua eficácia para outras relações contratuais, à maneira de uma lei, sem com ela se confundir. As normas criadas pelo contrato normativo, seja para vincular condutas dos contratantes, seja para preordenar condições negociais, terão a seguinte fórmula: "Por força do contrato X, firmado entre A e B, caso A e B contratem Y, deverão observar as normas X1, X2, X3... pactuadas anteriormente".

Eventualmente, esta mesma fórmula pode ser adotada para vincular a contratação com terceiros, nos seguintes termos: "Por força do contrato X, firmado entre A e B, caso A ou B contratem Y com C, deverão observar as normas X1, X2, X3... pactuadas anteriormente".

O conceito deduzido também busca exprimir que o contrato normativo não se vincula a uma operação econômica específica. Não se trata de um tipo contratual. Em razão de sua especial eficácia (criar normas e projetá-las para outras relações contratuais), o contrato normativo tem o espírito

[122] BRASIL. **Tribunal Regional Federal da 2ª Região**, Apelação Cível n. 0511995-32.2010.4.02.5101, Rel. Des. Marcos Abraham, 3ª Turma Especializada, j. 30/07/2020, DJe 03/08/2020; BRASIL. **Tribunal de Justiça do Rio de Janeiro**, Apelação Cível n. 0377911-51.2016.8.19.0001, Rel. Des. Maria Helena Pinto Machado, Quarta Câmera Cível, j. 29/11/2017, DJe 06/12/2017; BRASIL. **Tribunal de Justiça do Estado do Paraná**, Apelação Cível n. 1.156.439-3, Rel. Des. Luiz Carlos Gabardo, 15ª Câmara Cível, j. 22/10/2014, DJ 1461 24/11/2014; BRASIL. **Tribunal de Justiça do Estado do Paraná**, Processo n. 815432101 PR, Rel. Des. Lauri Caetano da Silva, 17ª Câmara Cível, j. 08/02/2012.

de uma estrutura contratual, uma forma específica de constituir negócios jurídicos, pela qual certos efeitos e obrigações de negócios posteriores sejam obtidos na articulação com o contrato-base (normativo) firmado anteriormente.

Outras expressões são utilizadas para designar o mesmo sentido de contrato normativo aqui utilizado. Por exemplo, o "contrato marco", referido em obras editadas na América do Sul[123], ou o "contrato normativo", preferida por autores espanhóis[124].

No direito internacional e em países de língua inglesa, é comum o uso da expressão *framework agreement* ou *umbrella agreement* – uma metáfora bastante concreta que tem o mérito de explicitar a figura de uma moldura, um guarda-chuva, uma estrutura básica, enfim, cujo objetivo é conformar ou cobrir um ou mais contratos futuros[125].

Isto ocorre porque contratos internacionais dependem de intensa cooperação entre as partes. Não é comum que negócios com este perfil sejam constituídos por meio de contratos instantâneos.

Para ilustrar, basta pensar no fornecimento de matéria-prima de uma determinada empresa sediada na China para uma indústria no Brasil.

[123] BERNAL FANDIÑO, Mariana. Reflexiones sobre los contratos marco. **Universitas**, v. 67, n. 136, 2018, p. 1-19; CIFUENTES, Marcela. **Los contratos normativos y los contratos marco en el derecho privado contemporâneo.** Disponível em: http://dx.doi.org/10.12804/revistas.urosario.edu.co/sociojuridicos/a.6977. Acesso em: 18 mar. 2021.
Deve ser anotado, além disso, que no projeto original do Codigo Civil y Comercial da Argentina, convertido em lei e em vigor desde 1º de agosto de 2015, havia a menção ao "contrato marco", nos seguintes termos: "ARTÍCULO 1031. Contrato marco. Si un contrato marco determina las reglas a las que serán sometidas las relaciones ulteriores de las partes sus cláusulas rigen los contratos de aplicación, salvo estipulación en contrario". Tradução livre: "Artigo 1031. Contrato quadro. Se um contrato quadro determina as regras que as relações posteriores estarão submetidas, as suas cláusulas regem os contratos de aplicação, salvo em caso de estipulação contrária". ARGENTINA. Senado y Cámara de Diputados lá nación argentina. **Proyecto de Código Civil.** Buenos Aires: Congresso, 01 ago. 2015. Disponível em: http://www.biblioteca.jus.gov.ar/ProyectoCivil-Parte1.pdf. Acesso em: 16 abr. 2021. O texto, porém, neste trecho em particular, não foi aprovado.

[124] DIEZ-PICAZO. **Fundamentos del derecho civil patrimonial**: introduccion teoria del contrato. 5. ed. Madrid: Civitas, 1996; RUSSEL, Oliver Soro. **Los contratos como fuente de normas**: contratos marco, contratos normativos y contratos de colaboración. Madrid: Reus, 2014.

[125] MOUZAS, Stefanos; FURMSTON, Michael. From contract to umbrella agreement. **Cambridge Law Journal**, v. 67, n. 1, 2008.

A relação contratual em um negócio como este não se esgota em apenas um ato de execução. Seja quanto à formação do contrato, seja quanto a sua execução, é certo dizer que o contrato se protrai no tempo; é interesse de todos os envolvidos a criação e a manutenção de relações contratuais estáveis e duradouras.

Na ausência de uma legislação comum às partes, é fundamental criar contratos que regulem amplamente todos os negócios que possam ser firmados no curso da relação contratual internacional.

Este ambiente estimula o uso de contratos normativos. Se estas relações econômicas exigem um arranjo de vários instrumentos ligados entre si para atingir um determinado objetivo, o contrato normativo deve ser utilizado como uma espécie de contrato sobre contratos. Por ele, é possível estruturar negócios compostos por uma grande variedade de contratos, ligados entre si por meio do negócio-base normativo[126].

Neste campo, o contrato normativo é apto a constituir consórcios bancários, *joint ventures* ou acordos de cooperação entre empresas. Estas relações, uma vez disciplinadas em contratos com este perfil, submetem todos os negócios-satélite firmados entre as partes ao mesmo regime.

Assim, ficam as partes obrigadas a observar normas de procedimento para tomadas de decisão, normas de negociação e obtenção de consensos ou, como também é comum, mecanismos de resolução de litígios, como a mediação e a arbitragem[127].

3.3. Prática dos contratos normativos

Antes de passar ao exame dos marcos teóricos do tema, é importante compreender a razão de se adotar arranjos negociais baseados em contratos normativos[128].

[126] THOMAS-CHODKIEWICZ, Christine; RONZANO, Alain. Le contrat-cadre em droit international. *In*: SAYAG, Alain (dir.). **Le contrat-cadre**: exploration comparative. Paris: LexisNexis, 1995, p. 287.

[127] THOMAS-CHODKIEWICZ, Christine; RONZANO, Alain. Le contrat-cadre em droit international. *In*: SAYAG, Alain (dir.). **Le contrat-cadre**: exploration comparative. Paris: LexisNexis, 1995, p. 286.

[128] Considerando os objetivos da tese, não se vai tão longe ao ponto de se realizar uma pesquisa empírica para identificar porquê contratantes se valem de contratos normativos em suas relações. O objetivo, neste ponto, está em demonstrar a relevância do tema: o fato de que tais

O uso de estruturas baseadas em contratos normativos, nas quais um contrato-base disciplina outros contratos futuros, além de se fundar em imperativos relacionados às novas exigências quanto aos modos de contratar, encontra relevantes razões práticas.

Em certos negócios, a disciplina integral da relação jurídica – em termos de uma contratação clássica, com definição exaustiva de todos os deveres das partes, em todas as hipóteses – cria enormes impasses.

Se em relações simples, de dois contratantes e nas quais já exista um regime legal (em uma compra e venda, por exemplo) isto é possível e recomendável, em relações complexas, que se prolongam no tempo, exigem intensa cooperação ou envolvem grande número de agentes, esta busca por previsão integral de tudo o que pode ocorrer no curso do contrato pode inviabilizar a contratação.

No campo do estudo das técnicas de negociação, recomenda-se nestes casos focar na construção de grandes premissas para a relação contratual para, somente então, avançar para construir os deveres propriamente ditos que derivarão do consenso mínimo. Este primeiro negócio, que servirá de base para os demais no curso de uma negociação, é conhecido na prática norte-americana como *umbrella agreement*, citado usualmente em cursos de negociação prestigiados, como o promovido regularmente pela Harvard Law School.

O *umbrella agreement*, na prática norte-americana, reúne os mesmos elementos de um contrato normativo. A estrutura por ele criada fixa princípios gerais que serão aplicados a futuros contratos[129]. Segundo esta

instrumentos derivam mais da liberdade negocial do que da lei, não significa que seja ele um "não-tema" (porque há escassa previsão legislativa) ou, ao contrário, algo que escapa à ciência do direito (porque se trataria de um mero arranjo gerencial). O caminho a ser percorrido, nesta seção, aproxima-se, sem equivalência completa, ao que Osny da Silva Júnior designa como uma segunda ordem de textos que aplicam métodos empíricos à pesquisa jurídica: "A segunda ordem de textos, derivada da primeira, procura suprir-lhe as limitações conceituais pela incorporação da tarefa teórico-construtiva ou, na terminologia que se vem seguindo, doutrinário-construtiva, isto é, pela proposição de categorias alegadamente mais adequadas à organização da prática contratual". SILVA FILHO, Osny. **Direitos dos contratos e doutrina contratual**. Dissertação (Mestrado em Direito). 271 f. Universidade São Paulo (USP), São Paulo, 2016, p. 150.

[129] SHONK, Katie. What is an umbrella agreement? An umbrella agreement can help business negotiators build stronger, more durable partnerships – but be aware of certain hazards when

lógica, ao estabelecer previamente os termos dos contratos futuros, busca-se agilizar as contratações, evitando-se novas rodadas de negociação a cada compra, por exemplo.

Os benefícios de estruturas deste tipo foram estudados pelo professor da Lancaster University, Stefano Mouzas, que concluiu serem elas positivas para garantir inovação, confiança e flexibilidade em relações de longo prazo. Stefano Mouzas relata o seu uso em inúmeros casos, desde a fusão entre o Deutsche Bank e o Dresdner Bank, criando à época o maior banco do mundo, até na relação entre grandes varejistas com fábricas e fornecedores, como ocorre entre Walmart, Procter & Gamble, Unilever e Kellogg[130].

Também é possível avaliar estruturas baseadas em contratos normativos sob um ponto de vista econômico. Contratos normativos tomam como certa a complexidade de certas relações e não pretende simplificá-las. A sua estrutura acomoda estas complexidades, admitindo maior flexibilidade para dividir a relação em contratos futuros e enquadrá-los em um único regime jurídico contratual.

Esta perspectiva diminui custos de transação[131]. Afinal, chegar ao arranjo definitivo e taxativo de relações complexas, além de redigir exaustivamente um contrato com este perfil poderia ter um custo alto que impediria os contratantes de firmarem o negócio.

Contratos normativos são alternativas importantes para a constituição de relações contratuais sob estas condições porque viabilizam,

negotiating the terms of these deals. **Program on negotiation**. [S.l.], 2021. Disponível em: https://www.pon.harvard.edu/daily/dispute-resolution/what-is-an-umbrella-agreement/. Acesso em: 26 abr. 2021.

130 MOUZAS, Stefanos. Write umbrella agreements to foster innovation and avoid regret. **Harvard Business Review.** [S.l.], 2014. Disponível em: https://hbr.org/2014/06/write-umbrella-agreements-to-foster-innovation-and-avoid-regret?utm_medium=twitter. Acesso em: 13 jun. 2020.

131 Este tema é objeto de inúmeros trabalhos no campo da Nova Economia Institucional e, embora permita a sua exploração na relação com os contratos normativos, os limites deste trabalho não recomendam que isto seja feito. Temas caros a autores ligados à Nova Economia Institucional, como a assimetria da informação e os custos de transação, podem fornecer substratos importantes para a compreensão e a interpretação de institutos de direito dos contratos no campo da *civil law*, como o princípio da boa-fé. Sobre o tema: TOMASEVICIUS FILHO, Eduardo. **O princípio da boa-fé no direito civil**. São Paulo: Almedina, 2020.

juridicamente, negócios que por outro modo não seriam formados, ou o seriam com custos de transação enormes.

Em vista disso, para firmar contratos normativos, as partes devem projetar contratos futuros. Ao se engajarem em uma relação contratual que poderá se desdobrar no tempo ou em novos contratos, o uso de contratos normativos se justificará para definir parâmetros ou condições negociais que não deverão *a priori*, ser objeto de renegociação no futuro.

Por exemplo, ao pactuar o fornecimento periódico de batatas para um supermercado, o produtor e o comerciante poderão firmar um contrato normativo que funcione como um guarda-chuvas, projetando seus efeitos a todas as vendas futuras que venham a ser firmadas entre as partes. Nele, poderão ser pactuadas condições comerciais mínimas de qualidade ou quantidade das batatas, tempo de entrega, forma de pagamento a cada compra realizada, ou normas de conduta mais genéricas, como a obrigação de não se valer do trabalho de menores, trabalho em regime análogo à escravidão, obrigações relativas ao respeito ao meio-ambiente, submissão dos contratos futuros a mediação, dentre outros temas.

O mesmo cuidado e as mesmas vantagens devem ser observados em contratos cuja cooperação entre as partes assuma função primordial para o cumprimento do programa contratual. Na associação entre uma construtora e o proprietário de um imóvel para construir um edifício, por exemplo, o uso de um contrato normativo pode facilitar a criação de normas gerais que deverá disciplinar a relação entre as partes. Em vez de definir pontualmente as obrigações, o que será difícil dado que a relação se desdobrará em outros contratos (incorporação imobiliária, financiamento, contratos com adquirentes, dentre outros), as partes podem se valer deste instrumento para definir regras válidas a todos os negócios futuros, sobre como tomarão decisões, a resolução de controvérsias ou as consequências do inadimplemento em quaisquer dos contratos.

Aliás, como revelam os exemplos, a função própria dos contratos normativos é, em uma metáfora, lançar sementes para fazer nascer contratos futuros. À maneira de uma árvore sobre a qual, a partir de seus frutos, nascem novas plantas, a constituição de um contrato normativo somente tem sentido se as partes projetarem seus efeitos para negócios futuros que venham a ser firmados entre si ou com terceiros.

Dada esta circunstância, o contrato normativo não se confunde com o contrato de execução continuada, nem os contratos de aplicação podem ser substituídos por meros atos de execução[132]. Nestes casos, o contrato estará inteiramente concluído.

O contrato normativo exige algo distinto. Nele, os contratantes devem vislumbrar dois negócios: por não quererem se engajar completamente, por não saberem se contratarão no futuro, por haver custos de transação muito altos ou, enfim, por quererem fixar que vários contratos devam ser disciplinados por um mesmo regime contratual geral, as partes do contrato normativo visam a regular um outro contrato futuro.

3.4. Fundamentos teóricos

O arranjo negocial decorrente do contrato normativo tem sido objeto de intenso debate pelo menos desde o primeiro terço do século XX. Ao tratar do tema, os trabalhos que se dedicaram a ele usualmente ressaltam a sua vinculação com a liberdade de contratar e os desafios a respeito dos limites para que as legislações nacionais possam reconhecer validade às normas produzidas no exercício da autonomia privada.

Para extrair os principais debates sobre o tema, comparando os problemas e as soluções adotadas à luz da legislação brasileira, optou-se por (i) examinar o primeiro trabalho publicado para investigar as primeiras raízes históricas dos contratos normativos; (ii) examinar os marcos teóricos na Itália e na França, em razão da influência e da relação com o direito brasileiro; e, por fim, (iii) expor a visão de Orlando Gomes em trabalhos que tangenciaram o tema, com vistas a recolher eventuais óbices ao uso de contratos normativos no Brasil.

3.4.1. *Normenvertrag* e o pioneirismo da obra de Alfred Hueck

A noção de contrato normativo foi delineada, pela primeira vez, em um artigo publicado pelo professor alemão Alfred Hueck, da Universidade de Munique. Este trabalho, publicado em 1923 a respeito dos *Normenverträge*[133],

[132] MENDES, Davi Guimarães. **O contrato-quadro no direito privado brasileiro**. 2019. Dissertação (Mestrado em Direito), Universidade de São Paulo (USP), São Paulo, 2019, p. 51-60.

[133] HUECK, Alfred. *Normenverträge*. *In*: **Jherings Jahrbücher für die Dogmatik des bürgerlichen Rechts**, Jena, p. 33-118, 1923.

é frequentemente referido como o primeiro estudo de referência sobre o tema[134].

As ideias lançadas por Alfred Hueck devem ser compreendidas na sua dimensão histórica. Por ter sido publicado em 1923, seu processo de pesquisa e escrita ocorreu em meio ainda às influências do fim da Primeira Guerra Mundial.

Este evento marca o fechamento de um importante ciclo histórico e abre as portas do século XX para a introdução de tendências importantes em termos de organização social e econômica.

Anos antes, em 1913, Henry Ford aprimorou e implantou nos Estados Unidos a técnica industrial das linhas de produção, cujos efeitos no âmbito das relações de trabalho se sentirão ao longo de todo o século XX.

Ainda neste contexto, a Primeira Guerra Mundial aprofundou as tensões entre capital e trabalho, como dão conta, em uma linha histórica, a Revolução Russa, em 1917, e a consequente ascensão política dos ideais socialistas-comunistas.

Embora a organização de trabalhadores em torno de corporações e sindicatos seja conhecida ao menos desde a Revolução Industrial, este contexto descortinado pelo fim da Primeira Guerra Mundial sugeria a necessidade de construção de técnicas jurídicas que pudessem igualmente dar suporte aos novos desafios impostos à relação entre estas entidades, agora fortalecidas, e as empresas[135].

[134] Antes do trabalho de Alfred Hueck, ainda em 1884, há referência, também na Alemanha, de discussões a respeito dos efeitos jurídicos de um instrumento cujo objeto fosse a regulação de um futuro contrato, sem que as partes ficassem obrigadas a contratá-lo, distinguindo-se neste ponto do contrato preliminar. MAIORCA, Sérgio. Normativo (contratto). *In*: SACCO, Rodolfo (ed.). **Digesto (discipline privatistiche)**. t. XII. Torino: Utet Giuridica, 1995, p. 172. O debate sobre quem publicou primeiro, porém, tem apenas importância histórica. A descrição da prática contratual realizada por Alfred Hueck, e ainda a sistematização das possíveis espécie de contratos normativos, foi o mais importante ponto de partida para o desenvolvimento das reflexões futuras realizadas por outros autores. RUSSEL, Oliver Soro. **Los contratos como fuente de normas**: contratos marco, contratos normativos y contratos de colaboración. Madrid: Reus, 2014, p. 55.

[135] Este pano de fundo está presente na obra de Alfred Hueck ainda antes da publicação de *Normenverträge*: em 1920, o autor alemão publica *Das Recht des Tarifvertrages unter besonderer Berücksichtigung der Verordnung vom*, já aqui antecipando algumas das ideias a respeito do suporte contratual necessário para o estabelecimento de relações jurídicas no contexto das negociações coletivas entre sindicatos e empresas. Com tema semelhante, em 1922, Alfred Hueck publica

Tomando como ponto de partida as novidades introduzidas nas relações de trabalho, o que torna *Normenverträge* obra fundamental para a compreensão da técnica subjacente ao contrato normativo é a singela percepção de que as negociações coletivas objeto do estudo do autor alemão não se prestam apenas ao direito do trabalho. Também nas relações civis e empresariais era necessário desenvolver-se um instrumento contratual que viabilizasse obter consensos entre entidades coletivas.

Esta é a primeira premissa exposta no trabalho, segundo a qual vivia-se, por ocasião de sua publicação, uma transição na função desempenhada no sistema econômico como um todo pela pessoa humana considerada singularmente e, de outro lado, pelas entidades de representação coletiva formadas por pessoas[136].

Alfred Hueck afirma que esta estrutura coletiva não é algo exclusivo das relações de trabalho, mas que é necessário construir um veículo contratual adequado para formar relações jurídicas com este perfil[137]. A tal instrumento, o autor conferirá o nome de *Normenvertrag*, unindo as expressões *Normen* (normas) e *Vertrag* (contrato).

À semelhança de um acordo coletivo entre sindicatos de empregadores e empregados, a partir do qual são definidas regras mínimas a serem aplicadas aos contratos que venham a ser firmados pelos componentes da categoria, o *Normenvertrag* pretende ser a categoria jurídica que permitirá formar consensos coletivos que se imporão a contratos individuais e subsequentes. Ou, nas palavras de Alfred Hueck, um contrato no qual se pactuam normas com caráter autoritário sobre outros contratos individuais[138].

Das Arbeitsvertragsrecht, novamente manifestando seu interesse intelectual a respeito do desenho contratual para as relações de trabalho impactadas, àquela altura, pelo fortalecimento das entidades representativas dos trabalhadores. As informações foram extraídas do perfil do autor na Biblioteca Digital Alemã: DEUTSCHE DIGITALE BIBLIOTHEK. **Alfred Hueck**. Disponível em: https://www.deutsche-digitale-bibliothek.de/person/gnd/118707744 Acesso em: 03 abr. 2020.

[136] HUECK, Alfred. *Normenverträge*. *In*: **Jherings Jahrbücher für die Dogmatik des bürgerlichen Rechts**, Jena, 1923, p. 34.

[137] HUECK, Alfred. *Normenverträge*. *In*: **Jherings Jahrbücher für die Dogmatik des bürgerlichen Rechts**, Jena, 1923, p. 34.

[138] HUECK, Alfred. *Normenverträge*. *In*: **Jherings Jahrbücher für die Dogmatik des bürgerlichen Rechts**, Jena, 1923, p. 36.

Sob esta moldura, diversas relações poderiam ser estabelecidas fora das usuais relações trabalhistas com este perfil. É o caso, por exemplo, de um convênio relativo a preços, pelo qual diversas empresas poderiam obrigar-se a praticar determinado valor nas vendas a serem realizadas para seus próprios consumidores.

Ou ainda, o contrato firmado entre entidades acadêmicas e uma associação de editoras, em que se constituam obrigações relativas às normas que devem ser observadas caso qualquer dos seus filiados decida publicar alguma obra junto a uma das editoras representadas pelo ente coletivo.

Os exemplos utilizados demonstram que, para o autor, o conteúdo do *Normenvertrag* será sempre preparatório, no sentido de que existe uma articulação entre este contrato-base e um ou mais contratos que lhe seguirão, e que deverão aplicar as regras já pactuadas.

Isto, porém, não lhe torna equivalente a um contrato preliminar[139]. Alfred Hueck destaca que o contrato preliminar *obriga* à constituição de um subsequente negócio jurídico, dito principal (*Hauptvertrag*); tal obrigação não existiria no âmbito do *Normenvertrag*, de modo que as partes poderiam ou não firmar os contratos futuros. Contudo, se o fizessem, ficavam obrigadas a observar as regras já pactuadas.

A articulação entre os contratos se daria de tal modo forte que o *Normenvertrag* teria sua eficácia subordinada à constituição futura dos contratos por ele aludidos[140]. Esta circunstância demonstrava que, para o autor, o *Normenvertrag* não poderia existir para si mesmo, mas apenas teria efeitos se combinado com os outros negócios por ele aludidos[141].

Por último, a importância da obra de Alfred Hueck para o desenvolvimento dos estudos sobre o contrato normativo reside na sua exposição a respeito dos possíveis efeitos dos contratos normativos sobre os contratos individuais.

Segundo o autor alemão, na relação entre o *Normenvertrag* e os contratos subsequentes por ele regulados, o grau de vinculação entre

[139] HUECK, Alfred. *Normenverträge*. *In*: **Jherings Jahrbücher für die Dogmatik des bürgerlichen Rechts**, Jena, 1923, p. 38.

[140] HUECK, Alfred. *Normenverträge*. *In*: **Jherings Jahrbücher für die Dogmatik des bürgerlichen Rechts**, Jena, 1923, p. 39.

[141] HUECK, Alfred. *Normenverträge*. *In*: **Jherings Jahrbücher für die Dogmatik des bürgerlichen Rechts**, Jena, 1923, p. 38.

os dois instrumentos poderá variar entre o grau mais fraco, em que o contrato normativo será meramente *diretivo* (*Richtlinienverträge*), um grau intermediário, o contrato normativo será *obrigatório* (*Schuldrechtliche Normenverträge*), e o grau mais forte, quando então se falará na existência de um contrato normativo *juridicamente vinculante* (*Rechtverbindliche Normenverträge*)[142].

A adoção de cada um dos efeitos, segundo o autor, dependeria do que as partes viessem a contratar entre si em relação ao grau de vinculação entre o contrato-base e os futuros (e eventuais) contratos individuais.

A eficácia será meramente diretiva quando o *Normenvertrag* apenas criar recomendações ou orientações entre os contratantes. Por este ponto vista, o contrato normativo teria por efeito apenas definir usos comuns por parte de duas entidades contratantes (por exemplo, uma associação de locadores e outra associação de locatários), que explicitariam boas práticas às quais os contratantes individuais, pertencentes ou não às associações, poderiam se submeter.

Para tratar deste primeiro modo de eficácia do *Normenvertrag*, Alfred Hueck localiza sua importância nas regras de boa-fé objetiva e de usos comuns do Código Civil alemão. Para o autor, uma das consequências diretas da eficácia diretiva residia na criação de um parâmetro de interpretação e integração dos contratos individuais, tendo por base os princípios e as orientações gerais fixados pelas partes no contrato normativo[143].

Situação distinta ocorrerá se a eficácia pactuada entre as partes do *Normenvertrag* for *obrigatória*. Neste caso, por disposição expressa do contrato normativo, os contratantes obrigam-se a aplicar as regras pactuadas nos contratos individuais que venham a firmar entre si ou mesmo que venham a firmar com terceiros, se tais contratos estiverem no âmbito de aplicação do contrato normativo[144].

Ao disporem regra de eficácia obrigatória em um contrato normativo, as partes criam um vínculo jurídico que lhes obriga a, em contratos futuros,

[142] HUECK, Alfred. *Normenverträge*. *In*: **Jherings Jahrbücher für die Dogmatik des bürgerlichen Rechts**, Jena, 1923, p. 44.

[143] HUECK, Alfred. *Normenverträge*. *In*: **Jherings Jahrbücher für die Dogmatik des bürgerlichen Rechts**, Jena, 1923, p. 50.

[144] HUECK, Alfred. *Normenverträge*. *In*: **Jherings Jahrbücher für die Dogmatik des bürgerlichen Rechts**, Jena, 1923, p. 59.

entre si ou com terceiros, adotar o quanto ajustado no *Normenvertrag*. Não há, contudo, obrigação de contratar; daí porque a obrigação pactuada, segundo o autor, se constitui em um verdadeiro dever de abstenção e não em uma obrigação positiva. Vale dizer: caso as partes contratem, ficam proibidas de agir contra o quanto pactuado no contrato normativo[145].

Finalmente, as partes podem pactuar o efeito de vinculação máxima do contrato normativo, intitulado pelo autor como a eficácia *normativa* ou *automática*. O ponto de distinção aqui, segundo Alfred Hueck, é que a exigibilidade das regras não dependia da manifestação expressa das partes, quando então tais normas adquiriam posição comparável à das normas legais[146].

Esta força, para Alfred Hueck, pode ser concedida ao *Normenvertrag*, por meio da inderrogabilidade de suas disposições. Este é o ponto mais nebuloso do trabalho do autor alemão.

O conceito de inderrogabilidade, ao tempo em que é fundamental para a compreensão da dita eficácia automática, não está suficientemente claro, uma vez que tanto se diz que esta qualidade decorre da manifestação das partes[147], como de preceito expresso da legislação que poderia atribuir tal característica a certos contratos normativos, a exemplo e àquela altura, segundo o autor, dos contratos coletivos de trabalho na Alemanha.

Daí não se poder concluir se este último bloco de efeitos, ditos automáticos, poderia ser aplicado de maneira geral, ou se apenas abarcaria o caso específico do contrato coletivo na legislação alemã do início do século XX.

A monografia de Alfred Hueck foi o ponto de partida para uma série de outros trabalhos sobre o tema, ao tratar do uso de estruturas contratuais baseadas em *Normenvertrag* para organizar relações contratuais em campos tão distintos quanto a distribuição e os contratos bancários, dentre outras hipóteses que exijam cooperação e relacionamento de longo prazo[148].

145 HUECK, Alfred. *Normenverträge*. *In*: **Jherings Jahrbücher für die Dogmatik des bürgerlichen Rechts**, Jena, 1923, p. 62.

146 HUECK, Alfred. *Normenverträge*. *In*: **Jherings Jahrbücher für die Dogmatik des bürgerlichen Rechts**, Jena, 1923, p. 82.

147 HUECK, Alfred. *Normenverträge*. *In*: **Jherings Jahrbücher für die Dogmatik des bürgerlichen Rechts**, Jena, 1923, p. 83.

148 WITZ, Claude; SPIEGEL, Nico. Le contrat-cadre em Allemagne. *In*: SAYAG, Alain (dir.). **Le contrat-cadre**: exploration comparative. Paris: LITEC, 1994, p. 165-171.

Ao se demonstrar que este uso deriva dos elementos da pós-modernidade relatados no capítulo anterior, é também comum relacionar o *Normenvertrag* com uma técnica contratual que, na Alemanha, semelhante às condições gerais do contrato (*Allgemeinen Geschäftsbedingungen*, também referido pela sigla AGB), tem como propósito uniformizar relações futuras, ao encontro da necessidade de padronizar termos negociais[149]. Diversamente da AGB, porém, onde esta uniformização é imposta por uma parte à outra, o *Normenvertrag* traz oportunidade de se alcançar este objetivo a partir de amplas negociações.

Isto permite dizer que o tema, mesmo após quase 100 anos desde a publicação da monografia de Alfred Hueck, pertence substancialmente ao domínio da autonomia privada.

Sem a fixação de conceitos legais ou consenso doutrinário quanto a uma designação para esta forma específica de contratar, fica claro que o contrato normativo, nos termos aqui tratados, é visto na Alemanha como um "esquema contratual especial", e não como um tipo contratual específico[150].

3.4.2. *Contratto normativo* e o desenvolvimento da categoria na Itália

As reflexões pioneiras de Alfred Hueck encontraram solo fértil na doutrina italiana da primeira metade do século XX.

O modelo contratual que articula a formação de contratos subsequentes a partir de um contrato-base, à maneira do *Normenvertrag* alemão e, em princípio, sem obrigação de contratação futura, é conhecido no direito italiano pela expressão *contratto normativo*.

Na Itália, os primeiros trabalhos sobre o tema têm profunda vinculação com as negociações coletivas entre sindicatos. E o contrato normativo é a categoria própria para dar validade e eficácia jurídica a estes ajustes.

Ao tratar do *contratto normativo* no contexto do direito do trabalho e das negociações coletivas, Lodovico Barassi fez referência expressa ao tema

[149] GUIMARÃES, Maria Raquel de Almeida Graça Silva. **O contrato-quadro no âmbito da utilização de meios de pagamento eletrônicos.** Lisboa: Wolters Kluwer. Coimbra: Coimbra, 2011, p. 34.

[150] GUIMARÃES, Maria Raquel de Almeida Graça Silva. **O contrato-quadro no âmbito da utilização de meios de pagamento eletrônicos.** Lisboa: Wolters Kluwer. Coimbra: Coimbra, 2011, p. 37.

em obra publicada em 1930. Para o autor italiano, os *contratti normativi* criam a disciplina de relações jurídicas futuras, um conjunto de regras gerais e abstratas destinadas a quaisquer contratos futuros vinculantes entre as partes, ou entre uma delas e terceiros (contratos normativos unilaterais e bilaterais)[151].

Além de permitir relacionar o desenvolvimento do tema com o dos instrumentos coletivos de trabalho, a compreensão de Lodovico Barassi sobre esta modalidade contratual suscita o tema a respeito da obrigação de firmar os contratos futuros regulados pelo contrato normativo. O autor entendia que este contrato-base regula qualquer futuro contrato obrigatório, aparentemente admitindo que o *contratto normativo* possa obrigar as partes a constituírem contratos futuros, à maneira de um contrato preliminar, o que não fora admitido por Alfred Hueck.

É também sob forte influência alemã que Cariota-Ferrara publica seu trabalho a respeito do *contratto normativo* em 1937. Para o autor, alinhando-se ao quanto visto a respeito do *Normenvertrag* alemão, o que caracteriza o contrato normativo é a disciplina de negócios jurídicos eventuais e futuros[152].

Para tanto, vale-se o *contratto normativo* do elemento da indeterminação. A regulação de um grande complexo de relações jurídicas só é possível na medida em que tal modalidade contratual apenas cuida das linhas gerais deste bloco de obrigações, à maneira de um documento-base.

Esta característica essencial suscita um problema interessante colocado pelo autor italiano, no sentido dos limites deste alto grau de indeterminação das obrigações e do próprio objeto do contrato normativo.

[151] No original: "[...] creano la disciplina di futuri rapporti giuridici, quindi un complesso di norme generali e astratte destinate a eventuali futuri contratti obbligatori tra gli stipulanti, o tra uno di essi e i terzi (contr. Normativi unilaterali o bilaterali)". BARASSI, Lodovico. **Diritto del lavoro e assicurazioni sociali**: lezioni tenute al corso di perfeizionamento in studi sindacali e corporativi. v. 1. Milão: Giuffrè, 1930, p. 276.

[152] CARIOTA-FERRARA, Luigi. Riflessioni sul contratto normativo. *In*: **Archivio Giuridico**, Quarta Serie, v. XXXIV. [S.l.] Padova, 1937. Disponível em: https://www.academia.edu/38550299/Luigi_CariotaFerrara_Riflessioni_sul_contratto_normativo_1937_. Acesso em: 20 mar. 2020, p. 53. O autor agradece a Angelo di Sapio e a Rocco Favale, este último professor da Universidade de Camerino, por disponibilizar este e outros textos clássicos, fruto da minuciosa curadoria de ambos em suas respectivas páginas da rede academia.edu.

Para Luigi Cariota-Ferrara, se as partes não assumem nenhuma obrigação de cumprir as próprias regras estabelecidas para os contratos futuros, já que não há obrigação de contratar, um tal acordo não teria eficácia jurídica alguma, sendo despido de natureza contratual[153].

Por isto, não é suficiente que este pacto preparatório estabeleça apenas regras de orientação dos negócios futuros, à maneira do efeito diretivo aludido por Alfred Hueck. A formação do *contratto normativo*, para que este seja reconhecido como verdadeiro negócio jurídico, depende da imputação de obrigação às partes para que dêem aos futuros contratos o conteúdo estabelecido anteriormente, e não apenas meras recomendações.

Por outro lado, Luigi Cariota-Ferrara questiona igualmente a natureza contratual do contrato normativo na hipótese em que as partes deste instrumento obriguem-se diretamente entre si a adotar certas regras contratuais se vierem a contratar no futuro. O autor italiano defende que nestes casos a obrigação de dar um determinado conteúdo ao negócio futuro se sujeita à vontade de cada parte contratar ou não. Para afastar a obrigação de contratar no modo convencionado, bastaria a qualquer dos contratantes, segundo o autor, firmar o negócio com outro interessado.

Esta sujeição da obrigação de contratar de determinado modo à própria vontade de contratar cria, para o autor, uma condição puramente potestativa e, como tal, nula – invalidando assim a única obrigação do contrato normativo[154].

A dificuldade em reconhecer esta categoria natureza contratual é ilustrada também por Francesco Messineo. Para o autor, o ajuste por meio do qual se estipulam regras para contratos futuros e eventuais não tem natureza contratual à luz da legislação italiana, criando apenas um mero acordo sem exigibilidade[155].

[153] CARIOTA-FERRARA, Luigi. Riflessioni sul contratto normativo. *In*: **Archivio Giuridico**, Quarta Serie, v. XXXIV. [S.l.] Padova, 1937. Disponível em: https://www.academia.edu/38550299/Luigi_CariotaFerrara_Riflessioni_sul_contratto_normativo_1937_. Acesso em: 20 mar. 2020, p. 56.

[154] CARIOTA-FERRARA, Luigi. Riflessioni sul contratto normativo. *In*: **Archivio Giuridico**, Quarta Serie, v. XXXIV. [S.l.] Padova, 1937. Disponível em: https://www.academia.edu/38550299/Luigi_CariotaFerrara_Riflessioni_sul_contratto_normativo_1937_. Acesso em: 20 mar. 2020, p. 58.

[155] MESSINEO, Francesco. **Il contratto in genere**. t. I. Milão: Giuffré, 1973, p. 665.

Sem prejuízo dessa dificuldade de acomodação ao vigente direito italiano, o autor caracteriza o contrato normativo como um ato que contém a previsão de uma série homogênea de futuros contratos, destinados a serem estipulados entre os mesmos sujeitos que deram vida ao contrato normativo ou entre outros sujeitos, quer sejam componentes de categorias, de classes, ou de grupos nos quais os partícipes da formação do contrato normativo foram representados[156].

Francesco Messineo reconhece os principais postulados sobre o tema, indicando que, ao contrário do que ocorre nos contratos preliminares, que criam a obrigação de contratar futura (*pactum de contrahendo*), no *contratto normativo* não há propriamente uma obrigação de contratar, mas a obrigação de observar o conteúdo anteriormente ajustado para a hipótese de a contratação futura ocorrer.

No mesmo sentido, Francesco Galgano localiza a essência do contrato normativo na disciplina de futuros contratos, os quais, porém, as partes ficam livres para concluírem ou não concluírem. Para o autor, todos os efeitos do contrato normativo somente serão produzidos quando o contrato particular estiver concluído[157].

Já Giannantonio Guglielmeti explicita a relação realizada por outros autores italianos entre contrato normativo e, de outro lado, contratos de adesão e condições gerais do contrato: os últimos são soluções contratuais para a padronização contratual, obtida a partir da imposição dos termos do contrato por uma parte à outra, restringindo-se a liberdade de contratar; contratos normativos, por seu turno, ampliam a liberdade de contratar, decorrem de livre negociação, embora busquem o mesmo objetivo de predispor as condições para futuros contratos[158].

As objeções suscitadas pela doutrina italiana indicam o curioso perfil construído para o contrato normativo ao longo século XX. Apesar de duvidar-se de sua natureza contratual ou de sua validade, o tema tem lugar entre os autores daquele país, o que permite concluir que o seu uso se impôs aos juristas.

[156] MESSINEO, Francesco. **Il contratto in genere**. t. I. Milão: Giuffré, 1973, p. 656.

[157] GALGANO, Francesco. **Il negozio jurídico**. Milão: Giuffré, 1988, p. 37.

[158] GUGLIELMETTI, Giannantonio. Contratto normativo. *In*: **Enciclopedia Giuridica Treccani**, t. IX, Roma: IPZDS, 1990, p. 01.

Mesmo na legislação, ainda que sob a designação de contrato-quadro, vê-se a manifestações para regular certos usos específicos desta estruturação.

É o caso do Decreto Legislativo n. 158/1995, que disciplina a figura do acordo-quadro firmado entre o poder público e particulares para a prestação de serviços e fornecimentos de certos bens à população. Por meio deste instrumento, ficam fixadas certas condições gerais para os contratos que, no futuro, podem ser firmados com terceiros.

No âmbito das contratações públicas, o ainda recente Código dos Contratos Públicos, aprovado em 2016, prevê de modo amplo o uso de instrumento para estipular previamente condições gerais para o fornecimento de bens e serviços, cuja contratação efetiva somente se configurará no futuro por parte do poder público.

Isto explica porque textos mais recentes reconhecem o contrato normativo como um modelo contratual que não é desconhecido na Itália, aliás, dá conta da sua presença em inúmeros tratados sobre direito dos contratos da península. O desenvolvimento desta categoria, também lá, se deu sob a luz da liberdade contratual e de necessidades negociais, e não tanto por construções legislativas. O uso do contrato normativo se destina a "preordenar e organizar o desenvolvimento de uma continuidade de relações futuras [...] segundo um esquema predisposto"[159], de modo semelhante ao quanto relatado na Alemanha.

3.4.3. *Contrat-Cadre* e seus influxos para a compreensão do contrato normativo

No direito francês, a ordenação contratual em termos semelhantes ao que ocorre mediante o uso do contrato normativo dá-se por meio do instrumento conhecido naquele país como *contrat-cadre* ("contrato-quadro")[160].

[159] GUIMARÃES, Maria Raquel de Almeida Graça Silva. **O contrato-quadro no âmbito da utilização de meios de pagamento eletrônicos**. Lisboa: Wolters Kluwer. Coimbra: Coimbra, 2011, p. 40.

[160] Embora se encontre a expressão *contrat normatif* no sentido etimologicamente próximo ao quanto visto sobre o contrato normativo, correspondente a um contrato que contém uma série de regras destinadas a reger as relações futuras, esta função é mais frequentemente descrita a partir da figura do *contrat-cadre*. FOLCO, Carlo. Les paiements par l'intermédiaire des banques. **Revue Trimestrielle De Droit Commercial**, Paris, v. 07, 1954, p. 55.

O desenvolvimento desta categoria no direito francês adquiriu sentido muito próximo ao do contrato normativo, nos termos do quanto visto na Alemanha e na Itália. A função primordial do contrato-quadro é regular os atos jurídicos futuros[161], o que confirma certa equivalência funcional entre os conceitos de contrato normativo e *contrat-cadre*[162].

Esta possível relação, contudo, ainda não é um tema pacífico na doutrina francesa. Parte dos autores franceses distingue as figuras do *contrat-cadre* francês e o *contratto normativo* italiano, chegando a indicar que são figuras incompatíveis[163].

Essa impossibilidade de diálogo entre as duas categorias decorreria do fato de que no contrato normativo há ausência da obrigação de realizar a contratação futura cujo conteúdo foi previamente ajustado entre as partes. No contrato-quadro, de modo contrário, as partes ficariam obrigadas a realizar os contratos futuros.

A origem do contrato normativo no âmbito das relações sindicais o teria tornado um instrumento eminentemente coletivo e de disciplina de relações futuras e eventuais, enquanto o *contrat-cadre* teria como marca a criação de obrigações concretas e imediatas.

Esta posição, contudo, contrasta com as características atribuídas aos contratos-quadro, que pouco se distinguem daquelas atribuídas pelos autores italianos ao *contratto normativo.*

Com efeito, as duas categorias têm vocação para regular relações de longa duração, permitindo a criação de um conjunto de negócios a partir

161 " [...] la fonction primordiale du contrat-cadre est de régir les futurs actes juridiques". ZAKI, Magdi Sami. Le formalisme conventionnel: illustration de la notion de contrat-cadre. **Revue Internationale de Droit Compare**, Paris, 1986, v. 38, n. 04, p. 1.067, out.-dez. 1986.

162 Admite-se a origem comum das duas categorias, de modo que a distinção etimológica seria apenas uma questão linguística acidental. Segundo Zaki, por exemplo, o conceito de contrato normativo foi provavelmente utilizado pela primeira vez à propósito das convenções coletivas de trabalho; com a expressão, procurou-se explicar a ordem normativa de origem contratual. Com base em trabalhos de Direito Internacional, o autor defende que após a Segunda Guerra Mundial o mesmo conceito, até então conhecido pela expressão *contrat normatif*, renasceu com nova terminologia, adotando-se a expressão *contrat-cadre* e tornando-se uma ferramenta importante para todos os ramos do Direito: ZAKI, Magdi Sami. Le formalisme conventionnel: illustration de la notion de contrat-cadre. **Revue Internationale de Droit Compare**, Paris, 1986, v. 38, n. 04, out.-dez. 1986, p. 1.064.

163 COURTOIS, Hélene; BROCHIER, Chantal. Le contrat-cadre en Italie. *In*: SAYAG, Alain (dir.). **Le contrat-cadre**: exploration comparative. Paris: Litec, 1995, p. 210.

de um contrato-base. Contrato normativo e contrato-quadro, assim, desempenham semelhante função de criar estruturas contratuais hierárquicas, o que exige do contrato-quadro a mesma indeterminação quanto aos contratos futuros exigidos dos contratos normativos[164].

Rigorosamente, não parece existir uma distinção conceitual que impeça o estudo conjunto das duas figuras. Ao contrário, o estudo detalhado das características atribuídas a ambas as categorias demonstra existir uma relação de gênero e de espécie.

Enquanto os contratos normativos correspondem a uma categoria mais ampla, o *contrat-cadre* francês deve ser visto como uma de suas espécies, utilizada especificamente para estabilizar relações de longa duração e intensa cooperação entre as partes.

Esta impressão é corroborada na doutrina francesa, que pelas mãos de Jean Gatsi tem procurado acomodar a dupla realidade dos contratos-quadro distinguindo aqueles que são firmados (i) sem obrigação futura de contratar e os que são constituídos (ii) com obrigação futura de contratar.

Como a expressão designa, no primeiro grupo, o contrato-quadro não cria obrigação de firmar os contratos futuros aventados pelas partes. O autor indica no âmbito deste primeiro universo, aqueles que são firmados individualmente[165], a exemplo dos contratos bancários – tome-se como exemplo o cliente do banco que firma um contrato quadro preordenando às condições negociais de distintas linhas de crédito e serviços, mas cuja contratação não é obrigatória.

Ao mesmo tempo, contratos-quadro sem obrigação de contratar também podem ser firmados coletivamente. Segundo Jean Gatsi, tem-se aqui a situação singular em que o contrato-quadro cria as bases das relações jurídicas de um grande número de pessoas, que visando a equilibrar as negociações, agrupam-se em organizações. O autor cita o uso corrente destas modalidades, a exemplo de convenções coletivas de trabalho, convenções coletivas de longa duração no âmbito agrícola e convenções coletivas de locação e de consumo[166].

[164] SAYAG, Alain. Premiére approche de la notion. *In*: SAYAG, Alain. **Le contrat-cadre**: exploration comparative. Paris; LITEC, 1955, p. 72.

[165] GATSI, Jean. **Le contrat-cadre**. Paris: LGDJ, 1996, p. 18.

[166] GATSI, Jean. **Le contrat-cadre**. Paris: LGDJ, 1996, p. 45.

No segundo grupo, em que se reúnem os contratos-quadro com obrigação de contratar, Jean Gatsi destaca, dentre outros exemplos, os contratos de cooperação industrial[167] (*contrats de coopération industriele*) e subcontratos usuais em contratos de distribuição, como a assistência do distribuidor, a exclusividade e a obrigação de aquisição mínima de mercadoria[168].

À vista dos exemplos e da função relatada na doutrina francesa, as duas figuras são realmente muito próximas[169]. Não há razão para se atribuir apenas ao contrato-quadro obrigações imediatas e ao contrato normativo apenas obrigações condicionadas à constituição dos negócios futuros. Dizer que os contratos-quadro geram obrigações concretas e imediatas não se opõe à eficácia produzida pelos contratos normativos.

Nas duas hipóteses, o acordo firmado por duas ou mais partes para organizar suas relações contratuais futuras gera obrigações imediatas. Desde a sua constituição, as partes ficam obrigadas a adotar os termos contratuais já pactuados.

Estas convergências permitem dizer, enfim, que todos os contratos-quadro são contratos normativos[170]. Ainda que não se pretenda atribuir equivalência conceitual aos dois instrumentos, é possível tomá-los em conjunto para fins de estudo, identificação de problemas e indicação de soluções na ordenação de contratos. A doutrina do contrato-quadro é

[167] GATSI, Jean. **Le contrat-cadre**. Paris: LGDJ, 1996, p. 90.

[168] GATSI, Jean. **Le contrat-cadre**. Paris: LGDJ, 1996, p. 70-85.

[169] Quanto à padronização, é corrente na doutrina francesa a alusão ao *contrat-cadre* como instrumento de uniformização de relações contratuais, à maneira do contrato de adesão, mas que se distingue em razão da técnica empregada. Ao contrário de uma contratação por adesão, no *contrat-cadre* o negócio é firmado com ampla liberdade contratual. Uma interessante aplicação deste conceito é indicada em relatório produzido pela agência pública francesa *France Stratégie*, que admite a aplicação da categoria do *contrat-cadre* como veículo jurídico para a constituição de *smart contracts*. Os contratos de aplicação, neste caso, são executados de modo autônomo, seguindo as regras fixadas por algoritmos no contrato-quadro. LE TROCQUER, Anne-Hélène; LAVAYSSIÈRE, Xavier. Smart contracts et droit des contrats. *In*: FRANCE Stratégie. Les enjeux des blockchains. **Rapport**. [S.l.], 2018. Disponível em: https://www.degaullefleurance.com/wp-content/uploads/2012/08/FS-Rapport-Blockchain-21juin-9h.pdf. Acesso em: 15 jul. 2020.

[170] GATSI, Jean. **Le contrat-cadre**. Paris: LGDJ, 1996, p. 141.

importante fonte de pesquisa para a solução de problemas no âmbito dos contratos normativos[171].

Tome-se o exemplo a respeito da natureza contratual.

Como visto, um dos problemas levantados por autores italianos sobre o contrato normativo diz respeito a sua indeterminação, o que impediria considerá-lo um verdadeiro contrato.

Este tema também foi examinado pela doutrina francesa. A conclusão adotada defende que a indeterminação não é um problema e não é capaz de atingir a validade do *contrat-cadre*, que na verdade é motivada pela necessidade das partes, em operações complexas e de longa duração, de não definir desde logo os termos da relação. Diante disso, evita-se que a negociação seja alcançada por eventual imprevisão[172].

Assim, mesmo regras abstratas de um contrato-quadro têm eficácia jurídica. A indeterminação tem propósito na própria função desta categoria, o que impede que se lhe negue natureza contratual. Daí se dizer que há nele carga normativa, na medida em que os contratos posteriormente estabelecidos se sujeitarão ao *contrat-cadre*[173].

Estas considerações são perfeitamente aplicáveis à realidade dos contratos normativos. Nas duas categorias, a vontade manifestada pelos contratantes projeta seus efeitos para uniformizar e concertar contratos futuros, mantendo-os, ao menos em parte, sob um regime jurídico contratual pré-determinado.

A esta vontade, entre autores franceses, atribui-se a expressão *affectio modulus*[174]. Trata-se de uma qualidade fundamental para caracterizar e identificar o contrato-quadro e, igualmente, o contrato normativo, conforme será demonstrado adiante.

[171] Conforme reconhece a doutrina italiana, o que é demonstrado, com amplas referências em GUIMARÃES, Maria Raquel de Almeida Graça Silva. **O contrato-quadro no âmbito da utilização de meios de pagamento eletrônicos**. Lisboa: Wolters Kluwer. Coimbra: Coimbra, 2011, p. 37-42.

[172] GHESTIN, Jacques. La notion de contrat-cadre et les enjeux théoriques et pratiques quis'y attachent. *In*: CANIVET, Guy; FLAHAULT, Hubert; VATIER, Bernard; CHARRETON, Pierre (org.). **Le contrat-cadre de distribution**: enjeux et perspectives. Disponível em: www.creda.cci-paris-idf.fr/colloques/pdf/1996-contrat-cadre-distribution/03-France-notion.pdf. Acesso em: 25 jan. 2020.

[173] GATSI, Jean. **Le contrat-cadre**. Paris: LGDJ, 1996, p. 111.

[174] GATSI, Jean. **Le contrat-cadre**. t. 273. Paris: LGDJ, 1996, p. 219.

Por fim, importante destacar que em 2016, o contrato-quadro foi expressamente definido no *Code Civil* como um acordo pelo qual as partes concordam sobre as características gerais das futuras relações contratuais, ficando relegado aos contratos de aplicação especificar os termos de execução (artigo 1.111[175]).

Na mesma oportunidade, definiu-se que nos contratos-quadro pode ser acordado que o preço será fixado unilateralmente por uma das partes. Em caso de abuso na estipulação do preço, a regra do Código autoriza que pode ser postulado um pedido de indenização e, se necessário, a resolução do contrato.

O abrigo legal foi obtido por ocasião da célebre reforma operada no âmbito do direito das obrigações, e é bastante ilustrativo da importância atribuída ao contrato-quadro no direito francês. Os elementos de que o legislador francês se valeu para construir este conceito, conforme se verá adiante, são preciosos para a delimitação das características teóricas do contrato normativo.

A caracterização geral do *contrat-cadre* serve a um propósito importante no debate sobre o contrato normativo e, mais particularmente, sobre sua acomodação na ordem jurídica brasileira. A despeito da distinção que se possa reconhecer em cada uma das categorias, a equivalência funcional identificada, ratificada pela doutrina, permite tomar o contrato-quadro como figura congênere do contrato normativo.

3.4.4. Contrato normativo e convenção coletiva de trabalho na obra de Orlando Gomes

A doutrina brasileira a respeito do contrato normativo é devedora das reflexões pioneiras de Orlando Gomes, que em 1936 publicou estudo sobre "A Convenção Coletiva de Trabalho", fruto de sua tese apresentada por ocasião do concurso para professor de direito civil da Faculdade Livre de Direito da Bahia.

175 "[...] un accord par lequel les parties conviennent des caractéristiques générales de leurs relations contractuelles futures. Des contrats d'application en précisent les modalités d'exécution". Tradução livre: " [...] um acordo pelo qual as partes concordam sobre as características gerais de suas futuras relações contratuais. Os contratos de aplicação especificam os termos de execução".

Com a tese finalizada, o então jovem Orlando Gomes, aos 26 anos, tratou do tema que ocupava autores alemães e italianos até então, a respeito da natureza jurídica das negociações coletivas havidas entre sindicatos no âmbito do direito do trabalho, em sentido muito próximo do discutido naqueles países à propósito do *Normenvertrag* e do *contratto normativo*.

Orlando Gomes discutia a natureza dos ajustes realizados entre sindicatos de empregados e empregadores, com vistas a balizar futuras contratações, àquela altura debatendo se tal negócio se constituiria uma *norma jurídica* ou um *contrato*. Embora o termo contrato normativo não seja mencionado, muitas das suas reflexões podem ser ligadas ao debate sobre a natureza do negócio jurídico que pretenda disciplinar condutas e contratos futuros.

Segundo o autor, a convenção coletiva de trabalho se caracteriza por delimitar o espaço de liberdade no qual patrões e empregados podem firmar os seus contratos individuais. Ao fazê-lo, a convenção coletiva gera obrigação negativa aos convenentes: a de não celebrarem contrato individual que contrarie as suas disposições[176]. A eficácia e a utilidade deste arranjo dependeriam da força que se dê a ele.

Tratando-se de um contrato, os sujeitos submetidos à convenção coletiva devem observância a um negócio eminentemente privado, cuja observância e eventual descumprimento tem seus efeitos previstos no próprio instrumento e na legislação correlata.

Por outro lado, se a convenção coletiva for considerada uma "norma autêntica de direito"[177], é possível equiparar as obrigações que derivam da convenção à norma legal[178].

Orlando Gomes considerou as convenções coletivas de trabalho como verdadeira lei. A noção de contrato, segundo o autor, não poderia dar fundamento a que terceiros, que não manifestaram vontade, pudessem ser atingidos pelas regras previstas na convenção coletiva[179]. Esta conclusão

[176] GOMES, Orlando. **A convenção coletiva de trabalho**. São Paulo: LTr., 1995, p. 12.

[177] GOMES, Orlando. **A convenção coletiva de trabalho**. São Paulo: LTr., 1995, p. 68.

[178] "As explicações normativistas atribuem ao aspecto normativo do fenômeno uma incontestável preponderância. Sustentam que, do acordo entre o sindicato operário e o patrão ou sindicato patronal, nasce regra de direito, uma norma jurídica. E é, justamente, essa regra de direito que caracteriza e singulariza a convenção coletiva". GOMES, Orlando. **A convenção coletiva de trabalho**. São Paulo: LTr., 1995, p. 73.

[179] GOMES, Orlando. **A convenção coletiva de trabalho**. São Paulo: LTr., 1995, p. 131.

prestigia a "capacidade jurígena", ou seja, de criar direito, por parte de grupos reunidos em torno de sindicatos[180].

Esta concepção, que parte da distinção radical entre norma e contrato, foi revista em 1980, mais de 40 anos após a publicação da tese.

Ao retomar o tema a pretexto de examinar as transformações da segunda metade do século XX sobre o direito das obrigações, Orlando Gomes conclui que as convenções coletivas de trabalho apenas criam disposições negociais; ao contrário do que havia afirmado anteriormente, o autor pondera que as convenções coletivas destinam-se a "regular relações concretas das partes que se submeteram, ou venham, submeter-se, às condições estipuladas"[181].

[180] GOMES, Orlando. **A convenção coletiva de trabalho**. São Paulo: LTr., 1995, p. 173. Esta primeira compreensão do autor se relaciona com concepções ligadas ao pluralismo jurídico, cuja observância parece ter encontrado acolhida especial no âmbito do direito do trabalho na primeira metade do século XX. Por meio das diversas concepções pluralistas do direito, em geral, concebe-se a possibilidade de coexistência de centros geradores de normas jurídicas. A exclusividade da "capacidade jurígena", como trata Orlando Gomes, não é atribuída apenas ao Estado. Dentre as inúmeras doutrinas pluralistas, destaca-se um grupo de autores que comumente são agrupados no que se convencionou chamar de *doutrina sindicalista*. A teoria pluralista sindicalista concebe a "associação ou organização sindical como centro de positivação jurídica". No âmbito dessas entidades, ou entre elas, seriam produzidas as normas jurídicas de organização econômica, as quais convivem, segundo os defensores desta concepção, com as normas de organização política emanadas pelo Estado. Os diversos autores que encampam este modelo de pluralismo admitem: "os sindicatos possuem, tanto como o Estado, o poder de editar normas juridicamente obrigatórias". Igualmente, uma leitura pluralista semelhante pode também ser encontrada no âmbito do *pluralismo corporativista*. Os corporativistas atribuem a grupos organizados em geral a capacidade de produzir normas jurídicas; tais grupos não se restringem a entidades profissionais, como defendem os sindicalistas, de modo que a concepção corporativista abarca a corrente sindicalista. Pode-se localizar aí a origem da concepção que atribui aos contratos normativos a condição de norma jurídica equiparada à norma legal. Sobre o tema: SANTOS, Ronaldo Lima dos. **Teoria das normas coletivas**. 3. ed. São Paulo: LTr., 2014.

[181] GOMES, Orlando. **Transformações gerais do direito das obrigações**. São Paulo: RT, 1967, p. 180.

Ao final do texto, o autor incluiu a nota: "Há 30 anos, escrevi despretensiosa obra sobre a convenção coletiva de trabalho (A convenção coletiva de trabalho, Gráfica Popular, Ltda., Bahia, 1936) tratando desta figura jurídica antes que outro autor a houvesse estudado no país. [...]. Tantos anos passados permitiram que me apercebesse do equívoco em que incorrera ao equacionar o problema. Bobbio adverte que tôda teoria pode ser considerada do ponto de vista do seu significado ideológico e do ponto de vista do seu valor científico (Teoria della norma

Nesta condição, as convenções coletivas de trabalho seriam, em verdade, espécie do gênero contratos coletivos, cujo uso não se restringe à seara trabalhista.

Para o autor, a "natureza negocial dos contratos coletivos pode ser observada mais claramente ainda nos chamados contratos sobre preços, como os que estipulam fabricantes, de um lado, e comerciantes, do outro". Também aqui a natureza contratual, para ele, não poderia ser questionada eis que "com essa estipulação não estão [as partes] criando direito objetivo, não estão estatuindo normas jurídicas [...], apenas estão se obrigando a dar aos futuros e eventuais contratos o conteúdo que, desde então, estabelecem[182]".

A natureza contratual admitida, contudo, não tem os seus efeitos concretos tomados pelo autor. Em outra obra, Orlando Gomes menciona o tema e afirma:

> do contrato coletivo não nascem relações jurídicas que coloquem as partes nas posições de credor e devedor. É um acordo normativo, não um contrato. Sua mais importante espécie é a convenção coletiva de trabalho, singular figura jurídica utilizada para organizar relações entre empregados e empregadores[183].

Os trabalhos de Orlando Gomes[184], embora não tratem especificamente sobre os contratos normativos, põem em causa uma questão relevante

giuridica, pág. 19). A teoria do normativismo-espontaneísta servia, ideologicamente, àquela época, para a afirmação de certos valores ideais. Não se segue daí, porém, que a proclamação da vitalidade dos grupos profissionais e a valorização da ação sindical para democratizar a organização do trabalho, devam conduzir ao reconhecimento de que têm qualidade para ditar leis mediante contrato que estipulem. [...]. A percepção dêsse equívoco conduziu a uma investigação mais cuidadosa e serena do assunto sob o ponto de vista dantes depreciado. O resultado dessa investigação é, diametralmente, oposto na conclusão, sem que, por isso, conteste ou repila a significação social do instituto, tal como exposto na monografia. Aceito a posição antinormativista por entender que, de um negócio jurídico privado, não pode surtir direito objetivo, como procuro demonstrar neste estudo". GOMES, Orlando. **Transformações gerais do direito das obrigações**. São Paulo: RT, 1967, p. 192.

182 GOMES, Orlando. **Transformações gerais do direito das obrigações**. São Paulo: RT, 1967, p. 182.

183 GOMES, Orlando. **Contratos**. 27. ed. Rio de Janeiro: Forense, 2019, p. 84.

184 É curioso notar que a posição primeira do autor sobre o tema se perdeu no tempo, sendo, ao contrário, usual referir o seu entendimento como tendo sido sempre em favor da natureza

para o levantamento dos possíveis efeitos jurídicos desta categoria, à luz do direito brasileiro.

Ao questionar a natureza de suas disposições, discute-se se o contrato normativo pode ser qualificado como *contrato*, semelhante ao quanto visto na Alemanha, na França e na Itália. Este debate é relevante especialmente para se colher os efeitos jurídicos deste tipo de ajuste, considerando-se a sua possível exigibilidade entre as partes ou em face de terceiros.

3.5. Elementos

Diante do panorama apresentado, propõe-se definir os contratos normativos a partir de três elementos: (i) trata-se de contrato que uniformiza o regime contratual e articula contratos coligados; (ii) para que seja assim definido e se distinga de outras figuras comuns, exige-se que os contratantes sejam movidos por uma *affectio modulus*; e (iii) na articulação com os negócios futuros, não há necessariamente a obrigação de contratar.

3.5.1. Uniformização do regime contratual e articulação de contratos coligados

O primeiro elemento põe em evidência a característica dos contratos normativos que lhe atribui a condição de contrato-base, isto é, de negócio

contratual da convenção coletiva ou, quando menos, uma posição híbrida: "É bom adiantar que, de um ponto de vista formalmente institucional, nunca houve uma Escola Baiana de Direito do Trabalho. Mas houve, indiscutivelmente, a espontânea formação de um consistente núcleo de estudo sistemático do então emergente ramo jurídico, reunindo ex-alunos de um professor quase tão moço quanto eles, Orlando Gomes, atraídos pela invulgar força especulativa de sua inteligência, que, em 1936, já surpreendera os examinadores do concurso a que se submeteu para provimento da cátedra de Direito Civil da tradicional Faculdade Livre de Direito da Bahia apresentando tese sobre matéria aparentemente trabalhista "A Convenção Coletiva do Trabalho" na qual sustentou a natureza híbrida normativo-contratual desse instrumento do direito coletivo do trabalho, aparentando-a com o direito civil, o que reafirmou, convictamente pelo tempo afora: 'A tese que defendo é que a convenção coletiva é um contrato normativo. Normativo, sim, mas contrato e não lei'". PINTO, José Augusto Rodrigues. A escola baiana de direito do trabalho. **Revista de Direito do Trabalho**, v. 123, jul.-set., p. 79-86, 2006. O resgate realizado nesta pesquisa não tem qualquer juízo de valor, nem pretende reduzir a importância do autor na construção das primeiras reflexões sobre o tema. Antes, na verdade, demonstra a sua complexidade ainda na década de 1930 e que permitiu ao autor descobrir novos fundamentos para o debate, mais de quarenta anos depois.

jurídico cujo objeto é uniformizar o regime contratual e articular contratos a ele coligados que se submeterão a suas regras.

Embora seja dotado de autonomia, o que permite qualificá-lo como um contrato, e não uma mera proposta ou minuta, a apreensão correta do contrato normativo exige que se lhe tome sempre em conjunto com o negócio sobre o qual ele projeta seus efeitos. O contrato normativo existe em função de outros contratos posteriores, de modo que este elemento é fundamental para a sua correta conceituação: os negócios que lhe seguem tem seu regulamento fixado não apenas nos seus instrumentos respectivos; o contrato-base anterior também projeta efeitos sobre eles, de modo que um não pode ser compreendido inteiramente sem o outro[185].

Sob esta perspectiva, o contrato normativo pode ser equiparado a uma moldura contratual definida pelas partes, a partir da qual são fixadas regras e princípios que deverão ser observados em todos os negócios futuros que venham ser firmados pelos sujeitos abrangidos por esta relação.

O contrato normativo cria uma estrutura contratual[186], uma matriz que pré-estabelece regras para futuros contratos. Assim visto, o contrato normativo não é um tipo contratual, ou seja, ele não se caracteriza em razão de uma certa operação econômica, como ocorre, por exemplo, com a compra e venda, com a doação ou com a locação.

Tratando do contrato quadro, Davi Guimarães Mendes também subscreve este ponto de vista, indicando que a relação dos negócios jurídicos normativos com contratos submetidos a eles permite a formação mesmo de tipos contratuais.

185 HUECK, Alfred. *Normenverträge*. *In*: **Jherings Jahrbücher für die Dogmatik des bürgerlichen Rechts**, Jena, p. 33-118, 1923, p. 36-37.

186 Vale aqui o quanto dito sobre o contrato-quadro: trata-se de uma "estrutura contratual abstracta, com a virtualidade de poder funcionar como moldura para tipos contratuais diversos, definidos de um modo prévio, sempre que as partes pretendam encetar uma cadeia de negócios uniformizados, com caráter de estabilidade". GUIMARÃES, Maria Raquel de Almeida Graça Silva. **O contrato-quadro no âmbito da utilização de meios de pagamento eletrônicos**. Lisboa: Wolters Kluwer. Coimbra: Coimbra, 2011, p. 132. Alfred Hueck, por sua vez, ressalta que o contrato normativo não pretende suprimir ou substituir os tipos contratuais. Ele representa, em verdade, uma forma contratual particular. Sob este ponto de vista, o autor sustenta que o contrato normativo encontra-se, em verdade, em uma posição superior aos tipos já que o conteúdo destes poderia ser ditado por ele. HUECK, Alfred. *Normenverträge*. *In*: **Jherings Jahrbücher für die Dogmatik des bürgerlichen Rechts**, Jena, p. 33-118, 1923, p. 39.

Os tipos criados pelos negócios normativos teriam origem negocial, e não legal. Esta possibilidade tem fundamento na própria amplitude da autonomia privada, sendo "autorizado concluir que ela própria pode constituir um interesse apto a ser modificado ou limitado pela via negocial". Daí porque, nos contratos normativos, o poder de autorregular interesses está voltado a regular a própria autonomia privada dos negócios futuros[187].

Especificamente neste ponto, o contrato normativo opera, por analogia, como um contrato de adesão. Este, por sua vez, não se caracteriza por uma operação econômica específica: o uso da técnica de adesão de um contratante aos termos negociais estipulados pelo outro pode abarcar um universo enorme de negócios, à conveniência dos contratantes, sendo por isso equivocado classificá-lo como um tipo contratual[188].

Também no contrato normativo a mesma lógica é válida porque esta técnica para a articulação de contratos não guarda em si nenhuma restrição do ponto de vista dos tipos admitidos a se coligarem sob o regime do contrato normativo. É possível a constituição de contratos normativos em situações tão distintas quanto, por exemplo, uma convenção coletiva de consumo[189] ou um contrato de abertura de conta corrente em um banco[190].

[187] MENDES, Davi Guimarães. **O contrato-quadro no direito privado brasileiro**. 2019. Dissertação (Mestrado em Direito), Universidade de São Paulo (USP), São Paulo, 2019, p. 46.

[188] ZANETTI, Cristiano de Sousa. **Direito contratual contemporâneo** – a liberdade contratual e sua fragmentação, v. 5. São Paulo: Método, 2008, p. 224.

[189] Tome-se este exemplo hipotético: entidades representantes de consumidores e de fornecedores pactuam, na forma do artigo 107 do Código de Defesa do Consumidor, regras que deverão ser observadas pelos seus representados ou associados. Por esta convenção coletiva, uma associação de incorporadoras obriga-se, em nome de suas associadas, a não impor cláusula penal por resolução unilateral das promessas de compra e venda superior a 5% (cinco por cento) do valor do contrato. Neste exemplo, as incorporadoras que tenham autorizado a constituição do negócio pela associação ficarão obrigadas a, nas suas promessas de compra e venda, observar o negócio-base representado pela convenção coletiva de consumo, cuja natureza será a de um contrato normativo.

[190] Outro exemplo fictício: um cliente firma com uma instituição financeira um contrato bancário tal que garanta a prestação de serviços bancários comuns, como o uso de uma conta corrente. Este mesmo contrato alude a futuros negócios que podem vir a ser firmados entre as partes, como por exemplo o uso de linhas de crédito, o uso de cartões de crédito, serviços de câmbio, dentre outros. Caso estes novos negócios venham a ser firmados, por força do contrato-base constituído anteriormente, eles deverão obedecer às suas disposições no que diz respeito a efeitos da mora, cláusula penal, obrigações gerais de informação e transparência ou cláusula arbitral. Este contrato-base é um contrato normativo.

O contrato normativo, neste contexto, explicita a unidade negocial existente entre ele próprio e os contratos que lhe seguirão, em regime de coligação contratual. Ao submeter todos os negócios futuros a um mesmo regime, prevendo-os já no instrumento base, o contrato normativo organiza a coligação, emulando uma lei que regerá todos os contratos firmados no futuro pelos contratantes.

Isto é feito, inegavelmente, por meio de um instrumento contratual. O contrato normativo não é uma mera proposta de contrato ou, pior, uma mera minuta. É equivocado afirmar, como fizeram autores italianos de meados do século XX, que o contrato normativo não tem eficácia jurídica alguma.

Ao contrário, já hoje a doutrina reconhece causa jurídica na sua formação, ligada à sua função de preparar e regular negócios futuros[191]. Além disso, mesmo por um ponto de vista estrutural, há objeto determinado ou determinável, vinculado a uma obrigação das partes de observar as regras em contratos que venham a firmar.

Ao tratar-se do contrato normativo sob este primeiro prisma da coligação contratual, deve-se ter clara sua atribuição de servir como regra-matriz para futuros contratos. Tal como os negócios em geral devem ser constituídos em atenção à lei, os contratos coligados ao contrato normativo devem ser constituídos em atenção a este instrumento[192].

Sob a luz deste primeiro elemento, relacionado à sua condição de uniformizador do regime contratual de contratos coligados, veja-se que o contrato normativo tem a capacidade de espalhar os seus efeitos ao longo da cadeia dos negócios a ele ligados.

[191] ROPPO, Vincenzo. **Tratatto del contrato.** v. III (a cura de Maria Constanza). Milão: Giuffrè, 2006, p. 109; DIENER, Maria Cristina. **Il contratto in generale**. 3. ed. Milano: Giuffrè, 2015, p. 178-179; GUAGLIONE, Luciano. **Il contratto**: sistema de diritto civile. Torino: Giappichelli, 2018, p. 120; BALESTIERI, Massimo. I contratti preparatori: Il contratto normativo. *In*: FAVA, Pasquale (coord.). **Il contratto**: trattato teórico – pratico. Milão: Giuffrè, 2012, p. 1.417.

[192] Especialmente entre autores italianos, esta característica é sustentada na perspectiva de que os contratos normativos não apenas regulam uma troca econômica pontual, mas sim, de uma forma mais ampla, a conduta das partes quando se trata da celebração de contratos (entre elas e com terceiros). Neste sentido: CATAUDELLA, Antonino. **I contratti**. Parte generale. 4. ed. Torino: Giappichelli, 2014, p. 23.

Esta característica pode ter desde efeitos mínimos, como em um contrato normativo firmado entre apenas duas pessoas para vincular um único e eventual negócio; até efeitos mais amplos, como se verifica em um contrato normativo que regula obrigações em face de terceiros, com o que se poderá subordinar o comportamento de inúmeras pessoas ou agentes econômicos de um mercado em face de terceiros.

Em sentido amplo, portanto, o contrato normativo se presta a regular as relações jurídicas patrimoniais existentes entre os mesmos contratantes ou entre um destes e qualquer terceiro às partes do negócio normativo original[193]. A coligação com os demais negócios tem o propósito específico de preparar ou coordenar a formação e o conteúdo de um ou vários contratos posteriores[194].

As expressões comumente utilizadas em países de língua inglesa, como *master agreement*, *framework agreement* ou *umbrella agreement* designam imagens interessantes para ilustrar este primeiro elemento: tal como a estrutura de uma construção que deve ser observada, ou mesmo como um guarda-chuvas que cobriria os demais contratos, o contrato normativo deve ser considerado o negócio-base da coligação contratual, cujas prescrições devem ser observadas pelos contratantes nos negócios que dele derivarão.

O contrato normativo, por fim, conforme enunciado, deve *uniformizar* e *articular* os contratos a ele coligados.

Para que possam ser assim considerados, os contratos normativos devem ter capacidade de articulação, isto é, de unir contratos singularmente considerados, de modo a considerá-los como parte de um mesmo negócio, contidos, portanto, em uma mesma moldura.

O contrato normativo permite às partes e, eventualmente, a um julgador, ter presente que os contratos que dele derivam somente podem ser exatamente compreendidos quando vistos sob a moldura do negócio-base, que lhe confere o exato sentido do que pretenderam os contratantes ao articularem entre si um dado conjunto de contratos.

[193] No original: "[...] si presta a regolare rapporti giuridici patrimonial che intercorrono tra i contraenti medesimi; tra uno di questi e soggetti terzi; tra soggetti tutti quanti terzi rispetto alle parti dell'originario accordo regolamentare". FERRARI, Camila. **I contrati dei mercati regolati**. Torino: Giappichelli, 2018, p. 13.

[194] BRITO, Maria Helena. **O contrato de concessão comercial**: descrição, qualificação e regime jurídico de um contrato socialmente típico. Coimbra: Almedina, 1990, p. 199.

Além de articular uma coligação contratual, o contrato normativo deve uniformizar o regime aplicável aos contratos que sejam a eles ligados. A capacidade de uniformizar deve ser vista sob duas dimensões distintas, conforme seja o contrato normativo classificado.

De um lado, a doutrina alude à uniformização de relações contratuais entre um dado contratante e terceiros que não foram parte do contrato normativo. Por alcançar terceiros indeterminados, a imagem de uma uniformização *horizontal* é bastante adequada para descrever o seu efeito. A uniformização aqui, novamente, assume uma posição semelhante à do contrato de adesão, na medida em que um contratante mantém com terceiros indeterminados relações contratuais semelhantes.

Distintamente do que ocorre na técnica de adesão, contudo, no contrato normativo, a uniformização se dá por força de uma negociação anterior estabelecida pelo contratante, que se obrigou a observar certas condições contratuais.

Para ilustrar, isto ocorreria, por exemplo, com um grupo de empresas que se obrigasse contratualmente a adotar certas regras de *compliance* com terceiros[195]. Ao obrigar-se em um contrato normativo, hipoteticamente, a não manter relações contratuais com fornecedores que já foram autuados por manter trabalhadores em regime análogo à escravidão, cada um destes contratantes estará uniformizando suas relações jurídicas com seus fornecedores, quanto a este ponto[196].

Conforme se vê, a uniformização decorre de uma submissão voluntária e negociada de quem é parte do contrato normativo; não é o que ocorre

[195] Exemplo concreto foi divulgado pela coluna Painel, na edição do jornal Folha de S. Paulo, de 1º jul. 2019. Noticiou-se a criação do "Instituto de Integridade de Autorregulação do Setor de Infraestrutura", uma entidade independente cuja função seria a de certificar o cumprimento de regras de *compliance* pelas empresas que aderirem às suas regras. Embora a coluna não mencione, pode-se inferir que a obrigação de seguir regras definidas entre as partes para os contratos mantidos com terceiros e, igualmente, se subordinar à autoridade regulatória de um instituto independente, decorre de um arranjo que pode ser reconduzido à categoria dos contratos normativos. MATOSO, Camila. Instituto quer certificar empreiteiras; com entidade, Odebrecht tenta reaver controle do setor. Blog. **UOL**. São Paulo, 1 jun. 2019. Disponível em: https://painel.blogfolha.uol.com.br/2019/07/01/instituto-quer-certificar-empreiteiras-com--entidade-odebrecht-tenta-reaver-controle-do-setor. Acesso em: 10 maio 2020.

[196] Considerando as regras de *compliance* como possível conteúdo de contratos normativos: RUSSEL, Oliver Soro. **Los contratos como fuente de normas**: contratos marco, contratos normativos y contratos de colaboración. Madrid: Reus, 2014, p. 251.

no contrato de adesão, em que os termos negociais são fruto de uma ação unilateral do contratante.

Por outro lado, a uniformização poderá alcançar apenas os contratantes do contrato normativo, e não terceiros. Sob este ponto de vista, a imagem é a de uma uniformização *vertical*, no sentido de que um conjunto de negócios jurídicos estabelecidos entre as partes ficarão submetidos às mesmas regras mínimas.

Neste caso, tome-se novamente como exemplo o contrato bancário já referido: embora as partes possam manter distintas relações entre si (seguro, financiamento, câmbio), é possível fixar para todas elas um mesmo regime jurídico com relação, por hipótese, a aspectos como efeitos da mora, cláusula de mediação ou de arbitragem.

3.5.2. *Affectio modulus*

Além de se constituir como um negócio-base, com regras aplicáveis a outros contratos que sejam a partir dele constituídos, a caracterização do contrato normativo exige o que a doutrina conhece como *affectio modulus*.

A *affectio modulus*, para Jean Gatsi, deve ser compreendida como a vontade especificamente voltada à padronização (*volonté de standardisation*). Trata-se da intenção dos contratantes, manifestada através do contrato normativo, de conceder aos negócios que derivarão do negócio-base, um regime jurídico único e predeterminado[197].

A *affectio modulus* justifica a intenção dos contratantes no sentido de que, quantos sejam os negócios firmados entre si ou por eles com terceiros, todos eles fiquem submetidos a um regime contratual único. Isto ocorre na medida em que a adoção deste quadro uniforme de regras, junto com os contratos de aplicação, sejam etapas fundamentais para o cumprimento do objetivo negocial que se impõe às partes.

[197] GATSI, Jean. **Le contrat-cadre**. t. 273. Paris: LGDJ, 1996, p. 219. Davi Guimarães Mendes destaca que esta qualidade aproxima as condições gerais dos contratos dos negócios jurídicos normativos: "Esta circunstância [a *affectio modulus*] sobreleva outros traços correspondentes entre as espécies, tal como o caráter abstrato de seus conteúdos". MENDES, Davi Guimarães. **O contrato-quadro no direito privado brasileiro**. 2019. Dissertação (Mestrado em Direito), Universidade de São Paulo (USP), São Paulo, 2019, p. 71.

A *affectio modulus*, assim, é ao mesmo tempo causa e efeito da coligação contratual indicada no item anterior. Os dois elementos se articulam e se influenciam mutuamente, resultando assim em uma cadeia de negócios duradoura[198].

Outro elemento associado à *affectio modulus* é a característica da durabilidade[199]. Não é suficiente que as partes queiram dar o mesmo regime jurídico a suas relações; a caracterização do contrato normativo exige que a articulação obtida por efeito do negócio-base seja durável, e não instantânea.

A *affectio modulus*, sob esta perspectiva, corresponde à solução importante para fazer frente aos efeitos do tempo sobre os contratos. Em relações de longo prazo e divididas em relações contratuais distintas, é grande o risco de interpretações futuras, sobretudo na hipótese de litígios, que desconsiderem o negócio de modo global, mas considerem apenas os contratos individuais.

A explicitação da *affectio modulus* em um contrato normativo evita este inconveniente porque submete expressamente todos os contratos subordinados ao negócio-base ao mesmo regime contratual.

Outra característica importante decorrente da *affectio modulus* diz respeito ao compromisso das partes em manterem estrita colaboração a fim de alcançarem o objetivo negocial indicado no contrato normativo.

Embora o dever de colaborar não seja usualmente indicado como um elemento da vontade declarada que se manifesta na *affectio modulus*, essa obrigação deve ser tomada como uma consequência lógica[200].

Ao estruturarem uma relação que se prolonga no tempo e através de mais de um negócio, os contratantes visam a um objetivo negocial que é superior a cada um dos contratos individuais. Alcançar este objetivo não exige apenas o cumprimento perfeito dos contratos de aplicação,

[198] RUSSEL, Oliver Soro. **Los contratos como fuente de normas**: contratos marco, contratos normativos y contratos de colaboración. Madrid: Reus, 2014, p. 102.

[199] BOUVIER, Amandine. **Regards sur le contrat de franchise**. 557 f. Tese (Doutorado). Universidade de Montpellier, 2015, p. 54; SAYAG, Alain. Premiére approche de la notion. *In*: SAYAG, Alain. **Le contrat-cadre**: exploration comparative. Paris: LITEC, 1955, p. 115.

[200] "Le contrat-cadre offre um moyen de concrétiser une volonté de coopération durable". Tradução livre: "O contrato-quadro oferece um meio para concretizar uma vontade de cooperação duradoura". SAYAG, Alain. Premiére approche de la notion. *In*: SAYAG, Alain. **Le contrat-cadre**: exploration comparative. Paris: LITEC, 1955, p. 20.

mas também a estreita colaboração entre as partes, sobretudo a se ter em mente como relações de longo prazo são impactadas por fatos imprevistos e que exigirão das partes atenção para o objetivo maior definido entre si.

O contrato normativo, em razão da colaboração inerente à *affectio modulus*, corresponde assim a um instrumento de aliança, e não apenas de intercâmbio de bens ou serviços[201].

Esta característica será fundamental para se compreender que sua função não é apenas servir de instrumento preparatório para outros negócios, à maneira de um contrato preliminar, mas também de marco normativo pelo qual as partes devem se pautar ao longo de toda a relação contratual, ainda que esta se desenvolva em torno de mais de um negócio singularmente considerado.

Por todas estas características, a *affectio modulus* qualifica e dá causa ao contrato normativo[202]. Sem esta característica, dois ou mais contratos

[201] RUSSEL, Oliver Soro. **Los contratos como fuente de normas**: contratos marco, contratos normativos y contratos de colaboración. Madrid: Reus, 2014, p. 286.

[202] Esta também foi a conclusão de um interessante artigo publicado pela romena Juanita Goigovici e que mostra como a *affectio modulus* tem sido utilizada para qualificar contratos normativos. De acordo com o estudo, "*Affectio modulus* indicates the common intent of contractual parties to create a standardized frame for the formation of future applicative contracts, as a result of their initial pact". Tradução livre: "A *affectio modulus* representa o interesse contratual comum das partes de criar uma estrutura padrão para a formulação de novos contratos futuros, como resultado de um pacto inicial". É por via da *affectio*, portanto, que se pode explicar a força vinculante dos contratos normativos, já que valendo-se da autonomia privada, as partes justificam limitar certos aspectos de contratos futuros que venham a ser firmados. Ou seja, "The role played by the framework agreements is that of substantially facilitating the making of future commercial pacts, as the parties initially and voluntarily renounce to their liberty of contractual agreement in order to exclude the possibility of renegotiation regarding the clauses already agreed". Tradução livre: "O papel desempenhado dos contratos-quadro é de ser um facilitador substancial na elaboração de acordos futuros, considerando que as partes renunciaram inicialmente e voluntariamente a liberdade contratual, a fim de excluir a possibilidade de renegociação de cláusulas previamente negociadas". É a *affectio modulus* que enfeixa a essência dos contratos normativos, explicando-se por este aspecto a vontade comum de estabelecer "durable commercial collaboration, based on standardized forms, in order to avoid the necessity of repeating the negotiation process for each of the applicative contracts". Tradução livre: "colaboração comercial durável, baseada em formulários padronizados, a fim de evitar a necessidade de repetir a negociação para cada contrato específico". GOICOVICI, Juanita. Affectio modulus – cauza contractelor-cadru. **Revista Romana de Drept at Afacerilor**, n. 3, p. 01, 2010.

podem manter algum tipo de vínculo entre si, quer seja por relação de acessoriedade, quer seja por alguma espécie de coligação. Mas, não será possível concluir que nesta hipótese a relação se dá por força de um contrato normativo.

Há, por exemplo, relação de acessoriedade entre um contrato de locação e de sublocação. Apesar disso, não se pode dizer que o contrato de locação seja um contrato normativo. No contrato normativo, a existência de *affectio modulus* o qualifica de maneira que a sua própria causa seja uniformizar o regime correspondente a certas cláusulas ou condições negociais; ao contrário do exemplo da sublocação, existindo *affectio modulus* o vínculo do contrato normativo com os contratos de aplicação não será circunstancial, mas esperado e pré-ordenado pelas partes.

Por fim, considerando esta importante consequência, a *affectio modulus* coloca uma questão relevante a respeito da necessidade desta vontade ter que ser expressamente manifestada ou não.

Em princípio, a *affectio modulus* deve ser expressa[203]. Isto ocorreria não por uma regra categórica, mas por um imperativo importante para se ter segurança, de maneira que a vontade dos contratantes seja explicitada para o fim de submeter as relações pactuadas sob o contrato normativo a um regime jurídico uniforme.

Não se pode excluir, porém, a possibilidade de que a *affectio modulus* seja extraída da própria relação estabelecida entre as partes. Isto ocorreria por interpretação de seus comportamentos, de modo tácito.

Embora esta hipótese possa ser aventada corretamente no plano teórico, no plano prático ela será de difícil ocorrência. A complexidade – e, por consequência, a formalidade – dos negócios para os quais a técnica do contrato normativo seja recomendada cria um impasse de difícil superação nestes casos.

A explicitação por escrito da *affectio modulus*, nestes termos, corresponde a um imperativo de segurança. A formação de um negócio-base é etapa preliminar da técnica do contrato normativo; ao contrário, admitir sem ressalvas a explicitação de uma *affectio modulus* por usos entre as partes seria reconhecer a possibilidade de uma espécie inusitada de contrato normativo *ex post*, cuja formação se declararia após os contratos de aplicação.

[203] GATSI, Jean. **Le contrat-cadre**. t. 273. Paris: LGDJ, 1996, p. 221.

3.5.3. *Pactum de modo contrahendi*

Por fim, como terceiro elemento, deve-se ter presente que os contratos normativos não criam, em regra, obrigação de contratar. Eles criam direitos que os contratantes devem observar se vierem a contratar (*pactum de modo contrahendi*).

Este aspecto é motivo de aceso debate na doutrina, especialmente como um elemento que diferenciaria os contratos normativos dos contratos-quadro.

Na Alemanha, por exemplo, a doutrina reconhece a existência de esquemas contratuais semelhantes ao contrato-quadro. Nesta estrutura, referida pela designação *Vorvertrag* ou *Rahmenvertrag*, verifica-se ausência de unanimidade quanto à existência (ou não) de uma obrigação imposta a uma ou a ambas as partes no contrato quanto à celebração de contratos futuros[204].

Na Itália, por sua vez, é frequente que o contrato-quadro seja tomado como espécie de contrato-normativo, justamente por não obrigar as partes a contratar no futuro os negócios que estejam previstos no contrato normativo[205].

Enquanto conceito de uma estrutura contratual, porém, nenhum elemento do contrato normativo admite que se exija das partes o cumprimento da obrigação de contratar os negócios futuros.

Este esquema contratual encontra seu fundamento na liberdade de contratar. A relação de coordenação e de uniformização do regime jurídico de um conjunto de contratos não se estabelece por força de lei, mas em razão de ajustes específicos dos contratantes, imbuídos da *affectio modulus*.

Sob esta perspectiva, sem existir um regime legal e obrigatório para esta estrutura contratual, incumbe aos contraentes definir qual a eficácia extraída do contrato-base. Nem a coordenação existente entre os contratos, tampouco a uniformização do regime jurídico seria afetada pelo fato de os contratos de aplicação serem obrigatórios ou não.

[204] GUIMARÃES, Maria Raquel de Almeida Graça Silva. **O contrato-quadro no âmbito da utilização de meios de pagamento eletrônicos**. Lisboa: Wolters Kluwer. Coimbra: Coimbra, 2011, p. 37.

[205] GUIMARÃES, Maria Raquel de Almeida Graça Silva. **O contrato-quadro no âmbito da utilização de meios de pagamento eletrônicos**. Lisboa: Wolters Kluwer. Coimbra: Coimbra, 2011, p. 37.

Esta lógica é ratificada pelo argumento histórico, conforme testemunho de Alfred Hueck em sua monografia pioneira sobre o tema. De fato, conforme o autor, é certo que o contrato normativo não pode ser qualificado como um pré-contrato, uma vez que esta hipótese admitiria a constituição de um dever de celebrar um contrato futuro; o contrato normativo, ao contrário, fixaria condições negociais que deveriam ser observadas se e quando o contrato futuro vier a ser celebrado[206].

Sem prejuízo disso, o autor destaca que a ausência da obrigação de contratar não guarda qualquer relação com a essência do contrato normativo. Uma vez que isto ocorra, não há uma desnaturação desta categoria porque sua causa específica continuará presente na exata medida em que uniformiza o regime contratual entre dois ou mais negócios, articulando-os como um só. Segundo o autor, deve-se neste caso – em que seja pactuada uma obrigação de contratar – compreender o contrato normativo como um contrato mais aprofundado, e não desconsiderá-lo completamente[207].

Este ponto de vista, mais recentemente, tem sido prestigiado para qualificar o contrato-quadro. No direito francês, discute-se se a existência ou não de obrigação de contratar deve ser considerada um dos elementos de qualificação do contrato-quadro. A posição mais recente tem defendido a impossibilidade de distinguir dois instrumentos com o perfil do contrato-quadro, caso um deles contenha uma obrigação de contratar e o outro apenas uma obrigação de cumprir certos termos, caso as partes venham a contratar. Por isto, este critério baseado no dever de contratar deve ser abandonado[208].

O mesmo ocorre com o contrato normativo. Se, como visto, sua causa está na articulação e na uniformização de contratos futuros, tal função não fica afetada se as partes estipularem ou não obrigação de contratar futura. Nos dois casos, o contrato normativo será constituído com a mesma finalidade negocial, havendo apenas uma distinção de grau de vinculação entre as partes.

[206] HUECK, Alfred. *Normenverträge*. *In*: **Jherings Jahrbücher für die Dogmatik des bürgerlichen Rechts**, Jena, p. 33-118, 1923, p. 37-38.

[207] HUECK, Alfred. *Normenverträge*. *In*: **Jherings Jahrbücher für die Dogmatik des bürgerlichen Rechts**, Jena, p. 33-118, 1923, p. 38.

[208] GATSI, Jean. **Le contrat-cadre**. t. 273. Paris: LGDJ, 1996, p. 126.

De fato, é usual que estruturas deste tipo sejam moldadas com obrigação de contratar.

Pode-se suscitar como exemplo, nesta hipótese, a situação em que um acordo de cooperação entre duas companhias seja organizado: as companhias concordam em atuar em conjunto em determinado mercado, estipulam regras de governança para a parceria, quem serão os representantes de cada parte, como serão tomadas as decisões, as regras para a hipóteses de resolução, dentre outros aspectos. E, neste mesmo instrumento, por hipótese, pactuam que realizarão investimentos conjuntos, firmarão contrato de locação comparecendo ambas como locatárias solidárias para alocar as equipes que trabalharão no projeto, dentre outros negócios que entendam necessários e obrigatórios para desenvolver a parceria.

Por outro lado, nada obsta que as partes pactuem uma estrutura semelhante, mas sem obrigação de contratar.

Para ficar no exemplo anterior, as partes podem pactuar as mesmas cláusulas indicadas e, além disso, estipular que caso a parceria evolua para uma sociedade, a depender do interesse mútuo das partes, o capital social será dividido na razão de 1/3 (um terço) para um dos contratantes e 2/3 (dois terços) para o outro, mantido o regime previsto no contrato normativo quanto à governança.

Nos dois casos, ao que parece, não é a obrigação ou não de firmar os contratos o que delimitará os efeitos decorrentes dos contratos normativos. A sua condição de estrutura contratual não é afetada em nenhum dos casos ao ponto de negar-lhe a condição de contrato normativo.

3.6. Classificação

Conforme vê-se dos exemplos, a estrutura correspondente ao contrato normativo admite sua aplicação em inúmeras relações negociais. A abrangência da categoria alcança relações de consumo, relações civis e relações empresariais.

Este largo uso, porém, não impede que sejam identificados certos elementos que, dentro do gênero, discriminem situações específicas. Classificar estas situações não é um exercício estéril, uma vez que as funções e os efeitos jurídicos que se pretende levantar nos próximos capítulos podem variar a depender dos critérios adotados.

Uma destas classificações toma como ponto de partida a percepção de que existem contratos normativos em que os contratantes pactuam obrigações entre si, assumindo deveres e direitos recíprocos; outros, por sua vez, não criam obrigações entre si, mas deveres unilaterais para cada um dos contratantes.

Sob este ponto de vista, os contratos normativos podem ser *bilaterais* (cujas obrigações se impõem para ambas as partes) ou *unilaterais* (cujos obrigações são imputadas apenas a uma das partes, nos contratos que venham ser firmados com terceiros)[209].

Assim, por exemplo, será unilateral o contrato normativo na hipótese em que vários prestadores de serviço se comprometam, entre si, a praticar determinadas condições negociais com seus clientes. Por outro lado, será bilateral, na situação em que uma indústria e um fornecedor de insumos obriguem-se com certas condições dos contratos futuros que venham a firmar.

Esta classificação é bastante usual, tendo sido referida desde a monografia pioneira de Alfred Hueck. Conforme identificado pelo autor alemão, é possível que os contratantes no *Normenvertrag* assumam posições antagônicas, em que os interesses sejam contrapostos. Ou, por outro lado, pode ocorrer de seus interesses serem convergentes. Conforme se articulem os contratantes, de modo convergente ou antagônico, Alfred Hueck sustentou que o *Normenvertrag* poderá ser unilateral (*einseitiger Normenvertrag*) ou bilateral (*zweiseitiger Normenvertrag*)[210].

Outra classificação distingue os contratos normativos *corporativos* (*doppelseitig korporativer Normenvertrag*) e *não corporativos* (*nicht korporativer Normenvertrag*)[211].

Será da segunda espécie, quando o contrato normativo disciplinar as regras dos contratos individuais que vierem a ser firmados com os mesmos contratantes, diretamente vinculados a suas regras. Ao contrário, serão

[209] Dentre outros, esta classificação é adotada por: SIRENA, Pietro. Contratto normativo (diritto civile). *In*: Il diritto. **Enciclopedia giuridica**, IV. Milão: Corriere Della Sera, 2007, p. 287; GUGLIELMETTI, Giannantonio. Contratto normativo. **Enciclopedia Giuridica Treccani**, t. IX, Roma: IPZDS, 1990, p. 01-02.

[210] HUECK, Alfred. *Normenverträge*. *In*: **Jherings Jahrbücher für die Dogmatik des bürgerlichen Rechts**, Jena, p. 33-118, 1923, p. 40.

[211] HUECK, Alfred. *Normenverträge*. *In*: **Jherings Jahrbücher für die Dogmatik des bürgerlichen Rechts**, Jena, p. 33-118, 1923, p. 42.

corporativos os contratos normativos firmados por corporações ou entidades de representação, como associações ou sindicatos, de maneira que as regras pactuadas vincularão indiretamente seus associados.

Neste último caso, o contrato-base subordinará os efeitos de contratos futuros firmados por terceiros que não participaram do *Normenvertrag*, mas que sejam filiados às entidades contratantes.

Sem prejuízo das duas classificações, e do mérito de cada uma delas, ambas aparentemente exprimem um problema semelhante. A se ter em vista a bilateralidade ou a unilateralidade, ou se os contratantes estão diretamente vinculados ou indiretamente, a partir de entidades de representação, a questão de fundo em ambas gira em torno de quem será alcançado pelos efeitos daquilo que fora convencionado no contrato normativo.

Existem contratos normativos cujos efeitos alcançarão apenas as partes contratantes. Por outro lado, existem situações em que terceiros estranhos ao contrato podem ser afetados por suas disposições.

Esta distinção deve ser feita de modo preliminar à classificação usual entre contratos normativos bilaterais e unilaterais, corporativos e não corporativos.

A sua disciplina permite, além disso, ferir uma importante nota característica dos contratos normativos, que é a possibilidade de regular não apenas a relação entre os contratantes, mas também, eventualmente, a relação dos contratantes com terceiros.

Ter esta circunstância em mente permite que seja avaliado em que medida e quais requisitos a ordem jurídica brasileira exige para que esta estrutura contratual possa ser utilizada para coordenar e uniformizar um conjunto relevante de relações jurídicas com perfil semelhante.

Para estes fins, propõe-se, sem prejuízo das demais classificações, distinguir os contratos normativos quanto aos seus efeitos em face de terceiros.

Alcançando apenas os próprios contratantes, deve-se nomear o contrato normativo como *interno*. As obrigações e os efeitos pactuados regularão apenas o conjunto das relações jurídicas estabelecidas entre os próprios signatários.

Por seu turno, existem contratos normativos cujas obrigações e efeitos, embora pactuados entre os contratantes, dirigem-se a terceiros. Isto ocorre na medida em que os contratantes constituem obrigações que devem ser atendidas nas suas relações com terceiros ou por sujeitos que se encontrem representados por entidades como associações ou sindicatos. Neste caso, deve-se nomear tal espécie como um contrato normativo *externo*[212].

Esta distinção permitirá identificar efeitos jurídicos diferentes no âmbito das duas espécies, conforme será demonstrado nos próximos capítulos.

[212] SIRENA, Pietro. Contratto normativo (diritto civile). *In*: Il diritto. **Enciclopedia giuridica**, IV. Milão: Corriere Della Sera, 2007, p. 287-288.

4.
CONTRATO NORMATIVO NO BRASIL: REGIME LEGAL E VALIDADE

Os elementos caracterizadores do contrato normativo, recolhidos no capítulo anterior, apresentam-se em negócios conhecidos na prática contratual brasileira. Para além de um arranjo negocial construído a partir da liberdade de contratar, é possível extrair da própria legislação manifestações contratuais com características bastante próximas ao quanto visto nos contratos normativos.

Este panorama suscita a questão sobre a possibilidade de constituição de contratos normativos atípicos, cujo conteúdo e cujas hipóteses de sua aplicação não encontram previsão alguma na legislação.

A validade e os efeitos possíveis derivados destes negócios dependem da investigação a respeito do regime jurídico que a legislação brasileira lhe atribui, a fim de que sejam marcados os limites da autonomia privada. Novas luzes podem ser lançadas sobre este tema, à vista das alterações introduzidas no Código Civil pela Lei Federal n. 13.879/2019 (Lei de Liberdade Econômica).

4.1. Por um direito *dos contratos*: posição da inovação contratual na ordem jurídica legal

O domínio do direito privado é o largo campo da autonomia privada: onde a lei não proíba, podem as partes pactuar normas contratuais de onde se poderão extrair efeitos jurídicos distintos, ou mesmo não previstos, na ordem jurídica estatal.

O direito privado, enquanto objeto de estudo, é formado muito mais pelos negócios e contratos em geral, firmados pelas partes, do que pelas regras legais que regulam o exercício da autonomia privada. Não se conhece o direito privado inteiramente apenas a partir do Código Civil ou da legislação especial. A criatividade dos contratantes deve ser o ponto de partida de qualquer investigação neste campo, o que importa em compreender as práticas negociais para somente então recolhê-las e avaliá-las à luz da lei.

A afirmação desta premissa é fundamental e não deve ser compreendida como uma declaração anárquica, como se o regime dos contratos definido pelas normas legais tivesse nenhuma importância. Longe disso, deve-se prestigiar os limites da lei para o exercício da liberdade contratual. Contudo, sejam limites mais ou menos amplos, onde a legislação autorizar o uso deste poder criativo dos contratantes, aquilo que vier a ser validamente definido pelas partes deve ser reconhecido pela ordem jurídica, de modo que a lei apenas tenha incidência complementar naquilo que elas tenham deixado de regular[213].

Assim, na relação entre liberdade contratual e lei, deve-se ter em vista que "os tipos contratuais legais não passam de arquipélagos no *mare magnum* da autonomia contratual"[214].

[213] "Las proprias partes de un contrato obligacional pueden normalmente regular mediante convenios todas las cuestiones relacionadas con el cumplimiento del contrato. No obstante, las más de las veces aquéllas regulan solo los aspectos de carácter más acentuadamente práctico. Si el cumplimiento del contrato exige uma reglamentación adicional o inciden circunstancias que se oponen a dicho cumplimiento, hay que preguntarse qué es ahora lo conforme a la ley. El Código tiene dispuesta para tales casos uma reglamentación complementaria del acuerdo contractual, la cual solo entra en aplicación en tanto en cuanto las partes mismas no hayan adoptado outra distinta" Tradução livre: "As partes de um contrato obrigacional podem normalmente regular por meio de acordos todas as questões relacionadas à execução do contrato. No entanto, na maioria das vezes, eles regulam apenas os aspectos mais práticos. Se o cumprimento do contrato requer regulamentos adicionais ou existem circunstâncias que se opõem a tal cumprimento, deve-se perguntar o que agora está de acordo com a lei. O Código previu para estes casos um regulamento complementar do acordo contratual, que só entra em vigor na medida em que as próprias partes não tenham adotado outro diferente". LARENZ, Karl. **Derecho civil**. Parte general. Trad. Miguel Izquierdo Y Macías-Pievea. Santiago: Ediciones Olejnik, 2019, p. 49.

[214] VASCONCELOS, Pedro Pais de. **Contratos atípicos**. 2. ed. Coimbra: Almedina, 2009, p. 02. Para o autor, o grande espaço para o exercício da autonomia permite dizer que é "enorme

O espaço para o exercício da liberdade de contratar será sempre mais amplo do que os tipos que a restringem. Os arranjos constituídos neste espaço de autonomia devem ser vistos com grande atenção e cuidado, na medida em que influenciam e condicionam o desenvolvimento da própria regulação legal[215].

Esta constatação é especialmente importante ao tratar-se dos contratos normativos, na medida em que o levantamento da legislação sobre o tema não tem como retorno uma menção específica ou um tipo contratual geral[216].

Sem prejuízo disso, é seguro dizer que o contrato normativo não é desconhecido enquanto técnica na prática negocial, nem enquanto categoria entre autores brasileiros. Nem mesmo para a legislação, é possível dizer que este é um tópico estranho. É certa a existência de regras específicas para disciplinar certos arranjos negociais que podem ser reconduzidos à condição de contratos normativos.

A avaliação que se segue, neste cenário, terá em vista um direito dos contratos *dos contratos*, e não um direito dos contratos *da lei*. Contratos nascem sobretudo em razão da criatividade e de práticas sociais. A doutrina contratual deve partir deste ponto, e não do que dispõe a norma legal. A inversão desta lógica não permite ver a riqueza dos arranjos negociais na construção da teoria contratual.

Este ponto parece ainda mais claro a se ter em vista o momento atual. Vive-se um período de disrupção com poucos precedentes na história da

e inesgotável a possibilidade de contratar na zona intertípica", ou seja, entre os tipos contratuais previstos pela legislação. Assim, no exercício da liberdade de contratar, pode-se "celebrar contratos que se situem a meio caminho entre dois ou mais tipos, que se aproximem mais de um tipo que de outro, que se localizem na periferia de um tipo, ou que estejam foram do horizonte de qualquer um dos tipos".

215 "Os catálogos de modelos de contratos que o direito privado coloca à disposição das pessoas para que os utilizem nas suas relações recíprocas não são, no mais das vezes, inventados pelo legislador '*ex novo*' e correspondem à recolha que é feita na lei daquilo que é característico dos contratos que com maior frequência se celebram na prática". VASCONCELOS, Pedro Pais de. **Contratos atípicos**. 2. ed. Coimbra: Almedina, 2009, p. 21.

216 Levantamento realizado até a data do depósito da tese, no Portal da Legislação brasileira, tendo como parâmetro de pesquisa "contrato normativo" ou "contrato quadro", indica que não existem menções diretas ao tema na legislação federal brasileira. BRASIL. Governo Federal. **Portal da Legislação**. Disponível em: http://www.planalto.gov.br/legislacao. Acesso em: 29 jul. 2021.

humanidade, com inovações em períodos cada vez mais curtos, decorrentes do domínio e da ampliação de tecnologias relacionadas à *internet*, à automação, à inteligência artificial e à captação de dados.

A teoria dos contratos, conforme demonstrado no início desta pesquisa, não é construída à parte das mudanças sociais e econômicas. Inovação, em suas múltiplas dimensões, conduz a novos modelos de relação entre os sujeitos de direito, o que exige evolução no desenho jurídico dos contratos de maneira a acomodar estas transformações.

Os séculos XVIII e XIX testemunharam a sedimentação dos principais pilares da teoria geral dos contratos. O século XX, por sua vez, marcou a abertura das teses clássicas à realidade das contratações firmadas no âmbito de relações massificadas, adaptando-se o edifício teórico então existente – daí resultando o reconhecimento das categorias do contrato de adesão e das condições gerais de contratação.

Não é exagerado dizer que o século XXI deve ser palco para o desenvolvimento da teoria geral dos contratos em direção à inovação. Esta realidade já é presente quanto aos meios de constituição de contratos (pense-se, por exemplo, nos impactos atuais de tecnologias como a *blockchain* e dos *smart contracts* sobre a teoria dos contratos, ou sobre a erupção das redes colaborativas, do *platform thinking* e da *sharing economy* sobre o cânone da relatividade contratual). Igualmente, novos modelos de negócio desafiam a criatividade de juristas, o que exige do operador do direito uma postura pró-inovação, sob pena de não assegurar tratamento jurídico adequado às novas relações econômicas desenvolvidas sob o pálio da liberdade de contratar.

Sem dúvida, trata-se de um desafio à ciência do direito. Ana Frazão bem aponta o tamanho da tarefa, ao afirmar, sobre estes novos modelos de negócio, que "por mais que o grande organizador da atividade seja o criador da logística ou do aplicativo, resta saber em que medida os cidadãos que aderem à plataforma para prestar serviços ou ofertar bens [...] não deveriam ser considerados empresários"[217]. A reflexão da autora, realizada no contexto das plataformas colaborativas, também causa alguma angústia a quem pretenda investigar o tema sob o ponto de vista da teoria geral dos contratos.

[217] FRAZÃO, Ana. Internet, novos negócios e economia do compartilhamento: desafios para a regulação jurídica. *In*: MENDES, Laura Schertel; ALVES, Sérgio Garcia; DONEDA, Danilo (coord.). **Internet & regulação**. São Paulo: Saraiva, 2021, p. 431.

Ainda que nos limites deste trabalho, a mesma premissa que parece opor a realidade dos contratos à teoria jurídica dos contratos pode ser vista ao tratar-se dos contratos normativos. O seu uso como uma técnica é conhecida e bastante utilizada na prática contratual brasileira. Em muitas oportunidades, esta estrutura é adotada, mas sem remissão à expressão pela qual é conhecida juridicamente, sem prejuízo da presença dos elementos indicados no capítulo anterior que a caracterizam.

De forma não exaustiva, somando-se aos demais exemplos, reais e hipotéticos, indicados ao longo do trabalho, é possível colher no Brasil relações contratuais públicas e notórias que se valem de estruturas baseadas em contratos normativos. Os exemplos que seguem foram extraídos de notícias divulgadas na imprensa nos últimos anos.

Em primeiro lugar, pode-se tomar como exemplo o caso dos planos de saúde coletivos. Conforme definição da Agência Nacional de Saúde, o "contrato de plano coletivo é aquele assinado entre uma operadora de planos de saúde e uma pessoa jurídica que oferece à população delimitada e a ela vinculada, extensível ao seu grupo familiar"[218].

Como se vê da definição e se conhece da praxe de serviços deste tipo, o plano de saúde, nestes casos, é contratado inicialmente por meio de um contrato-base firmado com uma associação, um sindicato ou uma empresa. Posteriormente, aqueles que se interessarem poderão aderir ao plano, pactuando seus próprios contratos, eventualmente com condições adicionais incluídas, mas desde que respeitadas as condições negociais mínimas com as quais a operadora do plano obrigou-se no contrato-base.

Recentemente, ao divulgar os termos da parceria firmada com a companhia norte-americana Boeing, a brasileira Embraer informou a constituição de um "Acordo Global da Operação"[219] – à maneira dos

[218] AGÊNCIA NACIONAL REGULADORA DE SAÚDE SUPLEMENTAR. Disponível em: http://www.ans.gov.br/aans/index.php?option=com_centraldeatendimento&view=pergunta&resposta=47&historico=7399711. Acesso em: 13 jul. 2020.

[219] O acordo fora posteriormente resolvido de modo unilateral pela Boeing, o que deu origem a um procedimento arbitral aberto por requerimento da companhia brasileira. GIELOW, Igor. Embraer acusa Boeing de romper acordo e exige compensação dos americanos: fabricante dos EUA diz que contrato não foi cumprido no prazo, e brasileiros veem deslealdade. **Folha de S. Paulo.** 25 abr. 2020. Disponível em: https://www1.folha.uol.com.br/mercado/2020/04/boeing-desiste-de-comprar-area-de-aviacao-comercial-da-embraer.shtml. Acesso em: 13 jul. 2020.

umbrella agreements já referidos, sob o qual outros "contratos acessórios"[220] deveriam ser firmados.

Em sentido semelhante, o Facebook e a companhia brasileira Cielo constituíram uma parceria para criar uma plataforma de pagamentos através do *app* WhatsApp, o que fora feito por meio da constituição de um *contractual framework agreement*, um sistema aberto ao qual outros bancos poderiam aderir para utilizar a plataforma[221].

Os exemplos se somam às hipóteses referidas na literatura estrangeira, cuja ocorrência também é verificada no Brasil, como se vê em particular nos contratos de distribuição, de franquia e de *factoring*, dentre outros.

Todos estes casos revelam a constituição de um contrato-base, no qual as partes pactuam condições negociais cujos efeitos serão projetados para negócios que poderão ser firmados posteriormente. Estes negócios apenas traduzem o regulamento contratual pactuado entre as partes se tomados em conjunto. Os contratos encontram-se articulados e disciplinados sob um mesmo regime jurídico previamente estipulado pelas partes.

Vale destacar a existência de diferença entre eles. Na hipótese do plano de saúde, estes efeitos se projetam sobre contratos firmados com terceiros, em um genuíno contrato normativo externo. O negócio projetado entre a Boeing e a Embraer serve de exemplo de contrato normativo em que as partes pactuam uma obrigação de contratar. No arranjo entre Facebook e a companhia brasileira Cielo, é possível intuir a existência de normas de comportamento que regulem os termos da intensa cooperação entre as partes.

[220] Os "contratos acessórios" foram definidos no contrato como um acordo de acionistas, um contrato geral de prestação de serviços, um contrato de serviços de engenharia, um contrato de licença de propriedade intelectual, um contrato de pesquisa e desenvolvimento, um contrato de uso das instalações, um contrato de fornecimento preferencial com a nova sociedade que deveria ter sido firmada entre Boeing e Embraer como fornecedora, um contrato de fornecimento preferencial com a Embraer como fornecedor, um contrato de cooperação da cadeia de fornecimento, um contrato de serviços de manutenção e um contrato de suporte material. Os termos da operação foram divulgados no material apresentado aos acionistas por ocasião da Assembleia Extraordinária convocada para aprovar o negócio.

[221] SOARES, Bruno; VAN ELSEN, Filip; TEXEIRA, André; LINDEMANN, Cedric; KAPPEL, Eduardo. **Allen & Overy advises Cielo S.A. on their agreement with Facebook, Inc. to launch Facebook Pay in Brazil**. [S.l.], 15 jun. 2020. Disponível em: https://www.allenovery.com/en-gb/global/news-and-insights/news/allen-overy-advises-ceilo-sa-on-their-agreement-with-facebok-inc-to-launch-facebook-pay-in-brazil. Acesso em: 13 jul. 2020.

Todos os exemplos, contudo, demonstram o uso de arranjos que disciplinam relações negociais que se desdobram em mais um contrato ou cujo cumprimento do programa contratual exige a regulação não apenas de obrigações pontuais, mas da conduta das partes.

À vista disso, é importante verificar como a doutrina brasileira qualifica esses negócios.

4.2. Contrato normativo e contrato coletivo

A qualificação de negócios com o perfil indicado na seção anterior é frequentemente associada aos contratos coletivos. A expressão designa o negócio jurídico específico utilizado para se obter consensos coletivos, usualmente entre grupos de pessoas ou entidades coletivas (sindicatos ou associações).

Apesar da expressão, esta categoria[222-223] reúne elementos que permitem descrevê-la como uma espécie de contrato normativo. Além disso,

[222] Este é o caso da tese publicada por Roberto Senise Lisboa, em que se propõe a definição de um gênero, intitulado "contrato de massa". No âmbito deste gênero, estariam o "contrato de direitos transindividuais (metaindividuais), difusos ou coletivos, ou, ainda, contratos de interesses sociais". Ao tratar do contrato coletivo, o autor o designa como "o acordo de vontades celebrado, ao menos, por uma entidade legitimada para representar os interesses de um grupo, classe ou categoria de pessoas indeterminadas, porém determináveis, relacionadas entre si por um vínculo-base". Ao longo do estudo, Lisboa indica que a contratação coletiva pode abarcar contratos agrários ("convenção coletiva agrária"), contratos para regulação do uso de direitos autorais ("convenções coletivas de proteção dos direitos de autos") ou mesmo contratos de locação, neste último caso à luz dos acordos coletivos de locação admitidos pela Lei francesa 86-1290, em seu artigo 41 (*accords collectifs de location*). LISBOA, Roberto Senise. **Contratos difusos e coletivos.** A função social do contrato. 4. ed. São Paulo: Saraiva, 2012, p. 153.

[223] Dorothee Susanne Rüdiger também procurou contribuir para a abertura da teoria geral dos contratos às contratações coletivas. Segundo a autora, o direito das relações de consumo é o *locus* adequado das contratações coletivas na medida em que, de modo semelhante ao que ocorre no Direito do Trabalho, tem-se neste setor a contraposição de interesses conflitantes, sendo os consumidores tão hipossuficientes quanto os empregados nas relações com seus empregadores. Assim, "a finalidade dos contratos coletivos de consumo é [...] o restabelecimento do equilíbrio contratual, no âmbito da autonomia privada, sempre que possível, sem a ingerência do poder público nas relações coletivas de consumo". RÜDIGER, Dorothee Susanne. A autora localiza a contratação coletiva como espécie de regulação do mercado por meio de *soft law*, que não decorra do poder público, mas de ajustes contratuais amplos. Para Rüdiger, "o *soft-law* tem vantagens inegáveis, como o fortalecimento das organizações sociais, a proximidade com a prática e com os interesses reais dos envolvidos". **O contrato coletivo**

é frequentemente vista sob o pano de fundo da impossibilidade real de contratar serviços e produtos de produção massificada mediante negociações individuais.

De um lado, tal circunstância, segundo o ponto de vista dos autores que tratam do contrato coletivo, teve como resposta jurídica a criação dos contratos de adesão e das condições gerais do contrato – cuja principal característica é a predisposição unilateral de regras uniformes para todos que tiverem interesse em aderir.

Uma outra resposta ao fenômeno da massificação contratual, todavia, não segue no sentido de restringir a possibilidade de conformação conjunta do conteúdo do contrato. Ao contrário, é possível empoderar a parte mais fraca, viabilizando não uma negociação individual, mas coletiva, através de entidades de representação dos contratantes, como organizações profissionais e sindicatos[224].

A definição de contrato coletivo encontrada na doutrina, embora importante por fixar que contratações coletivas podem acontecer fora dos domínios do direito do trabalho, carece de alguma precisão. A apresentação da categoria dos contratos coletivos sem a demonstração de que são eles, por sua vez, espécies de um gênero mais amplo, deixa de apresentar os contratos normativos como uma estrutura para coordenar contratos futuros, o que não necessariamente ocorre apenas em contratações coletivas.

no direito privado: contribuições do direito do trabalho para a teoria geral do contrato. São Paulo: LTr., 1999, p. 136-148.

224 Em Portugal, este é, por exemplo, o ponto de vista de João de Matos Antunes Varela: "Em segundo lugar, cumpre mencionar os contratos normativos e os contratos-coletivos, cujo conteúdo, fixado em termos genéricos, se impõe, em determinadas circunstâncias, como um padrão que os contraentes são obrigados a observar nos seus contratos individuais de natureza correspondente. Constituem exemplos típicos desta figura de standardização negocial as convenções colectivas de trabalho (os contratos colectivos e os acordos colectivos de trabalho). [...] Se, pelo contrário, o clausulado genérico do contrato, firmado em regra por entidades representativas de certas categorias económicas ou grupos sindicalizados, se destina a servir de modelo (obrigatório) a contratos individuais realizados entre pessoas que não participaram na elaboração do modelo, chama-se-lhe preferentemente de contrato-normativo". VARELA, João de Matos Antunes. **Das obrigações em geral**. v. 1. 10. ed. Coimbra: Almedina, 2018, p. 249-250.

4.3. Contrato normativo e negócio-base para relações futuras

Outro grupo de autores brasileiros confere maior destaque à característica dos contratos normativos consistente no seu uso como um negócio-base, apto a organizar e uniformizar outras relações futuras que venham a ser firmadas entre as partes[225].

Neste grupo de autores, é corrente valer-se da doutrina francesa do contrato-quadro para ressaltar a possibilidade de se uniformizar o regime jurídico de negócio futuros a partir de um contrato-base.

O retrato da realidade captado por estes autores, entretanto, é também parcial na medida em que não se reconhece o uso dos contratos normativos para instrumentalizar negociações coletivas[226].

Devem ser agregadas a este grupo, que reconhece a existência de instrumentos contratuais cuja principal função é uniformizar o regime

[225] Este ponto de vista pode ser localizado na obra de Waldirio Bulgarelli a respeito dos contratos mercantis. Segundo o autor, os "contratos normativos são os que têm por função a disciplina (conjunto de normas) pela qual as partes pretendem regulamentar os seus interesses. [...] Enquanto no contrato normal o conteúdo é patrimonial, dispositivo, no normativo é estatuir normas a serem elaboradas pelas partes, nos futuros contratos". BULGARELLI, Waldirio. **Contratos mercantis**. 12. ed. São Paulo: Atlas, 2000, p. 117.

[226] Este é o prisma, por exemplo, pelo qual Arnoldo Wald, Ana Elizabeth Cavalcanti e Liliana Paesani escolhem tratar do fenômeno da conexão entre contratos. O "contrato quadro" ou "contrato básico", de acordo com autores, trata-se de "acordo entre as partes que se caracteriza por dominar e condicionar os contratos de aplicação, ou de execução, também chamados de contratos específicos, em oposição ao aspecto geral e mais amplo do contrato quadro, que fixa a estrutura e estabelece as condições dos demais". O instrumento tratado por Wald, Cavalcanti e Paesani se caracteriza por duas notas principais. Em primeiro lugar, "há a necessidade de um duplo consenso, exigindo-se o consentimento das partes contratantes tanto no contrato básico, como em cada um dos contratos dele decorrentes". Em segundo lugar, os autores aludem à necessidade de existência de *affectio cooperandi* e de *affectio modulus*, expressões que designam, respectivamente, "a intenção das partes de cooperar em vários negócios, dentro de um condicionamento previamente estabelecido, havendo um certo sentido de parceria para alcançar objetivos comuns"; e a "vontade das partes de padronizar os contratos futuros". A aproximação da descrição dos autores com a categoria dos contratos normativos parece clara sobretudo quando concluem que "o contrato básico mantém a liberdade das partes de contratar ou não contratar, facultando-lhes discutir condições específicas de cada operação, mas lhes retira, em parte, a liberdade contratual, ou seja, a de fixar o regime jurídico aplicável a cada contrato". WALD, Arnoldo; CAVALCANTI, Ana Elizabeth; PAESANI, Liliana Minardi. **Direito civil**: direito das obrigações e teoria geral dos contratos. 22. ed. São Paulo: Saraiva, 2015, p. 292-293.

de contratações futuras, as menções feitas por autores brasileiros que se ocuparam do fenômeno da coligação contratual.

Este ponto de vista destaca que o objeto dos contratos normativos não se restringe apenas à contratação coletiva. A solução engendrada pelo contrato normativo é referida como uma das hipóteses de coligação contratual por disposição expressa das partes[227].

O uso desta técnica em relações contratuais coligadas não se dá apenas em razão da indeterminação, no momento da constituição do negócio, dos meios de que se valerão as partes para alcançarem objetivos previamente definidos.

Não somente em razão da indeterminação, como também por força da necessidade de regras para harmonizar as disposições entre contratos coligados e para fixar critérios para situações de incompatibilidade[228], a celebração de um contrato-base é comum no âmbito de regimes de coligação.

Esta também é a perspectiva pela qual Paula Forgioni trata do tema, valendo-se do quanto desenvolvido por autores franceses a respeito do *contrat-cadre* para explicar a realidade econômica e jurídica do contrato de distribuição[229]. Segundo a autora, contratos de distribuição se estabelecem não apenas em torno de obrigações pontuais, ainda que sucessivas, mas a partir de relações estáveis e duradouras.

O alinhamento de interesses em uma tal relação cria o cenário específico para a adoção da técnica do contrato-quadro – a expressão traduzida para o português é criticada pela autora, dado que, no rigor do vernáculo francês, melhor seria dizer "contrato moldura", apesar da primeira expressão já ter se consagrado.

A possibilidade de se instituir um quadro geral para regular a relação jurídica, no âmbito do qual as partes constituirão diversos contratos singulares (os contratos de aplicação), alcançam igualmente a necessidade

[227] "Nestes [contratos normativos], por intermédio das cláusulas contratuais, se estende, em medida variável, os efeitos de um contrato sobre os diversos outros que a partir dele são ou serão convencionados" LEONARDO, Rodrigo Xavier. Os contratos coligados, os contratos conexos e as redes contratuais. *In*: CARVALHOSA, Modesto. **Tratado de direito empresarial**. t. IV. São Paulo: RT, 2016, p. 471-472.

[228] MARINO, Francisco Paulo de Crescenzo. **Contratos coligados no direito brasileiro**. São Paulo: Saraiva, 2009, p. 108.

[229] FORGIONI, Paula. **Contratos de distribuição**. São Paulo: RT, 2005, p. 78.

de flexibilidade e de estabilidade, cujo equilíbrio seria difícil caso não se adotasse tal solução contratual[230].

Por fim, é relevante anotar que esta perspectiva que destaca a possibilidade de um negócio-base subordinar negócios futuros firmados entre as mesmas partes é especialmente encontrada em pareceres forenses apresentados como opiniões legais em casos concretos submetidos ao Poder Judiciário ou em arbitragens, e posteriormente publicados[231].

Esta circunstância sugere a existência de problemas reais na aplicação prática de contratos normativos; essas questões controversas, entretanto, não chegam a ser identificadas nas obras de caráter mais doutrinário, o que torna a matéria mais afeta ao domínio prático a teórico. Neste sentido, a publicação dos pareceres oferece um material de grande valor para se ter

[230] FORGIONI, Paula. **Contratos de distribuição**. São Paulo: RT, 2005, p. 79.

[231] O uso de pareceres forenses enquanto expressão da doutrina deve ser visto com ressalva. Trata-se de produção que não tem fim exclusivamente acadêmico. Além disso, deve-se ter em vista potencial conflito de interesses decorrente do pagamento do estudo – em sentido oposto, é usual que o financiamento de pesquisa, fora do âmbito jurídico, exija que o autor apresente um *disclaimer* a respeito desta circunstância. Em crítica contundente quanto à atribuição de caráter científico destas opiniões legais, Antonio Herman de Vasconcellos e Benjamin já alertou: "No mundo todo, a doutrina é filha das salas de aula, das revistas jurídicas, dos manuais, de dissertações de mestrado e de teses de doutorado; em síntese, do pensar e escrever sobre as bases e sob restrições do método científico. No Brasil, cada vez mais a doutrina reproduz pareceres, colagem sem mínima anotação de que se está diante de aproveitamento de peça processual argumentativa em favor de uma das partes no processo". BENJAMIN, Antonio Herman de Vasconcellos. Prefácio. *In*: SEEFELDER, Cláudio; CAMPOS, Rogério (coord.). **Constituição e Código Tributário comentados.** São Paulo: RT, 2020. Sem prejuízo disso, contudo, os pareceres podem ser tomados como expressão de problemas práticos existentes sobre determinado tema, bem assim das soluções e escolhas teóricas dos juristas que optam por apresentar à comunidade acadêmica, em periódicos ou livros, os seus trabalhos. É nesta última perspectiva que os pareceres foram tomados neste trabalho, à luz do alerta de Otávio Luís Rodrigues Júnior: "A doutrina-parecer é de ser considerada a opinião oferecida por um jurista a cliente, para lhe servir em negócios extrajudiciais ou em ações, tendo como destinatário o magistrado e, por assim, merecedora de valoração específica, considerados seus vínculos imediatos com o interesse posto sob seu crivo. Posteriormente, desligada do caso concreto e submetida à comunidade jurídica, aquela contribuição poderá assumir natureza doutrinária. O tempo e a autoridade do subscritor farão com que se decantem os elementos estritamente parciais da *opinio*, porque realmente inseridos em uma disputa de interesses, e do parecer se extraiam resultados apreciáveis à ciência do Direito". RODRIGUES JÚNIOR, Otávio Luiz. Dogmática e crítica da jurisprudência (ou da vocação da doutrina em nosso tempo). **Revista dos Tribunais**, v. 891, p. 65, jan. 2010.

em conta quais os desafios e as soluções teóricas necessárias para o uso da categoria dos contratos normativos.

No contexto de uma disputa envolvendo um contrato de compra e venda de laranjas, por exemplo, Antônio Junqueira de Azevedo apresentou parecer em que tomou como ponto de partida a noção de contrato-quadro. Esta expressão, segundo o autor, não foi usada no processo; foi sua a tese elaborada a respeito desta qualificação para o contrato objeto do litígio. Segundo relata,

> impossibilitadas de estabelecer todas as condições de um negócio complexo e de longa duração, as partes limitaram-se a celebrar contratos preparatórios, por meio dos quais estabeleceram algumas regras que deveriam ser observadas quando da celebração futura dos contratos anuais de compra e venda de laranjas[232].

Este instrumento respondia principalmente à necessidade de se criar uma etapa preliminar à aquisição das safras de laranjas propriamente dita, vinculando as partes, mas não ditando os preços – que certamente variariam a cada safra. A despeito disso, em tal etapa já existiam "desde já algumas obrigações (fornecer as mudas, por exemplo)"[233].

O fato é que "pretendeu-se criar um modelo único e flexível para a relação duradoura das partes, padronizar os negócios futuros, 'standartizá-los', facilitando e agilizando a sua conclusão"[234]. Dadas estas caraterísticas, Antônio Junqueira de Azevedo atribuiu ao instrumento referido no processo judicial a qualificação de contrato-quadro.

O ponto central do parecer, no que concerne ao contrato-quadro, diz respeito à ausência de constituição dos contratos futuros (os *contrats*

[232] AZEVEDO, Antônio Junqueira de. (Parecer) Contrato-quadro. Impossibilidade superveniente da obrigação de celebração dos contratos de execução (compra e venda) por inexistência de critério consensual para estipulação do preço. Inadmissiblidade de arbitramento judicial do preço. Resolução *ex nunc* dos contratos-quadros e restituição do enriquecimento sem causa. AZEVEDO, Antonio Junqueira de. **Novos estudos e pareceres de direito privado**. São Paulo: Saraiva, 2009, p. 167.

[233] AZEVEDO, Antônio Junqueira de. **Novos estudos e pareceres do direito privado**. São Paulo: Saraiva, 2009, p. 167.

[234] AZEVEDO, Antônio Junqueira de. **Novos estudos e pareceres do direito privado**. São Paulo: Saraiva, 2009, p. 167.

d'application aludidos por autores franceses). Conforme explica o parecerista, a efetiva compra anual de laranjas dependia da constituição de novos contratos anuais, com a peculiaridade de que os preços para cada uma destas ocasiões seria aquele acordado entre as associações de classe das indústrias de sucos cítricos e dos agricultores do Estado de São Paulo – acordo este que não ocorreu.

Diante disso, Antônio Junqueira de Azevedo conclui: "em qualquer contrato-quadro, a não-conclusão dos contratos de execução não influi na sua existência ou na sua validade; afinal, o contrato-quadro já está realizado. A não conclusão dos contratos de execução influi somente na sua eficácia"[235].

Assim, para os fins do parecer, o autor afirma que o preço da venda e as demais condições negociais deixadas em aberto pelas partes no contrato-quadro não poderiam ser fixados judicialmente; a impossibilidade de firmar a venda em razão da ausência de consenso entre as associações, em verdade, cria, segundo o autor, impossibilidade superveniente da obrigação de fazer (constituir o negócio jurídico), o que tem por consequência a resolução do negócio, na forma do artigo 879 do Código Civil de 1916, então vigente.

Também em parecer, Arnoldo Wald destacou o uso do mesmo instrumento como uma espécie de matriz para organizar relações complexas, em que seja exigida cooperação das partes para atingir determinado objetivo.

No contexto de um acordo de parceria firmado entre certa petroquímica e a companhia brasileira Petrobras, o autor menciona que como "elemento definidor ou matriz de certos grupos de contratos surgiu o chamado contrato-quadro ou contrato básico, que se caracteriza por dominar e condicionar os demais, fixando a estrutura dos mesmos"[236].

Em sentido semelhante ao afirmado por Antônio Junqueira de Azevedo, Arnoldo Wald destaca duas característica desta categoria contratual: a necessidade de duplo consenso, vale dizer, ao se firmar o contrato-quadro e no momento da constituição do seu correspondente contrato de aplicação; e a existência de *affectio modulus* e *affectio cooperandi*,

[235] AZEVEDO, Antônio Junqueira de. **Novos estudos e pareceres do direito privado**. São Paulo: Saraiva, 2009, p. 171.

[236] WALD, Arnoldo. Do regime legal do contrato de parceria entre a "X" petroquímica e a Petrobras. **Revista Tributária e de Finanças Públicas**, São Paulo, v. 24, jul.-set. 1998.

isto é, o interesse específico de padronizar contratos futuros e de obter cooperação das partes envolvidas à luz de regras de conduta previamente estabelecidas[237].

Nelson Nery Junior também se vale da categoria do contrato-quadro em parecer que avalia a legalidade do envio de cartões de crédito por instituição financeira ao público em geral. A qualificação do contrato de cartão de crédito como um contrato-quadro é fundamental em seu estudo, já que esta condição "permite o surgimento de outros contratos dentro de uma relação que merece, autenticamente, o nome de relação jurídica moldural, próprio dos contratos de longa duração que envolvem proximidade especial entre as partes"[238].

Assim, segundo o autor, se não houver efeito algum para as partes se o cartão não for utilizado – uma vez que as obrigações apenas nascerão com a constituição dos contratos firmados na moldura definida pelo contrato-quadro – o envio da tarjeta apenas se constitui em proposta de contrato e divulgação de material publicitário.

O interessante conceito de relação jurídica moldural é aprofundado em outro parecer do autor, no qual se discute um contrato de prestação de serviços firmado por um escritório de advocacia com seu cliente, a partir do qual diversos serviços distintos foram contratados, mas cuja obrigação de contratar não fora inicialmente ajustada.

Nelson Nery Junior qualifica este contrato como um contrato-quadro, "que gera relações jurídicas moldurais, as quais desencadeiam uma série de relações jurídicas emolduradas, em relação de continente e conteúdo, tal e qual moldura e quadro"[239]. Segundo o autor, "havendo contratos-quadro é despiciendo novo processo de formação de outro vínculo obrigacional, nova hipótese de fato voluntária, bastando a declaração primitiva e o cumprimento do procedimento previsto na relação jurídica moldural"[240].

[237] WALD, Arnoldo. Do regime legal do contrato de parceria entre a "X" petroquímica e a Petrobras. **Revista Tributária e de Finanças Públicas**, São Paulo, v. 24, jul.-set. 1998.

[238] NERY JUNIOR, Nelson. Oferta contratual mediante anúncios publicitários. *In*: NERY JUNIOR, Nelson. **Soluções práticas**. v. 3. São Paulo: RT, 2010.

[239] NERY JUNIOR, Nelson. Contratos orientados a serviço e títulos executivos. *In*: NERY JUNIOR, Nelson. **Soluções práticas**. v. 3. São Paulo: RT, 2010.

[240] NERY JUNIOR, Nelson. Contratos orientados a serviço e títulos executivos. *In*: NERY JUNIOR, Nelson. Contratos orientados a serviço e títulos executivos. *In*: NERY JUNIOR, Nelson. **Soluções práticas**. v. 3. São Paulo: RT, 2010.

Em outro parecer, sublinha que instrumentos deste tipo são aptos a coordenar relações complexas, como um acordo de associação entre duas sociedades. Esse negócio jurídico, segundo o autor, "é internamente complexo, prevendo uma diversidade de obrigações concatenadas e interligadas, todas visando ao atingimento do escopo principal desse contrato de associação e integração negocial"[241].

Para Nelson Nery Junior, o acordo firmado nestes termos funciona como um contrato-quadro. Este instrumento faz surgir uma

> série de contratos [seriados e articulados] que se encadeiam e interagem entre si, todos com o fito único de viabilizar o objetivo final e comum que é a associação e integração de negócios, a qual por se consubstanciar em uma situação necessariamente complexa demanda essa pluralidade de contratos interligados[242].

Dada esta característica, observa que o seu uso se dá sobretudo quando as partes pretendem atingir em conjunto determinado objetivo, razão pela qual

> essa relação de cooperação se torna ainda mais explícita [...], da qual exsurgem interesses necessariamente comuns [no caso, associação e integração negocial], que justificaram a vontade de associar-se, cujo objeto as partes devem empenhar-se em buscar cumprindo o contrato[243].

Assim, para Nelson Nery Junior, o inadimplemento do contrato-quadro, se ajustada a obrigação de contratar futura, admite a execução específica dessa obrigação.

Por fim, mais recentemente, o tema tem sido revisitado em artigos que buscam aplicar a lógica do contrato normativo a novas relações, a exemplo

[241] NERY JUNIOR, Nelson. Contrato de associação – inadimplemento e execução específica. *In*: NERY JUNIOR, Nelson. **Soluções práticas**. v. 2. São Paulo: RT, 2010.

[242] NERY JUNIOR, Nelson. Contrato de associação – inadimplemento e execução específica. *In*: NERY JUNIOR, Nelson. **Soluções práticas**. v. 2. São Paulo: RT, 2010.

[243] NERY JUNIOR, Nelson. Contrato de associação – inadimplemento e execução específica. *In*: NERY JUNIOR, Nelson. **Soluções práticas**. v. 2. São Paulo: RT, 2010.

do pacto antenupcial[244] e em contratos de cumprimento completamente automatizado, como no exemplo dos serviços contratados junto a concessionárias de rodovias, do tipo "Via Fácil" e "Sem Parar"[245].

Este levantamento realizado entre autores brasileiros demonstra a existência de descrições distintas para uma mesma técnica contratual.

Por seu turno, os autores que tratam da realidade dos contratos coletivos sublinham a adoção desta categoria para instrumentalizar negociações coletivas; ao tratar de estruturas firmadas em negócios-base, porém, outro grupo de autores destaca um tipo semelhante de organização de contratos coligados, considerando neste caso negociações individuais, e não entre entidades coletivas.

As duas realidades podem ser acomodadas sob o conceito de contrato normativo que, por sua vez, deve ser tomado como um modelo específico de contratação. Diante disso, situações jurídicas aparentemente distantes e distintas poderão ser avaliadas sob o mesmo prisma, como fruto comum que são de um modo de contratar próprio e adequado para a pós-mquodernidade.

À parte isto, a doutrina não capta uma dimensão importante da aplicação dos contratos normativos na ordem jurídica brasileira. Como se

[244] MAIA JÚNIOR, Mairan Gonçalves. O conteúdo econômico e jurídico do pacto antenupcial e o planejamento patrimonial familiar. **Revista de Direito Privado**, São Paulo, v. 62, abr-jun. 2015. O autor defende a qualificação de contrato normativo ao pacto antenupcial "na medida em que dispõe sobre regras e critérios destinados a reger a forma de aquisição do patrimônio dos cônjuges, e eventualmente sua administração, independentemente da prática de qualquer outro ato jurídico posterior".

[245] VALIM, Thalles Ricardo Alciati. Natureza jurídica dos contratos eletrônicos. **Revista de Direito do Consumidor**, São Paulo, v. 123, maio-jun. 2019. O autor suscita o uso de contratos-quadro como veículo jurídico para os contratos intersistêmicos. A expressão designa os negócios "cujo acordo entre os contratantes foge ao meio eletrônico, sendo que este é utilizado apenas para a sua concretização em acordos ulteriores"; tal ocorre quando a constituição de um contrato-base é feita por meios tradicionais, mas os contratos que lhe seguem, vinculados ao primeiro, são constituídos e executados por meio eletrônicos, a exemplo, segundo o autor, de "contratos estabelecidos entre usuário e concessionária pelos sistemas 'Via Fácil' e 'Sem Parar'". Segundo o autor, o contrato-quadro acomoda estas peculiaridades dos contratos intersistêmicos, na medida em que cada contrato de aplicação pode ser constituído com a agilidade e ausência de solenidade requerida pelos contratos eletrônicos. Definidas as grandes linhas no contrato-base, "a questão da formação dos contratos de aplicação, que serão aqueles celebrados por meio eletrônico, é diminuta, já que a lei aplicável, a distribuição das responsabilidades e a periodicidade da contratação, certamente terão sido tratadas pelo contrato-quadro".

verá adiante, a legislação prevê figuras contratuais que são verdadeiros *contratos normativos típicos*, com regras cogentes mínimas que não podem ser afastadas pelas partes.

Esta circunstância conflita com a lógica usualmente ressaltada de que estruturas firmadas em negócios-base decorrem exclusivamente da liberdade contratual. Conforme visto, sobretudo ao tratar-se da adoção de contratos normativos na prática contratual, isto de fato é correto; porém, a existência de contratos normativos típicos permite concluir sobre a necessidade de qualificar esta segunda categoria como a de um *contrato normativo atípico*.

Considerando este contexto, pretende-se demonstrar adiante que a legislação brasileira prevê uma cláusula geral de atipicidade que atribui validade ao contrato normativo atípico, o que reforça o seu uso para regular inúmeras e distintas relações.

4.4. Contratos normativos típicos

No Brasil, é possível indicar disposições legislativas que regulam contratos normativos. Essas previsões, ao disciplinar regras mínimas e cuja eficácia não pode ser afastada por vontade das partes, criam verdadeiros *contratos normativos típicos*.

A configuração desses tipos para certos contratos normativos, para além da incidência das normas gerais, cria a moldura da moldura, por assim dizer, demonstrando que estas específicas figuras contratuais estão sob maior controle legislativo.

Nestes casos, há um sistema peculiar em que o contrato final que dele resulte deve observar, em linha ascendente, o contrato normativo que lhe seja imediatamente superior, que por sua vez deve adotar os parâmetros do seu tipo contratual, se existente, e as regras gerais da legislação correspondente à existência, à validade e à eficácia do negócio.

A primeira previsão diz respeito à *convenção coletiva de consumo*, prevista no art. 107 do Código de Defesa do Consumidor (Lei Federal n. 8.078/1990)[246]. Este dispositivo prevê a possibilidade de entidades civis

[246] BRASIL. Lei Federal n. 8.078/1990 (Código de Defesa do Consumidor). "Art. 107. As entidades civis de consumidores e as associações de fornecedores ou sindicatos de categoria econômica podem regular, por convenção escrita, relações de consumo que tenham por objeto estabelecer condições relativas ao preço, à qualidade, à quantidade, à garantia e características

de consumidores e associações de fornecedores, ou sindicatos de categoria econômica, regularem por convenção escrita relações de consumo, mais particularmente condições negociais relativas a preço, qualidade, quantidade, garantia, características de produtos e serviços, reclamação e composição de conflitos de consumo.

A eficácia destas disposições somente obrigará os filiados às entidades signatárias, na forma do § 2º do dispositivo mencionado; além disso, a sua observância obrigatória depende do registro do instrumento no cartório de títulos e documentos (§ 1º).

O negócio jurídico referido pelo art. 107 se vale de esquemas próprios do contrato normativo. Ao regular relações de consumo futuras, que venham a ser estabelecidas entre as pessoas representadas pelas entidades signatárias, o que a convenção coletiva de consumo faz é estabelecer regras que devem ser observadas nos contratos firmados entre os fornecedores e consumidores vinculados a tal contrato, caso venham a contratar.

Ao fazê-lo, a convenção coletiva de consumo constitui um *pacto de modo contrahendo*, ou seja, não cria obrigação de contratar propriamente dita, mas apenas a obrigação de observar tais regras se o contrato se formar.

À luz dos critérios de classificação propostos no capítulo anterior, afirma-se que este peculiar esquema contratual previsto pelo Código de Defesa do Consumidor é um contrato normativo externo bilateral corporativo: o *pacto de modo contrahendo* é estabelecido entre contratantes com interesses distintos (consumidores e fornecedores), representados por suas entidades (daí porque corporativo).

Este ponto de vista reforça a natureza contratual da convenção coletiva de consumo, atraindo para si as regras próprias de formação, interpretação e integração do negócio jurídico. Seu aspecto normativo é reconhecido na doutrina ("a Convenção Coletiva de Consumo tem natureza de norma

de produtos e serviços, bem como à reclamação e composição do conflito de consumo. § 1º. A convenção tornar-se-á obrigatória a partir do registro do instrumento no cartório de títulos e documentos. § 2º. A convenção somente obrigará os filiados às entidades signatárias. § 3º. Não se exime de cumprir a convenção o fornecedor que se desligar da entidade em data posterior ao registro do instrumento".

e de contrato"[247]), o que demonstra a sua relação com os contratos normativos.

De igual modo, esta compreensão, à luz da técnica dos contratos normativos, ratifica a característica da convenção coletiva de consumo como um ato de autorregulação, fruto da participação da sociedade civil na regulação do mercado[248].

No campo do direito administrativo, verifica-se o uso do mesmo esquema contratual na figura do *sistema de registro de preço*, previsto no artigo 32 da Lei Federal n. 12.462/2011[249].

Trata-se de modalidade de contratação pública em que o particular submete-se à licitação específica junto ao Poder Público, ao final da qual lavra-se uma ata de registro de preço, fixando, para o futuro, as condições negociais para o fornecimento de bens ou para a prestação dos serviços relacionados à concorrência.

Na forma do § 3º do dispositivo, a existência de preços registrados não obriga a administração pública a firmar os contratos que deles poderão advir.

Ao tratar do tema, Marçal Justen Filho pondera que o arranjo "consiste em um contrato normativo" porque fixa "regras vinculantes para a Administração Pública e um particular relativamente a contratações futuras, em condições predeterminadas"[250].

De fato, a ata de registro de preço, instrumento formal que fixa as condições de contratação, não possui natureza de mera proposta. As condições ali fixadas detêm caráter vinculativo, obrigando os licitantes ao

[247] MACIEL JÚNIOR, Vicente de Paula. **Convenção coletiva de consumo**: interesses difusos, coletivos e casos práticos. Belo Horizonte: Del Rey, 1996, p. 90.

[248] SILVA, Joseane Suzart Lopes da. Convenções coletivas de consumo e a relevância da participação da sociedade civil organizada na prevenção e no combate às práticas mercadológicas abusivas. **Revista do CEPEJ**, Salvador, n. 16, 2015.

[249] Os artigos 1º a 47-A foram revogados pela nova Lei de Licitações e Contratos Administrativos (Lei n. 14.133/2021). Embora o novo diploma ainda encontre-se em período de *vacatio legis*, optou-se por manter a referência à legislação do sistema de registro de preço, sem prejuízo da comparação com o regime instituído pela Lei n. 14.133/2021.

[250] JUSTEN FILHO, Marçal. **O sistema de registro de preços destinado ao regime diferenciado de contratações públicas**. Disponível em: https://www.justen.com.br/pdfs/IE61/IE61_Marcal_RDC.pdf. Acesso em: 16 maio 2020.

fornecimento de bens ou à prestação de serviços, observados os preços, quantidades e demais condições previstas no instrumento convocatório.

O contrato normativo, nesta hipótese, será do tipo interno bilateral não corporativo, a ser firmado entre o particular e o ente público.

Aqui, a solução engendrada através do uso da técnica do contrato normativo permite adequar a relação entre oferta e demanda no âmbito das contratações públicas: como a demanda no âmbito do Poder Público é sempre variável e vinculada a uma série de procedimentos formais prévios à contratação efetiva, a constituição de negócios com este perfil permite instituir regras vinculantes relativas às condições de fornecimento de bens e à prestação de serviços na medida da necessidade do contratante público[251].

Por fim, a Lei Federal n. 13.476/2017 regula aspectos importantes de *contratos normativos financeiros*, consistentes no uso de esquemas baseados em um contrato-base (o instrumento de abertura de limite de crédito) e em contratos singulares específicos que dele derivem (as operações financeiras), conforme previsto em seu art. 4º.

O uso da técnica do contrato normativo no âmbito do mercado financeiro é bastante frequente, por razões próprias deste setor[252]. A concessão de crédito não é necessariamente uma contratação singular; na realidade, as operações financeiras se desenvolvem, em diversas oportunidades, como verdadeiras relações jurídicas de crédito, no âmbito das quais inúmeras contratações são firmadas, o que avulta a necessidade de um instrumento-base que possa nortear e coordenar estas obrigações[253].

[251] Sob este ponto de vista, embora a nova Lei de Licitações e Contratos Administrativos tenha estabelecido novos procedimentos (artigos 82 a 85), os elementos que permitem considerar este instrumento uma espécie de contrato normativo não foram modificados.

[252] De modo próximo, Francisco Cavalcanti Pontes de Miranda qualifica o contrato de conta corrente como um "negócio jurídico normativo". PONTES DE MIRANDA, Francisco Cavalcanti. **Tratado de Direito Privado**. Atual. Bruno Miragem. t. XLII. São Paulo: RT, 2012, p. 188.

[253] A referida legislação, em larga medida, inspirou-se no Projeto de Lei n. 141/2017, apresentado pelo Senador Paulo Bauer. O projeto pretendia regular o contrato de abertura de crédito. Em sua justificativa, reconhecia: "o contrato de abertura de limite de crédito, que representa uma espécie de contrato normativo ou guarda-chuva, assim entendido o contrato que fixa as condições gerais de futuros contratos derivados". A Lei n. 13.476/2017, contudo, teve origem na Medida Provisória n. 775/2017, enviada pela Presidência da República, e posteriormente convertida em lei ordinária.

Este é o escopo da Lei Federal n. 13.476, que mesmo tendo se valido de expressão diversa, claramente pretende regular ditos contratos normativos financeiros, estabelecendo regras mínimas.

O contrato normativo, designado na lei como instrumento de abertura de limite de crédito, deverá prever o valor total do limite de crédito aberto, o prazo de vigência e a forma de celebração das operações financeiras derivadas. Além disso, a lei obriga que conste do instrumento importantes regras sobre taxa mínima e máxima de juros nas operações derivadas, descrição das garantias e a previsão de que o inadimplemento de qualquer das operações faculta ao credor considerar vencida antecipadamente as demais operações derivadas.

O contrato normativo financeiro previsto na Lei Federal n. 13.476 será interno bilateral e, nos termos do referido diploma, não corporativo. Não há proibição, porém, a que os seus termos sejam ajustados entre uma instituição financeira e uma associação, por exemplo, que represente agricultores de determinada localidade e tenha interesse em obter condições especiais para a abertura do crédito.

O instrumento previsto na Lei Federal n. 13.476 não apenas estabelece regras para as contrações futuras, como enfeixa todos os negócios que venham a ser firmados em uma moldura única, fixando-lhes regras que os unem tal qual uma única operação global, um bloco econômico formado pelas operações realizadas sob este verdadeiro guarda-chuva contratual[254].

4.5. Contratos normativos atípicos

Ao lado dos contratos normativos típicos, os inúmeros usos identificados na prática contratual e nas referências da doutrina brasileira, sobretudo nos pareceres publicados, demonstram a existência de *contratos normativos atípicos*.

A atipicidade é elemento importante para que o contrato normativo possa desenvolver de maneira eficiente a sua função de coordenar e de regular relações jurídicas complexas, que se desenvolvam em torno de mais de um negócio. Dada esta sua atribuição, deve-se ter presente neste

[254] CHALHUB, Melhim; DANTZGER, Afrânio. Lei n. 13.476/2017 preencheu importante lacuna ao regular "garantia guarda-chuva". [S.l.], 31 out. 2017. **Conjur**. Disponível em: https://www.conjur.com.br/2017-out-31/opiniao-lei-preenche-lacuna-regular-garantia-guarda--chuva. Acesso em: 30 maio 2020.

instrumento um incentivo à inovação e a uma maior amplitude para o exercício da modelagem contratual[255].

Assim, a possibilidade de constituição de contratos normativos atípicos não se configura apenas uma importante questão dogmática, mas pode criar incentivos fundamentais para a adoção desta categoria como técnica de regulação e veículo para o desenvolvimento de negócios inovadores.

Para isto ocorrer, o uso seguro dos contratos normativos atípicos depende da apresentação de soluções para questões ainda em aberto. Se é certo que o seu uso é frequente em relações econômicas de colaboração ou que exijam concertação de interesses de uma multiplicidade de sujeitos ou de negócios futuros, a validade jurídica destes instrumentos é ainda questionada por um conjunto relevante de fundamentos, o que exige que essas oposições teóricas sejam enfrentadas à luz da legislação brasileira.

4.5.1. Cláusula geral de atipicidade dos contratos normativos

O primeiro ponto a ser considerado gira em torno dos limites impostos pela ordem jurídica brasileira a que as partes possam constituir contratos normativos.

Já se viu que o propósito principal do contrato normativo é predispor regras para contratos futuros. Imbuindo-se desta função, contratos normativos podem ter amplitude menor, definindo o preço de produtos em vendas futuras, por exemplo. Ou, de modo mais amplo, podem ter por objetivo criar verdadeiros regimes contratuais para um setor econômico.

O que ocorre no mercado publicitário permite ilustrar esta segunda perspectiva.

Em 16 de dezembro de 1998, associações representativas de anunciantes, agências de propaganda e veículos de mídia firmaram um documento intitulado "Normas-Padrão da Atividade Publicitária"[256]. Por meio deste instrumento, as entidades signatárias, representando seus filiados, se

[255] O incentivo à atipicidade é, bem visto, um incentivo à inovação. Para uma relação entre *civil law* e *common law* sob o ponto de vista do desenvolvimento econômico e da existência de tipos contratuais legislativos, ver: PARGENDLER, Mariana. Desenho contratual em perspectiva comparada: reflexões sobre a relação entre tipificação legal e inovação contratual. **Revista da Faculdade de Direito da Universidade Federal do Paraná**, Curitiba, v. 61, jan-abr. 2016.

[256] CONSELHO EXECUTIVO DE NORMAS PADRÃO. **Normas Padrão da Atividade Publicitária**: do relacionamento comercial entre anunciantes, agências de publicidade e veículos de comunicação, frente à Lei n. 4.680/65 e aos Decretos n. 57.690/66 e 4.563/02,

comprometeram com uma série de obrigações tendo como objeto regular as relações entre estes agentes, com vistas a disciplinar o mercado publicitário.

Com isto, à parte a disciplina legal destas atividades (Lei n. 4.680/1965), as entidades contratantes ajustaram aspectos particulares do funcionamento deste mercado.

Como exemplo, definiu-se que as agências de propaganda participantes devem ser certificadas por uma entidade independente, criada para monitorar o cumprimento das Normas-Padrão (o Conselho Executivo das Normas-Padrão – CENP); a remuneração das agências não pode ser inferior a 20% sobre os negócios encaminhados aos veículos (item 2.5.1); contratos entre agências e anunciantes somente podem ser resolvidos com aviso prévio mínimo de 60 dias (item 3.3); todos os conflitos entre aqueles que se submeterem às Normas-Padrão devem ser solucionados por meio de mediação ou arbitragem (itens 7.2 e 7.3), dentre inúmeros outros aspectos.

Instrumentos deste tipo não criam apenas obrigações. Suas normas são verdadeiros modelos de autorregulação, emulando códigos e a norma legal tal a sua abrangência. Negócios com este perfil são válidos à luz da legislação brasileira?

Ao afirmar ser "lícito às partes estipular contratos atípicos, observadas as normas gerais fixadas", o Código Civil (artigo 425) estabelece uma diretriz que aponta para o amplo reconhecimento da validade de estruturas deste tipo.

O dispositivo nacional admite seja interpretado em sentido semelhante ao Código Civil português, que garante às partes, nos limites da lei, "a faculdade de fixar livremente o conteúdo dos contratos, celebrar contratos diferentes dos previstos neste código ou incluir nestes as cláusulas que lhes aprouver" (artigo 405º). O mesmo dispositivo autoriza às partes "reunir no mesmo contrato regras de dois ou mais negócios, total ou parcialmente regulados na lei".

A outorga da extensão da regra portuguesa ao dispositivo brasileiro decorre de um pressuposto lógico. A atipicidade é uma consagração da liberdade de contratar.

São Paulo, 1998. Disponível em: https://www.cenp.com.br/documento/normas-padrao-portugues. Acesso em: 17 jun. 2020.

Assim, não havendo proibição expressa a que um conjunto de contratos se articule de tal modo que a eles se dê um mesmo regime jurídico, ou que o conteúdo de contratos subsequentes seja preordenado por negócios anteriores, a atipicidade de que trata o art. 425 do Código Civil permite a formação de negócios a partir da união de contratos, tanto quanto o seu congênere português.

É certo que, em princípio, a união de regras de dois ou mais negócios, conforme prevê o Código português, tem o sentido de reunião para constituir contratos mistos. Estes, por sua vez, são espécie de contratos atípicos, formados da fusão de elementos e de prestações de outros contratos típicos ou atípicos[257]. Uma vez constituído, o contrato misto se externa como um contrato distinto daqueles que o formaram: trata-se de instrumento dotado de unitariedade, estabelecendo, atípico que é, regulamento contratual próprio, conforme decidiram as partes na sua formatação.

Ao defender a atipicidade, no Brasil, como elemento dos contratos normativos, busca-se sustentar coisa diversa do quanto visto a respeito dos contratos mistos. A relação entre um contrato normativo e seu correspondente contrato de aplicação não cria um contrato misto. Os contratos não se fundem; eles, em verdade, se coligam, formando dois negócios formalmente distintos, porém funcionalmente ligados[258].

Dita coligação, onde o contrato normativo estabelece condições negociais ou projeta efeitos jurídicos para o contrato de aplicação, também se encontra no campo da liberdade de contratar. Se, por um lado, este fenômeno não cria um contrato atípico, por outro, a coligação vincula funcionalmente o contrato normativo ao seu correspondente contrato de aplicação, criando uma atípica forma de regulamentação contratual, cujo conteúdo somente pode ser compreendido a partir da compreensão global dos dois negócios.

Nesta medida, o contrato normativo confirma a tendência contemporânea de considerar plurais e atípicos os esquemas para formar as relações contratuais. Por meio dele, as partes resolvem constituir uma relação jurídica para reger outros contratos futuros que venham a ser firmados

[257] AZEVEDO, Álvaro Vilaça de. **Curso de direito civil**. Teoria geral dos contratos. 4. ed. São Paulo: Saraiva, 2019 (*ebook*).

[258] GOMES, Orlando. **Contratos**. 27. ed. Rio de Janeiro: Forense, 2019, p. 100.

entre si. Admitir que essa opção negocial seja considerada juridicamente válida, à luz da legislação brasileira, alinha a ordem jurídica nacional a estudos prestigiados que advogam que a lei não deve pressupor que contrato sempre se forma apenas a partir de um acordo de vontade simples e unitário[259].

Conforme visto, um dos elementos que caracterizam os contratos normativos é que a sua causa está na articulação e na coordenação de negócios futuros. Estes instrumentos, portanto, pressupõem uma união de contratos, fenômeno contido na margem de liberdade atribuída aos sujeitos[260]; é lícito concluir pela existência de uma cláusula geral de atipicidade dos contratos normativos.

Atribuir o fundamento da atipicidade à possibilidade de formação de contratos normativos prestigia a estipulação de regras de autorregulação. Afinal, o conteúdo de um contrato atípico, sem a existência de um tipo legal que lhe regule, se impõe como norma vigente para a relação ou as relações jurídicas por ele constituídas.

Nada obsta a que esta autorregulação contratada[261] seja realizada por meio de um negócio-base, de observância em futuros contratos, e não, como é usual, por força de um único instrumento. Admitir a união de contratos como elemento da atipicidade, portanto, é admitir a regulação de negócios por meio de contratos normativos.

[259] "Se a concepção ampla de contrato obrigatório foi uma marca evolutiva do contratualismo moderno em relação à tipicidade contratual, que marcou as linhas gerais do direito romano clássico, sustenta-se que o contratualismo contemporâneo é marcado pela atipicidade e pluralidade dos procedimentos de formação do contrato. Nos dias de hoje, essas duas características, somadas à sua visão abrangente como processo, caracterizam a formação dos contratos. Tratam-se de características do *common core* do trato do assunto no mundo. Por mais que permaneça a resistência sobre a admissão dessas características por alguns grupos de teóricos e as legislações em geral demonstrem aparente rigidez, a prática contratual tem demonstrado a inviabilidade da manutenção da noção de contrato baseada unicamente no acordo de vontades". GOMES, Técio Spínola. **O processo de formação do contrato**: abordagem comparatista entre a tradição da *common law* e o direito brasileiro. 160 f. 2017. (Tese) Doutorado em Direito. Faculdade de Direito da Universidade de São Paulo (USP), São Paulo, 2017, p. 120-121.

[260] VASCONCELOS, Pedro Pais de. **Contratos atípicos**. 2. ed. Coimbra: Almedina, 2009, p. 218.

[261] VASCONCELOS, Pedro Pais de. **Contratos atípicos**. 2. ed. Coimbra: Almedina, 2009, p. 320.

Sob outro ponto de vista, a atipicidade também alberga a possibilidade de as partes providenciarem uma disciplina ampla para suas relações contratuais, em termos de uma norma do caso concreto[262]. Isto dá aos particulares o poder de fixar as regras juridicamente vinculantes que organizarão seus próprios interesses[263].

Assim, mesmo sempre tendo em conta os limites da lei, a criação de normas contratuais que visem a regulação de contratos futuros é algo conforme, e não contra o direito.

Esta conclusão é especialmente significativa a se ter em vista as críticas suscitadas contra a categoria no contrato normativo, inventariadas ao longo do trabalho e que põem em causa ora os problemas decorrentes de se aprisionar a liberdade futura das partes, em contratos futuros, ora a questão referente aos perigos da privatização do direito, fenômeno que decorreria da natureza de norma atribuída ao contrato normativo.

Ao se ter em vista o contrato normativo como produto da liberdade de contratar e da atipicidade contratual, vê-se que a crítica é exagerada e, ao menos em termos conceituais, não se sustenta. Tanto a teoria geral dos contratos, quanto a prática contratual, já operam com a lógica criticada, sem que disso tenha decorrido qualquer deficiência na constituição e na aplicação de contratos com perfil normativo.

Em certa medida, a crítica pode ser equiparada à defesa teórica de um modelo único de estrutura contratual, quando em verdade a realidade

[262] Este conceito é especialmente importante na Teoria Pura do Direito, de Hans Kelsen. Para o autor alemão, a constituição de um contrato, por meio do encontro de vontades, é ato por meio do qual normas são criadas. O contrato assim entendido, enquanto vigente, deve ser visto como "a norma criada através deste fato, pois só uma norma – e não um ato – pode ter 'vigência'". KELSEN, Hans. **Teoria pura do direito**. Trad. João Baptista Machado. 6. ed. São Paulo: Martins Fontes, 1999, p. 288. Em sentido semelhante, Massimo Bianca distingue as dimensões do contrato enquanto acordo e enquanto autorregulamento de relações jurídicas. Diversamente de Hans Kelsen, porém, Massimo Bianca propõe que o contrato deve ser compreendido a partir da união destes dois elementos, e não apenas na sua dimensão objetiva – contrato como norma: "Il contratto, in definitiva, non è solamente un atto di volontà o un regolamento ma è un acordo avente um contenuto regolamentare". Tradução livre: "Em última análise, o contrato não é apenas um ato de vontade ou um regulamento, mas um acordo com um conteúdo regulamentar". BIANCA, Massimo. **Diritto civile**: Il contratto. v. 3. 3. ed. Milano: Giuffré, 2019, p. 07.

[263] VARELA, João de Matos Antunes. **Das obrigações em geral**. v. 1. 10. ed. Coimbra: Almedina, 2018, p. 232.

das práticas negociais admite falar-se em pelo menos três modelos distintos.

Esta postura monista, e não pluralista, quanto à liberdade de definir estruturas contratuais é equivocada e desconsidera práticas contratuais já arraigadas. Como pontua Enzo Roppo, embora se possa falar que a contemporaneidade acentuou o caráter normativo dos contratos, esta dimensão, fruto da autonomia contratual, já se manifestava de diversas formas no passado, não apenas através da categoria dos contratos normativos, mas por meio de contratos coletivos, associativos ou de condições gerais de contratação[264].

Do mesmo modo, do ponto de vista teórico, ilustra-se a relação conhecida e existente entre contratos normativos e autonomia privada com a afirmação colhida na doutrina italiana, que pode ser acolhida no Brasil, segundo a qual a autonomia contratual, da qual decorre o poder de constituir estruturas atípicas, pode ser traduzida na permissão para fixar todos os elementos necessários para regular uma dada relação, inclusive o momento para o qual os seus efeitos se projetarão[265].

Esta última dimensão é, em particular, importante como fundamento do contrato normativo, tendo em vista que o seu propósito principal é

[264] ROPPO, Vincenzo. **Il contratto**. 2. ed. Milano: Giuffrè, 2011, p. 75: "La dimensione <<normativa>> del contratto si manifestava variamente già in passato, in relazione ai fenomeni che si sino menzionati parlando del rapporto fra contratto e norma (contrato normativo, contratti collettivi, contratti associativi, condizioni generali di contratto)". Tradução livre: "A dimensão <<normativa>> do contrato se manifestava de várias formas já no passado, em relação aos fenômenos até agora mencionados quando se fala da relação entre contrato e norma (contrato normativo, convenções coletivas, contratos associativos, condições gerais do contrato)".

[265] "L'autonomia negoziale, difatti, nella sua dimensione positiva, può tradursi nella scelta in ordine all'an, al quid (utilizzo di negozi tipici, anche in combinazione o collegamento, ovvero atipici), al quomodo (contenuto effettivo del contratto comprensivo di essentialia, naturalia e accidentalia negoti), al quando della contratazione (modulando variamente gli effeti vincolanti immediati e quelli precettivi finali)". Tradução livre: "De fato, na sua dimensão positiva, a autonomia negocial pode traduzir-se na escolha em relação ao *an*, o *quid* (utilização de negócios típicos, também em combinação ou ligação, ou atípicos), o *quomodo* (conteúdo real do contrato incluindo *essentialia*, *naturalia* e *acidentalia negoti*), no momento da contratação (modulando de forma variada os efeitos vinculativos imediatos e os preceptivos finais)". FAVA, Pasquale. Lineamenti storici, comparati e constituzionali del sistema contrattuale verso la european private law. *In*: FAVA, Pasquale (coord.). **Il contratto**: Trattato teórico-pratico. Milão: Giuffrè, 2012, p. 22.

justamente estipular regras para a incidência em contratos futuros, que as partes sequer sabem se serão firmados ou não. Nesta perspectiva, contratos normativos também podem formar tipos, ou seja, um quadro mínimo de normas que deve ser observado em negócios futuros.

No caso, contudo, o tipo é contratual. Isto não retira a obrigação de, ao definir tal estrutura, ter em vista as normas gerais previstas na legislação, o que permite afastar a crítica sobre suposta privatização da ordem jurídica.

A se ter em vista esta relação entre norma negocial e norma legal, é possível discutir o problema da hierarquia das fontes no âmbito dos contratos atípicos. Além disso, a visão segundo a qual um negócio jurídico anterior pode servir de norma-base para contratos posteriores resta ainda mais legitimada.

Sobre este ponto, questiona-se: firmados que sejam no âmbito daquele amplo espaço de autonomia, em que a norma legal não prevê tipos contratuais, que fontes devem ser consideradas para regular os contratos atípicos?

A questão deve ser respondida no sentido de que os negócios atípicos regem-se, prioritariamente, pelas cláusulas estipuladas pelas partes contratantes[266]. Por este ponto de vista, desde que respeitado o espaço de atuação da norma legal, nada obsta a que as partes disciplinem em um instrumento-base certas regras que devem ser observadas para a constituição, a interpretação, os direitos e deveres concretos, caso venham a contratar no futuro.

O reconhecimento dos contratos atípicos deve levar também ao reconhecimento da atipicidade dos modos de contratar: se é dado à parte regular uma certa relação por normas criadas no exercício da liberdade de contratar, não é possível vedar que um conjunto de relações futuras seja também regulada por normas definidas anteriormente.

Tomando-se emprestado o exemplo das Normas-Padrão da Atividade Publicitária, antes referido, deve-se reconhecer neste instrumento validade e eficácia jurídica. Desde que não colidam com regras já estipuladas pela lei, podem os contratantes preordenar normas para regular suas relações entre si ou entre eles próprios e terceiros.

[266] MENEZES CORDEIRO, Antonio. **Tratado de direito civil português**. v. 02, t. 2. Coimbra: Almedina, 2010, p. 244.

Concretamente, este ponto de vista permite, por exemplo, reconhecer plena validade à disposição, contida nas Normas-Padrão, no sentido de que os contratantes que aderirem a este regime jurídico convencional obrigam-se a resolver os litígios entre si por meio de mediação e arbitragem (itens 7.2 e 7.3). O mesmo se diga em relação à remuneração não inferior a 20% sobre os negócios encaminhados aos veículos (item 2.5.1), ou em relação ao aviso prévio mínimo de 60 dias para a resolução de contratos firmados entre contratantes que adotarem as Normas-Padrão (item 3.3).

No Brasil, esta perspectiva foi reforçada pela Lei n. 13.874/2019, reconhecida como "Lei da Liberdade Econômica"[267]. A pretexto de retomar uma concepção liberal do contrato, o diploma alterou o artigo 421, para retirar do *caput* a alusão a que a liberdade de contratar deva ser exercida "em razão" da função social do contrato; incluiu neste mesmo dispositivo um parágrafo único para estabelecer "o princípio da intervenção mínima e a excepcionalidade da revisão contratual"; e criou o artigo 421-A, fixando prerrogativas para os contratantes em contratos civis e empresariais.

Além disso, o mesmo diploma, ao introduzir dois novos parágrafos ao texto do art. 113, dispôs no segundo deles: "As partes poderão livremente pactuar regras de interpretação, de preenchimento de lacunas e de integração dos negócios jurídicos diversas daquelas previstas em lei".

[267] Rigorosamente, a epígrafe da Lei n. 13.874/2019 a nomeia como uma "Declaração de Direitos de Liberdade Econômica". O estranho termo é fruto de péssima técnica legislativa. Concorda-se aqui com Eduardo Tomasevicius Filho, para quem "a expressão 'Declaração de direitos de liberdade econômica' tem mais cunho retórico do que um verdadeiro rol de 'direitos' e 'garantias', uma vez que pouco se acrescenta ao que já está verdadeiramente declarado e garantido no art. 170 da Constituição Federal". O termo retórico, aliás, parece servir ao propósito de ocultar a dificuldade de se extrair conteúdo normativo do referido rol, conforme corretamente destaca o autor. Este problema também foi identificado por Osny da Silva Filho, que equiparou a medida provisória a um programa de "autoajuda empresarial", dados os problemas técnicos na sua redação e nos seus propósitos. TOMASEVICIUS FILHO, Eduardo. A tal "Lei da Liberdade Econômica". **Revista da Faculdade de Direito da Universidade de São Paulo**, São Paulo, v. 114, jan.-dez. 2019, p. 106; SILVA FILHO, Osny. **Liberdade econômica e autoajuda empresarial**: texto traz uma série de mudanças confusas, redundantes e contraproducentes para a regulação dos contratos. 03 maio 2019. Disponível em: https://www.jota.info/opiniao-e-analise/artigos/liberdade-economica-e-autoajuda-empresarial-03052019. Acesso em: 21 abr. 2021.

As alterações trazem elementos importantes para reforçar o regime concedido pela legislação brasileira ao contrato normativo.

De um lado, embora sem maior relevância, posto que o texto anterior já não criava oposição, a alusão à "intervenção mínima" reforça a atipicidade como fundamento para a constituição de contratos normativos atípicos.

Por outro, a referência expressa a que as partes podem definir livremente regras de integração dos contratos reforça a possibilidade de constituição do contrato normativo como regra da integração dos contratos futuros que venham a se submeter a ele.

Além disso, criou-se o inciso I do artigo 421-A, que explicita: "as partes negociantes poderão estabelecer parâmetros objetivos para a interpretação das cláusulas negociais e de seus pressupostos de revisão ou de resolução".

A doutrina inclinou-se pela interpretação do dispositivo como uma autorização legal para um uso importado da prática da *common law*, consistente da longa definição de termos utilizados em instrumentos contratuais, de modo a precisar-lhes os sentidos[268]. Também já foi dito que a regra vai ao encontro de uma prática consolidada em contratos complexos ou de longa duração, contratos internacionais, nos quais é frequente a utilização de um glossário para limitar o sentido semântico de certas expressões presentes nos instrumentos[269].

Porém, sem prejuízo, o dispositivo também pode servir de fundamento a que, não apenas certos termos ou expressões tenha sua semântica precisada, como todo um conjunto de negócios se submeta às mesmas regras de interpretação, revisão ou resolução. O avanço, neste ponto, para os fins dos contratos normativos, é enorme, abrindo-se inúmeras possibilidades para o seu uso, em todas as suas vertentes.

268 FRADERA, Véra Jacob de. Art. 7º: liberdade contratual e função social do contrato – art. 421 do Código Civil. *In*: MARQUES NETO, Floriano Peixoto; RODRIGUES JÚNIOR, Otávio Luiz; LEONARDO, Rodrigo Xavier (org.). **Comentários à lei de liberdade econômica**. São Paulo: RT, 2020, p. 294.

269 KROETZ, Maria Cândida do Amaral. Interpretações – art. 113 do Código Civil. Comentário ao § 2º. *In*: MARQUES NETO, Floriano Peixoto; RODRIGUES JÚNIOR, Otávio Luiz; LEONARDO, Rodrigo Xavier (org.). **Comentários à Lei de Liberdade Econômica**. São Paulo: RT, 2020, p. 358.

4.5.2. Objeto do contrato normativo e exigibilidade das prestações

Superado o problema dos contratos normativos à luz da liberdade contratual, a exigibilidade de suas prestações ainda assim é questionada pela doutrina.

Ilustra-se esse debate a partir da manifestação de Giannantonio Guglielmetti, na Itália. Em sua monografia sobre o tema, o autor italiano indica que se a constituição dos contratos futuros, posteriores ao contrato normativo, for eventual, não obrigatória, "nessuna obbligazione contrattuale sorge, in sé e per sé, dalla stipulazione di un c.d. contratto normativo bilaterale"[270].

Segue-se daí que, para o autor, o contrato normativo bilateral não teria natureza contratual, tratando-se apenas de uma manifestação de vontade preliminar, sem a capacidade de vincular juridicamente as partes, obrigando-as a adotar as condições contratuais preordenadas de comum acordo[271]. As obrigações, por força deste raciocínio, não seriam exigíveis.

Esta posição é compartilhada por Francesco Messineo, que defendeu inclusive a adoção da expressão "acordo normativo", em oposição a contrato normativo, já que, para este autor, as disposições sobre um negócio jurídico futuro e eventual não poderiam ter exigibilidade[272].

Ao trazer o debate para o ambiente jurídico brasileiro, não é possível negar natureza contratual aos contratos normativos[273]. Ao tomar-se as classificações do contrato normativo, seja bilateral ou unilateral, corporativo ou não corporativo, interno ou externo, em qualquer de suas modalidades a técnica imanente ao contrato normativo constitui, de fato, um contrato.

Embora, como se viu, os contratos normativos sirvam a inúmeros propósitos, o que de comum existe entre as diversas aplicações é que, por meio desta categoria, os contratantes ajustam os termos de negócios futuros entre si ou com terceiros, cuja constituição poderá ser ou não

[270] Tradução livre: "nenhuma obrigação contratual surge, por si só, da estipulação de um chamado contrato normativo bilateral". GUGLIELMETTI, Giannantonio. Contratto normativo. **Enciclopedia Giuridica Treccani**, t. IX, Roma: IPZDS, 1990, p. 03.

[271] GUGLIELMETTI, Giannantonio. Contratto normativo. **Enciclopedia Giuridica Treccani**, t. IX, Roma: IPZDS, 1990, p. 03.

[272] MESSINEO, Francesco. **Il contratto in genere**. t. I. Milão: Giuffré, 1973, p. 665.

[273] No Brasil, negando natureza contratual ao contrato normativo: BULGARELLI, Waldirio. **Contratos mercantis**. 12. ed. São Paulo: Atlas, 2000, p.117.

obrigatória. A este elemento deve ser agregada a *affectio modulus*, assim compreendida a causa específica manifestada pelos contratantes visando a constituir um negócio globalmente considerado, para o qual se exige a concertação de esforços, que será alcançado a partir de contratos futuros.

Assentada assim a sua arquitetura, o seu desenho demonstra existir efetiva manifestação de vontade de pelo menos dois contratantes, apta a constituir, modificar ou extinguir relações jurídicas.

Sob este primeiro ponto de vista formal, portanto, ao direito brasileiro não é estranho o negócio jurídico do tipo contrato normativo, visto que existe aí fato jurídico consistente em declaração de vontade, a que o ordenamento jurídico atribui os efeitos designados como queridos pelas partes[274], conforme clássica definição compartilhada pela doutrina brasileira.

Tomando-se este ponto de vista, desde que respeitados os demais requisitos de validade, não se pode negar natureza contratual aos contratos normativos. A circunstância especial destes instrumentos subordinarem e regularem, em alguma medida, contratos futuros, não é suficiente para que se retire deles a validade.

À vista desta premissa, as regras pactuadas no contrato normativo são plenamente exigíveis. As partes, a partir de sua constituição, têm pretensões jurídicas relativas ao seu cumprimento, encontrando-se aptas, portanto, a obter as consequências jurídicas previstas na norma ou no contrato, em caso de inadimplemento. Pensar de modo contrário seria considerar os contratos normativos meras minutas contratuais ou memorandos de entendimento de pouco ou nenhum valor jurídico.

De todo modo, assentado este ponto, é preciso responder a uma questão bastante plausível: uma vez que as regras do contrato normativo projetam seus efeitos sobre um contrato futuro e, normalmente, eventual, quais prestações são exigidas das partes no momento da sua constituição?

Quanto à primeira questão, Alfred Hueck, em sua monografia pioneira sobre o tema, propôs que os contratantes, no contrato normativo, criassem o dever imediato de não celebrarem contratos de aplicação em sentido contrário ao disposto no contrato normativo. Para o autor alemão, o contrato normativo cria um dever de omissão que obriga as

[274] AZEVEDO, Antônio Junqueira de. **Negócio jurídico** – existência, validade e eficácia. 4. ed. São Paulo: Saraiva, 2002, p. 16.

partes a não firmarem contratos futuros em sentido diverso ao fixado no contrato-base[275]. Posicionamento semelhante pode ser encontrado entre autores que tratam do mesmo problema especificamente no âmbito do contrato-quadro[276].

De fato, é correta a solução proposta. Ao projetar efeitos sobre contratos futuros, as partes de um contrato normativo autolimitam o exercício da liberdade contratual, obrigando-se a conduzirem-se nos termos já pactuados. Uma vez que este negócio, no plano jurídico, seja considerado válido, não poderão os contratantes unilateralmente irem contra o que avençaram.

Em vista disso, o contrato normativo constitui pretensão legítima quanto ao cumprimento dos seus termos. As normas pactuadas entre as partes são exigíveis, nos limites daquilo que foi firmado. Como dito, o conteúdo do contrato normativo pode variar desde a preordenação de condições negociais futuras, até a criação de normas de conduta que disciplinem o comportamento das partes para alcançar um objetivo comum.

Por tudo isto, a oposição apresentada por Francesco Messineo e Giannantonio Guglielmeti não deve ser recebida à luz da ordem jurídica brasileira[277].

4.5.3. Ausência de condição puramente potestativa

Outra oposição teórica sustentada a respeito da validade dos contratos normativos diz respeito à suposta criação de condição puramente potestativa. Como a adoção dos termos previstos nos contratos normativos dependeria de a própria parte firmar o contrato futuro, a implementação da condição estaria arbitrariamente vinculada à vontade do contratante.

[275] HUECK, Alfred. *Normenverträge*. *In*: **Jherings Jahrbücher für die Dogmatik des bürgerlichen Rechts**, Jena, 1923, p. 62-69.

[276] GATSI, Jean. **Le contrat-cadre**. t. 273. Paris: LGDJ, 1996, p. 132-133; GUIMARÃES, Maria Raquel de Almeida Graça Silva. **O contrato-quadro no âmbito da utilização de meios de pagamento eletrônicos**. Lisboa: Wolters Kluwer. Coimbra: Coimbra, 2011, p. 143.

[277] Também assim, no âmbito da legislação italiana: ROPPO, Vincenzo. **Tratatto del contrato**. v. III (a cura de Maria Constanza). Milão: Giuffrè, 2006, p. 109; DIENER, Maria Cristina. **Il contratto in generale**. 3. ed. Milano: Giuffrè, 2015, p. 178-179; SIRENA, Pietro. Contratto normativo (diritto civile). *In*: Il diritto. **Enciclopedia giuridica** del Sole 24 Ore, IV. Milão: Corriere Della Sera, 2007, p. 290.

Nestes termos, a condição seria puramente potestativa e, como tal, nula[278]. O argumento, porém, não é adequado ou compatível com o regime jurídico brasileiro dos contratos normativos. De saída, deve-se ter presente se a hipótese suscitada por alguns autores configura, de fato, uma condição. Como se sabe, o artigo 121 do Código Civil prevê como condição "a cláusula que, derivando exclusivamente da vontade das partes, subordina o efeito do negócio jurídico a evento futuro e incerto".

À luz do dispositivo, a hipótese que ilustra a oposição manifestada por Luigi Cariota-Ferrara tem como premissa a existência de um contrato normativo (portanto, de um negócio jurídico válido já constituído), no bojo do qual a obrigação pactuada consiste em adotar certas condições negociais se as partes pretenderem firmar um dado contrato futuro.

Como se vê, os efeitos supostamente condicionados não são os do contrato normativo, mas aqueles que adviriam da constituição do contrato de aplicação, o que pode vir ou não a ocorrer. Considerar que o segundo contrato estaria condicionado, contudo, teria por efeito permitir suspender os efeitos de um negócio sequer existente.

A este propósito, lembre-se que a condição é elemento acidental do negócio jurídico[279]. O contrato, para existir e ser válido, não depende da aposição de uma condição; esta, porém, somente pode existir sobre um contrato já constituído. Isto posto, agora voltando os olhos para o problema do contrato normativo e da suposta condição, certo é que a própria constituição do negócio futuro está em causa, não é correto dizer que este estaria condicionado, uma vez que ele sequer existe.

Antes de se tratar sobre qualquer aspecto a respeito dos efeitos do negócio futuro, é preciso constituí-lo. Se o negócio futuro não existe, é despiciendo discutir se a obrigação para ele pactuada, na hipótese de vir a existir, teria ou não efeitos – a privação de efeitos não existe por força de uma condição, mas como decorrência da própria inexistência do negócio jurídico.

A questão importante a ser desatada, portanto, parece estar em saber se a manifestação de vontade que, para o autor italiano, seria condição

[278] CARIOTA-FERRARA, Luigi. Riflessioni sul contratto normativo. *In*: **Archivio Giuridico**, Quarta Serie, v. XXXIV. [S.l.] Padova, 1937, p. 58. Disponível em: https://www.academia.edu/38550299/Luigi_CariotaFerrara_Riflessioni_sul_contratto_normativo_1937_. Acesso em: 20 mar. 2020.

[279] BETTI, Emilio. **Teoria geral do negócio jurídico**. Campinas: Servanda, 2008, p. 720.

para a constituição do negócio futuro, deve ser localizada no plano da existência ou da eficácia daquele negócio.

O problema deve ser verificado sob o ponto de vista da existência, de maneira que não se pode falar em condição nesta hipótese. Mesmo entre autores italianos, o ponto de vista suscitado por Luigi Cariota-Ferrara também não tem merecido acolhida[280].

Ainda que se cogitasse sobre esta possibilidade, a estrutura aventada por Cariota-Ferrara também não poderia ser considerada uma condição puramente potestativa.

É sabido que a eficácia do negócio pode ser suspensa por um evento futuro e incerto (artigo 121, Código Civil). Nesta hipótese, a condição é suspensiva, e a obrigação exigível apenas após a ocorrência do evento previsto pelas partes.

A depender da natureza da condição quanto ao possível controle das partes a respeito da sua ocorrência, poderá ser ela casual (o acontecimento é estranho à vontade das partes, como ocorre, por exemplo, com a morte de uma delas) ou potestativa (o acontecimento, no todo ou em parte, depende da vontade de uma das partes do contrato)[281]. Em princípio, nos dois casos, as condições são lícitas.

Além das situações em que sejam as condições contrárias à lei, à ordem pública ou aos bons costumes, no caso específico da condição potestativa, esta não será considerada válida se ficar sujeita "ao puro arbítrio de uma das partes" (artigo 122, Código Civil). Neste caso, a condição será *puramente potestativa*, em oposição às *potestativas*, que são admitidas pela ordem

[280] GUGLIELMETTI, Giannantonio. Contratto normativo. **Enciclopedia Giuridica Treccani**, t. IX, Roma: IPZDS, 1990, p. 03; SIRENA, Pietro. Contratto normativo (diritto civile). *In*: Il diritto. **Enciclopedia giuridica** del Sole 24 Ore, IV. Milão: Corriere Della Sera, 2007, p. 290: "(o contrato normativo) non è necessariamente indifferente per (una delle) parti, in quanto implica il mandato soddisfacimento del correlativo interesse patrimoniale, soprattutto quando esso consista nel godimento di un bene o di un servizio. Ciò è sufficiente per escludere che la stipulazione dei contratti particolari sia meramente potestativa, almeno se esse non sono a titolo gratuito". Tradução livre: "o contrato normativo não é necessariamente indiferente a (uma das) partes, pois implica o dever para satisfazer o interesse patrimonial correspondente, principalmente quando se trata da fruição de um bem ou de um serviço. Isso é suficiente para excluir que a estipulação de contratos particulares seja puramente potestativa, pelo menos se não forem gratuitos".

[281] PONTES DE MIRANDA, Francisco Cavalcanti. **Tratado de Direito Privado**. Atual. Marcos Ehrardt Júnior e Marcos Bernardes de Mello. t. V. São Paulo: RT, 2012, p. 215.

jurídica [282]. A distinção entre as duas categorias está em que a ilicitude da condição decorre de um ato ou omissão "por mero capricho"[283], consistente na cláusula clássica *si voluero* ("se me aprouver")[284].

Firmar ou não um contrato futuro, em um contexto tal que este ato não seja uma obrigação, não pode ser considerado um ato de puro arbítrio. Há em todo negócio ônus e bônus, direitos e obrigações dele decorrentes. Diante disso, em princípio, não poderá ser considerada arbitrária a decisão de não contratar. Isto somente seria verdadeiro se o ato pudesse ser praticado sem ônus ou sem qualquer consequência para o contratante[285].

Ao proibir as condições puramente potestativas, o legislador proibiu o "querer puro", o "faço o que eu quiser"; a lei vedou apenas a condição que submeta o negócio "ao puro arbítrio" de uma das partes; no entanto, a verificação desse requisito não depende apenas das palavras utilizadas no contrato, mas da intenção manifestada na vontade condicionada[286].

Em outras palavras, é possível condicionar os efeitos de um dado negócio à vontade de uma das partes. O que não se admite é que isto ocorra, insista-se, considerando a vontade manifestamente arbitrária de um dos contratantes. Assim, quem contrata a venda de um apartamento, mas condiciona a entrega à compra de um novo imóvel, pactua condição lícita – em verdade uma condição mista, uma vez que além da compra por parte do alienante do apartamento, é necessária a manifestação da vontade de um terceiro. Distintamente, quem contrata a venda de um apartamento e condiciona a entrega ao dia que entender adequado, pactua condição puramente potestativa, e como tal, ilícita[287].

[282] MALUF, Carlos Alberto Dabus. **As condições no direito civil**. Potestativa, impossível, suspensiva, resolutiva. 3. ed. São Paulo: Saraiva, 2011, p. 55.

[283] MALUF, Carlos Alberto Dabus. **As condições no direito civil**. Potestativa, impossível, suspensiva, resolutiva. 3. ed. São Paulo: Saraiva, 2011, p. 56.

[284] PONTES DE MIRANDA, Francisco Cavalcanti. **Tratado de Direito Privado**. Atual. Marcos Ehrardt Júnior e Marcos Bernardes de Mello. t. V. São Paulo: RT, 2012, p. 215.

[285] Gabriel Baudry-Lacantinerie *apud* MALUF, Carlos Alberto Dabus. **As condições no direito civil**. Potestativa, impossível, suspensiva, resolutiva. 3. ed. São Paulo: Saraiva, 2011, p. 58.

[286] PONTES DE MIRANDA, Francisco Cavalcanti. **Tratado de Direito Privado**. Atual. Marcos Ehrardt Júnior e Marcos Bernardes de Mello. t. V. São Paulo: RT, 2012, p. 217.

[287] MARTINS-COSTA, Fernanda Mynarski. **Condição suspensiva**. Função, estrutura e regime jurídico. São Paulo: Almedina, 2017, p. 70-71.

Esta ótica reforça o fato de que os contratos normativos não podem ter sua eficácia comprometida em razão de criarem supostamente condição potestativa pura. Ao pactuarem um negócio com este perfil, as partes têm em vista uma causa legítima e um objetivo reconhecido pela ordem jurídica, como visto até aqui.

A possibilidade de se firmar ou não os contratos futuros não é um ato puramente arbitrário atribuído às partes. Há um propósito e uma função nessa permissão, uma vez que o contrato normativo destina-se a estipular previamente as bases mínimas e a regular contrato futuros.

Portanto, contratos normativos não são negócios submetidos à condição suspensiva, menos ainda à condição suspensiva puramente potestativa. Como se viu, a construção dogmática da condição não autoriza tomar os contratos normativos como hipótese de aposição deste elemento acidental do negócio jurídico.

A realidade, os problemas e as soluções que o contrato normativo procura enfeixar, em outras jurisdições, não são desconhecidas da ordem jurídica brasileira.

De um lado, a legislação prevê instrumentos que podem ser qualificados como contratos normativos – contratos normativos típicos. De outro, a investigação sobre a prática contratual demonstra que o específico esquema contratual estruturado pelo contrato normativo tem validade admitida por força da cláusula geral de atipicidade.

Resguardados os requisitos de validade, é possível constituir contratos normativos unilaterais, bilaterais, corporativos, não corporativos, internos e externos, não se lhes aplicando as oposições teóricas quanto a sua ausência de natureza contratual, a inexigibilidade de suas disposições ou a suposta circunstância de que ele constitui uma condição puramente potestativa.

À parte isto, porém, é preciso tomar os contratos normativos em termos funcionais, de maneira que seja possível examinar problemas não relacionados apenas com a sua genética, mas também quanto a sua aplicação. Sob este ponto de vista, a se considerar o propósito concreto dos contratos normativos, nota-se usualmente duas funções práticas, que por sua vez se conectam com questões teóricas distintas e igualmente importantes.

Em primeiro lugar, contratos normativos, ao servirem de moldura para contratos futuros, preparam as bases para as relações jurídicas eventuais que venham a ser firmadas entre as partes ou entre uma delas e um terceiro. Eles firmam condições negociais mínimas que as partes deverão observar caso ou quando venham a contratar no futuro. Nesta medida, contratos normativos são instrumentos preparatórios, assemelhados aos congêneres contratos preliminares. Ao valer-se do contrato normativo para esta finalidade, tem-se em conta uma função preparatória.

Em segundo lugar, contratos normativos, ao definirem normas de conduta para as partes, ou que devem ser observadas pelas partes em face de terceiros, regulam as relações jurídicas sobre as quais eles incidem. Eles podem estipular como as partes devem se conduzir para atingir determinado objetivo, criar mecanismos de integração ou de interpretação da cadeia de contratos por ele regulada, ou coordenar um conjunto de contratos coligados firmados em vista de uma determinada causa econômica. Ao valer-se do contrato normativo para esta finalidade, tem-se uma função regulatória[288].

Estas duas funções não são estanques: ao contrário, é possível vislumbrar, em exemplos e em casos concretos, instrumentos que demonstram a aplicação conjunta desta dupla dimensão. O exame de cada uma delas, indicando a eficácia jurídica específica decorrente de cada hipótese, os problemas possíveis na execução e, eventualmente, em caso de inadimplemento, serão estudados posteriormente.

[288] A divisão proposta neste estudo assemelha-se à distinção feita por Paula Forgioni a respeito das "duas principais categorias de contratos-quadro", a saber: (i) "aqueles que visam organizar a operação econômica como um todo, com contratos satélite celebrados concomitantemente"; e (ii) "aqueles que ditam as regras e os princípios que deverão imperar em contratos, que serão futuramente celebrados". FORGIONI, Paula. **Contratos empresariais**. 2. ed. São Paulo: RT, 2016, p. 55. O ponto sustentado pela autora se aproxima do que aqui se defende, quanto ao fato de que certos contratos normativos preparam contratos futuros, estipulando condições negociais mínimas, e outros, por sua vez, não fixam condições negociais, mas sim normas de conduta e de organização para coordenar as relações a eles submetidos. Tendo em vista que a distinção diz respeito à função, por uma questão didática, optou-se aqui por distingui-los valendo-se de expressões distintas. A expressão *função preparatória* pretende designar os efeitos próprios do contrato normativo voltados à preparação de negócios futuros. Com a expressão *função regulatória*, pretende-se designar os efeitos que lhe são próprios quando suas disposições pretendem regular o comportamento das partes no âmbito de contratos futuros.

5.
FUNÇÃO PREPARATÓRIA DO CONTRATO NORMATIVO

Uma das dimensões práticas do contrato normativo está na possibilidade deste instrumento preparar as bases para a constituição de contratos futuros.

Ao estipular regras que deverão ser observadas se e quando as partes vierem a contratar, o contrato normativo preordena certas condições negociais, limitando o exercício da autonomia contratual.

Esta dimensão aproxima os contratos normativos dos preliminares em termos funcionais. Neste capítulo, examina-se se esta semelhança permite atribuir aos contratos normativos uma função preparatória, à maneira do que a doutrina usualmente o faz em relação às promessas de contratar.

Além disso, considerando as peculiaridades do contrato normativo, também serão examinados os efeitos jurídicos por ele projetados sobre as partes, além das consequências do seu inadimplemento.

5.1. Função preparatória e contratos preliminares

A obtenção do acordo de vontades necessário para a formação de uma relação contratual pode se dar pelos diversos meios socialmente admitidos e disciplinados pela lei.

As legislações, de um modo geral, preveem a formação de um mecanismo composto pelo envio de uma *proposta* e a sua posterior *aceitação*.

Sob esta rubrica, o Código Civil dispõe: "a proposta obriga o proponente, se o contrário não resultar dos termos dela, da natureza do negócio, ou das circunstâncias do caso" (artigo 427). Emitida a proposta, o Código Civil trata de regular em que hipóteses ela não será obrigatória (artigo 428); é certo que fora destas situações, a aceitação importará na formação do contrato. Se manifestada fora do prazo, ou com modificações, a aceitação terá efeitos de nova proposta (artigo 431), reabrindo-se o ciclo necessário para a constituição do contrato.

Este mecanismo geral oculta perspectivas muito diferentes para a formação dos contratos. Proposta e aceitação, por exemplo, diferentes de sua dinâmica clássica, podem ser atos praticamente instantâneos[289], sem formar um *iter* negocial[290] de que as partes se valham para construir em conjunto o regulamento contratual.

Por outro lado, existem casos nos quais a proposta e a aceitação não formam o negócio integralmente, mas apenas uma de suas etapas[291]. Nestas situações, as partes entendem por bem, em primeiro lugar, firmar um contrato cujo objeto seja constituir um contrato futuro; somente por força do cumprimento deste primeiro negócio é que surgirá a relação principal, exigindo-se para tanto um novo instrumento.

Este é o propósito dos *contratos preliminares*. Por qualquer razão, havendo interesse das partes em fragmentar o consenso necessário para formar a relação contratual, os contratantes podem se valer da formação de um contrato (dito preliminar) cujo objeto seja justamente estipular as obrigações que, uma vez cumpridas, levarão à formação do contrato

[289] São as hipóteses em que os contratos são formados "mediante o mero encontro de uma oferta e de uma aceitação, sem que existam, ou não existindo quase, anteriores aproximações dos contraentes ou negociações prévias". COSTA, Mário Júlio Almeida. **Direito das obrigações**. 12. ed. Coimbra: Almedina, 2014, p. 68.

[290] "Não se nega que há uma fase preparatória nessas hipóteses; ela apenas é muito curta e normalmente não se exterioriza". GRECCO, Renato. **O momento da formação do contrato**: das negociações preliminares ao vínculo contratual. São Paulo: Almedina, 2019, p. 23.

[291] "Outros contratos, seja pela complexidade do seu conteúdo, elevado valor econômico ou importância estratégica para as partes, demandam um período de maturação sobre sua contratação futura e seu conteúdo. Este período de negociações objetiva, sob a perspectiva pessoal de cada contraente, permitir, entre outros: a análise e a verificação da viabilidade e da conveniência da contratação; o conhecimento preciso do objeto do contrato pretendido; a obtenção de informações relevantes a cada parte sobre o futuro contrato; a verificação de aspectos inerentes ao objeto do contrato pretendido etc." GRECCO, Renato. **O momento da formação do contrato**: das negociações preliminares ao vínculo contratual. São Paulo: Almedina, 2019, p. 24.

dito principal. Este é o principal móvel do contrato preliminar: por ele, as partes se obrigam a celebrar um outro contrato – o contrato definitivo[292].

Por inúmeros motivos os contratantes podem preferir a fragmentação do consenso em dois instrumentos distintos, e não em um momento único.

Na aquisição de imóveis, por exemplo, pode o comprador entender não ser adequado firmar a escritura de compra e venda definitiva sem antes obter as certidões negativas de débitos do imóvel e do vendedor. Antes disso, porém, as partes já podem fixar o preço e demais aspectos da aquisição, vinculando-se mutualmente através de uma promessa de compra e venda.

O exemplo pode ser ampliado para outras hipóteses, conhecidas nas relações concretas ou referidas na doutrina, a exemplo da promessa de sociedade ou da promessa de permuta[293].

Em todas elas, a solução criativa engendrada pelo contrato preliminar permite que os contratantes se obriguem a contratar, valendo-se do período até a constituição do contrato principal para realizar estudos, obter financiamento, levantar informações e obter todo tipo de providência que permita a formação segura da relação definitiva.

O prestígio adquirido na lida dos profissionais, aliás, se sobrepôs a certa desconfiança ou crítica, dirigida por alguns autores à categoria do contrato preliminar.

Esta aparente incompreensão foi registrada por Orlando Gomes, ao mencionar que o contrato preliminar chegou a ser considerado supérfluo. Conforme registrou o autor baiano, a crítica decorria de que "se alguém prometeu obrigar-se em dia certo, obrigado estará nesse dia, como se nele houvesse contraído a obrigação". Diante disso, exigir que o contratante

[292] MENEZES CORDEIRO, Antonio. **Tratado de direito civil**. v. 7. Coimbra: Almedina, 2018, p. 281. Em sentido semelhante, Orlando Gomes indica que o contrato preliminar "é convenção pela qual as partes criam em favor de uma delas, ou de cada qual, a faculdade de exigir imediata eficácia do contrato que projetaram". GOMES, Orlando. **Contratos**. 27. ed. Rio de Janeiro: Forense, 2019, p. 135.

[293] "La pratica conosce, oltre il preliminare di vendita, il preliminare di societá, inoltre il preliminare di appalto, di locazione, di lavoro, etc." Tradução livre: "A prática conhece, além da venda preliminar, a contrato preliminar de sociedade, também o contrato preliminar de arrendamento, obra, etc." SACCO, Rodolfo; NOVA, Giorgio de. **Trattato di diritto civile**: Il contratto. t. II. Torino: Utet,1993, p. 266.

se obrigue duas vezes, seria admitir, "como diziam certos canonistas, um *circuitus inutilis*"[294].

A crítica histórica também é referida por outros autores. Ao resgatar as origens do contrato promessa, Antonio Menezes Cordeiro destaca que, a despeito do atual uso consagrado, foram inúmeros os detratores do contrato preliminar durante o século XIX. "Joannes Andrea", na Alemanha, o "considerou como um *circuitus inutilis*"[295], conforme mencionou Orlando Gomes, ou seja, um rodeio sem utilidade alguma. Outro estudioso alemão, August Bechmann, deu-lhe a pecha de uma "criação híbrida da vontade das partes sem qualquer escopo razoável"[296]. Mesmo para Savigny, o contrato promessa seria frequentemente resultado de um erro dogmático, seja porque se trataria de um contrato incompleto, "o qual, naturalmente, não pode ter qualquer eficácia"; seja porque, em outros casos, seria "um contrato plenamente concluído, apenas com o cumprimento adiado"[297-298].

Hoje, estas objeções têm apenas interesse histórico, e não é exagero notar que o contrato preliminar as venceu sobretudo em razão do interesse econômico que impulsionou seu uso, antes mesmo da sua regulação legal.

No Brasil, em particular, o contrato preliminar somente veio a ter disciplina geral no Código Civil de 2002 (artigos 462 a 466), embora seja bastante conhecido o seu uso no mercado imobiliário ao menos desde o início do século XX, com disposições específicas previstas no Decreto-Lei n. 58/1937.

[294] GOMES, Orlando. **Contratos**. 27. ed. Rio de Janeiro: Forense, 2019, p. 135.

[295] MENEZES CORDEIRO, Antonio. **Tratado de direito civil**. v. 7. Coimbra: Almedina, 2018, p. 282.

[296] MENEZES CORDEIRO, Antonio. **Tratado de direito civil**. v. 7. Coimbra: Almedina, 2018, p. 282.

[297] MENEZES CORDEIRO, Antonio. **Tratado de direito civil**. v. 7. Coimbra: Almedina, 2018, p. 284.

[298] Se por um lado as principais críticas ao contrato preliminar lhe foram dirigidas por autores alemães, é justo reconhecer que coube a outro alemão, Heinrich Degenkolb, o desenvolvimento dogmático deste instituto em monografia escrita em 1887, cujas principais diretrizes foram adotadas pelas legislações na Europa: MENEZES CORDEIRO, Antonio. **Tratado de direito civil**. v. 7. Coimbra: Almedina, 2018, p. 284; BIANCA, Massimo. **Diritto civile**: Il contratto. v. 3. 3. ed. Milano: Giuffré, 2019.
p. 159; SACCO, Rodolfo; NOVA, Giorgio de. **Trattato di diritto civile**: Il contratto. t. II. Torino: Utet,1993, p. 259.

Este perfil do contrato preliminar lhe atribui qualificação interessante. Mesmo sendo inegável a sua natureza contratual, seja no âmbito da doutrina ou, no Brasil, por força da previsão expressa do artigo 462 do Código Civil, não se pode esquecer de que sua causa sempre terá ligação com o instrumento principal que se pretende firmar no futuro. Sob este aspecto, vê-se no contrato preliminar muito mais um modelo de contratação, aplicável a uma gama bastante ampla de negócios, do que um tipo contratual para um negócio específico[299].

O contrato preliminar é, assim, um gênero[300]. São espécies deste gênero, por exemplo[301]: (i) o contrato preliminar de que resulte a obrigação de firmar um único contrato; (ii) o contrato preliminar de que resulte a obrigação de firmar uma pluralidade de contratos; (iii) o contrato preliminar de que resulte a obrigação de proceder de certo modo na formação de contratos futuros; (iv) o contrato preliminar de que resulte a obrigação de incluir certas cláusulas em futuros e eventuais contratos; (v) o contrato preliminar de que resulte a um direito potestativo à formação de um outro contrato, como ocorre com o contrato de opção; e (vi) o contrato preliminar de que resulte a obrigação de dar a preferência para a constituição de certo contrato futuro a certa pessoa, conforme ocorre com o pacto adjeto de preferência. Esta perspectiva permite tomar o contrato preliminar sob sua característica mais primordial: sua estrutura não se

[299] "O contrato preliminar não possui um conteúdo próprio que o caracterize. Sua marca fundamental consiste na unidade do objeto: a celebração de outro contrato. Trata-se de um esquema neutro dentro do qual pode ser inserido, provisoriamente, o conteúdo dos mais diversos tipos contratuais". GAGLIARDI, Rafael Villar. Contratos preliminares. *In*: LOTUFO, Renan; NANNI, Giovanni Ettore (coord.). **Teoria geral dos contratos**. São Paulo: Atlas, 2011, p. 568. Também assim: "Na trajetória da realização de um negócio definitivo, o contrato preliminar pode surgir entre este e as tratativas, pelo que sob certo aspecto, pode ser entendido como uma fase particular da formação dos contratos. BUENO, Sérgio. Contrato preliminar. **Doutrinas Essenciais** – obrigações e contratos, v. 4, p. 283-300, São Paulo: RT, 2011, p. 283-300.

[300] "[...] são preliminares os contratos que conferem o direito à celebração de um outro contrato ou que definem, no todo ou em parte, o conteúdo de eventuais contratos futuros". ALMEIDA, Carlos Ferreira de. **Contratos IV**: funções – circunstâncias – interpretação. 2. ed. Coimbra: Almedina, 2019, p. 61.

[301] ALMEIDA, Carlos Ferreira de. **Contratos IV**: funções – circunstâncias – interpretação. 2. ed. Coimbra: Almedina, 2019, p. 61.

revela um tipo contratual específico, mas uma matriz para formar outras relações contratuais[302].

Seu principal propósito é a formação progressiva de uma relação negocial[303], o que permite aos contratantes se acautelarem quanto a imprevisões que possam prejudicar o cumprimento perfeito do negócio. Sem o contrato preliminar, o negócio é formado em uma dinâmica iniciada em um "não contrato" (tratativas, minutas, pontuações) e se conclui no contrato; com o contrato preliminar, é possível formar um negócio final, iniciando-se em um "não contrato", passando por um negócio intermediário, para somente depois chegar-se ao contrato principal.

O contrato preliminar, portanto, desempenha uma função preparatória[304]. É possível vislumbrar outros interesses na elaboração de um contrato preliminar e mesmo de um ponto de vista dogmático elaborar outras funções. A sua função preparatória, contudo, é o ponto central de onde se irradia a causa imanente desta categoria: viabilizar a formação de relações contratuais de modo fragmentado.

Existem inúmeras vantagens em um esquema com esse perfil. Basta pensar que, havendo contrato preliminar entre as partes, a desistência do negócio corresponderá a descumprimento contratual – se o instrumento não conceder esta prerrogativa às partes; sem o contrato preliminar, em regra, o rompimento de negociações não tem efeito algum, a menos que se esteja diante dos elementos para a aplicação da responsabilidade civil pré-contratual e, ainda assim, com pesados ônus probatórios para a parte prejudicada.

[302] Pasquale Fava, ao sistematizar a apresentação dos temas em seu tratado sobre os contratos, considera o contrato preliminar como integrante do gênero dos "contratos preparatórios" (*contratti preparatori*) e, nesta condição, algo próximo, do ponto de vista funcional, da opção, da preferência e do contrato normativo. FAVA, Pasquale (coord.). **Il contratto**: trattato teórico--pratico. Milão: Giuffrè, 2012, p. 1.263.

[303] FAVA, Pasquale (coord.). **Il contratto**: trattato teórico-pratico. Milão: Giuffrè, 2012, p. 1.263. Ainda na Itália, a mesma orientação metodológica é adotada em: GUAGLIONE, Luciano. **Il contratto**: sistema de diritto civile. Torino: Giappichelli, 2018, que examina o regime do contrato preliminar em conjunto com os outros atos preparatórios. No mesmo sentido: DIENER, Maria Cristina. **Il contratto in generale**. 3. ed. Milano: Giuffrè, 2015, que considera todos estes instrumentos úteis para a "fase preparatoria (eventuale) di formazione del contratto". Tradução livre: "fase preparatória (eventual) de formação do contrato".

[304] BIANCHINI, Luiza Lourenço. **Contrato preliminar**: conteúdo mínimo e execução. Porto Alegre: Arquipélago Editorial, 2017, p. 39.

De outro lado, a constituição do negócio preliminar também permite obter consensos parciais. Em uma promessa de compra e venda de imóvel, por exemplo, o momento preliminar exprime a concordância das partes em efetivar a transmissão da propriedade, obrigando-as a buscar consenso quanto a outros aspectos do negócio – o preço final, a responsabilidade quanto a dívidas, a solução para pendências registrais que possam aparecer, dentre outros.

Esta compreensão do contrato preliminar como um modelo ou como uma estrutura contratual especial para a formação de outros contratos[305], aproxima esta figura dos contratos normativos.

5.2. Função preparatória e contratos normativos

De modo semelhante ao quanto visto a respeito dos contratos preliminares, os contratos normativos também encontram sua causa essencial na prefixação das regras para formar outros negócios jurídicos.

Para tanto, os contratos normativos, à moda dos contratos preliminares, também não constituem propriamente tipos contratuais; antes, sua natureza é melhor descrita a partir da lógica que lhe atribui a condição de um modelo a partir do qual relações jurídicas futuras serão constituídas. Esta técnica, assim, admite sua aplicação em negócios diversos, e não apenas a tipos específicos.

Por força desta característica, vê-se nos contratos normativos um veículo importante para formar relações contratuais cujo consenso seja atingido por partes, e não por um ato único, nos mesmos termos vistos no contrato preliminar. Estas semelhanças permitem atribuir ao contrato normativo também uma função preparatória[306].

[305] "Se, portanto, é o elemento categorial objetivo, ao qual se faz menção, no conteúdo do contrato (ou do negócio) causal, aquilo que determina a categoria ou o tipo a que o contrato está subsumido, cumpre indagar: qual é o objeto típico determinante da categoria contrato preliminar? O que dá ao contrato preliminar a sua característica jurídica peculiar é ter ele como objeto um outro contrato, isto é, o contrato definitivo ou projetado". TOMASETTI JUNIOR, Alcides. **Execução do contrato preliminar**. Dissertação (Mestrado em Direito). Universidade de São Paulo (USP), São Paulo, 1982, p. 18.

[306] Maria Cristina Diener, a este respeito, sublinha que esse instituto enquadra-se no conceito de contratos preparatórios, o que, portanto, aproxima o contrato normativo da função atribuída ao contrato preliminar. DIENER, Maria Cristina. **Il contratto in generale**. 3. ed. Milano: Giuffrè, 2015, p. 178. Esta orientação também é compartilhada por Massimo Balestieri ao julgar

Ao exercer esta função, os contratos normativos devem ser enquadrados no arco mais amplo dos instrumentos jurídicos voltados para a formação progressiva das relações contratuais.

Certos contratos, em exemplos cada vez mais numerosos, não se formam de modo instantâneo, em etapas claras que vão das tratativas à criação definitiva do vínculo. Esta realidade pode passar despercebida a um leitor desavisado do Código Civil, que levado pela disciplina legislativa certamente imaginará que os contratos são formados em esquemas estáticos de oferta e aceitação. Conforme apontou Técio Spínola Gomes, este modelo estático apenas abarca parte das relações contratuais, no entanto, é necessário ter em mente que há um universo bastante relevante de negócios formados em circunstâncias diferentes, o que exige de igual modo um modelo de formação progressiva do contrato[307].

Ao lado de outros instrumentos citados pelo autor, como as cartas de intenção e os acordos parciais, o contrato normativo também deve ser considerado como prova desta realidade, tratando-se de importante ferramenta para a formação progressiva de contratos. Aliás, insistindo na metáfora, na caixa de instrumentos jurídicos voltados ao desenho das relações negociais, a sua função o distingue dos demais: diferente de figuras como os memorandos e das cartas de intenção, o contrato normativo já é contrato, o que vincula as partes e lhe confere eficácia jurídica; por outro lado, ao contrário dos contratos preliminares, os seus efeitos não obrigam, em regra, as partes firmarem um contrato no futuro, mas apenas a adotar certos termos caso o façam.

De fato, apesar de contratos preliminares e normativos ligarem-se em termos funcionais, há uma diferença substancial entre estas duas categorias que deve ser tomada em consideração antes de apurar se é possível,

que "il contratto normativo rientra nella categoria dei contratti preparatori". Tradução livre: "o contrato normativo está dentro da categoria dos contratos preparatórios". BALESTIERI, Massimo. I contratti preparatori: Il contratto normativo. *In*: FAVA, Pasquale (coord.). **Il contratto**: trattato teórico – pratico. Milão: Giuffrè, 2012, p. 1.417 e por Luciano Guaglione. Este último afirma que o contrato normativo é normalmente "inquadrato fra i negozi preparatori". Tradução livre: "enquadrado entre os negócios preparatórios". GUAGLIONE, Luciano. **Il contratto**: sistema de diritto civile. Torino: Giappichelli, 2018, p. 119.

[307] GOMES, Técio Spínola. **O processo de formação do contrato**: abordagem comparatista entre a tradição da *common law* e o direito brasileiro. 160 f. 2017. (Tese) Doutorado em Direito. Faculdade de Direito da Universidade de São Paulo (USP), São Paulo, 2017, p. 98.

dada a semelhança indicada, atribuir o regime jurídico da promessa de contratar ao negócio normativo.

O contrato normativo estipula regras que devem ser observadas na eventualidade de as partes do negócio (contrato normativo interno), ou estas com terceiros (contrato normativo externo), firmarem negócios futuros.

Neste ponto, a distinção em face do contrato preliminar é marcante, já que não é elemento essencial do contrato normativo a obrigação de contratar (*pactum de contrahendo*), mas apenas a de adotar regras pré-estipuladas caso as partes venham a contratar (*pactum de modo contrahendi*)[308]. Com este mecanismo, as partes podem se manter ligadas em uma espécie de relação pré-pronta, latente e estável, de modo que quando decidam contratar já exista entre elas um ajuste mínimo quanto aos termos da relação.

Esta diferença cria possível embaraço à aplicação pura e simples do regime jurídico do contrato preliminar ao contrato normativo, apesar de ambos unirem-se quanto à função jurídica de preparar as bases de contratos futuros.

Ao passo em que, em uma promessa de compra e venda, por exemplo, o promitente comprador tem direito subjetivo à lavratura da escritura pública – o contrato dito principal – a aplicação desta lógica ao contrato normativo não é automática porque os direitos que dele emergem sujeitam-se ao fato eventual e futuro de as partes virem a contratar.

Além disso, que efeito as regras pré-ordenadas no contrato normativo geram em face de terceiros, na hipótese de celebração de um contrato normativo externo? Se já não parece claro o modo como essas regras incidem sobre participantes da mesma relação, o problema assume um grau a mais de dificuldade quando visto sobre o ponto de vista de terceiros que não participam da relação.

[308] "Contrato normativo – Este tipo de contrato pode ter em comum com o contrato preliminar a circunstância de ser também preparatório de um contrato definitivo. No contrato preliminar as partes se obrigam à celebração do contrato definitivo enquanto que no contrato normativo as partes regulam determinadas relações jurídicas futuras e eventuais entre elas". BUENO, Sérgio. Contrato preliminar. **Doutrinas Essenciais** – obrigações e contratos, v. 4, p. 283-300, São Paulo: RT, 2011.

5.3. Eficácia da função preparatória nos contratos normativos: regras estipuladas no contrato normativo devem ser consideradas parte dos contratos futuros

O problema da eficácia jurídica do contrato normativo tem desafiado a doutrina desde as primeiras publicações sobre o tema. Não sabendo ao certo que efeito as partes poderiam alegar uma contra a outra, muitos autores negaram inclusive natureza contratual ao contrato normativo.

Este ponto de vista tem destaque especial na monografia publicada sobre o tema, em 1969, por Giannantonio Guglielmetti[309]. Segundo o autor italiano, o exame da eficácia jurídica do contrato normativo depende do tipo de ajuste realizado (bilateral ou unilateral).

Se bilateral, os contratantes estarão a se obrigar entre si a dar determinado conteúdo a uma relação contratual futura e eventual. Nesta hipótese, segundo o autor, não se pode admitir sua natureza contratual; a obrigação criada não é jurídica, logo, não pode vincular as partes.

Se as próprias partes estipulam que o contrato normativo não terá efeito enquanto não houver a decisão para constituir o contrato futuro, esta manifestação de vontade não as vincula de fato. Conclui o autor que a manifestação de vontade apta a gerar vínculo jurídico será aquela externada para formar o contrato futuro, e não a anterior, dada por ocasião do contrato normativo. Deste modo, o contrato normativo bilateral não seria, na verdade, um contrato[310].

No contrato normativo unilateral, por seu turno, apenas uma das partes obriga-se a adotar determinada regra em contratos futuros. Seria uma obrigação concreta, como ocorre, por exemplo, quando um grupo de empresas se obriga entre si a adotar certas regras nos contratos com seus consumidores. Diversamente do ocorrido no contrato normativo bilateral,

[309] GUGLIELMETTI, Giannatonio. **I contratti normativi**. Verona: CEDAM, 1969.

[310] GUGLIELMETTI, Giannatonio. **I contratti normativi**. Verona: CEDAM, 1969, p. 99. Maria Cristina Diener segue a mesma linha, mas chega à conclusão ligeiramente distinta. Para a autora, embora o contrato normativo bilateral tenha natureza contratual, seu descumprimento não pode ser considerado inadimplemento "perchè i successivi contratti, eseguiti in deroga al patto, rappresentano uma revoca che le stesse parti, almeno per quel caso, hanno ritenuto di effetuare volontariamente" Tradução livre: "porque os contratos subsequentes, executados em derrogação do acordo, representam uma revogação que as mesmas partes, pelo menos para esse caso, decidiram realizar voluntariamente". DIENER, Maria Cristina. **Il contratto in generale**. 3. ed. Milano: Giuffrè, 2015, p. 179.

tem-se nesta hipótese relações jurídicas verdadeiras e anteriores que dão origem a direitos e obrigações recíprocos[311].

Embora a distinção proposta seja arguta, seu exame demonstra que ela não traduz, sob a ótica atual, a compreensão mais correta sobre o tema. Para avaliar a suposta ausência de natureza contratual do contrato normativo bilateral, tome-se como exemplo um contrato de *factoring* firmado entre uma faturizadora e seu cliente, por meio do qual as partes acordam em adotar determinadas condições para a realização de cessões de crédito futuras[312].

Neste contrato, as partes pactuam as regras gerais de conduta que deverão observar, as garantias e as taxas de desconto para as cessões de crédito futuras, cuja ocorrência e volume dependerão de novas manifestações de vontade das partes.

Trata-se, como se vê, de contrato normativo bilateral, na medida em que as partes previamente ajustaram as condições negociais caso venham

[311] GUGLIELMETTI, Giannatonio. **I contratti normativi**. Verona: CEDAM, 1969, p. 170.

[312] Esta estrutura é assim descrita pela doutrina específica sobre o tema: "A estrutura comumente utilizada no país se desenvolve com a celebração de um instrumento, denominado contrato-mãe ou contrato guarda-chuva. Por ele, o faturizador apenas se compromete a adquirir, de acordo com as condições pré-estipuladas, os direitos creditórios oferecidos pelo faturizado; aquisição esta que poderá – ou não – ser cumulada com a prestação de serviços (cujo elenco geralmente já é definido no contrato). Ao celebrar o contrato, as partes apenas estipulam as condições gerais do negócio, estabelecendo os direitos e obrigações recíprocos, assim como o modo pelo qual os negócios de cessão de crédito e/ou de prestação de serviços irão se desenvolver no futuro. Outrossim, também é usual definir, desde o início, o limite do crédito disponível para a aquisição de recebíveis de cada cliente, bem como eventuais garantias que serão prestadas. [...]. A cessão do crédito em si, a definição da modalidade de contratação e os serviços prestados serão formalizados posteriormente ao contrato, em instrumento distinto, o que, geralmente é feito por meio de um aditivo contratual". SANTOS, Thiago do Amaral. **Direito de regresso nos contratos de *factoring***. Curitiba: Juruá, 2016, p. 124-125. O uso desta mesma estrutura contratual também é referido por autores franceses, mesmo em artigos da década de 1970 e que testemunham como o *contrat cadre* foi produto mais da praxe contratual do que do desenvolvimento doutrinário dos juristas: "Le contrat présent cepedant la spécifité d'être un contrat cadre, figure juridique dont la théorie genérale rest à faire. Le factoring est, en effet, um contrat dont l'exécution entraîne une série d'óperations juridiques distinctes" Tradução livre: "O presente contrato, porém, tem a especificidade de ser um contrato-quadro, uma figura jurídica cuja teoria geral ainda está por fazer. O *factoring* é, na verdade, um contrato cuja execução acarreta uma série de operações jurídicas distintas". DHAEYER, Bernard. Le contract de factoring en droit belge. **Le Revue Juridique Themis**, v. 9, n. 1, p. 19, 1974.

a celebrar contratos de cessão de crédito futuras[313]. Ao se considerar o caso concreto, parece claro que negar natureza contratual a tal convenção vai de encontro ao que os contratantes, neste negócio bastante comum, pretenderam ajustar.

As obrigações ajustadas, ao contrário do que afirmava Giannantonio Gugliemetti, têm caráter concreto e direto. O objeto do contrato é lícito, possível e determinado (artigo 104, II, do Código Civil), de modo que não é possível negar validade a este negócio.

O objeto do contrato normativo, aliás, é uma das questões fundamentais a serem enfrentadas para que se lhe reconheça natureza contratual. A importância do tema pode ser enquadrada à luz de um profícuo debate estabelecido na doutrina francesa.

Em obra que tratou da executoriedade das promessas em geral, o problema foi ilustrado com um caso fictício bastante elaborado. Um fornecedor de ferro prometeu vender para uma fábrica de automóveis tanto ferro quanto a indústria de carros pedisse durante o ano, fixando um certo preço por tonelada.

Neste contexto, pergunta-se: (i) Esta promessa vincula as partes se o preço do ferro no mercado subir acima de 20% do preço ajustado no contrato? (ii) Esta promessa vincula as partes se o preço do ferro no mercado subir mais de 20% do preço ajustado no contrato e se a indústria automobilística fizer mais que o dobro de pedidos habituais? (iii) Esta promessa vincula as partes se o preço no mercado cair 20% do preço ajustado no contrato e se a indústria automobilística não comprar ferro algum da contratada, passando a fazê-lo junto a outros fornecedores do mercado?[314]

[313] De acordo com António Pinto Monteiro e Carolina Cunha, o *factoring* não é exemplo de contrato normativo, mas de contrato-quadro. MONTEIRO, Antônio; CUNHA, Carolina. Sobre o contrato de cessão financeira ou de "*factoring*". **Boletim da Faculdade de Direito de Coimbra**, v. 75, p. 550, 2003. A distinção, porém, não se aplica aqui. O contrato normativo, nos termos deste trabalho, pode ser firmado com ou sem obrigação de constituir os negócios futuros. Além disso, a obrigação futura de ceder os créditos não é essencial no mercado de faturização, uma vez que as partes podem entender mais adequado avaliar a cada operação se ela é conveniente ou não, à luz das necessidades financeiras.

[314] GORDLEY, James. **The enforceability of promises in European Contract Law**. Cambridge: Cambridge University Press, 2001, p. 193.

O caso, à luz do direito francês, descreve uma típica estrutura de contrato-quadro: apesar das regras gerais relativas ao fornecimento de ferro, inclusive quanto ao preço, a venda somente será aperfeiçoada por meio de contratos futuros, na medida em que houver pedidos do comprador, inclusive em relação à quantidade comprada.

Tais circunstâncias suscitam a seguinte questão: quantas toneladas de ferro devem ser fornecidas? Se a resposta for "tanto ferro quanto for requerido", deve-se discutir se o instrumento tem um objeto determinado ou determinável, a pretexto de dar-lhe natureza contratual[315].

Na França, por um longo período, a Corte de Cassação considerou nulos negócios com este perfil – de modo que, no exemplo, a produtora de ferro poderia se negar a cumprir as obrigações ajustadas, uma vez que não se constituiriam em obrigações jurídicas[316].

Esta compreensão foi revista pela *Cour de Cassation*, que a partir da década de 1990 passou a entender que a ausência de especificação das obrigações ajustadas não teria por consequência invalidar o contrato[317].

A evolução na jurisprudência francesa deve ser compreendida como um reconhecimento da função preparatória dos contratos normativos. De

[315] GORDLEY, James. **The enforceability of promises in European Contract Law**. Cambridge: Cambridge University Press, 2001, p. 194. O exame de validade realizado na obra citada tem como parâmetro o artigo 1.129 do Código Civil francês, na sua redação anterior à reforma de 2016: "Article 1129. l faut que l'obligation ait pour objet une chose au moins déterminée quant à son espèce. La quotité de la chose peut être incertaine, pourvu qu'elle puisse être déterminée.". Tradução livre: "Artigo 1129. A obrigação deve ter como objeto algo pelo menos determinado quanto à sua espécie. A quantidade do objeto em questão pode ser incerta, desde que possa ser determinada". Conforme destacado anteriormente, na sua atual versão, o *Code Civil* expressamente reconheceu a validade do contrato quadro, ao menos quanto a este aspecto de seu objeto: "Article 1111. Le contrat cadre est un accord par lequel les parties conviennent des caractéristiques générales de leurs relations contractuelles futures. Des contrats d'application en précisent les modalités d'exécution". Tradução livre: "Artigo 1111. O contrato-quadro é um acordo pelo qual as partes estabelecem características gerais das relações contratuais futuras. Os contratos de aplicação especificam os termos da execução". A despeito disso, o debate tem ainda interesse para a experiência brasileira, considerando a ausência de regra legal sobre o tema.

[316] GORDLEY, James. **The enforceability of promises in European Contract Law**. Cambridge: Cambridge University Press, 2001, p. 195.

[317] GORDLEY, James. **The enforceability of promises in European Contract Law**. Cambridge: Cambridge University Press, 2001, p. 195.

fato, se a causa destes instrumentos é circunscrever as bases de contratos futuros, não se pode negar a eles algum grau de indeterminação, sob pena de exigir-se os mesmos elementos para a formação do contrato principal.

A se pensar deste modo, negar natureza contratual a esta convenção significa retomar, em verdade, um óbice teórico já superado pela doutrina do contrato preliminar, quanto à existência de causa distinta do contrato principal. A manifestação que dá origem ao contrato normativo tem eficácia própria, justificando-se a partir do interesse das partes de estabelecer as bases das relações futuras. À luz desta circunstância, a ordem jurídica não admite que um contrato preparatório, seja ele preliminar ou normativo, seja considerado um mero ato inútil e despido de qualquer efeito jurídico[318].

Este ponto de vista, que prestigia a função preparatória dos contratos, atribui eficácia jurídica às regras fixadas em contrato normativo, afastando qualquer oposição quanto a sua natureza contratual, seja ele bilateral ou unilateral. As suas regras são obrigatórias[319].

Dizer que o contrato normativo interno não vincula as partes porque elas podem escolher não constituir os contratos futuros importa em uma conclusão absurda: a de que, pela mesma razão, nenhum contrato pode vincular as partes porque elas podem a qualquer momento resolvê-lo por mútuo consenso[320].

Portanto, sejam bilaterais ou unilaterais, deve-se ter presente a natureza contratual dos contratos normativos. Como desdobramento, há dever jurídico de ambas as partes (se bilateral), ou de apenas uma delas

[318] Por todas estas razões, deve ser ratificada a afirmação peremptória segundo a qual "In realtà, i dubbi sulla vincolatività del contratto normativo interno o bilaterale non hanno ragionne di sussistere". Tradução livre: "Na realidade, as dúvidas sobre a natureza vinculativa do contrato regulatório interno ou bilateral não têm razão de ser". ROPPO, Vincenzo. **Tratatto del contrato**. v. III (a cura de Maria Constanza). Milão: Giuffrè, 2006; DIENER, Maria Cristina. **Il contratto in generale**. 3. ed. Milano: Giuffrè, 2015, p. 109.

[319] DIENER, Maria Cristina. **Il contratto in generale**. 3. ed. Milano: Giuffrè, 2015, p. 178-179. A autora distingue contratos normativos de acordos normativos, atribuindo a primeira expressão para o que, neste trabalho, se nomeia contrato normativo bilateral (ou interno), e a segunda para o contrato normativo unilateral (ou interno). Esta distinção, contudo, não afeta a conclusão sobre a natureza contratual de ambos.

[320] SIRENA, Pietro. Contratto normativo (diritto civile). *In*: Il diritto. **Enciclopedia giuridica** del Sole 24 Ore, IV. Milão: Corriere Della Sera, 2007, p. 290.

(se unilateral), de dar aos contratos futuros o conteúdo previamente ajustado no contrato normativo.

A primeira hipótese pode ser ilustrada com o caso dos planos de saúde coletivos, conforme mencionado no capítulo anterior.

Se por um contrato firmado com um sindicato, ou uma associação, uma operadora de plano de saúde obriga-se a oferecer cobertura médica aos filiados da entidade, nas condições previamente ajustadas, tem-se aí um contrato normativo unilateral. Neste cenário, é dever jurídico da operadora, sujeitando-se às consequências decorrentes do inadimplemento, cumprir nos contratos que vier a firmar com os terceiros os termos previamente ajustados no contrato normativo.

A conclusão não é alterada quando se põe em causa um contrato normativo bilateral, ao contrário da doutrina que entende inexistir relação contratual nestes casos. Tome-se, por hipótese, um contrato de distribuição firmado entre uma indústria de alimentos e uma distribuidora, em que as partes fixem as regras gerais para o exercício da distribuição (obrigações, responsabilidade, território de atuação), mas deixem para os contratos individuais futuros a definição dos produtos que serão distribuídos e a respectiva contraprestação[321].

Também aqui deve-se reconhecer a obrigação jurídica de dar aos contratos futuros, tantos sejam os produtos que as partes venham a incluir no escopo do contrato normativo, o conteúdo previamente ajustado.

Esta obrigação, aliás, além de compatível com aquilo que foi ajustado no contrato normativo, tem forte fundamento também no Código Civil.

[321] A hipótese é aventada na experiência francesa do *contrat cadre*: "Les rapports entre une entreprise et ses revendeurs passent le plus par la conclusion d'un contrat-cadre organisant l'ensemble de leurs relations et réglement la conclusion des contrats de ventre et de prestations diverses qui concrétiseron ces relations" Tradução livre: "As relações entre uma empresa e os seus revendedores passa principalmente pela celebração de um contrato-quadro que organiza todas as suas relações e regula a celebração de contratos comerciais e diversos serviços que irão concretizar essas relações". SAYAG, Alain. **Le contrat-cadre**: exploration comparative. Paris: Litec, 1995, p. 21. Neste mesmo sentido, qualificando o contrato de distribuição como contrato normativo, com referência à jurisprudência na Argentina: "El contrato de distribución puede ser considerado como um contrato normativo de ulteriores y sucesivas compraventas". Tradução livre: "O contrato de distribuição pode ser considerado um contrato normativo de vendas futuras". PORTILLO, Gloria Yolanda. **Modernos contratos del derecho**. Rosario: Juris, 2000, p. 91.

De um lado, prestigiar aquilo que foi contratado voluntariamente entre as partes significa atribuir relevância à intenção externada pelos contratantes, conforme dispõe o artigo 112 do Código Civil[322].

Neste exame, não se deve considerar os aspectos subjetivos que moveram as partes e a levaram a constituir o negócio, mas a manifestação de vontade que objetivamente se materializou.

A se ter isto em vista, o intérprete deve observar que o contrato normativo tem como propósito justamente alinhar certas condições para contratos futuros. Assim, a única interpretação útil é aquela que une as duas manifestações de vontade (a do contrato normativo e a do contrato futuro), como forma de apreender a real intenção externada pelas partes.

Feito isto, uma vez que as partes preordenaram condições contratuais, deve-se ter presente que a intenção consubstanciada pelas partes é exatamente projetar nos contratos futuros as regras previstas no contrato normativo, de maneira que desconsiderar este ponto significaria violar diretamente o artigo 112 do Código Civil.

Por outro lado, a solução proposta também vai ao encontro da interpretação dos contratos conforme a boa-fé, nos termos do artigo 113 do Código Civil[323].

A parte, em um contrato normativo, compromete-se com condições contratuais futuras. Se o contrato é, de fato, firmado, desconsiderar o ajuste firmado no passado caracteriza uma afronta aberta à boa-fé. Pela mesma razão, a interpretação que, ao final, retire os efeitos do que havia sido ajustado, não pode ser considerada adequada, à luz do artigo 113.

Enfim, o contrato normativo não é uma minuta sem valor, que apenas adquire eficácia quando firmados os contratos futuros. Trata-se de negócio preparatório, cujas cláusulas devem ser consideradas integradas nos negócios que lhe sobrevenha.

Este ponto de vista prestigia a autonomia das partes e atribui relevância à manifestação de vontade; esta é a diretriz que permite superar o óbice teórico construído pelos autores que negaram eficácia jurídica a este instrumento.

[322] BRASIL. Código Civil (2002). "Art. 112. Nas declarações de vontade se atenderá mais à intenção nelas consubstanciada do que ao sentido literal da linguagem".

[323] BRASIL. Código Civil (2002). "Art. 113. Os negócios jurídicos devem ser interpretados conforme a boa-fé e os usos do lugar de sua celebração".

Considerando que suas regras são obrigatórias, importa discutir como operam os efeitos decorrentes da função preparatória.

Nesta linha, Luciano Guaglione divide os efeitos do contrato normativo em efeitos reais (*effeti reali*) e efeitos obrigacionais (*effeti obbligatori*)[324].

A primeira espécie tem lugar nos contratos normativos bilaterais (internos). Isto permite adotar, automaticamente, as regras previstas no contrato normativo como se estivessem expressamente previstas nos contratos que venham a ser firmados futuramente entre as partes. Não há, porém, proibição a que estas regras sejam ressalvadas, excluídas ou modificadas pelas partes, nos seus contratos futuros, por mútuo consenso.

Já a segunda espécie tem sua aplicação limitada aos contratos normativos unilaterais (externos). Não se podendo impor automaticamente as regras do contrato normativo ao terceiro, sem que ele tome ciência e anua com o regulamento, o dever de observar o conteúdo previsto no contrato-base é imposto apenas à parte que com ele se obrigou. Por isto, a violação dessas regras em negócios com terceiros gera responsabilidade contratual por parte de quem firmou o contrato normativo[325].

Em sentido aproximado, Pietro Sirena entende que não há razão para negar que o contrato normativo produza imediatamente o efeito de fixar determinar cláusula. Isto pode ocorrer de modo diferido, em que se exigirá uma nova manifestação da parte no contrato particular que vier a ser feito. Ou, por outro lado, na ausência de manifestação de vontade em sentido contrário, deve-se reconhecer a integração automática do contrato particular pelas cláusulas do contrato normativo.

Em nenhum caso, conclui o autor, as partes ficarão proibidas de, em comum acordo, modificar as cláusulas do contrato normativo ao firmar contratos futuros. Nesta hipótese, não será possível, de modo algum, arguir-se a nulidade da cláusula, como se ela tivesse violado uma norma legal[326].

[324] GUAGLIONE, Luciano. **Il contratto**: sistema de diritto civile. Torino: Giappichelli, 2018, p. 120.

[325] GUAGLIONE, Luciano. **Il contratto**: sistema de diritto civile. Torino: Giappichelli, 2018, p. 120.

[326] SIRENA, Pietro. Contratto normativo (diritto civile). *In*: Il diritto. **Enciclopedia giuridica del Sole 24 Ore**, IV. Milão: Corriere Della Sera, 2007, p. 291.

Estes efeitos são também avalizados entre autores franceses, embora por fundamento diverso. Para Jean Gatsi, as regras do contrato normativo criam direitos e obrigações eventuais (*droits et obligations eventuels*). Assim, embora válidos, sua eficácia nasce quando da constituição dos contratos futuros. Uma vez que o façam, as estipulações constituídas no contrato-base serão obrigatórias às partes[327].

Visto sob esta ótica, pode-se arguir que o *contrat cadre* firmado sem obrigação de contratar cria, no mínimo, uma obrigação de não fazer (*obbligation de ne pas faire*). Assim, as partes, ou uma delas no caso de contrato unilateral, ficarão obrigadas a não firmar contratos futuros que afrontem as disposições do contrato normativo; caso o façam, o reconhecimento da existência de tal obrigação de não fazer permitirá acionar as regras da responsabilidade civil em razão da violação contratual[328].

Há, portanto, um bloco substancial de fundamentos para reconhecer os efeitos jurídicos do contrato normativo. Por ele, cria-se direito subjetivo da parte à observância das regras fixadas pelo contrato normativo, em contratos futuros. Isto, contudo, não exclui a necessidade de se examinar a solução proposta pelos autores europeus à luz da legislação brasileira[329].

Ao examinar-se o tema, vê-se que os efeitos dos contratos preparatórios não receberam tratamento específico por parte do Código Civil. Embora o Código tenha atribuído regras bastante esparsas para o direito de preferência, e ainda assim na perspectiva de uma mera cláusula acessória da compra e venda (artigos 513 a 520), apenas o contrato preliminar foi merecedor de um regime minimamente articulado.

Assim, os efeitos jurídicos dos contratos normativos no Brasil devem ser extraídos dos termos da própria convenção, à luz do respeito aos contratos atípicos, conforme prevê o artigo 425 do Código Civil[330].

[327] GATSI, Jean. **Le contrat-cadre**. Paris: LGDJ, 1996, p. 132.

[328] GATSI, Jean. **Le contrat-cadre**. Paris: LGDJ, 1996, p. 133.

[329] A integração entre contrato normativo e contratos individuais, de que tratam autores italianos e franceses, tem praticamente nenhuma atenção na doutrina brasileira. Quando o tema foi tratado, de modo brevíssimo apenas foi dito que as regras do contrato normativo "não integrarão, como cláusulas, o conteúdo obrigacional dos contratos individuais, mas serão como uma norma abstrata a ser neles obedecida". FIUZA, César. **Direito civil**: curso completo. 11. ed. Belo Horizonte: Del Rey, 2008, p. 474.

[330] Merece destaque o fato de que o contrato preliminar, mesmo antes do Código Civil de 2002 e sem previsão expressa no Código Civil de 1916, gozava de amplo reconhecimento

Esta perspectiva de modo algum retira a força vinculante dos contratos normativos. A formação de contratos por meio da técnica do contrato normativo encontra respaldo em práticas negociais da contemporaneidade. Neste cenário, admitir que a eficácia dos contratos normativos está assentada na liberdade contratual é um corolário lógico do reconhecimento jurídico dessas práticas.

Se, no exercício desta liberdade, as partes ajustam certas regras que devem ser observadas em relações futuras, não se pode desconsiderar completamente este ajuste, como se ele não tivesse existido. Ante uma tal manifestação contratual, ou bem as partes a modificam por novo consenso posterior, ou, não havendo qualquer ressalva, deve-se tomá-la como parte integrante dos negócios futuros que venham a firmar entre si.

O respeito, portanto, à liberdade contratual e à atipicidade dos efeitos dos negócios jurídicos, sob a luz da legislação brasileira, tem por consequência o reconhecimento dos efeitos do contrato normativo. As partes ficam obrigadas a se conduzirem por suas regras nos contratos futuros e o intérprete, em caso de litígio, a tomá-las em consideração.

Em contrapartida, os termos exatos daquilo que foi contratado no instrumento normativo assume maior importância. Os efeitos serão aqueles pactuados entre as partes e estes poderão ajustar maior ou menor eficácia.

Podem, por exemplo, os contratantes ajustarem a sua transposição automática para os contratos futuros – quando então a sua observância será obrigatória. Por outro lado, podem também pactuar expressamente a necessidade de anuírem com tais regras a cada contrato futuro – e neste caso, a eficácia dependerá desta nova manifestação de vontade. Por fim, as partes podem também admitir que as regras gerais funcionarão apenas

na doutrina. Semelhante situação ocorre atualmente a respeito dos contratos normativos e, à semelhança do que se deu com o contrato preliminar, não se pode concluir que esta categoria é incompatível com a ordem jurídica brasileira. Sobre o tema, confira-se artigo publicado em 1980, sendo testemunha desta circunstância: "O nosso direito positivo não disciplina especificamente o contrato preliminar, embora seja reconhecido unanimemente na doutrina. Costuma-se dizer que o germe legislativo desse contrato encontra-se no art. 1.088, pelo qual é lícito a qualquer das partes arrepender-se antes de o assinar, quando o instrumento público for exigido como prova do contrato, ressarcindo à outra perdas e danos resultantes do arrependimento". BUENO, Sérgio. Contrato preliminar. **Doutrinas Essenciais** – obrigações e contratos, v. 4, p. 283-300, São Paulo: RT, 2011, p. 283-300.

como um memorando de entendimentos, não havendo eficácia jurídica direta.

Assim, para a realidade brasileira, deve-se ter em vista que os efeitos do contrato normativo não podem ser deduzidos em termos conceituais. Eles serão definidos a partir do exame do seu conteúdo concreto[331]; neste exame, deve-se ter como ponto de partida o respeito ao que foi pactuado, e não a desconsideração, como se o contrato normativo fosse um ajuste sem efeito algum.

Ao contrário, à luz da ordem jurídica brasileira, considerar inúteis as disposições do contrato normativo corresponde a rasgada violação do dever de boa-fé. Ao menos neste ponto, a construção francesa que reconhece uma obrigação de não fazer na hipótese, consistente em não contratar em desconformidade com aquilo que foi ajustado no *contrat cadre*, pode ter lugar na jurisdição brasileira pela mão da boa-fé objetiva.

Eduardo Tomasevicius Filho sustenta que uma das dimensões da boa--fé visa a proteger a confiança no âmbito das relações jurídicas. Resguardar expectativas e garantir previsibilidades entre os sujeitos de direito têm o propósito de reduzir a complexidade social e os custos de transação. Segundo o autor, "ao confiar a pessoa não precisa buscar mais informações destinadas a reduzir os custos de transação na tomada de determinada decisão"[332].

Tomasevicius Filho demonstra que um dos meios para resguardar a confiança tem lugar no controle do comportamento contraditório. A boa--fé objetiva, ao impor um dever geral de coerência, permite considerar ilícito o comportamento contraditório.

[331] "[...] gli effetti del contratto normativo non possono essere desunti dalla definizione che si è scelto stipulativamente di dare alla categoria stessa: che le parti si vincolino o meno le parti alla stipulazione dei singoli contratti particolari, in altri termini, non può essere una conseguenza necessaria della definizione concettuale di quello normativo, ma soltanto una conseguenza eventuale del suo contenuto concreto." Tradução livre: "os efeitos do contrato normativo não podem ser deduzidos da definição que foi estipulada para ser dada à própria categoria: se as partes vinculam-se à estipulação de contratos individuais, ou seja, não podem ser uma consequência necessária da definição conceitual do normativo, mas apenas uma consequência possível de seu conteúdo concreto". ROPPO, Vincenzo. **Tratatto del contrato**. v. III (a cura de Maria Constanza). Milão: Giuffrè, 2006, p. 108.

[332] TOMASEVICIUS FILHO, Eduardo. **O princípio da boa-fé no direito civil**. São Paulo: Almedina, 2020, p. 168.

Aqui não se tem uma proibição genérica, mas ao contrário, como regra, a liberdade de comportamento. De modo especialmente importante quando se tem em vista os contratos normativos, o autor demonstra que esta liberdade para mudar de comportamento não deve ter lugar "nos casos em que se assumiram compromissos negociais"[333].

Nesta perspectiva, o encontro de vontades que resulta na formação de um contrato normativo cria expectativas legítimas às partes, ainda que subordinadas à constituição de uma relação futura (no caso do contrato normativo interno).

O fato de se ter declarado contratualmente estes propósitos reforça ainda mais esta impressão porque não se está diante de uma mera manifestação tácita geradora de confiança na outra parte. Neste caso, existem termos muito claros para uma futura contratação, de maneira que a liberdade para não firmá-la, ou para mudar as condições ajustadas, deve ser vista com extremo critério.

Diz-se, assim, que o contrato normativo constitui uma obrigação de não fazer: ainda que este efeito não seja convencionado – por exemplo, por uma cláusula que expressamente proíba as partes de firmarem contratos futuros em termos diversos – a liberdade de contratar deve ser limitada pela boa-fé objetiva. O dever de coerência e a proibição do abuso podem ser acionados para controlar o comportamento do contratante que pretenda considerar o contrato normativo um instrumento sem efeito algum.

Por tudo isto, sendo o contrato normativo expresso quanto à sua observância nos negócios futuros, devem ser admitidos, à luz da legislação, os efeitos reais dos contratos normativos: as regras do contrato normativo bilateral (interno) deverão ser consideradas inseridas nos contratos futuros entre as partes, independentemente de nova manifestação de vontade[334].

[333] TOMASEVICIUS FILHO, Eduardo. **O princípio da boa-fé no direito civil**. São Paulo: Almedina, 2020, p. 169.

[334] Esta conclusão é reforçada por Enzo Roppo: "In effetti, la conclusione più attendibile, in base a un esame complessivo della dottrina e della giurisprudenza, è che in contratto normativo interno o bilaterale abbia <<forza de lege>> tra le parti quando esse abbiano (espressamente o tacitamente) manifestato la loro volontà al riguardo; abbia invece il caractere de una minuta provvisoria quando tale volontà manchi." Tradução livre: "Na verdade, a conclusão mais confiável, com base em um exame geral da doutrina e da jurisprudência, é que em um contrato normativo interno ou bilateral exerce "força de lei" entre as partes a partir do momento em que

A expressão utilizada na doutrina italiana, contudo, não deve ser confundida com outra, muito utilizada no Brasil: a chamada obrigação com eficácia real. Esta última exprime a possibilidade de uma obrigação, em princípio vinculante apenas às partes de uma dada relação, pode ser exigível em face de terceiros, como acontece a partir do registro do contrato preliminar. Não é o que ocorre com os *effetti reali*, que exprimem o fato de que as regras do contrato normativo devem ser consideradas automaticamente integradas aos contratos futuros.

O mesmo efeito já foi enunciado na doutrina com uma expressão que, para o jurista brasileiro, tem melhor significado. Para Fernando Hinestrosa, a integração entre contrato normativo e os contratos futuros ocorre *per relationem*, de maneira que os contratos individuais, por referência, revelem que parte de seu conteúdo deve ser encontrado no instrumento-base anteriormente firmado[335].

No Brasil, o termo é comumente utilizado na situação em que, havendo confirmação de uma decisão judicial por outra, a segunda informa que seus fundamentos podem ser colhidos, por referência, na primeira. Para evitar confusões conceituais, esta expressão deve ser compreendida ao longo desta tese como decorrente de um exercício de integração dos contratos de aplicação.

5.4. Inadimplemento e execução específica da obrigação

Definido o efeito jurídico decorrente da função preparatória dos contratos normativos, é importante ter em vista a hipótese de inadimplemento das suas obrigações.

Como visto, as regras do contrato normativo interno devem ser consideradas inseridas nos contratos particulares, se a isto não se opuser o próprio instrumento ou se as partes não exigirem um novo consentimento

elas manifestaram (expressa ou tacitamente) a sua vontade; em vez disso, tem a característica de uma minuta provisória quando esta vontade estiver faltando". ROPPO, Vincenzo. **Tratatto del contrato.** v. III (a cura de Maria Constanza). Milão: Giuffrè, 2006, p. 109.

[335] HINESTROSA, Fernando. Funcíon, límites y cargas de la autonomía privada. **Revista de Derecho Privado**, n. 26, 2014, p. 28. No Brasil, esta lógica foi desenvolvida em sentido aproximado por Luciano de Camargo Penteado. PENTEADO, Luciano de Camargo. **Integração de contratos incompletos.** Tese (Livre-Docência) – Faculdade de Direito de Ribeirão Preto, Universidade de São Paulo (USP), Ribeirão Preto, 2013, p. 293.

expresso[336] para que as disposições do contrato-base integrem os negócios futuros.

Nos contratos normativos externos, por sua vez, embora exista obrigação de essas regras constarem nos contratos firmados com outros contratantes, estas disposições deverão ser aprovadas pelos terceiros.

5.4.1. Inadimplemento do contrato normativo interno

Na situação mais simples, considerando-se as regras do instrumento normativo inseridas, *per relationem*, no contrato futuro firmado entre os mesmos contratantes, sua inobservância corresponderá a inadimplemento contratual. O contratante que descumprir estas regras estará sujeito às sanções eventualmente previstas no contrato normativo e igualmente no contrato de aplicação, uma vez que ambos deverão ser considerados integrados como um único negócio jurídico.

Esta solução fica bem marcada em julgado do Tribunal de Justiça de São Paulo[337], usualmente referido em discussões a respeito do efeito de cláusulas compromissórias em contratos coligados.

Segundo consta do relatório do acórdão, o caso tem como pano de fundo relação contratual mantida por uma seguradora e uma corretora de

[336] Jean Gatsi defende que o *double consentement* é elemento essencial para a formação do contrato-quadro e do contrato futuro (*contrat d'application*): "la necessite dun double consentement dans les contrats-cadre ne veut pas dire quon nest jamais fautif si le contrat d'aplication nest pas forme, mais que ce dernier ne peut se former sans le second consetement. Le double consentement s'affirme comme un principe general dans les contrats-cadre. Il permet aux contractants de conclure des contrats d'application, et assure la distinction entre le contrat-cadre et diverses notions". Tradução livre: "a necessidade de um duplo consentimento nos contratos-quadro não significa que nunca haja culpa se o contrato de execução não for celebrado, mas que este não pode ser celebrado sem a segunda consequência. O duplo consentimento é afirmado como um princípio geral nos contratos-quadro. Permite às partes celebrarem contratos-quadro e assegura a distinção entre o contrato-quadro e os vários conceitos". GATSI, Jean. **Le contrat-cadre**. Paris: LGDJ, 1996, p. 147. Esta nova manifestação de vontade, contudo, conforme informa o autor, pode se dar de modo expresso ou tácito, pelo simples início de execução do *contrat d'application*. Assim, se pactuado expressamente que a anuência deva se dar por escrito, por exemplo, esta lógica leva à conclusão de que as regras do contrato normativo não serão aplicadas aos contratos futuros caso não ocorra esta nova manifestação de vontade.

[337] BRASIL. **Tribunal de Justiça do Estado de São Paulo**, Apelação n. 0018814-07.2010.8.26.0068, Rel. Rosa Maria de Andrade Nery, 34ª Câmara Cível, j. 31/03/2014, Public. 02/04/2014.

seguros, a fim de que esta última pudesse oferecer produtos da primeira a clientes de um banco.

Com base neste instrumento, um segundo negócio fora formado com uma segunda corretora de seguros. Diante de controvérsias entre as partes a respeito do pagamento de comissões, discutiu-se se a cláusula compromissória firmada no primeiro instrumento também vincularia as partes do segundo negócio.

O Tribunal de Justiça de São Paulo qualificou o primeiro instrumento como um "contrato-quadro que rege os demais"; tal relação se comprovou em razão da "ligação funcional de todos os instrumentos". Por força dessa relação, "todos (os instrumentos) se submetem em conjunto ao juízo arbitral, para a análise das questões derivadas do contrato-quadro, com repercussão nos negócios acessórios".

Além disso, a Corte paulista destacou que ignorar esta relação entre os instrumentos romperia a boa-fé que inspirou a coligação funcional entre os dois negócios, em linha com o quanto se sustentou anteriormente.

Isto permite dizer que, uma vez fixado, no contrato normativo, um regime jurídico comum aos futuros negócios que venham a ser firmados entre as partes, cria-se uma relação de coligação contratual permanente, de modo que somente por manifestação contratual expressa das partes em sentido contrário é que as suas cláusulas não regularão os contratos de aplicação.

Este regime contratual comum, por exemplo, pode fixar uma cláusula compromissória geral, de observância obrigatória para todos os futuros negócios que venham a ser firmados entre as partes.

Assim, por força do efeito gerado pelo contrato normativo ao longo da cadeia contratual a ele submetida, a eficácia da cláusula compromissória deve ser admitida independentemente de menção expressa nos negócios que venham a ser firmados entre as partes – ressalvada a possibilidade de as partes, em conjunto, disporem de modo contrário, caso entendam conveniente.

Este problema sobre a eficácia objetiva da cláusula compromissória é recorrente em lides submetidas à jurisdição arbitral.

Particularmente em situações envolvendo a técnica do contrato normativo, Paula Butti Cardoso observa ser comum a situação em que "as partes firmam um contrato-quadro, contendo disposições gerais a respeito da empreitada e, em seguida, diversos outros contratos, envolvendo ou não outras sociedades, voltados para a execução das etapas já determinadas no primeiro contrato"[338].

Nestes casos, a constituição do contrato normativo deve ser tomada como manifestação de vontade expressa tendente a uniformizar o regime jurídico contratual aplicável aos negócios que venham a ser firmados entre as partes. Este ponto de vista prestigia a *affectio modulus* que leva as partes a firmarem relações com este perfil, atribuindo-se eficácia à cláusula compromissória em toda a cadeia de contratos.

O contrato normativo, neste contexto, explicita a causa supracontratual que serve de pano de fundo para a cadeia de contratos. Em razão disso, deve-se dar eficácia máxima à cláusula compromissória nestes casos. Dada a manifestação expressa e a articulação dos contratos a partir do negócio-base, somente nova manifestação expressa admitiria a restrição da eficácia da escolha da jurisdição arbitral.

Neste mesmo sentido, o debate sobre os limites objetivos da cláusula compromissória em contratos normativos já obteve da Câmara de Comércio Internacional pronunciamento expresso.

No caso n. 5.989, julgado em 1989, Bernardo Hanotiau descreve que o tribunal arbitral foi instado a decidir sobre sua competência, dado que a convenção de arbitragem fora fixada em um contrato-base de distribuição, em termos ligeiramente distintos do que fora pactuado no contrato de aplicação mais diretamente ligado ao objeto do litígio.

Nesta hipótese, entendera o tribunal que a fixação de cláusula compromissória no *basic agreement* demonstra intenção das partes em submeter à arbitragem seus litígios e que não interpretar desta maneira seria desconsiderar que o contrato de aplicação submeteu-se ao regime instituído pelo negócio-base[339].

Outro caso semelhante pode ser recolhido do repositório de decisões da mesma Câmara, que tem como pano de fundo a cláusula compromissória fixada em um contrato-quadro. Na hipótese, duas empresas firmaram um contrato-quadro para o que se pretendia uma cooperação longa e

[338] CARDOSO, Paula Butti. **Limites subjetivos da convenção de arbitragem**. 184 f. Dissertação (Mestrado em Direito), Universidade de São Paulo (USP), São Paulo, 2013, p. 70.

[339] HANOTIAU, Bernard. Problems raised by complex arbitrations involving multiple contracts – parties – issues. **Journal of International Arbitration**, Kluwer Law International, v. 18, p. 321, 2001.

estável no setor de armazenamento e de distribuição de hidrocarbonetos. Essa relação se desdobrou em sucessivos contratos de aplicação, por meio dos quais as contratantes disciplinaram outros aspectos dos negócios estabelecidos em comum.

A Câmara entendeu que as partes decidiram resolver suas eventuais disputas no âmbito da jurisdição arbitral porque pactuaram cláusula compromissória no contrato-quadro[340]. Para chegar a esta conclusão, a Câmara destacou a necessidade de buscar o respeito à vontade originalmente manifestada pelas partes: sob este ponto de vista, o contrato-quadro deve servir de chave-mestra para compreender as motivações e os propósitos dos contratantes, a partir dos quais não se pode afastar o interesse em acessar a jurisdição arbitral.

O exemplo da cláusula compromissória é vistoso. Se mesmo em relação à arbitragem admite-se a extensão dos efeitos da cláusula para outros contratos, com mais razão deve ser admitido para outras obrigações. Afinal, a cláusula compromissória restringe o acesso à jurisdição estatal, direito alçado ao texto constitucional da maioria dos países[341]. Ainda assim, esta circunstância não tem impedido que a cláusula pactuada no negócio-base seja estendida para outros instrumentos.

A eficácia, ademais, no âmbito de contratos normativos internos deve ser admitida independentemente de menção expressa nos contratos futuros.

Novamente valendo-se da metáfora de uma *lex contractus*, assim como somente é possível afastar a norma legal (quando ela não for cogente) por expressa disposição entre as partes, a liberdade contratual impõe que a regra contratada entre as mesmas partes para valer em contratos futuros somente poderá ter sua eficácia restringida por nova manifestação contratual.

Sem isto, mesmo que não expressamente repetida no instrumento, não aplicar o contrato normativo torna letra morta as suas disposições.

[340] No original: "[...] que les parties elles-mêmes avaient dècidè de faire règler leur contentieux èventuel en vertu de la clause d'arbitrage convenue entre elles dans le contrat cadre". ARNALDEZ, Jean-Jacques; DERAINS, Yves; HASCHER, Dominique. **Recueil des sentences arbitrales de la CCI**: 1996-2000. Paris: ICC Publishing, 2003, p. 462.

[341] BRASIL. Constituição Federal (1988). Art. 5º, XXXV.

Situação distinta, porém, ocorre se as regras do contrato normativo não puderem ser consideradas integradas ao contrato futuro firmado entre as mesmas partes.

Veja-se, por exemplo, a hipótese em que as partes pactuem um contrato de franquia[342] e, neste instrumento, fixem os termos de uma possível ampliação do seu escopo, com instalação de novos estabelecimentos e das respectivas contrapartidas financeiras.

Se, neste caso, as partes dispuserem que as regras previamente estipuladas precisam ser ratificadas nos novos instrumentos: (i) não se poderá falar em inadimplemento enquanto nos novos contratos não forem firmados; e (ii) quando o forem, a ausência de menção às disposições do contrato negativo significará que as partes não adotaram tais regras.

É certo que esta solução preserva a liberdade dos contratantes e a própria essência dos contratos normativos, uma vez que eles não criam obrigação de contratar, mas apenas de adotar certas regras se as partes decidirem fazê-lo.

Não se pode excluir, no entanto, a circunstância em que uma das partes maliciosamente decida não contratar para não adotar as regras antes estipuladas, forçando o outro contratante a consentir com a alteração do que havia sido ajustado[343]. Ou, ao contrário, a hipótese em que após constante

[342] "Es frecuente, también, em la literatura jurídica encuadrar la relación de franquicia em el esquema del contrato normativo [...]". Tradução livre: "É frequente, também, na doutrina enquadrar a relação de franquia dentro de uma situação de contrato normativo". GONZÁLEZ, Guillhermo Bermúdez. **La franquicia**: elementos, relaciones y estratégias. Madrid: Esic Editorial, 2002, p. 212. De modo semelhante, valendo-se da expressão *contrat-cadre*: "Franchise contracts are described as being typically formulated as adhesion contracts and as being structured as framework agreements (*contrat cadre*) under which particular contracts are subsumed (*contrats d'application*)". Tradução livre: "Contratos de franquia são descritos como sendo tipicamente formulados como contratos de adesão e estruturados como contratos quadro, nos quais os contratos individuais são considerados contratos de aplicação. DÍAZ, Odavia Bueno. **Franchising in European contract law**. Munique: Sellier, 2008, p. 36.

[343] Esta situação é destacada por Enzo Roppo: "è chiaro che l'inadempimento dell'obbligo di contrarre a determinati contenuti può facilmente mascherarsi con um rifiuto di contrarre tout court, in apparenza legittimo". Tradução livre: "é claro que o não cumprimento da obrigação de contratar determinados conteúdos pode facilmente ser disfarçado como uma recusa de contratar *tout court*, aparentemente legítima". ROPPO, Vincenzo. **Il contratto**. 2. ed. Milano: Giuffrè, 2011, p. 497.

e sistemática realização de contratos particulares, uma das partes, sem motivação, deixa de modo abrupto de fazê-lo[344].

Neste cenário, eventual comportamento malicioso de uma das partes pode ser objeto de controle sob a ótica do abuso de direito (artigo 187, Código Civil). De fato, embora a regra seja resguardar aos contratantes o direito de constituir os contratos futuros ou não, esta prerrogativa não pode ser exercida de modo emulativo.

Ainda que a liberdade de contratar contemple uma dimensão negativa, que permite às partes não contratar, não se admite o uso deste direito para fraudar o cumprimento daquilo que se ajustou. Esta lógica tem no campo dos contratos normativos especial aplicação, dada a peculiaridade das circunstâncias: embora o contrato normativo já seja, por si, um contrato que projete efeitos sobre negócios futuros, é certo que estes poderão não existir.

Portanto, de um lado, os contratos futuros têm seu conteúdo previamente ajustado; por outro, na gênese desse conteúdo, é certo que não há obrigação alguma de contratar.

Dadas estas peculiaridades, o exame de eventual comportamento abusivo não pode se afastar deste primeiro e mais importante propósito negocial. A principal diretriz, nestes casos, deve ser firmada na liberdade de concluir ou não o contrato. O abuso do direito de não contratar, nesta perspectiva, deve ser aferido a partir do fato de um dos sujeitos ter causado danos ao outro, e que isto tenha ocorrido por força de uma desleal quebra de expectativas[345].

Por isso, a mensuração do abuso diz respeito, sempre, a uma específica situação concreta. A prerrogativa de não ser obrigado a firmar um contrato deve ser sempre um ponto de partida firme, ainda que o negócio esteja a meio-caminho de ter seu conteúdo preenchido, como ocorre com os contratos normativos na perspectiva de sua função preparatória.

O modo concreto de exercer esta prerrogativa, porém, pode resvalar para fora do campo de licitude. O momento anterior à constituição do

[344] SIRENA, Pietro. Contratto normativo (diritto civile). *In*: Il diritto. **Enciclopedia giuridica** del Sole 24 Ore, IV. Milão: Corriere Della Sera, 2007, p. 290.

[345] MARTINS-COSTA, Judith. **A boa-fé no direito privado**. Critérios para sua aplicação. São Paulo: Marcial Pons, 2015, p. 419.

contrato não é uma zona em que se admite todo tipo de conduta arbitrária e dolosa, a pretexto do exercício da liberdade de não contratar[346].

Assim, na verificação do abuso *in concreto* de não contratar na situação em que as partes tenham firmado um contrato normativo, deve-se ter certo que a liberdade das partes em não constituir os contratos futuros somente poderá ser objeto de controle em casos patológicos.

Alguns elementos poderão ser considerados para a aferição do abuso de não contratar: (i) se o contratante manifestou interesse em efetuar o contrato, mas pretende modificar os termos contratados anteriormente; (ii) se o contratante deu início à sua execução, mas negou-se a formalizar o negócio; (iii) se o contratante gerou na outra parte a expectativa em relação à constituição dos contratos, obrigando-lhe a realizar investimentos, mas depois postulando a modificação das condições ajustadas no contrato normativo, dentre outras situações.

Presentes estes elementos, o uso abusivo da prerrogativa de não contratar deve ser rechaçado à luz da responsabilidade civil pré-contratual. Nesta hipótese, a responsabilidade civil terá um pano de fundo muito singular.

O fato que aciona o dever jurídico de indenizar nestes casos consiste em uma ruptura qualificada das tratativas para a constituição de um contrato. Quer-se dizer: não se trata de mera desistência de seguir mantendo tratativas, nem desistência de constituir o contrato; somente será considerada ilícita a ruptura que revele uma abrupta mudança de posição por parte do

[346] Eduardo Tomasevicius Filho enuncia diversas situações de abuso ilegal: "Por exemplo, o caso em que um empresário, querendo obter informações confidenciais, inicia um processo de negociação. Este já sabe que as negociações não chegarão ao seu termo, isto é, à formação do contrato, porque não tem nenhum interesse em celebrá-lo: apenas quer usar a negociação como pretexto para obter informações. Ou nos casos em que uma das partes negocia com outras duas e não informa este fato a ambas. Também se pode pensar em casos em que uma das partes age de forma individualista, furtando-se a dar a devida consideração para com a outra parte ou, na hipótese comum de ter vontade de desistir, mas, por julgar desagradável dizer a verdade, conduz as negociações a contragosto até produzir uma situação insustentável, culminando na ruptura. Ainda, quando a parte não revela o que a leva a negociar e depois desiste do negócio. Nestes casos, fala-se em ruptura injustificada das negociações, que é a situação em que uma das partes retira-se das negociações de um contrato de forma anormal, inaceitável, inesperada". TOMASEVICIUS FILHO, Eduardo. **O princípio da boa-fé no direito civil**. São Paulo: Almedina, 2020, p. 412.

sujeito, violando a confiança que, por seu comportamento anterior, gerou na outra parte e que lhe fez incorrer em prejuízos[347].

Neste quadro fático, o comportamento da parte que rompe de modo abusivo as negociações, é coibido pela proibição do abuso de direito (artigo 187, Código Civil) e pela tutela da confiança criada na outra parte, cuja fonte seria o dever de agir de boa-fé (artigo 422, Código Civil)[348].

Por qualquer um dos fundamentos, a responsabilidade civil pré-contratual tem lugar no momento anterior à constituição do negócio propriamente dito, quando não há ainda relação jurídica contratual entre as partes que tomam parte das tratativas. Neste espaço específico, sem prejuízo da ausência de vínculo estabelecido em contrato, há grande consenso doutrinário quanto à possibilidade de incidirem as regras de tutela da responsabilidade civil.

Tendo em vista o contrato normativo, tem-se um outro elemento que parece justificar ainda mais a tutela do abuso no ato de não contratar. De modo mais grave do que nas situações que formaram a doutrina da responsabilidade civil pré-contratual, as partes já mantêm entre si um vínculo preparatório pelo qual se obrigaram a observar tais e quais regras para contratos futuros.

Assim, presentes elementos concretos que demonstrem má-fé, com maior razão ainda é possível sustentar o dever de reparar os danos causados em razão da violação do contrato normativo.

5.4.2. Inadimplemento do contrato normativo externo

Já quanto aos contratos normativos externos, as questões colocadas quanto ao inadimplemento giram em torno de duas peculiaridades.

[347] "[...] la rottura di una trattativa non è di per sé illecita, essendo manifestazione della libertà contrattuale: solo con la conclusione del contratto alla libertà subentra il vincolo, como bem demonstra, del resto, il potere riconosciuto alle parti di revocare proposta e accetazione". Tradução livre: "a quebra de uma negociação não é em si ilícita, sendo uma manifestação da liberdade contratual: só com a celebração do contrato é que a liberdade assume o constrangimento, bem como demonstrado, afinal, o poder reconhecido pelas partes se revoga a proposta e a aceitação". ROPPO, Vincenzo. **Il contratto**. 2. ed. Milano: Giuffrè, 2011, p. 173. Também assim, no Brasil: ZANETTI, Cristiano de Sousa. **Responsabilidade pela ruptura das negociações**. São Paulo: Juarez de Oliveira, 2005, p. 209.

[348] Para um amplo inventário destas duas correntes: GRECCO, Renato. **O momento da formação do contrato**: das negociações preliminares ao vínculo contratual. São Paulo: Almedina, 2019, p. 146-147.

De um lado, questiona-se a eficácia do contrato normativo em face do terceiro. Tem o terceiro direito subjetivo às condições com as quais se obrigou seu contratante no contrato normativo? Em outro giro, é importante precisar em que momento se dá o eventual inadimplemento, certo que ao terceiro não haverá direito à contratação em si, mas apenas à observância das regras previstas no contrato normativo caso ocorra a contratação.

Estes problemas podem ser vistos de modo mais concreto ao se tomar como exemplo novamente um contrato normativo de plano de saúde. Conforme aludido, é muito comum que operadoras estipulem contratos com entidades coletivas, obrigando-se com certas condições para oferecer cobertura médica aos seus filiados, o que deverá ser formalizado através de contratos individuais.

Visto o problema nestes termos, não é possível negar-se direito ao consumidor final, filiado da entidade coletiva, à observância das regras do contrato normativo. Respeitadas as regras do contrato normativo (por exemplo, em relação a comprovar a condição de associado, ao envio de informações relativas a sua saúde e carências), o consumidor terá direito não apenas àquelas condições pré-ajustadas, como à própria constituição do contrato, se assim o desejar.

Bem se vê, nesta hipótese, que o contrato normativo, como fruto da autonomia privada das partes, contém estipulação em favor de terceiro. Se isto ocorre, a obrigação não alcança apenas as partes do contrato normativo, como cria também direito atribuído ao terceiro "em favor de quem se estipulou a obrigação", garantindo-lhe a possibilidade de exigir seu cumprimento judicialmente (artigo 436, parágrafo único, Código Civil).

Apesar de o Código Civil não ter adotado esta expressão, a estipulação em favor de terceiro é, em verdade, um contrato em favor de terceiro[349]. Não é estranho, assim, que esta categoria seja adotada para extrair efeitos jurídicos do contrato normativo externo, uma vez que sua eficácia é voltada justamente para sujeitos que não integram o instrumento-base.

Deve ser notado, contudo, que a estipulação em favor de terceiro é comumente descrita como um negócio por meio do qual o beneficiário

[349] Neste sentido, com referência a inúmeros outros autores: FIGUEIREDO, Gabriel Seijo Leal. Estipulação em favor de terceiro. *In*: LOTUFO, Renan; NANNI, Giovanni, Ettore (coord.). **Teoria geral dos contratos**. São Paulo: Atlas, 2011, p. 465.

adquire, imediatamente, direito subjetivo à prestação do promitente, mesmo sem ter participado do negócio[350]. Este ponto de vista tem origem na concepção segundo a qual a estipulação em favor de terceiro somente pode ser realizada se a prestação for gratuita.

Tratando deste ponto, Orlando Gomes entendeu que a "gratuidade do proveito é essencial, não valendo a estipulação que imponha contraprestação"; segundo o autor, a "estipulação não pode ser feita contra o terceiro. Há de ser feita em seu favor"[351]. Esta compreensão deve ser vista com ressalvas, não havendo aqui incompatibilidade com o contrato normativo externo.

Dizer que a estipulação deve ser sempre gratuita apenas põe em causa os exemplos clássicos do seguro prestado em favor de terceiro ou da doação em favor de terceiro, mas estes exemplos não devem ser tomados como essência deste instituto para proibir a estipulação onerosa. Afinal, está-se no campo aqui da liberdade contratual, de maneira que se não houver proibição, não se veda que a estipulação possa prever obrigações ao terceiro, desde que este as aceite[352].

O uso dos contratos normativos externos confirma este perfil contemporâneo da estipulação em favor de terceiro. Por esta linha, as partes do contrato normativo podem estipular que uma delas obrigue-se com determinadas condições contratuais em face de terceiros.

A estipulação, portanto, concederá um direito subjetivo a estas condições, se o terceiro quiser firmar o contrato. Nestes casos, haverá inadimplemento se, exigido o cumprimento da obrigação pelo terceiro, a parte que com ela se obrigou no contrato normativo deixar de cumpri-la.

Este ponto de vista também permite afastar o entendimento segundo o qual o descumprimento do contrato normativo externo impõe apenas responsabilidade civil contratual entre os contratantes do instrumento normativo. Entre autores italianos, afirma-se com frequência que a parte que firma, com terceiros, condições diferentes daquelas previstas no

350 SERPA LOPES, Miguel Maria de. **Curso de direito civil**. v. 2. 7.ed. Rio de Janeiro: Freitas Bastos, 2000, p. 143.

351 GOMES, Orlando. **Contratos**. 27. ed. Rio de Janeiro: Forense, 2019, p. 168.

352 FIGUEIREDO, Gabriel Seijo Leal. Estipulação em favor de terceiro. *In*: LOTUFO, Renan; NANNI, Giovanni, Ettore (coord.). **Teoria geral dos contratos**. São Paulo: Atlas, 2011, p. 473.

contrato normativo viola suas disposições e, consequentemente, pode ser responsabilizada pelo descumprimento do negócio[353].

Embora não se possa negar o inadimplemento do contrato normativo, o terceiro não deverá ser considerado completamente indiferente ao negócio. Ele terá direito próprio decorrente do contrato normativo, ficando autorizado a postular o cumprimento, ou as sanções pelo inadimplemento, caso o contratante do instrumento normativo não observe, no contrato individual, estas prerrogativas.

Este painel teórico permite avaliar a jurisprudência do Superior Tribunal de Justiça a respeito da relação entre o beneficiário e a operadora de planos de saúde coletivos.

O problema tem como pano de fundo a estrutura contratual construída para oferecer planos de saúde coletivos. São coletivos, conforme dispõe a Agência Nacional de Saúde Suplementar (ANS)[354], os planos privados de assistência à saúde do tipo "coletivo empresarial" ou "coletivo por adesão". Enquanto os primeiros oferecem cobertura àqueles que sejam tenham relação de emprego ou relação estatutária com uma pessoa jurídica (empregados, sócios, diretores ou administradores[355]), no segundo tipo, a cobertura abrangerá os filiados a corporações de caráter profissional, classista ou setorial[356].

[353] "[...] la parte che accetta nel contratto com il terzo clausole difformi, viola gli obblighi, com conseguente responsabilità per inadempimento contrattuale". Tradução livre: "a parte que aceita cláusulas diferentes no contrato com um terceiro, viola as obrigações e, consequentemente, pode ser responsabilidade por quebra de contrato". BALESTIERI, Massimo. I contratti preparatori: Il contratto normativo. *In*: FAVA, Pasquale (coord.). **Il contratto**: trattato teórico – pratico. Milão: Giuffrè, 2012.

[354] Resolução Normativa n. 195, de 14 de julho de 2009.

[355] O artigo 5º, § 1º, da Resolução citada permite também que sócios, empregados demitidos ou aposentados, trabalhadores temporários, estagiários, menores aprendizes, agentes políticos (aludindo aqui provavelmente à relação no âmbito dos partidos políticos) e parentes de empregados, até terceiro grau se "consanguíneo" ou até segundo grau se "por afinidade", possam ser beneficiários do plano.

[356] Resolução. Art. 9°. Plano privado de assistência à saúde coletivo por adesão é aquele que oferece cobertura da atenção prestada à população que mantenha vínculo com as seguintes pessoas jurídicas de caráter profissional, classista ou setorial: I – conselhos profissionais e entidades de classe, nos quais seja necessário o registro para o exercício da profissão; II – sindicatos, centrais sindicais e respectivas federações e confederações; III – associações profissionais legalmente constituídas; IV – cooperativas que congreguem membros de categorias ou classes

Planos de saúde oferecidos por esta modalidade devem ser caracterizados como contratos normativos. A operadora do plano firma um negócio-base com uma dada pessoa jurídica, por meio do qual obriga-se a oferecer esses serviços a terceiros em atenção aos termos pré-negociados (preço, carência, abrangência da cobertura).

Em inúmeros acórdãos, o Superior Tribunal de Justiça caracteriza esta estrutura como uma estipulação em favor de terceiro. É interessante ver, porém, que esta caracterização é feita sem apoio na categoria do contrato normativo, embora em todos os casos levantados esta figura se faça presente, seja na forma de uma convenção coletiva firmada entre certa empresa e seu sindicato de empregados[357], ou do contrato firmado entre operadora de plano de saúde e outra entidade coletiva[358].

Esta caracterização tem permitido que a Corte admita corretamente a legitimidade ativa do beneficiário do plano de saúde para discutir aspectos da prestação de serviços por parte da operadora.

5.4.3. Execução específica da obrigação no contrato normativo interno e externo

Ainda na hipótese de inadimplemento, deve-se examinar a possibilidade de execução específica da obrigação no âmbito de contratos normativos. A técnica da execução específica tem *locus* privilegiado no âmbito dos contratos preliminares. Uma vez que estes criam a obrigação de contratar, o descumprimento desse dever cria, para a doutrina dominante, a possibilidade de execução do dever de contratar.

Este consenso aparente, porém, não foi obtido de modo fácil. Para que isto fosse possível, foi necessário que a doutrina evoluísse até superar o obstáculo teórico relativo à possibilidade de constituição forçada de uma relação contratual.

de profissões regulamentadas; V – caixas de assistência e fundações de direito privado que se enquadrem nas disposições desta resolução; VI – entidades previstas na Lei n. 7.395, de 31 de outubro de 1985, e na Lei n. 7.398, de 4 de novembro de 1985.

[357] BRASIL. **Superior Tribunal de Justiça**, Recurso Especial 976.679-SP, Rel. Min. Nancy Andrighi, 3ª Turma, j. 08/09/2009, DJe 02/10/2009.

[358] BRASIL. **Superior Tribunal de Justiça**, Recurso Especial 1.510.697-SP, Rel. Min. Ricardo Villas Bôas Cueva, 3ª Turma, j. 09/06/2015, DJe 15/06/2015; BRASIL. **Superior Tribunal de Justiça**, Recurso Especial 1.575.435-SP, Rel. Min. Ricardo Villas Bôas Cueva, 3ª Turma, j. 24/05/2016, DJe 03/06/2016; BRASIL. **Superior Tribunal de Justiça**, Recurso Especial 1.705.311-SP, Rel. Min. Nancy Andrighi, 3ª Turma, j. 09/11/2017, DJe 17/11/2017.

O problema aqui colocado parte da premissa de que uma vez descumprida a obrigação pelo seu devedor, não haveria a possibilidade de compelir-lhe fisicamente a prestar a declaração apta a formar o contrato pelo qual se obrigou. Ainda que por ordem judicial o sujeito fosse obrigado a cumprir o dever de contratar, o inadimplemento não autorizaria que sua manifestação fosse extraída *manu militari*. A recusa apenas permitiria ao credor requerer indenização compensatória pelas perdas e danos correspondentes[359].

Este ponto de vista tornou-se dominante mesmo entre os autores italianos responsáveis pelo desenvolvimento dogmático do contrato preliminar, ainda antes de sua previsão expressa, em 1942, no Código Civil daquele país. Sem instrumentos para forçar a parte a firmar o contrato definitivo, a compreensão comum, àquela altura, proibia que o juiz, por ato próprio, considerasse formada a relação, pois assim se substituiria à vontade das partes[360].

Deve-se aos processualistas, e não aos civilistas, a construção do cabedal necessário para afastar esta primeira orientação. Giuseppe Chiovenda, conhecido processualista, se opôs à tese da impossibilidade de execução. Segundo ele, a parte de um contrato preliminar não deseja uma declaração de vontade do outro contratante; o que lhe interessa é o efeito jurídico da declaração, o que pode perfeitamente ser concedido pelo juízo[361].

Esta perspectiva revelou-se vitoriosa. O Código Civil italiano de 1942 afastou as oposições teóricas que negavam a possibilidade de atribuir às partes, por ato judicial, os efeitos do contrato definitivo.

Semelhante orientação passou a ser adotada no Brasil. Mesmo antes do Código Civil italiano de 1942, o Decreto-Lei n. 58/1937 previa a possibilidade de execução da promessa de compra e venda de imóvel, de maneira que o comprador pudesse adjudicar e registrar o bem em seu nome – a despeito do descumprimento da obrigação de firmar escritura pública.

Em termos mais gerais, esta também era a previsão no âmbito do Código de Processo Civil de 1939, que em seu artigo 1.006 considerava

[359] GOMES, Orlando. **Contratos**. 27. ed. Rio de Janeiro: Forense, 2019, p. 159.

[360] BIANCHINI, Luiza Lourenço. **Contrato preliminar**: conteúdo mínimo e execução. Porto Alegre: Arquipélago Editorial, 2017, p. 180-181.

[361] BIANCHINI, Luiza Lourenço. **Contrato preliminar**: conteúdo mínimo e execução. Porto Alegre: Arquipélago Editorial, 2017, p. 181.

"a declaração havida por enunciada" se, condenada a contratar, a parte não o fizesse. Não era, e nem é ainda hoje, estranha ao regime processual brasileiro, a execução específica da obrigação de contratar. Esta linha foi adotada tanto no Código de Processo Civil de 1973 (artigo 466-A), como na codificação mais recente, em 2015 (artigo 501).

Neste sentido, ao criar previsão legal para o contrato preliminar, o Código Civil de 2002 (i) permitiu a execução da obrigação de fazer consistente em firmar o contrato principal, desde que o preliminar tenha os elementos mínimos para tanto (artigo 463); e (ii) viabilizou ao juízo suprir a vontade da parte contrária, "conferindo caráter definitivo ao contrato preliminar" (artigo 464).

Ao contrário, porém, do que este conjunto de normas permite supor, a execução do contrato preliminar não é um tema incontestável, o que ainda permite investigá-lo sob a luz dos contratos normativos.

A complexidade do tema foi ricamente exposta por Alcides Tomasetti Júnior, em sua dissertação de mestrado defendida em 1983. Ao autor deve-se reconhecer o mérito de tomar um aspecto prático como ponto de partida, deixado à margem do tema pela doutrina de sua época, no que diz respeito aos diferentes graus que o encadeamento entre contrato preliminar e contrato definitivo pode assumir.

Para o autor, "o princípio dominante em doutrina, e, com menos clareza, na jurisprudência é [...] o da identidade de conteúdo do contrato preliminar e do contrato definitivo"[362]. Porém, esta identidade tomada como verdadeira, não se revela na prática negocial, havendo, ao contrário, um arco de hipóteses que demonstra existir situações de encadeamento mais forte, de encadeamento intermediário e de encadeamento fraco.

Assim, esta relação será forte quando "o conteúdo do contrato definitivo já está totalmente preestabelecido no contrato preliminar"[363]. A exemplo do que ocorre em uma promessa de compra e venda na qual as partes já disciplinam todos os termos da venda de imóvel, vê-se que a outorga da escritura pública – o contrato definitivo – "é mais adimplemento do que conclusão de um novo negócio".

[362] TOMASETTI JUNIOR, Alcides. **Execução do contrato preliminar**. Dissertação (Mestrado em Direito). Universidade de São Paulo (USP), São Paulo, 1982, p. 27.

[363] TOMASETTI JUNIOR, Alcides. **Execução do contrato preliminar**. Dissertação (Mestrado em Direito). Universidade de São Paulo (USP), São Paulo, 1982, p. 22.

Por outro lado, a relação entre negócio preliminar e definitivo pode revelar um encadeamento de força intermediária, "um termo médio de programação [...] quando algo lhe falta". Tal é o que ocorre, com frequência, segundo o autor, se a formação do contrato definitivo depender "de declarações inovativas dos figurantes, aos quais cabe propriamente então concluir um segundo contrato, isto é, fazer todo o necessário e suficiente par que este produza os efeitos queridos"[364].

Por último, o encadeamento será fraco se, no contrato preliminar, apesar do regramento estabelecido, subsistirem "em aberto pontos negociais que carecem de acordos residuais ulteriores, em virtude da complexidade ou da determinação *in fieri* do conteúdo do segundo contrato no momento em que se dá a conclusão do preliminar"[365].

Neste caso, segundo Alcides Tomasetti Júnior, a formação do contrato definitivo não prescinde da construção de consenso quanto a pontos ainda em aberto, sem o que este negócio pode se ter como constituído. Em outras palavras, as partes, "concluindo o contrato preliminar, asseguram-se o direito de exigir a complementação pendente, em consonância com certos pressupostos vinculantes, lançados" no negócio-base[366].

A execução de cada um destes modelos de contrato preliminar, segundo o autor, deverá assumir modos distintos. Na primeira hipótese,

364 Eis o exemplo: "Um negócio que auxilia o entendimento desse termo médio de programação do conteúdo do contrato definitivo é dado pelo exemplo [...] dos cônjuges, proprietários de um imóvel, que prometem, por instrumento público, a conclusão, também por escritura pública, de contrato constitutivo de garantia hipotecária, em favor de terceiro, credor do pai do cônjuge varão, sendo que o contrato prometido fica para ser celebrado tão logo o bem, a ser onerado pela hipoteca, seja liberado de cláusula de inalienabilidade temporária já ineficaz, recebendo, por outro lado, os promitentes, no ato da assinatura do contrato definitivo, uma certa soma, a ser prestada pelo devedor, em correspectivo pela garantia recebida. Neste caso, a relação continente (ato devido) – conteúdo (contrato definitivo) já se mostra consideravelmente alterada; com as declarações e atos materiais que incumbem às partes, o preenchimento das previsões constantes do contrato preliminar são muito mais de natureza negocial do que meramente executiva; o continente está menos cheio". TOMASETTI JUNIOR, Alcides. **Execução do contrato preliminar**. Dissertação (Mestrado em Direito). Universidade de São Paulo (USP), São Paulo, 1982, p. 24.

365 TOMASETTI JUNIOR, Alcides. **Execução do contrato preliminar**. Dissertação (Mestrado em Direito). Universidade de São Paulo (USP), São Paulo, 1982, p. 25.

366 TOMASETTI JUNIOR, Alcides. **Execução do contrato preliminar**. Dissertação (Mestrado em Direito). Universidade de São Paulo (USP), São Paulo, 1982, p. 26.

o descumprimento do dever de contratar corresponde a inadimplemento de um "ato devido", devendo o juízo proceder com a constituição da relação que foi negada pelo promitente inadimplente. Na segunda, por sua vez, embora existindo pontos em aberto para a constituição do contrato definitivo, poderá igualmente o juízo constituir o negócio principal.

Mesmo na terceira hipótese, deverá o juízo constituir o contrato principal que foi negado por uma das partes, devendo inclusive "preencher, no caso concreto, [...], os acordos residuais ulteriores sob reserva de complementação não dissolvida em virtude da recusa à 'execução negocial' consistente na complementação e conclusão do contrato definitivo"[367].

Em suma, o autor critica a tese segundo a qual o contrato preliminar deve ter todos os elementos do contrato principal para que possa ele ser objeto de execução específica.

Esta exigência, segundo ele, "empobrece e enfraquece as funções atuais e virtuais do esquema que envolve a coordenação dos dois contratos"[368], já que exigir a presença de todos os elementos do contrato principal no contrato preliminar desconsideraria as possibilidades deste encadeamento ocorrer a despeito da ausência de consenso global quanto a todos os aspectos do negócio. Portanto, mesmo nesta hipótese de encadeamento de força mínima, a execução específica seria devida.

Esta perspectiva pode ser utilizada para viabilizar a execução específica de um contrato normativo, ainda que em regra esta categoria não crie uma obrigação de contratar.

Sobre o tema, no contexto dos contratos-quadro, conforme já abordado, a possibilidade de execução é uma questão problemática. De fato, "a efetivação das cláusulas do contrato-quadro deverá passar pelos percalços característicos da execução dos acordos preliminares". Os óbices mencionados apenas admitem que o contrato-quadro apenas tenha execução específica quando encerrar o acordo sobre todos os elementos essenciais do negócio[369].

[367] TOMASETTI JUNIOR, Alcides. **Execução do contrato preliminar**. Dissertação (Mestrado em Direito). Universidade de São Paulo (USP), São Paulo, 1982, p. 310.

[368] TOMASETTI JUNIOR, Alcides. **Execução do contrato preliminar**. Dissertação (Mestrado em Direito). Universidade de São Paulo (USP), São Paulo, 1982, p. 30.

[369] FORGIONI, Paula. **Contratos empresariais**. 2. ed. São Paulo: RT, 2016, p. 55.

É possível avançar neste debate a se ter em conta duas perspectivas distintas quanto ao contrato normativo externo ou interno. Iniciando-se pelos contratos normativos externos, duas possibilidades podem ser colocadas: (i) o contrato normativo pode ser firmado de tal modo que não gere efeitos enquanto o contrato de aplicação não for firmado; ou (ii) o contrato principal pode ser firmado, porém, em desconformidade com o contrato de aplicação.

Ilustra-se a primeira situação a partir do exemplo: uma indústria e uma associação de produtores firmam um contrato normativo, pelo qual fixam os termos gerais (preços, responsabilidade, despesas) para o fornecimento de frutas pelos produtores que desejarem firmar contratos individuais com a indústria. Não sendo constituído contrato individual algum, o problema da execução específica não terá lugar, na medida em que não terá havido obrigação descumprida.

Por outro lado, ocorrerá a segunda hipótese se a indústria firmar com algum produtor um contrato individual com termos distintos daquilo que previa o contrato normativo. Valendo-se novamente do ensinamento de Alcides Tomasetti Júnior, o cumprimento destas regras é ato devido, deixando claro o inadimplemento do negócio, que para todos os efeitos deverá ser tomado como constituído com as regras do contrato individual e com as outras, do contrato normativo.

Antonio Menezes Cordeiro, nesta mesma direção, também admite a execução específica. O autor português enquadra os contratos normativos como espécie de contrato-promessa. Sob esta perspectiva, afirma que o contrato normativo "pode obrigar à prática de actos jurídicos, ainda que em termos gerais e abstractos; em certos casos, fará sentido aplicar, havendo incumprimento, a execução específica ex 830º"[370].

Os "certos casos" mencionados deverão ser preenchidos nas situações concretas. O intérprete deve se valer daquilo que foi, efetivamente, disposto pelas partes. Em algumas situações, a vinculação muito pequena, dada a ausência de elementos mínimos para a formação do negócio. Estando presentes, contudo, os elementos necessários para a definição do objeto das prestações contratadas, a execução específica deve ser prestigiada, e não a simples e automática conversão em perdas e danos.

370 MENEZES CORDEIRO, Antonio. **Tratado de direito civil**. v. 7. Coimbra: Almedina, 2018, p. 312.

Na hipótese tratada de contrato normativo externo, a estipulação realizada no negócio-base deve ser imposta pelo juízo, alterando os termos do contrato individual. Conforme visto, nada obsta a que os termos contratuais estipulados na origem sejam exigidos pela parte, tendo por fundamento a regra de estipulação em favor de terceiro.

Igualmente, nos contratos normativos internos, não havendo ressalva entre as partes quanto à não aplicação ou quanto à mudança de regra pactuada no contrato normativo, as suas regras devem ser consideradas integradas ao contrato. Isto permite requerer o seu cumprimento forçado, e não apenas postular indenização e demais efeitos da mora, em razão do inadimplemento.

6.
FUNÇÃO REGULATÓRIA DO CONTRATO NORMATIVO

Por meio da função regulatória, objeto deste capítulo, o contrato normativo pode não apenas prefixar o conteúdo negocial mínimo de contratos futuros, como ocorre no âmbito da função preparatória. Neste campo, os contratos normativos criam normas de conduta e enunciados normativos abstratos, aptos a elaborar uma disciplina contratual privada que regerá as relações estabelecidas entre as partes.

A identificação dos contratos como instrumentos para regular relações econômicas não está circunscrita ao campo específico dos contratos normativos. Neste capítulo, pretende-se apresentar de que modo a dogmática contratual tem enfrentado o tema e em que medida negócios com esta natureza podem se relacionar com os contratos normativos.

A eficácia jurídica decorrente desta função será avaliada à luz de duas situações distintas: na hipótese em que o contrato normativo sirva para regular negócios futuros entre os mesmos contratantes (contrato normativo interno) ou, por seu turno, se o objetivo se voltar para a regulação de negócios futuros dos contratantes com terceiros (contrato normativo externo).

6.1. Contrato-troca e contrato-associação

A doutrina, ao levantar questões e propor soluções para controvérsias em torno do conteúdo dos contratos, considera um modelo contratual específico.

Este modelo vê o contrato como um instrumento para trocas econômicas. Estas trocas, em termos clássicos, pressupõem que as principais obrigações decorrentes de um contrato giram em torno da transferência da propriedade de um bem, ou da cessão de sua posse, ou quando muito na prestação de uma obrigação de fazer dotada de conteúdo patrimonial direto.

A expressão *contrato-troca* descreve e resume o perfil deste modelo contratual específico.

Trata-se de um padrão implícito a grande parte dos institutos de direito dos contratos e mesmo à maioria dos tipos contratuais previstos pela legislação. Vê-se isto, por exemplo, a considerar regras seculares como aquelas referentes aos vícios redibitórios (art. 441 e seguintes, Código Civil) e à evicção (art. 447 e seguintes, Código Civil).

Quanto aos contratos em espécie previstos no Código Civil brasileiro, é possível sustentar que este modelo está presente na maioria deles. Em alguns com mais força, como na compra e venda (cuja localização em primeiro lugar dentre os contratos em espécie é bastante significativa da sua importância para estes termos), na permuta ou na locação. Em outros, com menos contundência, como se vê na empreitada ou no contrato de transporte, mas que ainda assim encontram-se marcados por este modelo negocial particular[371].

Esta perspectiva clássica põe em relevo a função do contrato como ato criador de direitos e de deveres de uma parte contra a outra. Ao fazê-lo, as partes criam entre si um regulamento fechado e definitivo de obrigações, que por um lado devem observar os requisitos previstos na lei para que possam ser exigíveis juridicamente e, por outro, devem ser cumpridas sob pena de sofrerem as consequências do inadimplemento.

Esta lógica, porém, não consegue traduzir juridicamente certas relações cujo desenvolvimento não recomende a fixação simples deste catálogo de direitos e deveres, considerando o objetivo final das partes. A despeito

[371] Para Antonio Menezes Cordeiro, existem "cinco grandes tipos clássicos": a compra e venda, a doação, o mútuo, o mandato e a sociedade. Tomando-os como referência, diz-se que os três primeiros representam o paradigma do contrato-troca, enquanto o último tem a prevalência da lógica do contrato-associação, sendo o mandato um tipo híbrido, com características dos dois modelos. MENEZES CORDEIRO, Antonio. **Tratado de direito civil**. v. 7. Coimbra: Almedina, 2018, p. 247.

da prevalência deste perfil em termos legislativos, a experiência prática dos contratos demonstra a existência de um universo bastante amplo de negócios que não tem em vista este modelo tradicional.

Inúmeros exemplos correntes dão conta de relações que não se estabelecem em termos de trocas simples, mas com o propósito de associar os contratantes em torno de um objetivo comum. Esta circunstância exige mais do que a disciplina de uma troca econômica. É necessário regular uma relação usualmente longa, duradoura e para a qual a conduta das partes é fundamental para que o programa contratual seja cumprido.

Hipótese bastante atual pode ser extraída das parcerias para o desenvolvimento de vacinas para o combate à pandemia de Covid-19. A imprensa tem noticiado inúmeras iniciativas entre empresas, ou entre empresas e entidades públicas, para estudar, desenvolver, fabricar e distribuir imunizantes à população. Em São Paulo, por exemplo, foi amplamente celebrada e divulgada na mídia o acordo de parceria tecnológica firmado entre o Instituto Butantan, a Fundação Butatan e a farmacêutica chinesa Sinovac Biotech.

Embora o instrumento firmado não tenha sido divulgado[372], é possível intuir que uma relação deste tipo não se circunscreve apenas à compra e venda de vacinas. Para que o programa contratual seja cumprido, as partes devem cooperar entre si para desenvolver a solução tecnológica, o que envolve a realização de pesquisas e estudos conjuntos. O contrato, pois, deve regular em que termos esta associação será estabelecida, e não apenas obrigações definidas e pontuais.

Perfil semelhante pode ser verificado em contratos de distribuição. Se uma distribuidora se obriga a revender produtos de uma determinada

[372] O instrumento que formalizou esta parceria, até a data do depósito deste trabalho, não foi objeto de divulgação por parte do Estado de São Paulo. A ausência de transparência se justificaria, segundo o Instituto Butantan, em razão de segredos comerciais e tecnológicos envolvidos. Em artigo sobre o tema, os pesquisadores Daniel Francisco Nagao Menezes, Marcelo Barreto Leal e Marco Aurélio Barberato Genghini demonstram como a dificuldade de acesso a esta informação dificulta a fiscalização pelos órgãos do controle e impede que o quadro normativo existente no Brasil, sobre a relação entre Poder Público e inovação, possa ser melhorado. MENEZES, Daniel Francisco Nagao; LEAL, Marcelo Barreto; GENGHINI, Marco Aurélio Barberato. Cronologia e desenvolvimento jurídico da contratação da empresa farmacêutica Sinovac Biotech pelo Estado de São Paulo (Instituto Butantan) para a produção da vacina Coronavac sob o prisma da inovação. **Revista Justiça do Direito**, v. 35, n. 01, p. 57-83, 2021.

indústria, a praxe contratual demonstra que as obrigações não se esgotam no ato de comprar os produtos junto à fabricante e pagar o preço correspondente.

A distribuição envolve esquemas contratuais complexos, em que as partes buscam, em verdade, desenvolver em conjunto um determinado mercado, o que envolve treinamento de funcionários, obrigações relacionadas a uso de marca, acordos de exclusividade e investimentos conjuntos. As partes, portanto, cooperam entre si, com benefícios mútuos, para promover os produtos da fabricante, o que também denota um certo nível de associação entre elas.

Os dois exemplos suscitam as mesmas perplexidades. Para que o contrato seja cumprido com perfeição e os objetivos das partes sejam alcançados, é necessário que as partes se associem e cooperem entre si.

Esta característica específica permite designar-se este modelo pela expressão *contrato-associação*[373]. Diante deste perfil, o modo como esta relação se desenvolverá não pode ser preso em esquemas contratuais estáticos, ou seja, é o caso de se criar um esquema contratual aberto, mais apto a regular comportamentos e eventuais disputas.

Este problema pode ser descrito a partir de outro exemplo. Na introdução preparada para a edição inglesa da obra de Gunther Teubner sobre redes contratuais, alude-se à hipótese em que, em uma rede contratual, agentes independentes operem de modo coordenado entre si, mantendo suas atividades em atenção a regras que organizam esta rede.

Vê-se isto em uma rede de franquias, em que os franqueados submetem-se a regras para pertencerem à rede, comprometendo-se cada qual com

[373] Em sentido aproximado às expressões contrato-troca e contrato-associação aqui utilizadas, o italiano Paolo Ferro-Luzi designa este mesmo fenômeno pelas expressões contrato de escambo e contrato associativo. Para o autor, o contrato de escambo tem como objeto típico a criação de direitos subjetivos em torno da propriedade e do crédito – ou seja, cria, modifica ou extingue estes direitos. O contrato associativo, por sua vez, cria, modifica ou extingue uma organização. O contrato de escambo aludido pelo autor tem sentido semelhante ao contrato-troca utilizado neste trabalho. O contrato associativo, por sua vez, parece ter sentido mais restrito do que a designação contrato-associação, aqui indicada. De modo mais amplo, preferiu-se designar de contrato-associação todo negócio em que exista uma união de propósitos entre as partes, enquanto elemento central – e não lateral, já que seria possível sustentar que todo contrato, em alguma medida, gera consenso quanto a seus objetivos. FERRO-LUZZI, Paolo. **I contratti associativi**. Milão: Giuffrè, 2001, p. 219.

obrigações em face de terceiros (o modelo de negócio deve ser sempre o mesmo) e da franqueadora contratada[374].

Neste exemplo, a mera fixação prévia de obrigações e o mecanismo que impõe o dever de indenizar ou o direito de resolver o contrato em caso de inadimplemento, não é suficiente para garantir que as partes atinjam plenamente os seus interesses ao ajustarem uma relação desse tipo. A atividade conjunta e coordenada da rede exige colaboração entre todos os participantes.

Eis, contudo, o problema: a estrutura descrita funciona à maneira de uma sociedade, dado o altíssimo grau de convergência entre as partes, mas o direito das sociedades não reconhece aí uma pessoa jurídica única que centralize as atividades. Por outro lado, a realidade descrita pode ser organizada a partir de contratos, no entanto, a clássica visão do fenômeno contratual cria alguma dificuldade para organizar esta rede. As obrigações das partes não se esgotam em meras trocas econômicas. A colaboração e a disciplina da conduta entre os agentes são fundamentais para o cumprimento regular do negócio.

O longo prazo, a grande possibilidade de mudanças das circunstâncias durante esse período, e a cooperação exigida entre as partes recomendam que o contrato estabeleça mais do que deveres herméticos. O contrato deve se constituir em um sistema de governança que possa regular a relação contínua que será estabelecida entre as partes[375].

Embora não se possa dizer que esta percepção seja completamente nova[376], os desafios dogmáticos para criar, interpretar e executar negócios

[374] COLLINS, Hugh. Introduction to networks as connected contracts. *In*: TEUBNER, Gunther. **Networks as connected contracts.** Portland: Hart Publishing, 2011, p. 02.

[375] Na perspectiva das redes de distribuição empresariais, Antonio Pedro Garcia de Souza destaca que "Diante de seu particular modo de operação e multiplicidade de participantes, os contratos em rede, celebrados entre o líder e os demais participantes, embora tutelem as prestações das partes (tais quais os contratos bilaterais), apresentam um cunho organizacional, semelhante ao contrato de sociedade, especificando a organização e a cooperação dos participantes da rede". SOUZA, Antonio Pedro Garcia. **Redes empresariais.** A distribuição de bens e serviços e o seu propósito comum. São Paulo: Quartier Latin, 2021, p. 85.

[376] Ihering, ainda no último terço do século XIX, já chamava a atenção para o fato de que as trocas econômicas não eram as únicas formas de comércio jurídico. Para o autor alemão, nestas relações, o que se põe em causa é a diversidade de fins perseguidos pelas partes; em outras relações, porém, estes fins são convergentes. Neste caso, o comércio jurídico se dá através de associações entre atores econômicos, e não por trocas. Ihering cita como exemplo recorrente

ligados à noção de contrato-associação tem atraído a atenção da doutrina. O tema tem sido especialmente examinado sob o ponto de vista de autores que tratam dos contratos com olhar econômico, em abordagem distinta daquela que costuma ser realizada pela doutrina jurídica clássica.

Na doutrina jurídica, é usual examinar o contrato como ele deveria ser. A partir de uma abordagem econômica e empírica, com matizes sociológicas, estes autores pretendem descrever o contrato como ele é e, a partir daí, discutir e propor soluções sob o ponto de vista do direito dos contratos[377].

Nesta perspectiva, os trabalhos de Oliver Williamson têm especial importância para o tema deste capítulo. As construções do autor a respeito dos modelos contratuais[378]permitem ilustrar as distinções entre o contrato-troca e o contrato-associação, e suas repercussões importantes do ponto de vista jurídico.

Oliver Williamson distingue o contrato clássico do contrato neoclássico. Tomando o contrato como um modelo de organização econômica,

desta última hipótese os contratos para a formação de sociedades, mas pondera que a associação como modo de comércio jurídico, em oposição à troca, não ocorre apenas na sociedade. "No se entende la associación unicamente en el sentido que se refiere al derecho privado, ni em particular a las sociedades comerciales; en esta relación tan limitada, la acción moral ejercida por la voluntad sobre las relaciones sociales sería de mínima importancia. Tomada en el sentido jurídico, la sociedade es un caso de aplicación particular de una noción más general. Es na institución tipo, como el cambio y la donación". Tradução livre: "A associação não é entendida apenas no sentido em que se refere ao direito privado, nem em particular às sociedades comerciais; nessa relação muito limitada, a ação moral exercida pela vontade nas relações sociais seria de importância mínima. Tomada no sentido jurídico, a sociedade é um caso de aplicação particular de uma noção mais geral. É uma instituição tipo, como troca e doação". IHERING, Rudolf von. **El fin en el derecho**. Trad. Leonardo Rodríguez. Madrid: B. Rodríguez Serra, 1911, p. 138-139.

377 Em pesquisa cujo objeto é justamente a descrição e a tipificação no âmbito do Direitos dos Contratos, Osny da Silva Filho considera que este tronco da doutrina contratualista "tende a absorver autores e autoras insatisfeitas com as fragilidades metodológicas dos modelos tradicionais (sobretudo doutrinários) de pesquisa jurídica". SILVA FILHO, Osny. **Direitos dos contratos e doutrina contratual**. Dissertação (Mestrado em Direito). 271 f. Universidade São Paulo (USP), São Paulo, 2016, p. 149.

378 Em especial: WILLIAMSON, Oliver. **The economic institutions of capitalism**. New York: Free Press, 1985, p. 68-84; WILLIAMSON, Oliver. Comparative economic organization: the analysis of discrete structural alternatives. *In*: **Mechanisms of governance**. Oxford University Press, 1996.

defende que o contrato expressa um determinado modelo de governança entre agentes econômicos. Sob este ponto de vista, a distinção proposta por ele caracteriza dois modelos bastante distintos.

No direito dos contratos clássico[379], seu objeto é um contrato idealizado, no qual a identidade das partes é irrelevante. As transações são interpretadas de maneira formal e legalista, de modo que os acordos por escrito sejam mais relevantes do que o comportamento das partes ou os consensos obtidos na execução dos contratos[380].

Por sua vez, o direito dos contratos neoclássico trabalha com uma realidade distinta. Dada a premissa de que existem relações contratuais nas quais as partes, embora autônomas, dependem uma das outras para alcançar seus objetivos (por exemplo, em contratos de fornecimento de matéria-prima, de distribuição e de franquia), a abordagem neoclássica propõe maior flexibilidade na interpretação e na execução destes contratos.

Esta flexibilidade permite que os contratos sejam adaptados à vista de possíveis distúrbios que possam prejudicar a sua execução, evitando-se que a extinção prematura do negócio possa causar prejuízos a todas as partes envolvidas[381]. Nesta última categoria, como se vê, as partes não estão em polos postos. A execução completa no negócio não se dá em termos de cumprimento de obrigações pontuais e previamente definidas.

Para o contrato obter êxito, as partes precisam se associar, o que suscita adaptações necessárias quanto às regras de execução (criar regras de tolerância em caso de inadimplemento, como modo de não pôr fim ao contrato), interpretação (estipular regra que crie uma interpretação em favor da manutenção do negócio) e de soluções de controvérsia (criar regras que promovam a mediação ou *dispute boards*)[382].

[379] Embora a análise do autor seja, sobretudo, de ordem econômica, sua pretensão é a partir daí examinar as abordagens jurídicas sobre o contrato. Os trabalhos de Williamson, nesta perspectiva, não são apenas econômicos; dizem respeito também à teoria jurídica dos contratos.

[380] WILLIAMSON, Oliver. Comparative economic organization: the analysis of discrete structural alternatives. *In*: **Mechanisms of governance**. Oxford University Press, 1996, p. 95.

[381] WILLIAMSON, Oliver. Comparative economic organization: the analysis of discrete structural alternatives. *In*: **Mechanisms of governance**. Oxford University Press, 1996, p. 96.

[382] O autor sustenta que certos contratos *são* assim, e não *devem ser* constituídos deste modo. Um importante elemento para compreender a razão de ajustes com este perfil pode ser localizado no conceito de custos de transação, bastante disseminado pelo próprio Williamson e por outros

Dada a ausência de um esquema jurídico que traduza relações com este perfil, não é incomum que o contrato, enquanto instrumento por escrito, não chegue sequer a se constituir. Esta situação é bastante ilustrativa dos desencaixes existentes entre a teoria dos contratos e a realidade dos contratos e, embora estudada com maior profundidade por autores da tradição da *common law*, pode ser inteiramente transferida para a realidade brasileira.

Um dos líderes desta abordagem, Stewart Macaulay, professor da Universidade de Wisconsin, chega a mencionar que na liberdade de contratar deve ser reconhecido a prerrogativa de afastar-se do contrato (*freedom from contract*), em termos de uma relação formalmente estabelecida por meio de um documento entre as partes, ou que tenha suas bases desenhadas sobre os pressupostos clássicos da teoria dos contratos[383].

autores ligados à Nova Economia Institucional. Na medida em que os custos de transação para pôr fim a contratos em que as partes guardem certo nível de associação e dependência, a criação de regras que busquem preservar o negócio evita que as partes incorram nestes custos. Isto distingue a abordagem clássica da abordagem neoclássica, na medida em que a primeira desconsidera a existência destes custos, o que leva à aplicação de institutos e a interpretações do contrato em uma lógica de "cumprimento-descumprimento"; na abordagem neoclássica, esta lógica poderia ser descrita como de "em favor do contrato-contra o contrato". Para uma ampla abordagem sobre o tema, sob a perspectiva dos contratos e da boa-fé: TOMASEVICIUS FILHO, Eduardo. **O princípio da boa-fé no direito civil**. São Paulo: Almedina, 2020, p. 42-58.

[383] Em outro texto, o autor esclarece o que entende por contrato, para os fins de considerar as razões de as partes, eventualmente, procurarem afastar-se dele: "To discuss when contract is and is not used, the term 'contract' must be specified. This term will be used here to refer to devices for conducting exchanges. Contract is not treated as synonymous with an exchange itself, which may or may not be characterized as contractual. Nor is contract used to refer to a writing recording an agreement. Contract, as I use the term here, involves two distinct elements: (a) Rational planning of the transaction with careful provision for as many future contingencies as can be foreseen, and (b) the existence or use of actual or potential legal sanctions to induce performance of the exchange or to compensate for non-performance". Tradução livre: "Para discutir quando o contrato é ou não usado, o termo "contrato" deve ser especificado. Este termo será usado aqui para se referir a dispositivos para conduzir trocas. Contrato não é tratado como sinônimo de troca em si, que pode ou não ser caracterizada como contratual. Nem é usado para se referir a um instrumento escrito registrando um acordo. Contrato, como eu uso aqui, envolve dois elementos distintos: (a) planejamento racional da transação com cuidadosa previsão para tantas contingências futuras quanto possa ser previsto, e (b) a existência ou uso de recursos legais reais ou potenciais sanções para induzir a sua execução ou para compensar a sua inadimplência". MACAULAY, Stewart. Non-contractual

Segundo o autor, os altos custos para se chegar a uma formatação perfeita e acabada da relação, os altos custos para litigar em caso de descumprimento e a pouca flexibilidade para ajustes no curso da relação contratual, levam, em vários exemplos, as partes a estabelecerem associações de fato, baseadas em premissas simples, e não em regulamentos definitivos[384].

Stewart Macaulay buscou comprovar o seu ponto a partir de entrevistas realizadas com executivos e vendedores de empresas nos Estados Unidos. Os relatos dão conta de que empresários e executivos frequentemente preferem confiar na palavra e na honestidade de sua contraparte no contrato, do que planejar minuciosamente os termos de uma relação contratual. Advogados entrevistados também confirmaram que, frequentemente, seus clientes consideram o contrato constituído quando ajustam os pontos principais da relação, ainda que, depois, as questões mais sensíveis tenham como interlocutores os advogados das partes, e não elas próprias[385].

Isto leva, por exemplo, as partes a preferirem soluções para eventuais controvérsias que considerem a conservação da relação entre as partes, ainda que sejam feitos ajustes. Mesmo quando os contratos forem estritamente detalhados, ao surgir um problema quanto ao seu cumprimento, Stewart Macaulay demonstra que, em muitos casos, contratantes não se dirigem ao contrato ou ameaçam uns aos outros com sanções legais[386]. Trata-se de uma solução distinta do que seria a execução do contrato (*enforcement of contract*), cujo pressuposto considera que o instrumento deve ser preservado sem qualquer flexibilidade, levando a consequências graves para a associação e os benefícios mútuos dos contratantes[387].

O autor reforça que alguns contratos podem ser descritos em termos de trocas econômicas pontuais, enquanto outros formam uma associação,

relations in business: a preliminary study. **American Sociological Review**, Thousand Oaks, v. 28, n. 1, p. 55-67, 1963, p. 64.

384 MACAULAY, Stewart. Freedom from contract: solutions in search of a problem? **Wisconsin Law Review**, Madison, v. 2004, p. 777.

385 MACAULAY, Stewart. Non-contractual relations in business: a preliminary study. **American Sociological Review**, Thousand Oaks, v. 28, n. 1, p. 55-67, 1963, p. 58.

386 MACAULAY, Stewart. Non-contractual relations in business: a preliminary study. **American Sociological Review**, Thousand Oaks, v. 28, n. 1, p. 55-67, 1963, p. 61.

387 MACAULAY, Stewart. Freedom from contract: solutions in search of a problem? **Wisconsin Law Review**, Madison, v. 2004, p. 788.

cujo rompimento, ou cuja execução pura e simples coloca em risco os benefícios mútuos que levaram as partes à sua construção.

Esta distinção tem ganhado eco entre autores brasileiros. Paula Forgioni, por exemplo, toma-a como raiz de uma das suas classificações para os contratos empresariais, segundo a qual eles podem ser, quanto ao grau de vinculação das partes, (i) contratos instantâneos; (ii) híbridos; e (iii) societários[388].

Para a autora, a distinção entre estas categorias pode ser ilustrada na forma de uma linha imaginária. Nos contratos instantâneos, não há forte relação entre as partes e não há comprometimento da liberdade futura em razão da contratação. Na outra ponta, nos contratos societários, a relação entre as partes é máxima e a liberdade futura dependerá sempre de deliberação conjunta entre as partes, ao ponto delas constituírem uma nova pessoa jurídica para operarem em conjunto.

No ponto intermediário da linha tem-se os contratos híbridos, "que conjugam o elemento do intercâmbio", ou seja, do contrato-troca, "com o de colaboração", ou seja, do contrato-associação.

6.2. Regulação e contratos

A identificação de contratos-associação é importante na medida em que é neste quadrante que se desenvolve, primordialmente, a função regulatória dos contratos.

Sob o ponto de vista da função regulatória, compreende-se de que modo os negócios jurídicos podem reger não apenas trocas econômicas pontuais, como também, de uma forma mais ampla, as regras de conduta que nortearão o relacionamento das partes, garantindo que da associação entre os contratantes possa decorrer a cooperação necessária para obterem êxito no empreendimento contratual que lhes impulsiona a se vincularem.

Ter nos contratos não apenas um instrumento para prescrever trocas econômicas, mas também para regular o comportamento das partes ou de um conjunto maior de agentes unidos em razão de contratos coligados, impõe mudanças substanciais do ponto de vista do direito das obrigações, ao menos em termos clássicos. Afinal, o direito obrigacional foi construído

388 FORGIONI, Paula. **Contratos empresariais**. 2. ed. São Paulo: RT, 2016, p. 48-50.

a partir da ideia do contrato instantâneo, quando os momentos da constituição e da execução praticamente se confundem[389].

Entretanto, no plano negocial, quando não é possível fixar de antemão todas as prestações das partes, dada a complexidade de sujeitos e a impossibilidade fática de apreender as obrigações que devem ser cumpridas, tem-se aí um evidente desajuste entre as práticas contratuais e o plano jurídico que lhes molda. A compreensão da função regulatória, sob esta ótica, permite corrigir o descompasso entre relações jurídicas com este perfil e sua correta qualificação jurídica.

"Regular" e "regulação", em termos jurídicos, são expressões vagas e polissêmicas, o que exige a definição de limites claros para identificar a função regulatória.

O estudo da regulação tem por objeto, em termos gerais, a atividade intencional de controlar, ordenar ou influenciar o comportamento de terceiros[390]. Para Eduardo Tomasevicius Filho, sua origem é proveniente da cibernética: "a regulação teria o papel de manter artificialmente qualquer sistema num estado de equilíbrio e de regularidade no seu funcionamento, graças à existência de um mecanismo de retroalimentação, que corrige os seus desvios, segundo regras predeterminadas"[391].

Tratando do tema de um ponto de vista jurídico, a racionalidade atribuída à regulação é eminentemente econômica, no sentido do controle, ordenação e influência do comportamento de agentes econômicos.

Embora a regulação não se dê exclusivamente pela via da norma jurídica, a relação entre Economia e Direito é evidente, na medida em que a finalidade última na ordem legal seja justamente ordenar o comportamento dos sujeitos de direito e, neste sentido, da própria ordem econômica.

Unindo assim a lógica econômica à lógica jurídica, Vital Moreira define regulação econômica a partir de três linhas: (i) em sentido amplo, é toda

[389] AGUIAR JUNIOR, Ruy Rosado. Contratos relacionais, existenciais e de lucro. **Revista Trimestral de Direito Civil**, São Paulo, 2011, v. 12, n. 45, p. 97-98, jan-mar. 2011, p. 97.

[390] BLACK, Julia. Critical reflections on regulation. **Australian Journal of Legal Philosophy**, n. 27, 2002, p. 11.

[391] TOMASEVICIUS FILHO, Eduardo. A auto-regulação profissional no Brasil. *In*: DI PIETRO, Maria Sylvia Zanella (org.). **Direito regulatório**: temas polêmicos. Belo Horizonte: Fórum, 2009, p. 637.

forma de intervenção do Estado na economia; (ii) em sentido menos abrangente, é a intervenção do Estado na economia por meio da disciplina da atividade econômica privada, e por meio dele próprio desempenhando atividade econômica; e (iii) no sentido restrito, é somente o condicionamento normativo da atividade econômica privada (por via de lei ou outro instrumento normativo)[392].

Sob esta perspectiva, a função regulatória, agora no estrito campo do direito dos contratos, pode ser definida a partir da terceira linha suscitada pelo autor. A função regulatória dos contratos, assim, corresponde ao mecanismo de controle, ordenação e influência da atividade econômica privada a partir de instrumentos contratuais.

A regulação da atividade econômica é realizada, usualmente, a partir de atos do poder público, por meio de normas legais ou atos administrativos. Da concessão de licenças para funcionamento das atividades, até atos mais complexos, como o controle da concorrência em certos setores, incumbe ao Estado disciplinar e ordenar os mercados.

Contratos, porém, também podem ser vistos como uma técnica regulatória como qualquer outra, mesmo quando comparados com a regulação baseada na Lei, ainda que se lhe reconheça distinções quanto a sua capacidade e atributos[393].

Hugh Collins defende que a regulação econômica depende da existência de uma estrutura composta de três elementos: (i) regras de conduta prescritas aos agentes econômicos cuja conduta se deseja regular; (ii) o monitoramento da conduta dos agentes, a fim de que avaliar o cumprimento das regras prescritas; e, por fim, (iii) um mecanismo que permita impor sanções aos agentes que se desviarem das regras estabelecidas[394].

[392] MOREIRA, Vital. **Auto-regulação profissional e administração pública**. Coimbra: Almedina, 1997, p. 34.

[393] COLLINS, Hugh. **Regulating contracts**. Oxford: University Press, 1999, p. 56.

[394] COLLINS, Hugh. **Regulating contracts**. Oxford: University Press, 1999, p. 62. É comum agrupar os três elementos como integrantes de um "regime regulatório", descrito como o mecanismo de criação de regras, a existência de um procedimento para verificação do seu cumprimento e instrumentos de exigibilidade de seu cumprimento. PARKER, Christine; SCOTT, Colin; LACEY, Nicola; BRAITHWAITE, John. Introduction. *In*: PARKER, Christine; SCOTT, Colin; LACEY, Nicola; BRAITHWAITE (ed.). **Regulating law**. London: Oxford, 2004, p. 01.

Estes três elementos podem, igualmente, ser reunidos para o fim de uma *autorregulação econômica*. Neste caso, os padrões de conduta e a disciplina da atividade econômica não se dará em razão de ato do poder público.

Isto ocorrerá por força de normas contratuais definidas entre agentes do mercado. Contratos podem, portanto, assumir o lugar de normas disciplinadoras da atividade econômica, em sentido mais amplo, envolvendo diversos agentes, ou em sentido mais restrito, entre dois agentes econômicos.

Quando comparada com a regulação tradicional, é usual atribuir-se à autorregulação inúmeras vantagens, todas elas decorrentes do uso do contrato enquanto mecanismo central da disciplina da atividade dos agentes econômicos.

Diz-se que a regulação pública é inapropriada e desprovida da sofisticação necessária para disciplinar certas relações. Além disso, o poder público não teria informação e conhecimento necessários, em outras hipóteses, para identificar falhas na regulação, desenvolver soluções e identificar desconformidades[395].

A autorregulação permite o exercício da disciplina privada de um conjunto de relações econômicas, por meio de agentes não governamentais[396]. A definição de regras, normas de conduta, certificações de qualidade, a autorização para atuar com certos serviços, enfim, a disciplina de uma dada atividade, nestas circunstâncias, será feita por meio de instrumentos contratuais.

Na medida em que os agentes (contratantes) vinculam-se a estes instrumentos, ficam obrigados a agir conforme estas regras, entre si ou em face de terceiros. Igualmente, adquirem também direitos decorrentes das normas de autorregulação.

Esta perspectiva também é defendida por Gunther Teubner, que sustenta a necessidade de se reconhecer, no âmbito das categorias de direito

[395] BLACK, Julia. Decentring regulation: understanding the role of regulation and self-regulation in a post-regulatory world. *In*: MITCHELL, Paul; SUTEU, Silvia; PAPARINKIS, Martins (ed.). **Current legal problems**, v. 54, 2001, p. 106.

[396] BLACK, Julia. Decentring regulation: understanding the role of regulation and self-regulation in a post-regulatory world. *In*: MITCHELL, Paul; SUTEU, Silvia; PAPARINKIS, Martins (ed.). **Current legal problems**, v. 54, 2001, p. 116.

privado, a possibilidade de se formular, supervisionar e implementar normas de regulação econômica a partir de regimes de governança privada[397].

Nesta dimensão, vê-se que a autorregulação assume uma perspectiva coletiva, visto que as regras destinam-se a regular a atividade econômica de um conjunto de agentes. Estas normas valem entre si ou obrigam os contratantes a conduzir-se de determinado modo em face de terceiros, outros contratantes ou consumidores.

A autorregulação pode também, além disso, assumir uma dimensão individual, para o fim de regular uma específica relação jurídica, ou um conjunto de relações jurídicas, estabelecidas entre as mesmas partes. Hugh Collins alude a esta possibilidade ao sustentar que um dado arranjo entre dois indivíduos pode ser desenvolvido de maneira que as regras do contrato sejam a própria fonte da regulação entre eles, onde sejam desenvolvidos mecanismos de monitoramento do cumprimento ou não do regulamento[398]. Neste caso, as regras definidas serão bilaterais e não multilaterais[399].

À luz do quanto visto, então, contratos podem se destinar à regulação econômica de uma dada relação, ou de um conjunto de relações, se (i) buscarem disciplinar algum nível de associação, e não apenas uma troca econômica; (ii) se esta disciplina criar normas de conduta para as partes, e não apenas direitos a uma prestação patrimonial; e, por fim, (iii) se existirem mecanismos de solução de controvérsia que permitam que o contrato "continue funcionando", isto é, que as partes continuem se beneficiando da associação estabelecida.

A adoção de uma perspectiva regulatória, neste contexto, deve tomar o contrato como um sistema[400]. O instrumento firmado entre as partes não tratará apenas de dispor sobre obrigações contrapostas.

[397] TEUBNER, Gunther. Hybrid laws: constitutionalizing private governance networks. *In*: KAGAN, Robert; WINSTON, Kenneth (ed.). **Legality and community**. Berkeley: Berkeley Public Policy Press, 2002, p. 311-331.

[398] COLLINS, Hugh. **Regulating contracts**. Oxford: University Press, 1999, p. 63.

[399] BLACK, Julia. Decentring regulation: understanding the role of regulation and self-regulation in a post-regulatory world. *In*: MITCHELL, Paul; SUTEU, Silvia; PAPARINKIS, Martins (ed.). **Current legal problems**, v. 54, 2001, p. 121.

[400] TOMASEVICIUS FILHO, Eduardo. A auto-regulação profissional no Brasil. *In*: DI PIETRO, Maria Sylvia Zanella (org.). **Direito regulatório**: temas polêmicos. Belo Horizonte: Fórum, 2009, p. 637

A atribuição de uma função regulatória ao negócio importará na regulação das condutas propriamente ditas, dispondo sobre princípios, amplitude dos deveres de colaboração, resolução de conflitos, regras de governança para a tomada de decisões entre as partes, dentre outros aspectos, *a fim de que o sistema funcione*, as obrigações sejam cumpridas e os objetivos atingidos.

Esta perspectiva não é natural no âmbito da visão clássica dos contratos. O direito privado de maneira geral adota uma perspectiva meramente obrigacional ao dispor sobre os problemas jurídicos advindos das relações contratuais.

A diferença entre a perspectiva obrigacional e a perspectiva regulatória se dá tanto em termos de foco, como de objetivos, uma vez que: (i) cláusulas obrigacionais se concentram principalmente na prestação exigida das partes, enquanto as cláusulas regulatórias se concentram principalmente em procedimentos que devem ser observados; (ii) cláusulas obrigacionais limitam-se ordinariamente a transações individuais, enquanto as cláusulas regulatórias tendem a abranger uma série de transações coligadas entre si; e (iii) a violação de uma cláusula obrigacional atrai o dever de reparar o dano, enquanto a violação de uma cláusula regulatória aciona mecanismos para que se busque restaurar aquilo que fora contratado, a fim de perseguir objetivos definidos e impedir novas violações futuras[401].

No plano da dogmática de direito civil, esta distinção entre perspectiva regulatória e perspectiva obrigacional pode ser aplicada pelo menos em três diferentes hipóteses, conforme será demonstrado adiante.

6.2.1. Regulação e contratos de longo prazo

A disciplina dos contratos de longo prazo cria ambiente propício à veiculação da função regulatória dos contratos.

Contratos de longo prazo convivem com o paradoxo invencível dos efeitos do tempo sobre negócios deste tipo. De fato, o tempo é um elemento de barganha precioso, de maneira que quanto maior o prazo pelo qual encontrem-se as partes vinculadas a um dado negócio, maior será a segurança quanto aos retornos esperados por força daquela relação.

[401] CAFAGGI, Fabrizio. The regulatory functions of transnational commercial contracts: new architectures. **Fordham International Law Journal**, v. 36, p.1.559, 2013.

Por seu turno, e reside aí a contradição, é igualmente certo que quanto maior o prazo, maiores os riscos de alterações das circunstâncias e, por consequência, de incumprimento dos deveres contratados.

Esta é uma questão problemática, uma vez que a rigidez do texto contratual muitas vezes se mostra inadequada ou incompatível com os contratos de longo prazo. Como solução, deve-se atribuir às partes o dever de manter entre si contínua renegociação e adaptação[402].

Nestes casos, a complexidade das obrigações ou eventualmente o número de partes envolvidas não permite constituir, desde o início, um marco definitivo de todos os deveres atribuídos às partes. Diante desta impossibilidade, estas relações são organizadas muito mais em torno das condutas esperadas pelas partes e de regras de governança que disciplinem a cooperação necessária para alcançar um dado objetivo.

Estas situações são exemplificadas por Ruy Rosado de Aguiar Júnior, ao apontar as "inúmeras oportunidades de realização de contratos de longa duração, especialmente no campo da prestação de serviços [...], do fornecimento de bens (pense-se na exportação de minérios) e na construção de grandes obras de engenharia (usinas, barragens, etc.)"[403].

Aos exemplos indicados pelo autor podem ser somados tantos outros, cujas características aliam, em regra, um vínculo contratual que se protrai no tempo e a necessidade de cooperação para a construção permanente do programa contratual.

Vê-se isto em consórcio entre empresas[404] e igualmente em contratos de aliança[405]. Em comum aos exemplos tem-se que a relação contratual

[402] SCHUNCK, Giuliana Bonanno. **Contratos de longo prazo e dever de cooperação**. São Paulo: Almedina, 2016, p. 35.

[403] AGUIAR JUNIOR, Ruy Rosado. Contratos relacionais, existenciais e de lucro. **Revista Trimestral de Direito Civil**, São Paulo, v. 12, n. 45, p. 97-98, jan-mar. 2011.

[404] Conforme indicado por Antônio Junqueira de Azevedo, a natureza deste vínculo não permite listar todas as obrigações de uma parte em face da outra; quando muito, será possível estabelecer estratégias, planos de negócios, regras de governança para a relação, por meio de acordos com cláusulas abertas. AZEVEDO, Antônio Junqueira de. (Parecer). Natureza jurídica do contrato de consórcio (sinalagma indireto). Onerosidade excessiva. Resolução parcial do contrato. *In*: AZEVEDO, Antônio Junqueira de. **Novos estudos e pareceres do direito privado**. São Paulo: Saraiva, 2009, p. 354.

[405] Trata-se de um modelo contratual alternativo aos contratos de empreitada. As alianças assemelham-se muito mais a associações firmadas entre os contratantes, no que se distinguem de contratos cujo principal objeto seja o intercâmbio de produtos ou serviços. O tema foi

não é inteiramente construída de modo prévio. Ela está em permanente construção entre as partes, com vistas a atingir determinados objetivos comuns.

Em todos os casos, na perspectiva da *common law*, a doutrina já considerou como o principal desafio dogmático em contratos de longo prazo: regular adequadamente os efeitos do tempo sobre o contrato (aumento ou redução de custos, ocorrência de eventos que dificultem o cumprimento da prestação), oferecendo uma terceira alternativa às duas hoje existentes: forçar o cumprimento do contrato como pactuado inicialmente ou desobrigar completamente uma das partes de cumpri-lo[406].

Estudos na experiência norte-americana sugerem que a teoria clássica dos contratos ainda não apresenta uma resposta adequada ao desafio imposto pelos contratos de longo prazo. Para Ian Macneil, contratos com este perfil têm duas características comuns: a existência de pontos em aberto no seu planejamento e a presença de mecanismos para que o contrato seja ajustado no curso do seu cumprimento[407]. Estes mecanismos são usualmente obtidos a partir da criatividade dos contratantes, e não por imposição da norma legal, sendo exemplos disso os *standards* aos quais as partes podem aderir, construídos por associações de classe, ou a designação de terceiros, técnicos em determinada área, que imporão decisões às partes em caso de controvérsias[408].

As características indicadas demonstram bem a importante perspectiva de como a função regulatória pode atuar em contratos de longa duração.

tratado com profundidade em: SILVA, Leonardo Toledo da. **Contrato de aliança**. Projetos colaborativos em infraestrutura e construção. São Paulo: Almedina, 2017. Judith Martins-Costa, tratando do contrato de aliança como figura contratual que demanda intensa colaboração, informa que alguns chegam a qualificá-lo como uma sociedade fictícia, tamanho é o grau de conjugação de esforços necessários para o desenvolvimento de seu objeto. MARTINS-COSTA, Judith. **A boa-fé no direito privado**. Critérios para sua aplicação. São Paulo: Marcial Pons, 2015, p. 365.

[406] SCOTT, Robert. Conflict and cooperation in long-term contracts. **California Law Review**, v. 75, 1987, p. 2006.

[407] MACNEIL, Ian. Contracts: adjustment of long-term economic relations under classical, neoclassical and relational contract law. **Northwestern University Law Review**, n. 72, p. 854-906, 1978, p. 865.

[408] MACNEIL, Ian. Contracts: adjustment of long-term economic relations under classical, neoclassical and relational contract law. **Northwestern University Law Review**, n. 72, p. 854-906, 1978, p. 867-868.

Uma vez que as partes disciplinem como deverão se portar caso ocorram contingências que impactem o cumprimento de seus deveres, é possível ter no contrato a alternativa entre a sua resolução ou imposição do cumprimento.

Cláusulas que disciplinem como se darão as deliberações e negociações, que tratem da mediação, da submissão a *dispute boards*, ou ainda, normas que disciplinam princípios gerais de comportamento das partes, são exemplos interessantes de como o contrato pode regular os meios de que as partes podem se valer para alcançar uma solução conjunta e dentro do contrato, sem instaurar um litígio para isso[409].

Os exemplos demonstram ainda que à peculiaridade de as relações se desenvolverem por longo prazo, deve ser somada a dificuldade, ou mesmo impossibilidade, de se tomar o contrato como um mero catálogo de obrigações individuais.

O cumprimento do programa contratual, nestes casos, exige uma cooperação qualificada entre as partes[410]. Este dever não deve ser visto

[409] Na perspectiva dos contratos de aliança, Leonardo Toledo da Silva demonstra como tais instrumentos estabelecem uma detalhada estrutura de governança, na linha dos exemplos referidos. Estas regras podem criar comitês para tomadas de decisão no âmbito da aliança e princípios gerais para a solução de impasses, a exemplo do *no blame, no dispute* (se não houver culpa, não haverá disputa) e do princípio do gerenciamento da aliança com decisões tomadas no melhor interesse do projeto. SILVA, Leonardo Toledo da. **Contrato de aliança**. Projetos colaborativos em infraestrutura e construção. São Paulo: Almedina, 2017, p. 75-79.

[410] No contexto dos contratos-quadro, Davi Guimarães Mendes destaca que o dever de cooperação não é apenas um dever anexo, decorrente da boa-fé, devendo ser compreendido como a principal prestação exigidas das partes, com o que aqui se concorda: "Esta opção se explica na circunstância de que, no contrato-quadro, a obrigação de cooperação não precipita a sua eficácia apenas relativamente a ele. Diversamente, ela se direciona ao processo de formação de contratos diversos e autônomos, orientando a atuação das partes para que criem meios – e, sob outra perspectiva, não ocasionem óbices – à sua conclusão. Não se está a falar apenas, portanto, do dever legal de cooperação, decorrente do princípio da boa-fé objetiva e verificado na generalidade dos contratos, mas sim, de uma obrigação de cooperação que a ele se soma a título de reforço, própria dos contratos quadro e deles originada, dotada, pois, de natureza contratual, a qual não se volta apenas ao cumprimento efetivo deste acordo, mas notadamente para viabilizar a conclusão futura dos contratos de aplicação. Reside aqui, por conseguinte, a diferença: se, de um lado, em certos contratos, o dever de cooperação das partes orienta apenas o cumprimento satisfatório da avença específica, nos contratos-quadro se constata uma obrigação dos contratantes colaborarem para que se possibilite a celebração de avenças futuras". MENDES, Davi Guimarães. **O contrato-quadro no direito privado brasileiro**. 2019.

apenas como uma obrigação acessória, decorrente da boa-fé, mas como a obrigação principal das partes e vetor essencial para a interpretação do negócio[411].

Não é o prazo, em termos objetivos, portanto, o único fator para que se lhe aplique as consequências propostas pela doutrina aos contratos de longa duração.

Embora possa parecer um paradoxo, é possível concluir com facilidade, a se tomar como exemplo um financiamento bancário de 20 anos. Não é possível negar o longo prazo aí; a obrigação pactuada, porém, é certa e objetiva, e consiste no pagamento das parcelas do financiamento pelo devedor, até o final. A exigência de cooperação, nestes casos, não pode sobrepujar a principal expectativa econômica do negócio, que é o pagamento do mútuo na forma ajustada.

Ao prazo, assim, deve ser somada a específica natureza dos contratos para os quais a cooperação é aspecto fundamental, na medida em que sem cooperação não seja possível atingir os objetivos das partes definidos quando da constituição da relação jurídica.

Com esta ressalva, afirma-se que contratos de longo prazo são negócios aptos a expressar uma função regulatória por meio dos instrumentos que o constituem. A adoção de contratos normativos pode viabilizar a adoção desta perspectiva, regulando por meio de um instrumento prévio um ou mais contratos de longo prazo constituídos para uma determinada operação global.

Dada a natureza central da obrigação de cooperar, os efeitos do tempo sobre o programa pactuado entre as partes, e, ainda, a necessidade de definir como as partes atuarão em conjunto para atingir objetivos comuns,

Dissertação (Mestrado em Direito), Universidade de São Paulo (USP), São Paulo, 2019, p. 196. Dado que no contrato de longo prazo a incidência do tempo sobre o vínculo e a ocorrência de eventos imprevisíveis é um dado da realidade, e não uma possibilidade, o mesmo se pode falar em relação a contratos com este perfil, daí se falar aqui em uma cooperação qualificada.

[411] Giuliana Bonanno Schunk prefere falar em maior intensidade do dever de cooperação nestes casos, o que permitiria inclusive atrair as consequências gerais do inadimplemento em caso de violação deste dever. Aqui, a escolha da expressão *cooperação qualificada* pretende demonstrar que não se trata de uma cooperação pura e simples, mas qualificada pelo dever e objetivo de buscar soluções conjuntas com a outra parte, a fim de ajustar o contrato aos eventos imprevisíveis incidentes sobre ele no curso do tempo. SCHUNCK, Giuliana Bonanno. **Contratos de longo prazo e dever de cooperação**. São Paulo: Almedina, 2016, p. 243.

o contrato deve ser tomado como uma norma geral de conduta, e não apenas como uma pauta de obrigações pontuais e definidas.

6.2.2. Regulação e contratos coligados

A abordagem regulatória também é adequada para tratar de contratos coligados.

Em acepção simples, contratos coligados são negócios jurídicos estruturalmente diversos, mas ligados entre si em razão de comporem uma mesma operação econômica[412]. As consequências jurídicas decorrentes desta ligação de negócios podem ser localizadas a partir do conceito de supracontratualidade.

A operação econômica será supracontratual quando, tomando como referência dois negócios aparentemente distintos e isolados, seja possível identificar que acima do objeto específico de cada um existe uma causa econômica que lhes é superior. Isto permite tomar os negócios como parte de uma mesma operação econômica, e não como relações isoladas[413].

Este conceito é central para a compreensão dos desafios impostos à regulação dos contratos coligados. De fato, encontrando-se dois ou mais negócios unidos em torno de um mesmo propósito negocial, importa saber quais os efeitos desta vinculação, sob o ponto de vista (i) da validade (a invalidade de um deles invalidará os demais?); (ii) da eficácia (por exemplo, o inadimplemento de um deles pode importar na resolução dos demais?); e (iii) da interpretação deste conjunto de contratos (a interpretação deve considerar os outros negócios firmados entre as partes?)[414].

[412] LEONARDO, Rodrigo Xavier. Os contratos coligados, os contratos conexos e as redes contratuais. *In*: CARVALHOSA, Modesto. **Tratado de direito empresarial**. t. IV. São Paulo: RT, 2016, p. 459; NANNI, Giovanni Ettore. Contratos coligados. *In*: LOTUFO, Renan; NANNI, Giovanni Ettore (coord.). **Teoria geral dos contratos**. São Paulo: Atlas, 2011, p. 249.

[413] Segundo Rafael Gagliardi, no contexto dos negócios coligados, a causa supracontrantual é uma noção diversa da "causa final de cada um dos contratos ou negócios individualmente considerados. A causa supracontratual é sistêmica, só compreensível mediante a observação de todas as peças e engrenagens que integram o sistema contratual, considerando-se todas as relações aparentemente independentes, mas colocadas em conexão multímoda e indissociável". GAGLIARDI, Rafael Villar. **A exceção do contrato não cumprido**. 300 f. (Dissertação) Mestrado em Direito. Pontifícia Universidade Católica de São Paulo (PUC-SP), São Paulo, 2006, p. 200.

[414] Em sentido aproximado, Carlos Nelson Konder considera como problema básico da coligação contratual saber em que medida a ordem legal admite que a vinculação entre os contratos

Este modelo específico de organização de interesses desafia a dogmática tradicional da teoria geral dos contratos, na medida em que pressupõe eficácia jurídica entre negócios jurídicos distintos, possibilidade de difícil justificativa diante do princípio da relatividade contratual.

O descompasso pode ser explicado em razão do fim a que se destinam os contratos para juristas e, de outro lado, para aqueles que os operam de fato. Se por seu turno a dogmática jurídica procura traduzir em estruturas normativas o modo pelo qual consensos havidos entre dois ou mais sujeito de direito podem ter efeitos jurídicos, os contratantes propriamente ditos apenas pretendem organizar e coordenar suas relações negociais.

Isto explica os meios pelos quais a técnica da coligação contratual se desenvolveu: de algum modo convergente com o que ocorreu com os contratos normativos, trata-se de uma criação muito mais devedora da criatividade de contratantes, do que de tipos jurídicos[415].

repercuta na interpretação e qualificação dos negócios, além das consequências de um sobre o outro, do ponto de vista da invalidade ou ineficácia por causa superveniente. KONDER, Carlos Nelson. Qualificação e coligação contratual. **Revista Jurídica Luso-Brasileira**, Lisboa, ano 4, n. 01, 2018, p. 395.

[415] LEONARDO, Rodrigo Xavier. Os contratos coligados, os contratos conexos e as redes contratuais. *In*: CARVALHOSA, Modesto. **Tratado de direito empresarial**. t. IV. São Paulo: RT, 2016, p. 462. Sem prejuízo desta afirmação, tem sido possível identificar em algumas legislações a tentativa de regular o fenômeno da coligação contratual. No Brasil, por exemplo, recente mudança no Código de Defesa do Consumidor realizada pela Lei n. 14.181/2021, disciplinou a coligação existente entre os contratos de fornecimento de crédito e de compra e venda de bens no mercado de consumo: Art. 54-F. São conexos, coligados ou interdependentes, entre outros, o contrato principal de fornecimento de produto ou serviço e os contratos acessórios de crédito que lhe garantam o financiamento quando o fornecedor de crédito: I – recorrer aos serviços do fornecedor de produto ou serviço para a preparação ou a conclusão do contrato de crédito; II – oferecer o crédito no local da atividade empresarial do fornecedor de produto ou serviço financiado ou onde o contrato principal for celebrado. § 1º O exercício do direito de arrependimento nas hipóteses previstas neste Código, no contrato principal ou no contrato de crédito, implica a resolução de pleno direito do contrato que lhe seja conexo. § 2º Nos casos dos incisos I e II do *caput* deste artigo, se houver inexecução de qualquer das obrigações e deveres do fornecedor de produto ou serviço, o consumidor poderá requerer a rescisão do contrato não cumprido contra o fornecedor do crédito. § 3º. O direito previsto no § 2º deste artigo caberá igualmente ao consumidor: I – contra o portador de cheque pós-datado emitido para aquisição de produto ou serviço a prazo; II – contra o administrador ou o emitente de cartão de crédito ou similar quando o cartão de crédito ou similar e o produto ou serviço forem fornecidos pelo mesmo fornecedor ou por entidades pertencentes a um mesmo grupo

Sob esta designação, contudo, importa ter presente a existência de espécies diferentes de conexão contratual. Para a finalidade desta tese, adota-se a classificação proposta por Rodrigo Xavier Leonardo, que identifica a existência de (i) contratos coligados em sentido estrito, (ii) contratos coligados por cláusula expressa, (iii) contratos conexos (em sentido amplo e em sentido estrito) e (iv) as redes contratuais[416].

As três primeiras classificações decorrem de um mesmo gênero: os contratos coligados *lato sensu*. São coligados dois ou mais contratos unidos entre si por um vínculo decorrente de uma operação econômica unificada.

Contidos neste gênero, são *contratos coligados em sentido estrito* aqueles cujo vínculo se dá por força da Lei, que lhes une em torno de uma operação econômica prevista pela norma legal.

Igualmente ligados ao gênero, os *contratos coligados por cláusula expressa*, por sua vez, não têm seu vínculo estabelecido por Lei. Distinguem-se por terem o regime de conexão determinado por acordo entre as partes, de modo a fixarem a existência de uma operação econômica comum e que os efeitos de um alcançam o outro.

A coligação, entretanto, pode também ocorrer a despeito de acordo expresso a respeito. Mesmo sem cláusula explícita, nos *contratos conexos*, também contidos no gênero contratos coligados em sentido amplo, a coligação ocorre em razão de um nexo estrutural entre os negócios. Mesmo sem previsão legal ou contratual expressa, a ordem jurídica os toma em consideração como partes componentes de uma mesma operação econômica.

econômico.§ 4º A invalidade ou a ineficácia do contrato principal implicará, de pleno direito, a do contrato de crédito que lhe seja conexo, nos termos do *caput* deste artigo, ressalvado ao fornecedor do crédito o direito de obter do fornecedor do produto ou serviço a devolução dos valores entregues, inclusive relativamente a tributos.

[416] LEONARDO, Rodrigo Xavier. Os contratos coligados, os contratos conexos e as redes contratuais. *In*: CARVALHOSA, Modesto. **Tratado de direito empresarial**. t. IV. São Paulo: RT, 2016, p. 461. Outras classificações são construídas na doutrina, baseando-se em critérios distintos. Para os fins deste trabalho, cabe a alusão à coligação voluntária, que se distingue da coligação necessária por ser "resultado de uma intenção específica das partes de subordinar a sorte de um contrato a outro"; à coligação genética ("...quando um contrato exercita uma influência na formação de outro ou de outros contratos"); e à coligação funcional (quando "há influência no desenvolvimento da relação jurídica, que nasce de um outro contrato"), conforme referido por: NANNI, Giovanni Ettore. Contratos coligados. *In*: LOTUFO, Renan; NANNI, Giovanni Ettore (coord.). **Teoria geral dos contratos**. São Paulo: Atlas, 2011, p. 255.

A causa supracontratual, nesta hipótese, se impõe pela própria relação contratual estabelecida entre as partes, à míngua de expressa disposição legal ou contratual. Esta hipótese compreende duas situações distintas: (i) as redes contratuais e (ii) os contratos conexos em sentido estrito. Os dois grupos se distinguem em razão do tipo do vínculo.

As redes contratuais "pressupõem dois ou mais contratos interligados por um articulado estável nexo econômico, funcional e sistemático que se destina à oferta de produtos e serviços ao mercado para consumo"[417].

Esta característica específica constitui mais do que um negócio jurídico e, pode-se dizer, mais do que um conjunto de negócios jurídicos ligados por uma causa supracontratual que lhe atribua sentido. A estabilidade deste modelo de conexão contratual afeta de tal modo as operações contratuais realizadas sob a sua influência que toda uma estrutura fixa é criada para sustentar um determinado modelo de negócio, ao contrário das outras espécies de conexão, que em regra são pontuais e singulares.

Por fim, os contratos *conexos em sentido estrito* não operam exclusivamente para fornecer bens ou serviços no mercado de consumo, tal como nas redes contratuais. O seu ponto de distinção, embora também não decorra de disposição legal ou contratual, reside na "unidade de operação econômica e propósito comum, mediante uma pluralidade de relações contratuais interligadas sob a perspectiva funcional e econômica".

Em cada uma destas possibilidades de coligação contratual, a adoção de uma abordagem regulatória pode ser um valioso instrumento para criar relações estáveis e previsíveis. A coligação, usualmente, por exemplo, como modo de viabilizar a cooperação permanente entre as partes para atingir determinados objetivos comuns[418]. Daí a conveniência de existir na

[417] LEONARDO, Rodrigo Xavier. Os contratos coligados, os contratos conexos e as redes contratuais. *In*: CARVALHOSA, Modesto. **Tratado de direito empresarial**. t. IV. São Paulo: RT, 2016, p. 468.

[418] "The contractual co-operation of several parties can result in a partnership, or in the foundation of a company in which all the participants are parties to the same contract. But, contractually-based co-operation can also take place if there are several contracts between different parties, so that it is not just one contract that forms the connecting links between the parties, but several contracts that are linked together by a common goal. The latter form of contracts is known as a chain contract or a network contract". Tradução livre: "A cooperação contratual de várias partes pode resultar numa parceria, ou na criação de uma empresa em que todos os participantes sejam partes do mesmo contrato. Mas, a cooperação de base contratual

doutrina dos contratos normativos uma solução que explicita a existência do vínculo entre as partes em um instrumento normativo prévio, estipulando normas para regulação do seu funcionamento.

O exemplo do que ocorre no mercado publicitário ilustra bem como opera a regulação de contratos coligados. Conforme referido, inúmeras entidades representativas de anunciantes, veículos e agências de propaganda definiram entre si um sofisticado conjunto de regras (as "Normas-Padrão do Mercado Publicitário"), cuja observância é monitorada pelo Conselho Executivo das Normas-Padrão (CENP). A eficácia deste conjunto de regras é ampla, alcançando tanto a relação de agências de propaganda com clientes e veículos, quanto o próprio exercício da atividade publicitária.

A regulação é de tal modo abrangente que contempla inclusive o funcionamento do Conselho Nacional de Autorregulação Publicitária (CONAR). Trata-se de um órgão privado de julgamento, criado por consenso contratual e a cujas decisões os participantes do mercado se submetem voluntariamente. O CONAR pode ser acionado inclusive por terceiros que entendam que certa publicidade foi ofensiva, e não apenas por participantes do mercado publicitário[419].

O exemplo demonstra que a regulação contratual se distingue da regulação imposta pelo Poder Público na medida em que se estabelece por força da cooperação entre os agentes, e não por um sistema de "comando e controle"[420]. Aqui, as regras e *standards* que governarão as transações

também pode ocorrer se houver vários contratos entre as diferentes partes, de modo que não é apenas um contrato que forma os elos de conexão entre as partes, mas vários contratos que estão ligados entre si por um objetivo comum. A última forma de contrato é conhecida como cadeia de contratos ou rede contratual". WOLF, Manfred. The protection of contractual networks against interference by third parties. *In*: AMSTUTZ, Marc; TEUBNER, Gunther (ed). **Networks.** Legal issues of multilateral cooperation. Portland: Hart Publishing, 2009, p. 225-226.

[419] O CONAR é um exemplo eloquente da distinção proposta por Hugh Collins entre monitoramento público e privado. Na regulação realizada pelo Poder Público, o monitoramento dos agentes é feito por agências públicas. Na regulação privada, o monitoramento é atribuído aos próprios agentes do mercado. O comportamento contrário às regras será sancionado com a imposição de sanções contratuais ou com a retirada de certificações que reconhecem a capacidade dos agentes prestarem os serviços ou fornecerem os produtos inerentes ao mercado. COLLINS, Hugh. **Regulating contracts.** Oxford: University Press, 1999, p. 64.

[420] COLLINS, Hugh. **Regulating contracts.** Oxford: University Press, 1999, p. 65.

devem ser definidas pelo consenso natural do processo de formação contratual, resultando na definição de regras mais próximas da realidade do mercado e que se espalham ao longo da cadeia de contratos coligados.

Além disso, a veiculação da função regulatória em contratos coligados pode ter por efeito não apenas regular a relação contratual entre contratantes isolados, mas também reconfigurar a teia de relações estabelecida com terceiros, à maneira de como uma norma legal opera no âmbito da regulação econômica.

Sob este ponto de vista, advoga-se a possibilidade do uso do direito privado, e dos contratos em particular, como um mecanismo de regulação de contratos coligados e mais particularmente de redes de contratos.

Contratos normativos são úteis para atingir este objetivo, unificando o regime contratual de uma cadeia de contratos coligados. Ao estabelecer entre si certas regras contratuais, participantes de um dado mercado podem condicionar seu comportamento, entre si ou com terceiros, a fim de obedecer às disposições negociadas[421].

6.2.3. Regulação e contratos relacionais

A teoria dos contratos relacionais tem sido objeto de relevante atenção por parte de pesquisadores em todo o mundo, desde a publicação dos primeiros estudos de Ian Macneil, ainda na década de 1960.

Não é objeto desta pesquisa o levantamento amplo da bibliografia sobre o tema[422]. Sem prejuízo disso, a referência breve aos contratos relacionais permite descrever mais uma área em que a abordagem regulatória dos contratos pode gerar consequências jurídicas importantes[423].

A teoria toma como ponto de partida a incompatibilidade entre o regime jurídico clássico dos contratos e certas relações contratuais caracterizadas pela continuidade e pela intensa necessidade de cooperação entre as partes para que seja possível cumprir integralmente o programa contratual.

[421] COLLINS, Hugh. **Regulating contracts**. Oxford: University Press, 1999, p. 56.

[422] No Brasil, para uma abordagem aprofundada sobre o tema, confira-se: MACEDO JÚNIOR, Ronaldo Porto. **Contratos relacionais e defesa do consumidor**. 2. ed. São Paulo: Saraiva, 2007.

[423] Os trabalhos de Hugh Collins e Ian Macneil, ao questionar os limites do direito contratual clássico, se cruzam em diversos pontos, conforme notou MACEDO JÚNIOR, Ronaldo Porto. **Contratos relacionais e defesa do consumidor**. 2. ed. São Paulo: Saraiva, 2007, p. 122.

Para Ian Macneil, a doutrina contratual tradicional formatou um sistema de tutela dos contratos que pressupõe relações contratuais isoladas e descontínuas (*discrete contracts*)[424]. Para negócios com este perfil, dado que a troca econômica que se pretende atribuir eficácia jurídica é singular e não se desdobra em atos contínuos, o instrumento contratual que lhe serve de veículo cria um planejamento *ex ante* e definitivo de todas as obrigações das partes.

Com isto, os contratantes, desde a constituição do contrato, alocam entre si os riscos da mudança das circunstâncias ao longo do contrato ou do inadimplemento, inadmitindo-se buscar fora deste programa definido a solução para tensões no âmbito da relação contratual.

Exemplo disso ocorre em um contrato de compra e venda, não por acaso o tipo contratual por excelência deste paradigma clássico da doutrina contratual. Em uma operação deste tipo, no momento da constituição do negócio comprador e vendedor estabelecem desde já os seus deveres (pagar o preço e transmitir a propriedade do bem) e fixam entre si de modo inflexível a responsabilidade cada qual por fatos que possam ocorrer ao longo do tempo (evicção, deterioração da coisa, despesas relacionadas ao objeto, dentre outros pontos).

Este desenho, entretanto, não é válido para todas as relações contratuais. Diversamente de uma compra e venda, existem contratos que se prolongam no tempo e exigem alta cooperação entre as partes, de tal modo a não recomendar uma regulação inflexível e fechada, sob pena de inviabilizar o cumprimento do programa contratual definido[425].

Contratos com este perfil devem partir do pressuposto, e não tomar isto como uma exceção, de que a relação contratual será impactada ao longo do tempo. Isto exige dos contratantes não um catálogo hermético de deveres, mas a disposição para cooperarem entre si para obterem soluções aos impasses que vierem a ser identificados[426].

Sob esta perspectiva, contratos relacionais devem ter em vista menos as obrigações definitivamente fixadas entre as partes e mais as regras

[424] A expressão foi traduzida na edição brasileira da principal obra do autor como "contratos descontínuos". MACNEIL, Ian. **O novo contrato social**. São Paulo: Elsevier, 2009.

[425] MACNEIL, Ian. **O novo contrato social**. São Paulo: Elsevier, 2009, p. 19-20.

[426] GRAMSTRUP, Erik Frederico. Contratos relacionais. *In*: LOTUFO, Renan; NANNI, Giovanni Ettore (coord.). **Teoria geral dos contratos**. São Paulo: Atlas, 2011, p. 321.

que governarão a associação dos contratantes para atingir objetivos comuns.

Essas regras de governança são decisivas para se organizar e atingir os fins de uma relação contratual relacional. Ian Macneil destaca que contratos relacionais têm fontes internas, assim por ele intituladas "as redes complexas de interdependência criadas pela própria relação"[427]. Estas normas não são necessariamente contratuais expressas, mas se impõem à realidade de contratos desse tipo, por força do comportamento das partes na busca da cooperação para atingir os fins almejados. Estas regras de governança são frequentemente explicitadas, de modo que os instrumentos que constituam contratos relacionais tragam "cláusulas que dispõem sobre processos institucionais para rever os termos de troca e de ajuste".

Dada a natureza aberta da relação contratual, assim entendida porque não é possível ante o seu prazo e continuidade regular todas as hipóteses daquilo que pode impactar o negócio, diz-se que neste caso "o lucro resultante não é tanto resultado da barganha, mas da cooperação e da solidariedade" entre os contratantes[428].

Longe de fixar um rol taxativo de contratos relacionais, como se fossem eles uma categoria em si, importa ter presente que esta característica deve ser avaliada em cada relação contratual em concreto, sendo comumente verificada em contratos de longa duração, contínuos, usualmente envolvendo inúmeras partes, cuja cooperação entre si tem função importante para alcançar os objetivos almejados[429].

Ainda assim, nem todo contrato de longo prazo será um contrato relacional. Como visto, existem contratos de longo prazo que não exigem a construção contínua da relação negocial. Da mesma forma, existem contratos de longo prazo que apenas disciplinam trocas econômicas, e não uma associação.

[427] MACNEIL, Ian. **O novo contrato social**. São Paulo: Elsevier, 2009, p. 21.

[428] GRAMSTRUP, Erik Frederico. Contratos relacionais. *In*: LOTUFO, Renan; NANNI, Giovanni Ettore (coord.). **Teoria geral dos contratos**. São Paulo: Atlas, 2011, p. 325.

[429] Conforme indicado por Leonardo Toledo da Silva, a expressão "contratos relacionais" designa um aspecto de contratos com características opostas ao paradigma clássico dos contratos; nesta medida, os contratos podem ser mais ou menos relacionais, quer se exijam mais colaboração ou menos na construção do programa contratual após a sua constituição. SILVA, Leonardo Toledo da. **Contrato de aliança**. Projetos colaborativos em infraestrutura e construção. São Paulo: Almedina, 2017, p. 131.

Tome-se, por exemplo, a hipótese de contrato de locação com prazo de 20 anos: não se pode atribuir a esta relação a condição de contrato relacional porque o objetivo das partes é atingido a partir do cumprimento exato de obrigações específicas e claras.

Contratos relacionais são duradouros e lacunosos; mas nem todo contrato duradouro é relacional. Para isto ocorrer, o elemento duração não pode se ligar apenas ao prazo pactuado. A duração deve se relacionar também com o modo de adimplemento das prestações[430] e com a criação de uma associação estável entre as partes ao longo do tempo.

A teoria dos contratos relacionais tem dimensão muitíssimo mais ampla do que o que aqui se expôs, alcançando aspectos econômicos e sociológicos. A extensão desta construção, e em certa medida a sua aparente incompatibilidade com o pensamento jurídico de matriz romanista, levou Antônio Junqueira de Azevedo a considerá-la de "difícil integração [...] no mundo mental dos juristas romano-germânicos", dada a sua fonte "na sociologia e no universo intelectual norte-americano"[431].

Do ponto de vista dogmático, porém, a realidade descrita pela teoria dos contratos relacionais não é estranha à realidade de algumas manifestações contratuais conhecidas na experiência brasileira.

O longo prazo de certas relações e a extrema necessidade de cooperação para a o cumprimento do programa contratual, de tal modo a emular mais uma associação do que uma troca de prestações entre si, como ocorre nos exemplos indicados, exigem que se atribua a negócios com este perfil interpretações adequadas de regras do Direito Civil, do ponto de vista da aplicação da boa-fé objetiva, do inadimplemento e da revisão por onerosidade excessiva, para ficar em apenas três pontos.

Ressalta-se que os contratos relacionais existem na realidade social independentemente da previsão de normas legais específicas para a sua regulação. Boa parte do esforço de Ian Macneil, aliás, é descritivo, de forma que seja possível colher elementos para apresentar como operam, de fato, relações contratuais com este perfil. A partir disso, é que se questiona se estes negócios são adequadamente tutelados pelos dogmas clássicos do direito

[430] MARTINS-COSTA, Judith. **A boa-fé no direito privado**. Critérios para sua aplicação. São Paulo: Marcial Pons, 2015, p. 36.

[431] AZEVEDO, Antônio Junqueira de. **Novos estudos e pareceres do direito privado**. São Paulo: Saraiva, 2009, p. 355.

dos contratos. Dentre outras consequências desta observação, ressalta-se a enorme dimensão do dever de cooperação nos contratos relacionais.

É sabido que o dever de cooperação é como uma obrigação acessória de todo negócio jurídico, extraído a partir da boa-fé objetiva. Nos contratos relacionais, contudo, o dever de cooperação assume uma dimensão central da cooperação, e não apenas lateral ou implícita.

Esta circunstância leva a duas consequências jurídicas importantes. Em primeiro lugar, a cooperação deve ser assumida como um princípio básico, tão importante e central quanto a autonomia contratual e vinculatividade da obrigação. Em segundo lugar, deve ser exigida das partes a obrigação de agir em prol da associação contratual existente, e não apenas segundo uma lógica individualista de maximização de interesses de caráter econômico[432].

Todas estas características fazem dos contratos relacionais um campo fértil para a adoção de uma perspectiva regulatória. Contratos normativos, neste caso, podem explicitar as regras gerais que deverão ser observadas pelas partes nos instrumentos que venham a ser firmados, como efeito de obrigação de cooperar[433].

6.3. Contratos normativos e função regulatória

A categoria dos contratos normativos tem as características necessárias para fixar efeitos jurídicos que permitam atribuir segurança no uso da regulação por contratos[434].

[432] MACEDO JÚNIOR, Ronaldo Porto. **Contratos relacionais e defesa do consumidor**. 2. ed. São Paulo: Saraiva, 2007, p. 153.

[433] Esta relação é sugerida no artigo de Ângelo Gamba Prata de Carvalho, em que o autor sustenta que a técnica do negócio-base pode ser um instrumento importante para veicular regras de regulação no âmbito de contratos relacionais. Segundo o autor, em contratos de longo prazo em geral, incluindo contratos relacionais, mostra-se adequado o uso de contratos normativos na medida em que estes "adquire feições legislativas ao regular relações jurídicas futuras mediante normas gerais e abstratas". Esta característica permite que insira "cláusulas gerais de governança da relação de longo prazo entre as partes e, em suma, normas procedimentais claras e transparentes sobre o desenrolar dessa relação, inclusive para fins de *compliance* com a regulação imperativa". CARVALHO, Ângelo Gamba Prata de. A função regulatória dos contratos: regulação e autonomia privada na organização do poder econômico. Brasília, **Revista de Direito Setorial e Regulatório**, v. 5, n. 1, 2019, p. 100.

[434] Castán Tobeñas, na Espanha, chega a sugerir que os contratos normativos sejam chamados também de contratos reguladores, já que "tienem como función, no disciplinar directamente

É sob este ângulo que os contratos normativos se conectam com o tema, na medida em que suas características o tornam uma ferramenta eficiente para a regulação através de contratos.

A função regulatória dos contratos normativos sublinha a capacidade desta categoria constituir um negócio-base que, à maneira de uma lei, possa regular um conjunto de contratos firmados entre os próprios contratantes ou entre estes e terceiros.

Sob este contexto, a utilidade dos contratos normativos está na possibilidade de criação de "direito não estatal". Esta realidade já se faz presente em inúmeros setores sociais e econômicos e deriva da grande quantidade "de normas produzidas por especialistas ou organização privada de expertos, de caráter não estatal, mas que, na prática, vincula os agentes interessados em exercer uma atividade econômica ou profissional [...]"[435].

Contratos normativos, justamente por emoldurar um conjunto de negócios jurídicos sob um mesmo regime contratual, tem a capacidade de criar uma espécie de ordem jurídica privada.

Como visto, a função regulatória no âmbito dos contratos designa o controle, a ordenação e a influência da atividade econômica privada a partir de instrumentos contratuais.

A regulação, nos termos indicados, pode se dar por um ponto de vista *interno*, em que as partes disciplinam relações contratuais não apenas a partir de obrigações taxativamente indicadas, mas também a partir de normas contratuais abertas, que visam a criar diretrizes de comportamento e de resolução de conflitos.

Por outro lado, como também visto, a regulação pode ter um viés *externo*, dada a possibilidade de instrumentos contratuais ajustados sob esta perspectiva condicionarem e ordenarem o comportamento de outros contratantes e agentes, estranhos ao contrato.

relaciones concretas entre los contratantes, sino fijar una uniforme reglamentación general e abstrata". Tradução livre: "tem como função não disciplinar diretamente as relações concretas entre as partes, mas fixar uma regulamentação geral e abstrata". TOBEÑAS, José Castán. **Derecho civil español, común y foral**. t. III. Madrid: Reus, 1978, p. 476.

435 RODRIGUES JUNIOR, Otavio Luiz. **Distinção sistemática e autonomia epistemológica do direito civil contemporâneo em face da Constituição e dos direitos fundamentais**. 682 f. 2017. Tese (Livre-Docência). Faculdade de Direito da Universidade de São Paulo (USP), São Paulo, 2017, p. 130.

Contratos normativos são, por excelência, instrumentos contratuais no âmbito dos quais a função regulatória pode ser veiculada. Ao organizarem relações contratuais futuras em torno de molduras normativas definidas pelos contratantes[436], parece claro que os agentes se submeterão não apenas aos limites definidos pela norma legal, como também pela norma contratualmente estabelecida por esta técnica.

6.4. Eficácia da função regulatória nos contratos normativos: regras estipuladas no contrato normativo devem servir como parâmetro de integração e de interpretação dos contratos futuros e do comportamento dos contratantes

No âmbito da função preparatória, os contratos normativos pré-estabelecem regras concretas para a hipótese de as partes virem a contratar no futuro. As partes podem, por exemplo, fixar as condições de fornecimento de uma dada matéria-prima ou o seu preço, preparando nestes termos o negócio futuro que venham a ter.

No âmbito da função regulatória, dá-se algo distinto. Por esta perspectiva, o contrato normativo estabelece procedimentos, normas de conduta e diretrizes gerais para regular a atividade e o comportamento dos contratantes no curso da relação mantida.

Vê-se, com isto, que os contratos normativos criam padrões de conduta. As partes devem se conduzir em atenção às normas estipuladas. As regras

436 A importância da lógica que aproxima o contrato normativo de uma moldura é tamanha que Luciano de Camargo Penteado chega a nomeá-lo de instrumento apto a instaurar uma "relação jurídica moldural". Para o autor, "Nestes casos, há um desdobramento da autonomia privada, no campo contratual, em dois níveis de querer, um que se demonstra pelo contrato em si, tipo como *mainframe* de referência da organização do fluxo prestacional e outro, que projeta a maneira de integração diante da ausência de previsão nesta estrutura. Pode-se falar, perfeitamente, nestes casos, de uma relação jurídica moldural, gerada pelo contrato efetivamente celebrado e uma relação jurídica (eventual, dependente da manifestação da lacuna ou de sua relevância efetiva) emoldurada por aquela, que surge dentro dos limites e na forma prevista pela autonomia privada". Embora o autor trate do tema sob o ponto de vista dos contratos-quadro, sua conclusão também pode ser aplicada à categoria mais ampla dos contratos normativos, na medida em que também aqui há incompletude contratual, dado que os efeitos do contrato normativo, tanto quanto no contrato-quadro, são projetados para relações jurídicas futuras. PENTEADO, Luciano de Camargo. **Integração de contratos incompletos**. Tese (Livre-Docência) – Faculdade de Direito de Ribeirão Preto, Universidade de São Paulo (USP), Ribeirão Preto, 2013, p. 293.

do contrato normativo, portanto, servem de parâmetro de interpretação e de integração dos contratos que se submetem a ele, bem assim do próprio comportamento dos contratantes.

A concreta eficácia da função regulatória tem peculiaridades quando se avalia contratos normativos internos ou externos, conforme será demonstrado adiante.

6.4.1. Função regulatória e contrato normativo interno

A função regulatória dos contratos normativos submete as partes a um regime contratual único. Uma vez firmados, todos os negócios realizados entre as partes serão regulados pelas regras previstas no negócio-base anterior. No contrato normativo interno, esta lógica deve ser aplicada à relação entre os próprios contratantes, e não destes com terceiros.

Esta específica atribuição do contrato normativo lhe dá a condição de ser um instrumento que estabelece ou consolida as bases para uma relação estreita e estável de colaboração entre as partes. Independentemente do número e da natureza de negócios que venham a ser firmados entre as partes, o contrato normativo os unifica em torno de um mesmo regime.

Valendo-se desta estrutura, já se disse que as partes submetem a validade dos atos e negócios futuros aos ditames do contrato normativo[437]. Isto permitiria atribuir ao contrato normativo a condição de uma espécie de norma suprema de um ordenamento contratual, onde os demais atos submetidos àquele instrumento devem encontrar sua validade[438].

Embora a construção seja eloquente, é preciso avaliá-la com cuidado. A relação entre contrato normativo e os instrumentos que se submetem a ele não se dá no campo da validade. O descumprimento, no contrato de aplicação, de uma regra fixada no contrato normativo não tem por consequência a invalidade do negócio, ou sequer da disposição contratual. No plano da validade, avalia-se a conformação da declaração negocial em face da norma legal.

Trata-se de ponto central da teoria do negócio jurídico a relação entre a lei e a manifestação de vontade dos sujeitos de direito, advindo daí a

[437] RUSSEL, Oliver Soro. **Los contratos como fuente de normas**: contratos marco, contratos normativos y contratos de colaboración. Madrid: Reus, 2014, p. 382.

[438] RUSSEL, Oliver Soro. **Los contratos como fuente de normas**: contratos marco, contratos normativos y contratos de colaboración. Madrid: Reus, 2014, p. 405.

medida para saber se os atos jurídicos, em sentido amplo, existem (ou seja, se há sobre eles alguma norma legal que os tutele) ou se são válidos – neste último caso, se o poder criador de relações jurídicas atribuídas aos negócios jurídicos é exercido nos limites estabelecidos pela norma legal.

Um contrato não controla a validade de atos ou negócios que lhe sejam posteriores. A sanção da invalidade, absoluta ou relativa, deriva apenas da lei[439]. O descumprimento de um contrato normativo por um negócio posterior tem consequências no plano da eficácia, e não no plano da validade.

Para ilustrar a discussão, tome-se o seguinte exemplo: uma empreiteira firma com seu contratante um contrato normativo para submeter os inúmeros negócios firmados entre eles, em uma obra de vulto, ao mesmo regime contratual. Por este contrato, a empreiteira obriga-se a não praticar atos de corrupção junto a autoridades públicas para obter as licenças necessárias para a obra.

Não se pode dizer que o descumprimento desta regra, em um dado contrato da obra, o tornará nulo. Por evidente, a licença obtida por ato de corrupção deve ser anulada, uma vez que foi obtida por meio ilegal. O contrato correspondente, porém, não será invalidado, ficando a empreiteira contratada responsável pelas sanções decorrentes do seu descumprimento.

O exemplo demonstra como operam os contratos normativos internos, pelo ângulo da função regulatória. Os contratos que sejam a ele submetidos devem ser integrados e interpretados à luz do regime contratual criado.

O contrato normativo projeta para o futuro uma coligação contratual com os negócios que serão a ele submetidos. Em toda estrutura com este perfil será possível verificar-se a existência de uma causa supracontratual, de modo a autorizar que os efeitos do contrato normativo se somem às disposições dos contratos de aplicação.

Por força disso, a integração contratual deve observar critérios que considerem a existência da causa comum entre o contrato normativo e os contratos futuros. Ao tratar do assunto, já se disse que o esforço de integração de contratos deve ser feito a partir "do conteúdo de cláusulas contratuais gerais" e "cláusulas regulamentadoras (como no caso dos

[439] PONTES DE MIRANDA, Francisco Cavalcanti. **Tratado de Direito Privado**. Atual. Pedro Paulo Teixeira Manus e Carla Teresa Martins Romar. t. XLVII. São Paulo: RT, 2012, p. 438.

contratos bancários [...])"[440], eventualmente firmadas entre as partes para regular negócios futuros o que, por analogia, é perfeitamente válido para a realidade dos contratos normativos.

Trata-se, não é demais repetir, de se prestigiar a liberdade contratual assegurada pela ordem jurídica brasileira, extraindo-se daí o ônus da observância daquilo que foi contratado. Pensar, no contexto do contrato normativo, de modo contrário, significa retirar o efeito útil do que foi convencionado, o que estaria em conformidade com as consequências esperadas desta estrutura contratual.

A eficácia dos contratos normativos também alcança o plano interpretativo. Aqui, deve-se ter em vista os parâmetros para a interpretação da cadeia de negócios jurídicos que venha a ser firmada entre as partes, à luz de regras definidas no contrato normativo.

A interpretação dos contratos submetidos ao contrato normativo deve observar os parâmetros para a interpretação de contratos coligados. A coligação contratual exige que se tome todo o conjunto de contratos articulados entre si para fins de interpretação de suas disposições. Trata-se, neste ponto, de um desdobramento de fácil percepção: se os contratos estão unidos, não se pode interpretá-los separadamente.

O intérprete não pode ignorar, nestes casos, que o regime de um dado negócio não se encontra em apenas um instrumento. Com especial importância para o tratamento dos contratos normativos, a interpretação *per relationem*, referida comumente em contratos coligados, admite que as cláusulas dos negócios futuros somente tenham seu sentido apreendido a partir do contrato normativo[441].

A eficácia interpretativa dos contratos normativos no Brasil foi reforçada pela introdução no Código Civil do artigo 421-A, que em seu inciso I dispõe: "as partes negociantes poderão estabelecer parâmetros objetivos para a interpretação das cláusulas negociais e de seus pressupostos de revisão ou de resolução".

Da mesma forma, também por força da Lei n. 13.874/2019 (Lei de Liberdade Econômica), acrescentou-se o § 2º ao art. 113, segundo o

[440] MARTINS-COSTA, Judith. **A boa-fé no direito privado**. Critérios para sua aplicação. São Paulo: Marcial Pons, 2015, p. 516.

[441] MARINO, Francisco Paulo de Crescenzo. **Interpretação do negócio jurídico**. São Paulo: Saraiva, 2011, p. 109.

qual as "partes poderão livremente pactuar regras de interpretação, de preenchimento de lacunas e de integração dos negócios jurídicos diversas daquelas previstas em lei".

Os dispositivos ainda não tiveram suas potencialidades adequadamente avaliadas. Tomados em conjunto, os dois artigos admitem fixar parâmetros objetivos para interpretar e integrar os contratos. Isto, aplicado à realidade do contrato normativo, permite atribuir o mesmo regime jurídico para integração e interpretação aos negócios futuros entre as partes.

Outro exemplo pode clarear um pouco mais a proposta. Veja-se o que ocorre no mercado imobiliário: para o desenvolvimento de uma área, quando o proprietário não tem experiência ou recursos para tal, é bastante comum a constituição de contrato de permuta da gleba por unidades, ou mesmo área construída, do empreendimento que vier a ser desenvolvido por outra pessoa, usualmente uma incorporadora ou construtora.

Negócios deste tipo são formatados como um contrato de permuta. As suas peculiaridades, contudo, vão muito além da regulação deficiente deste tipo contratual no Código Civil, que em apenas um dispositivo (artigo 533) trata deste negócio. Inúmeros aspectos, como o prazo usualmente longo para o licenciamento dos projetos e para construção, os riscos comerciais envolvidos e a colaboração necessária entre as partes recomendam que se adote um contrato normativo para regular a cadeia de negócios que venha a se firmar entre as partes.

Neste instrumento, é possível se valer dos artigos 421-A, I, e 113, § 2º, do Código Civil para, no exemplo, dispor que todas as controvérsias a respeito da interpretação dos contratos que venham a ser firmados entre as partes devem ser solucionadas em atenção ao programa negocial contratado. Igualmente, também será possível fixar que o eventual litígio em torno do sentido de certa cláusula deverá ser resolvido pelo critério que melhor viabilizar a entrega, a tempo e modo, do empreendimento aos terceiros adquirentes.

Dada a condição de instrumento que se volta mais para regular a relação das partes, do que para instituir obrigações, alguns autores destacam que a condição de contrato que cria regras de interpretação é a mais importante de um contrato normativo.

Na Colômbia, por exemplo, o propósito dos contratos normativos é (i) integrar o conteúdo dos contratos que lhe serão posteriores e (ii) servir de guia de interpretação para estes negócios[442]. De fato, trata-se de sumário bastante direto e objetivo do que a ordem jurídica admite atribuir, sob o ângulo da função regulatória, a contratos normativos no âmbito da legislação brasileira.

6.4.2. Função regulatória e contrato normativo externo

Nos contratos normativos externos, os contratantes obrigam-se a observar as suas disposições nas relações que venham a firmar com terceiros. O problema que se impõe aqui diz respeito à eficácia decorrente da função regulatória em face de terceiros que não foram parte do contrato normativo.

Esta hipótese leva ao extremo o uso do contrato normativo para regular de modo amplo um número indeterminado de relações jurídicas. Reside aqui, certamente, a situação que melhor exprime a característica normativa deste instrumento, assim compreendida a sua semelhança com a capacidade da norma legal de regular fatos futuros que venham a preencher os seus elementos.

A perspectiva regulatória admite tomar o contrato normativo como parâmetro de interpretação e de integração dos contratos de aplicação que lhe serão submetidos. Assim, se é certo que ao terceiro não se pode obrigar cumprir um contrato normativo em que não foi parte, deve-se questionar se o terceiro pode exigir que o signatário proceda conforme obrigou-se naquele instrumento.

Sob esta mesma luz, a eficácia dos contratos normativos neste caso exige que se questione em que medida estas regras podem ser tomadas pelo julgador como normas de interpretação ou integração da norma legal, em caso de litígio entre o signatário de um contrato normativo e um terceiro.

Este tema tem sido objeto de debate na Europa, sob uma premissa de fato que parece ser aplicável também à realidade brasileira: as relações sociais e econômicas, na contemporaneidade, são intensamente disciplinadas por normas construídas no âmbito do direito privado. Conforme já aludido, à luz desta circunstância, convém examinar como estas normas negociais podem afetar terceiros, e não apenas as partes que diretamente se obrigaram quanto a elas.

[442] FANDIÑO, Mariana Bernal. **Reflexiones sobre los contratos marco.** Universitas, Bogotá, n. 136, 2018.

Na doutrina, exemplo bastante interessante desta discussão pode ser localizado em pesquisa sobre os efeitos jurídicos dos códigos de conduta ou códigos de *compliance* em face de terceiros.

Estas normas podem regular obrigações ambientais, de responsabilidade social, de conformidade com a legislação local ou de condutas éticas em face de consumidores, conforme vier a ser ajustado entre as partes aderentes a tais normas.

Discute-se se as obrigações previstas nestas normas seriam exigíveis (*enforceable obligations*). Segundo Anna Beckers, o exame desta questão passa pela avaliação empírica da natureza destes códigos, cada vez mais comuns na realidade europeia. Estas normas podem assumir a forma de normas gerais diretamente previstas em um contrato (por exemplo, para fornecer produtos para uma empresa), de normas exteriores ao contrato (*ancillary documents*), ou ainda de simples compromissos públicos unilaterais[443].

Vê-se isto com frequência para que uma empresa possa integrar uma determinada cadeia de suprimentos – para fornecer para uma grande empresa, por exemplo. Ademais, estes códigos podem tomar a forma de normas firmadas diretamente com consumidores, neste caso, através de códigos elaborados por entidades de defesa do consumidor. Ou, em terceiro lugar, trata-se de prática comum também sob a forma de normas de *compliance*, às quais empresas e associações aderem para obterem certificações ou selos de qualidade[444].

Em todos estes casos, tais "códigos" podem assumir a condição de contrato normativo[445]. Eles passam a regular condutas das partes signatárias,

[443] BECKERS, Anna. **Enforcing corporate social responsibility codes**. On global self-regulation and national private law. Portland: Hart Publishing, 2015, p. 47-48.

[444] BECKERS, Anna. **Enforcing corporate social responsibility codes**. On global self-regulation and national private law. Portland: Hart Publishing, 2015, p. 48-51.

[445] Beckers indica que os *ancillary documents* podem assumir a forma de *umbrella agreements*, nos termos dos contratos normativos tratados neste trabalho. Segundo a autora, no âmbito do Direito alemão, "The courts have already treated these agreements as binding between the parties and, in this context, the Federal High Court of Justice also coined the term 'umbrella agreement' (*Rahmenvertrag*), which it defined as a general agreement between the parties that tied together the various individual contracts on the supply of goods". Tradução livre: "Os tribunais já trataram esses acordos como vinculantes entre as partes e, nesse contexto, o Tribunal Federal também cunhou o termo 'contrato guarda-chuva' (Rahmenvertrag), que definiu como

integrando-se a contratos futuros, deixando bastante clara a sua função regulatória (*regulatory contracts*)[446].

Este ponto de vista é válido para a realidade do direito brasileiro. A assunção de obrigações de *compliance* não pode ser considerada sem qualquer relevância jurídica. Ao comprometer-se com um determinado código de conduta, o padrão de comportamento correspondente deve ser observado em contratações futuras, servindo de parâmetro de interpretação e integração destas relações.

No contexto dos contratos normativos externos, é possível imaginar o seguinte exemplo: uma determinada empresa de consultoria adere a um código de *compliance* setorial, obrigando-se a observar suas normas nas suas relações contratuais com terceiros. Nesta hipótese, os contratos futuros em que ela venha a tomar parte não devem ser interpretados, ou integrados, da mesma forma que contratos comuns, em que não exista o *compliance*. Seu padrão de comportamento será diferente, e mais rigoroso, do que ocorreria com contratantes comuns, criando um *standard* ético distinto, fruto de normas contratualmente criadas.

O descumprimento destas regras poderá ser considerado motivo para a resolução dos contratos futuros. Igualmente, o *standard* voluntariamente criado deverá ser considerado para os fins da responsabilidade civil. Para ilustrar, tome-se no exemplo acima a hipótese em que a empresa de consultoria efetue pagamentos ilícitos a executivos de seus contratantes para garantir contratos. A apuração de culpa e a fixação de indenização deverão considerar a observância das regras de *compliance* como se fossem obrigações contratuais. Se criado um padrão de comportamento mais rigoroso do que o previsto pela norma legal, a configuração do elemento culposo e do *quantum* da reparação observarão este novo padrão, o que permitirá fixar maior indenização, por exemplo[447].

um acordo geral entre as partes que vinculava juntos os vários contratos individuais sobre o fornecimento de bens". BECKERS, Anna. **Enforcing corporate social responsibility codes**. On global self-regulation and national private law. Portland: Hart Publishing, 2015, p. 57.

446 BECKERS, Anna. **Enforcing corporate social responsibility codes**. On global self-regulation and national private law. Portland: Hart Publishing, 2015, p. 143.

447 Em exemplo contrário, Milena Donato e Rodrigo da Guia defendem que a existência de um programa de *compliance* pode servir como elemento para diminuir o grau de reprovabilidade da conduta do ofensor: "A responsabilidade civil subjetiva tem como pressuposto o dever de reparar a verificação da culpa do agente causador do dano. A culpa é apreendida de maneira

Do ponto de vista do terceiro, externo à relação que deu origem ao contrato normativo, o seu interesse no cumprimento das regras dispostas no código de *compliance* reside justamente no alto e rigoroso *standard* ético ao qual se submeteu o seu contratante. Embora o terceiro não seja parte do contrato normativo, a observância de suas regras é um pressuposto da sua decisão de contratar. Para ele, existem benefícios evidentes na constituição de um negócio com um contratante cujo parâmetro de conduta assumido voluntariamente no contrato normativo é mais específico, ou mesmo mais rigoroso, do que prevê a lei no âmbito do setor de atuação das partes[448].

objetiva (culpa normativa), mediante a comparação da conduta do ofensor com *standards* objetivos de comportamento que sejam exigíveis à luz das circunstâncias do caso concreto. De outra parte, a responsabilidade civil objetiva prescinde da demonstração de culpa do causador do dano. O agente não se exime do dever de reparar ao argumento de ter adotado os melhores padrões de diligência, uma vez que a deflagração da obrigação de indenizar não depende da análise da reprovabilidade da sua conduta. Dessa forma, no âmbito da responsabilidade civil, o *compliance* só terá impacto, em regra, se esta for subjetiva, isto é, se for necessário aferir a reprovabilidade da conduta do ofensor. Com efeito, a existência de programa efetivo de *compliance* pode revelar expressiva diligência por parte da pessoa jurídica, a apontar para a ausência de divergência entre a sua conduta e o padrão que se lhe poderia exigir nas concretas circunstâncias em que o dano foi produzido". OLIVA, Milena Donato; SILVA, Rodrigo da Guia. Notas sobre o *compliance* no direito brasileiro. **Revista Quaestio Juris**, v. 11, n. 04, 2018, p. 2.721. Aqui, adota-se perspectiva diversa. Embora os autores tenham destacado a "expressiva diligência" que pode ser comprovada a partir da existência de *compliance*, esta circunstância cria padrões mais rigorosos de conduta, o que deve levar a uma aferição de culpa, e à fixação de indenização, que tenha em vista estes *standards*, aumentando o grau de reprovabilidade, e não diminuindo.

[448] Analisando especificamente o problema dos efeitos contratuais perante terceiros, Luciano Camargo Penteado destaca que, ainda sem que sejam partes, podem ser alcançados por deveres de prestação decorrentes da boa-fé. A constatação do autor pode ser aplicada ao contexto dos contratos normativos externos. Nesta hipótese, há um expresso dever de observar deveres ou manter um padrão de conduta em face de terceiros, o que, com mais razão ainda do que aponta o autor nos exemplos por ele trazidos, justifica a ampliação da eficácia do negócio: "O médico, o advogado, o dentista, o contador, ainda que instrumentem negócios jurídicos escritos nas cláusulas com parte determinada, assumem uma responsabilidade decorrente do contato social, mas com os deveres próprios da relação contratual, em geral, com a família do cliente, apenas para figurar um exemplo. Assim, muitas vezes têm o dever específico de informar detalhes a respeito do tratamento ou do estado de saúde do paciente, do andamento da demanda, de procedimentos adequados e da situação da empresa a outros que não as partes

Esta questão assume alta relevância a se ter em conta a existência e, nos últimos anos, o crescimento das normas de autorregulação, em diversos setores econômicos. No Brasil, além do ocorrido no mercado publicitário, como já referido nesta pesquisa, é possível trazer outros dois exemplos.

No setor bancário, em 2008, foi aprovado o Código de Autorregulação Bancária, cujas regras abrangem desde a relação dos bancos com seus clientes, pessoas físicas e jurídicas, até normas sofisticadas a respeito da prevenção e combate à lavagem de dinheiro, financiamento do terrorismo e responsabilidade socioambiental.

A observância obrigatória do referido Código depende da adesão da instituição financeira às suas regras. Atualmente, além do Código de Autorregulação, o sistema de autorregulação é composto por 25 regras específicas chamadas "normativos", que regulam temas especiais como o serviço de atendimento ao consumidor, o crédito para a aquisição de veículos, o crédito consignado e o uso da conta salário[449].

A análise aleatória de algumas destas normas revela regras bastante interessantes, que garantem aos clientes das instituições financeiras prerrogativas ainda maiores do que prevê a lei em geral em alguns casos. Citam-se (i) o direito à renegociação de operações bancárias em razão de desemprego e divórcio (art. 8º, Normativo n. 018/2017); (ii) a previsão de que os atendimentos nos guichês de caixa não poderão demorar mais que 20 minutos nas praças em que não existir lei local tratando do assunto (artigo 10, Normativo n. 004/2009); (iii) a resolução de demandas encaminhadas através de Serviços de Atendimento em até três dias úteis (artigo 19, § 2º, Normativo n. 003/2008), dentre inúmeras outras regras.

Também no mercado de capitais a autorregulação tem lugar, nesta hipótese por força de normas produzidas no âmbito da Associação Brasileira das Entidades dos Mercados Financeiro e de Capitais (ANBIMA). As certificações da ANBIMA abrangem diversas atividades e são obrigatórias para a venda de produtos financeiros e gestão de recursos de terceiros, para mencionar apenas dois exemplos. A violação das regras

em sentido estrito". PENTEADO, Luciano Camargo. **Efeitos contratuais perante terceiros**. São Paulo: Quartier Latin, 2007, p. 186.

[449] A Federação Brasileira de Bancos (FEBRABAN) mantém ativo um *hotsite* com os textos de todas as regras de autorregulação vigentes: FEBRABAN. **Autorregulação bancária**. Disponível em: https://portal.autorregulacaobancaria.com.br/. Acesso em: 27 jul. 2021.

de autorregulação permite a instauração de processos éticos, regidos por um Código de Processo próprio (o "Código ANBIMA dos Processos de Regulação e Melhores Práticas")[450].

Este fenômeno não é algo particular da ordem jurídica brasileira. Dada a ampliação de normas deste tipo, Patrick Leyens, Professor da Universidade de Humboldt, destacou a necessidade de se discutir os efeitos vinculantes de normas de autorregulação em face de terceiros no âmbito da teoria geral dos contratos, tendo em conta a expansão de regras deste tipo em importantes indústrias e setores[451].

Ainda na Europa, preocupação semelhante é manifestada pelo italiano Fabrizio Cafaggi, que relata o interessante paradoxo decorrente do fato de normas de autorregulação vincularem apenas os signatários, mas projetarem suas ordens de conduta para a relação destes com terceiros[452].

Na esteira deste raciocínio, normas pactuadas em contratos normativos são também criadoras de direitos, a despeito de não guardarem previsão em lei. Isto exige que seus efeitos sejam repensados a fim de que se lhes dê alguma eficácia em face de terceiros. A exemplo do que se viu no capítulo anterior, também aqui uma perspectiva interessante pode ser oferecida pela estipulação em favor de terceiro.

Nestes termos, tratando-se de normas negociais, constituídas no exercício da autonomia das partes, e desde que não violem a norma legal, deve-se ter como ponto de partida que as obrigações previstas são perfeitamente exigíveis. Se estas normas obrigam os signatários a se conduzirem de certo modo em face de terceiros em contratos futuros, os terceiros podem exigir o seu cumprimento[453].

[450] ANBIMA. **Normas**. Disponível em: https://www.anbima.com.br/pt_br/autorregular/autorregulacao-e-adesao/atividades-autorreguladas.htm. Acesso em: 16 jul. 2020.

[451] LEYENS, Patrick. Self-commitments and the binding force of self-regulation with respect to third parties in Germany. **European Corporate Governance Institute**. Working paper series in Law. Working paper n. 379, 2017, p. 24.

[452] CAFAGGI, Fabrizio. Self-regulation in European Contract Law. **European Journal of Legal Studies**, 2007, p. 12.

[453] No contexto alemão, Anna Beckers chegou a esta mesma conclusão por aplicação do § 328 do BGB, que trata justamente da estipulação em favor de terceiro: BECKERS, Anna. **Enforcing corporate social responsibility codes**. On global self-regulation and national private law. Portland: Hart Publishing, 2015, p. 136-137.

Na doutrina italiana, ao se tratar dos efeitos em face de terceiros das regras pactuadas em um contrato normativo, Vincenzo Roppo registra que a maior parte dos autores defende que a eficácia do instrumento deve ficar circunscrita aos seus signatários. Porém, ressalva que o terceiro pode invocar em seu favor a norma do contrato normativo, tomando-a como uma estipulação em seu benefício[454].

De fato, a figura da estipulação em favor de terceiro permite que a regra do contrato normativo possa ter seu cumprimento exigido pelo seu beneficiário. No Código Civil brasileiro, tem-se expressamente que não apenas aquele que "estipula em favor de terceiro pode exigir o cumprimento da obrigação" (artigo 436), como também ao terceiro, "em favor de quem se estipulou a obrigação, também é permitido exigi-la, ficando, todavia, sujeito às condições e normas do contrato, se a ele anuir" (parágrafo único).

O uso deste mecanismo em conjunto com o contrato normativo externo amplia as possibilidades da função regulatória, na medida em que admite não apenas que as partes possam pactuar regras de conduta em face de terceiros, como também que os terceiros possam exigir o cumprimento dessas obrigações.

Por outro lado, contratos normativos podem ser também tomados por terceiros ao instrumento como parâmetro de interpretação e integração da norma legal quando estiver em causa a qualificação da conduta de um dos seus signatários.

Assim, de igual modo ao que ocorre no âmbito de contratos normativos internos, também aqui nos contratos normativos externos, as suas regras podem ser tomadas como normas aptas a integrar e servir como balizas para a interpretação dos atos de seus signatários.

Este ponto de vista reforça a função regulatória, certo de que a obrigação pactuada de proceder em um determinado sentido não pode ser um compromisso vazio. Estas normas, no mínimo, devem ser reconhecidas como *standards* mínimos para a avaliação de seu comportamento em face de terceiros[455].

[454] ROPPO, Vincenzo. Il contratto. *In*: IUDICA, Giovanni; ZATTI, Paolo (dir.). **Tratatto di diritto privato**. Milão: Giuffrè, 2001, p. 527.

[455] CAFAGGI, Fabrizio. Self-regulation in European Contract Law. **European Journal of Legal Studies**, 2007, p. 14.

Assim, um banco que adere a um código de autorregulação, e se compromete a prestar aos seus clientes informações mais detalhadas do que a lei lhe impõe, deve ser cobrado por seus clientes à luz do que se obrigou no contrato normativo, e não à luz da norma legal. Igualmente, se uma indústria adere a uma certificação socioambiental, e polui o meio-ambiente, a violação às normas de um contrato normativo deve ser considerada para avaliar o grau de culpa e fixar, em maior montante, a sanção ou a indenização necessária[456].

Esta conclusão se justifica a partir da construção que toma as normas pactuadas em contratos normativos externos como regras de compromissos voluntários[457], para as quais o sistema legal não pode deixar de atribuir efeito jurídico. No Brasil, o sentido extraído dos arts. 421-A, I e 113, § 2º, do Código Civil, admite tomar estes compromissos firmados em contratos normativos como parâmetros de integração e interpretação de contratos firmados com terceiros.

Do ponto de vista contratual, normas deste tipo podem ser utilizadas para fins de integração de negócios jurídicos e, nesta dimensão, parâmetros para análise da conduta das partes pelo Poder Judiciário (*judicial gap-fillings*), ainda que a referência a estas regras não seja expressamente realizada[458].

Isto ocorre porque todo aquele que adere a regras deste tipo é livre para fazê-lo, sinalizando ao público em geral o cumprimento destas regras e colhendo os benefícios de ter para si a percepção de cumprimento de altos e rigorosos padrões de conduta. Ao obrigar-se entre si a manter

456 Neste mesmo sentido, Anna Beckers considera que os códigos de autorregulação podem ser utilizados por terceiros para fins de: (i) servir de base para a imputação de responsabilidade, em caso de descumprimento (*non-compliance as the basis of liability*); (ii) servir de base para a avaliação do *standard* do dever de cuidado (*standard of taking reasonable care*); ou (iii) servir de base para apuração das práticas ou costumes de mercado: BECKERS, Anna. **Enforcing corporate social responsibility codes**. On global self-regulation and national private law. Portland: Hart Publishing, 2015, p. 166; 178-179.

457 LEYENS, Patrick. Self-commitments and the binding force of self-regulation with respect to third parties in Germany. **European Corporate Governance Institute**. Working paper series in law. Working paper n. 379, 2017, p. 5.

458 LEYENS, Patrick. Self-commitments and the binding force of self-regulation with respect to third parties in Germany. **European Corporate Governance Institute**. Working paper series in law. Working paper n. 379, 2017, p. 12.

esses padrões nos contratos com terceiros, os contratantes devem provar o cumprimento dessas regras junto a tribunais e árbitros[459].

Assim, havendo obrigação contratual em contratos normativos externos em face de terceiro ou, mais que isto, de manter certos padrões de conduta, estas regras devem ser tomadas em consideração para a finalidade de integrar e de interpretar os negócios firmados pelos signatários do negócio-base.

[459] LEYENS, Patrick. Self-commitments and the binding force of self-regulation with respect to third parties in Germany. **European Corporate Governance Institute**. Working paper series in law. Working paper n. 379, 2017, p. 22.

7.
EFEITOS DO CONTRATO NORMATIVO: PROPOSTAS PARA APRIMORAR A JURISPRUDÊNCIA

O modelo de contratação com base em contratos normativos é raramente referido, nestes termos, na jurisprudência brasileira. A pesquisa realizada para esta tese, nas bases de acórdãos dos Tribunais de Justiça, Tribunais Regionais Federais, Superior Tribunal de Justiça e Supremo Tribunal Federal, demonstra que a expressão "contrato normativo" não é utilizada com frequência em decisões dos Tribunais.

A ausência quase que total de referências, contudo, oculta uma circunstância interessante. Na jurisprudência brasileira, embora a expressão seja relativamente desconhecida, há um conjunto relevante de casos que, por seus elementos, permitem avaliá-los sob o ponto de vista da categoria dos contratos normativos.

Estes elementos podem ser observados à luz de instrumentos contratuais que (i) projetam seus efeitos sobre outros contratos, firmados entre as próprias partes ou com terceiros; (ii) não estipulam apenas simples trocas econômicas instantâneas, antes disso associam as partes em torno de um regime contratual estável; e (iii) unificam uma dada relação jurídica, formada por dois ou mais instrumentos coligados, em um mesmo regime contratual.

Neste capítulo, são examinados cinco grupos de casos onde um ou mais dos elementos referidos foram identificados. Na avaliação da jurisprudência, procurou-se deixar de lado casos em que a menção a estes elementos foi isolada ou irrelevante para a solução dada.

O recorte eleito, portanto, privilegiou hipóteses repetitivas ou nas quais os elementos do contrato normativo estavam presentes, ainda que não tenham sido consideradas nos julgamentos.

As informações trazidas nos capítulos anteriores, especialmente quanto aos efeitos dos contratos normativos, são aqui aplicadas com o objetivo de se aprimorar a solução dos grupos de casos examinados.

Ainda que reafirmada a solução dada pelos Tribunais, procurou-se aplicar a doutrina dos contratos normativos para dar maior fundamento teórico às conclusões. Em outros casos, sem entrar no mérito das questões de fato discutidas, as hipóteses dos julgados foram tomadas para explorar outras propostas de solução, igualmente à luz do quanto discutido nos capítulos anteriores.

Por fim, cada um dos temas relativos aos grupos de casos reveste-se de inúmeras peculiaridades. Não é objetivo do capítulo explorar todas elas ou elaborar um estudo profundo sobre cada tema. Dado o recorte da pesquisa, buscou-se examinar o conjunto de decisões sob o ângulo estreito dos contratos normativos.

7.1. Autorregulação econômica: códigos de autorregulação como contratos normativos

Um dos mais importantes reflexos da expansão do direito privado pode ser visto no fenômeno da autorregulação econômica.

A relação do Estado com a atividade dos agentes econômicos se dá, ordinariamente, pelo ângulo do direito público. Por meio da expedição de normas legais e atos administrativos, o poder público procura disciplinar a liberdade econômica e a liberdade de iniciativa de empresas e empresários, impondo-lhes deveres e limites.

Desde empreendimentos complexos, que exigem sofisticados licenciamentos e autorizações, a exemplos das atividades realizadas por bancos ou indústrias, até realizações mais simples, como a venda de bens de primeira necessidade em um supermercado, são inúmeros os exemplos de normas, regras e atos em geral que regulam a atividade econômica.

Esta atuação do Estado compreende o exercício da regulação econômica[460] que, contudo, pode não se dar apenas pelo braço do poder público

[460] "[...] regulação, no atual contexto, abrange: a edição de normas; a fiscalização do seu cumprimento; a atribuição de habilitações (p. ex., autorização, permissão, concessão); a imposição

e dos atos estatais. Este modelo específico de regulação se estabelece por meio de um mecanismo de comando e controle: o poder público baixa as regras, exige o seu cumprimento e aplica sanções em caso de violação.

Como complemento deste modelo, é possível atribuir aos particulares poderes e responsabilidade no âmbito da regulação.

O reconhecimento desta alternativa permite exercer uma regulação mais efetiva e abrangente, uma vez que ao sistema estatal é possível agregar mecanismos próprios da regulação privada. Por esta via, viabilizam-se meios aos quais os agentes econômicos adiram voluntariamente a regras de regulação, através de instrumentos essencialmente contratuais, como ocorre na construção de códigos de condutas setoriais.

A combinação dos dois modelos introduz um saudável pluralismo regulatório, em que o Estado reconhece a importância dos particulares no âmbito da regulação econômica, o que resulta em regras mais próximas da realidade dos agentes e em ganhos democráticos, fruto da efetiva participação dos particulares na construção da regulação[461].

A autorregulação é parte deste movimento de evolução da regulação.

Não por acaso, o desenvolvimento do tema tem conexão direta com o descrédito e com a ineficiência do Estado na disciplina da atividade econômica[462]. Embora o tema comporte múltiplas dimensões, o que importa em definições mais ou menos amplas, diz-se que a autorregulação nada mais

de sanções; a mediação de conflitos (para preveni-los ou para resolvê-los, utilizando variadas técnicas, por exemplo: consulta pública, audiência pública; celebração de compromisso de cessação e compromisso de ajustamento)". MEDAUAR, Odete. Regulação e auto regulação. **Revista de Direito Administrativo**, n. 228. Rio de Janeiro: Renovar, 2002, p. 127. Em sentido próximo, porém indicando o escopo que deve ser alcançado pela regulação, esta atividade também já foi definida como o "[...] conjunto de medidas legislativas, administrativas e convencionais, abstratas ou concretas, pelas quais o Estado, de maneira restritiva da liberdade privada ou meramente indutiva, determina, controla, ou influencia o comportamento dos agentes econômicos, evitando que lesem os interesses sociais definidos no marco da Constituição e orientando-os em direções socialmente desejáveis". ARAGÃO, Alexandre Santos de. **Agências reguladoras e evolução do direito administrativo econômico**. 3. ed. Rio de Janeiro: Forense, 2013, p. 37.

461 LIMA JÚNIOR, João Manoel. **Autorregulação** – regime jurídico. Curitiba: Juruá, 2018, p. 50.

462 SADDY, André. **Regulação estatal, autorregulação privada e códigos de conduta e boas práticas**. Rio de Janeiro: Lumen Juris, 2016, p. 82-84.

é do que o exercício da regulação por meio de normas de direito privado, criadas pelos próprios agentes econômicos[463].

A relação entre estas regras privadas e o direito público pode ser construída sob dimensões distintas. O Estado pode delegar expressamente o poder de regular certas atividades aos entes privados ou reconhecer, no exercício de seu poder de regular, a disciplina construída pelos próprios agentes. Ou, ainda, é possível que o Poder Público guarde uma relação de indiferença em relação aos atos dos entes privados, que criam nesta hipótese sua própria regulação no exercício puro e simples da liberdade de contratar.

A autorregulação, em algum nível, é um desdobramento de um poder assegurado aos agentes econômicos privados. Nos limites das imposições gerais da ordem jurídica estatal, os particulares resolvem disciplinar eles próprios uma determinada atividade econômica, estabelecendo padrões de conduta, *standards* éticos, requisitos para o seu exercício e até mesmo sanções.

O crescimento da autorregulação liga-se à própria mudança do perfil do Estado. Com a ampliação da visão liberal da atuação do poder público

[463] O tema da autorregulação tem sido objeto de reflexões no âmbito do direito público, advindo daí as principais definições. A título ilustrativo, confira-se a posição de Floriano Azevedo Marques Neto: "[...] é o mecanismo de regulação que se estabelece pela adesão e observância consensual de normas e padrões de atuação por agentes econômicos, com vistas a preservar as condições ideais de exploração de uma atividade econômica, sujeitando-os a mecanismos de incentivos, sanções premiais, censuras comportamentais ou exclusão associativa". MARQUES NETO, Floriano de Azevedo. Regulação estatal e autorregulação na economia contemporânea. **Revista de Direito Público da Economia**. Belo Horizonte. v. 9, n. 33, p. 79-94, jan.-mar. 2011, p. 89-90. Ao destacar a autorregulação como o exercício da liberdade de disciplinar e contratar, pretende-se aqui dar ao tema tratamento sob o ponto de vista do direito privado. Esta possibilidade é ratificada inclusive por autores no campo do direito público, como se vê em André Saddy: "[A autorregulação] cria, desse modo, compromissos *extra legem*. Seu denominador comum é, portanto, a autoimposição e adoção, voluntária, de determinadas práticas, além das legalmente exigíveis. [...]. Essas obrigações extralegais, portanto, possuem limites legais, pois não podem ir contra as normas jurídicas existentes, mas tirando tal limite sua manifestação de vontade é ilimitada tanto em seu sentido material quanto territorial e temporal". SADDY, André. **Regulação estatal, autorregulação privada e códigos de conduta e boas práticas**. Rio de Janeiro: Lumen Juris, 2016, p.89-90.

no âmbito econômico, verificou-se o crescimento proporcional de casos de autorregulação e de estudos sobre o tema[464].

Se ao Estado intervencionista, em grau máximo, corresponde uma regulação também máxima, ou a atuação direta do Estado em setores econômicos, o Estado liberal, em termos de regulação, se reflete no maior reconhecimento da capacidade dos entes privados em se autorregularem.

Para os fins deste trabalho, deve-se ter como certo que a autorregulação é, de fato, uma expressão do pluralismo quanto às formas de contratar[465]. Trata-se de um meio de enquadrar, restringir, incentivar ou desincentivar

[464] João Manoel de Lima Júnior catalogou, até o ano de 2017, 45 programas e códigos de autorregulação vigentes no país, tomando como base da pesquisa apenas as iniciativas no âmbito do mercado de capitais. LIMA JÚNIOR, João Manoel de. **Autorregulação** – regime jurídico. Curitiba: Juruá, 2018, p. 72-75. Desde então, a autorregulação ganhou ainda maior amplitude, devendo se somar ao quadro indicado pelo autor, a criação de inúmeras regras de autorregulação por parte da Federação Brasileira de Bancos. FEBRABAN. **Autorregulação bancária**. Disponível em: https://portal.autorregulacaobancaria.com.br/. Acesso em: 27 jul. 2021. A partir de 2019, notícias na imprensa dão conta de iniciativas no âmbito da Secretaria Nacional do Consumidor (SENACON), ligada ao Ministério da Justiça, de estímulo à criação e adoção de códigos de autorregulação entre empresas de transporte aéreo. PERON, Isadora. Senacon pede a aéreas propostas de autorregulação de propagandas de milhagens. **Valor Econômico**, 2020. Disponível em: https://valor.globo.com/empresas/noticia/2020/06/15/senacon-pede-a-aereas-proposta-de-autorregulacao-de-programas-de-milhagem.ghtml. Acesso em: 27 jul. 2021. E *e-commerce*. O Conselho Nacional de Combate à Pirataria e Delitos de Propriedade Intelectual do Ministério promove ação para fortalecer a adesão ao Guia de boas práticas e orientações às plataformas de comércio eletrônico. MJSP. **Ministério da Justiça e Segurança Pública**, 2020. Disponível em: https://www.gov.br/mj/pt-br/assuntos/noticias/mjsp-apresenta-codigo-de-autorregulacao-com-orientacoes-de-venda-na-internet. Acesso em: 27 jul. 2021. Fora do âmbito oficial, vê-se iniciativas semelhantes também em outros setores, como no caso dos *marketplaces* na internet. IDV. Após crise acelerar venda *online*, 'marketplace' define autorregulação. **Instituto para Desenvolvimento do Varejo**, 2020. Disponível em: https://www.idv.org.br/noticia/apos-crise-acelerar-venda-online-marketplace-define-autorregulacao/. Acesso em: 27 jul. 2021.

[465] "A pesquisa realizada permite concluir que a autorregulação dos mercados financeiro e de capitais, nos moldes atuais, parece ser mais uma manifestação do crescente fenômeno de devolução, ou compartilhamento, de funções entre o Estado e a sociedade. Fenômeno observado nas esferas internacional, nacionais e subnacionais. Assim, o direito e a regulação jurídica da economia talvez estejam em um momento irrefreável de transformação de modelo monista, piramidal ou estatocêntrico para um (ou vários) modelo(s) pluralista(s), descentralizado(s), policêntrico(s) ou em rede". LIMA JÚNIOR, João Manoel de. **Autorregulação** – regime jurídico. Curitiba: Juruá, 2018, p. 201.

a formação de contratos com terceiros no sentido desejado pelas normas de autorregulação.

O crescimento de hipóteses de autorregulação encontra-se na pauta de pesquisadores no âmbito do direito privado; é um campo fecundo para investigações sobre o uso de contratos para a disciplina das relações econômicas[466].

Com o objetivo de avaliar o aparente incentivo dado pelo poder público brasileiro à autorregulação, foram solicitadas à Secretaria Nacional do Consumidor (SENACON), vinculada ao Ministério da Justiça, informações por meio da Lei de Acesso à Informação. Na oportunidade, questionou-se (i) se a SENACON, em seu planejamento, estimula a autorregulação como política pública; (ii) se há controle sobre quantos códigos de autorregulação e congêneres existem hoje e que sejam da ciência da SENACON; (iii) quais setores econômicos são por estes códigos de autorregulação atualmente existentes; (iv) se há controle sobre o número de projetos atualmente em curso na SENACON de estímulo ou debate para se criar códigos de autorregulação; e, por fim, (v) se existem diretrizes gerais indicadas ou incentivadas pela SENACON para a elaboração destes códigos de autorregulação.

Os esclarecimentos da SENACON destacam que a autorregulação entrou, definitivamente, no rol de instrumentos aptos a disciplinar a atividade econômica, havendo claro estímulo à sua adoção, embora esta agenda não seja liderada pelo Poder Público, mas apenas ratificada e divulgada[467].

[466] Hugh Collins, em particular, desenvolveu ampla pesquisa sobre esta capacidade do direito privado, em contraposição ou aliado ao direito público. Para o autor, "private law possesses some considerable advantages as regulatory instrument over public law regulation by virtue of its efficiency and reflexivity, but, in any particular instance such as consumer protection, the optimal regulatory solution in terms of efficiency and the reflexivity will usually be discovered in a combination of regulatory forms". Tradução livre: "O direito privado possui algumas vantagens consideráveis como instrumento regulatório quando comparado com regulação feita a partir do direito público em virtude de sua eficiência e reflexividade, mas, em qualquer instância particular como a proteção ao consumidor, a solução regulatória ótima em termos de eficiência e reflexividade será normalmente descoberta em uma combinação de formas regulatórias". COLLINS, Hugh. **Regulating contracts**. Oxford: University Press, 1999, p. 62.

[467] Informações prestadas pela SENACON: "I – A SENACON, em seu planejamento, estimula a autorregulação como política pública? A Secretaria apoia e estimula que as empresas elaborem uma autorregulação e que tomem todas as medidas para o cumprimento espontâneo

Dado o seu propósito, a autorregulação disciplina o comportamento dos agentes, entre si ou em face de terceiros. Ao fazê-lo, deve-se atribuir aos códigos de autorregulação a natureza de contratos normativos[468].

dessa autorregulação, informando a Senacon sobre eventuais descumprimentos das regras por alguma empresa. II – Quantos Códigos de Autorregulação e congêneres existem hoje e que sejam da ciência da SENACON? A Senacon não faz esse monitoramento, apenas estimula a autorregulação e colabora quando consultada ou quando estamos analisando problemas em algum setor específico e verificamos que existe uma autorregulação daquele setor, daí nós sugerimos melhorias. O Código de Autorregulação Bancária, por exemplo, foi desenvolvido pela Febraban, a Senacon faz apenas sugestões quando percebe que podem ter melhorias. O Guia Corregulação de crédito consignado é uma iniciativa nesse sentido também. Além disso, a SENACON tem expedido diversas Notas Técnicas orientativas e conjuntas sobre diversos temas, como *e-commerce*, para que as plataformas de comércio eletrônico tenham política de uso para prevenção e repressão da venda de produtos ilegais, favorecendo o ambiente de negócios digital, tornando-o mais saudável e competitivo, além de preservar a saúde e a segurança do consumidor, evitando o comércio de produtos piratas, contrabandeados e nocivos, entre outras iniciativas conjuntas e articuladas com a participação de outros segmentos. III – Estes Códigos de Autorregulação atualmente existentes, e da ciência da SENACON, abrangem que setores econômicos? A Senacon apenas estimula e sugere melhorias, mas não faz esse tipo de monitoramento. Já foram discutidas autorregulação bancária, de programa de milhagens, de crédito consignado, dentre outros setores. IV – Quantos projetos existem atualmente na SENACON de estímulo ou debate para a criação de Códigos de Autorregulação? Conforme informado, não existem projetos específicos para isso, apenas abordamos em nossas notas técnicas quando percebemos que podem haver melhorias em determinado setor, e que isso pode ser feito pelas próprias empresas, sem a necessidade do Estado intervir diretamente. V – Existem diretrizes gerais indicadas ou incentivadas pela SENACON para a elaboração destes Códigos de Autorregulação? Tendo em vista as especificidades dos diferentes mercados monitorados pela Senacon, não foi elaborado documento único com orientações gerais para a elaboração de Códigos de Autorregulação. Apesar disso, a Senacon, como guardiã do Código de Defesa do Consumidor (CDC), estimula que as empresas façam cursos por meio da Escola Nacional de Defesa do Consumidor (ENDC) e que adequem seus regulamentos aos direitos assegurados pelo CDC".

[468] Nesta linha, Roppo considera que uma das características contemporâneas do contrato seria a sua tendência de funcionar como norma de organização, utilizando a autorregulação como exemplo: "Infine al fenomeno, sempre più steso, dell'autoregolamentazione di categoria: le associazioni rappresentative delle categorie di operatori professionali elaborano regole per disciplinare i comportamenti degli associati nell'esercizio dell'attività di riferimento e nei corrispondenti rappporti esterni (per lo più coi clienti); e l'assoggettamento a queste norme di produzione privata ha base contrattuale, perché il singolo operatore, esponente della categoria, vi è sottoposto in quanto ha aderito, col contratto associativo, all'organizzazione che le produce". Tradução livre: "Por fim, o fenômeno, cada vez mais difundido, da autoregulação

Os tribunais brasileiros não desconhecem a existência dos códigos de autorregulação. Especialmente no caso da autorregulação bancária, existente no âmbito de instituições financeiras, é possível identificar julgados que se referem a dispositivos das regras de autorregulação para o fim de obrigar o banco a cumprir os deveres com os quais se obrigou no âmbito da regulação contratada[469].

Estes julgados têm em comum a consideração de que o descumprimento de uma norma de autorregulação é um ato ilícito, em sentido *lato*. Mesmo sem maiores considerações sobre a natureza desta ilicitude, os tribunais têm considerado o descumprimento das normas de autorregulação expedidas pela FEBRABAN para obrigar a restituir valor e até mesmo para impor o pagamento de compensação por danos morais[470].

de categoria: as associações representativas das categorias de operadores profissionais desenvolvem regras que regulam o comportamento dos associados no exercício da atividade de referência e nas correspondentes relações externas (principalmente com clientes); e a sujeição a estas regras de produção privada tem base contratual, pois o operador individual, expoente da categoria, está sujeito a ela por ter aderido, com o contrato associativo, à organização que as produz". ROPPO, Vincenzo. Il contratto, e le fonti del diritto. *In*: **Il contratto del duemila**. 4. ed. Torino: Giappichelli, 2020, p. 03.

469 Apenas a título ilustrativo, confira-se a seguinte ementa: "AÇÃO INDENIZATÓRIA. CONSUMIDOR. BANCO. ENCERRAMENTO DE CONTA CORRENTE. INCIDÊNCIA DE TAXAS E ENCARGOS FINANCEIROS. INOBSERVÂNCIA DO NORMATIVO SARB 002/2008 PELO BANCO. AUTORREGULAÇÃO BANCÁRIA. COBRANÇAS INDEVIDAS APÓS PERÍODO DE SEIS MESES DE INATIVIDADE. RESTITUIÇÃO DEVIDA. RECURSO DESPROVIDO". BRASIL. **Tribunal de Justiça do Estado do Rio Grande do Sul**, Recurso Cível n. 71007100563, Rel. Juiz Cleber Augusto Tonial, 3ª Turma Recursal Cível, j. 28/09/2017, DJ 29/09/2017. Também: BRASIL. **Tribunal de Justiça do Estado de São Paulo**, Apelação Cível n. 1006728-76.2018.8.26.0562, Rel. Des. Tavares de Almeida, 24ª Câmara de Direito Privado, j. 02/09/2019, DJ 02/09/2019; BRASIL. **Tribunal de Justiça do Estado do Rio de Janeiro**, Apelação Cível n. 0021505-62.2016.8.19.0008, Rel. Des. Mônica de Faria Sardas, 20ª Câmara Cível, j. 06/11/2019; BRASIL. **Tribunal de Justiça do Estado de Goiás**, Apelação Cível n. 0149359-95.2016.8.09.0144, Rel. Des. Camila Nina Erbetta Nascimento e Moura, 5ª Câmara Cível, j. 04/06/2019.

470 BRASIL. **Tribunal de Justiça do Estado de Mato Grosso**, Apelação n. 0003381-87.2008.8.11.0055, Rel. Des. Guiomar Teodoro Borges, 4ª Câmara de Direito Privado, j. 28/06/2017, DJe 03/07/2017; BRASIL. **Tribunal de Justiça do Estado do Rio Grande do Sul**, Recurso Cível n. 71006775183, Rel. Juíza Elaine Maria Canto da Fonseca, 2ª Turma Recursal Cível, j. 13/12/2017, DJ 15/12/2017.

O levantamento da jurisprudência sobre o tema revela a aplicação ainda tímida de regras editadas em contratos normativos de autorregulação. No âmbito da FEBRABAN, há hoje 25 normas de autorregulação. Estas regras disciplinam um conjunto amplo de situações, a exemplo da contratação de financiamento por idosos, pessoas vulneráveis, informações que devem constar nos contratos, atividade dos correspondentes bancários, negociação de dívidas, conta-salário, crédito consignado e publicidade responsável de crédito.

Elas devem ser consideradas parte dos contratos firmados entre as instituições financeiras aderentes e seus clientes. Trata-se de eficácia decorrente da função preparatória. Igualmente, a função regulatória impõe que os signatários se conduzam em atenção às normas de conduta ali presentes, devendo o Poder Judiciário considerá-las para a interpretação dos contratos.

Sem pretensão de esgotar o tema, esta premissa decorrente da teoria dos contratos normativos pode ser utilizada para dar solução a lides recorrentes na jurisprudência brasileira. A relação que segue adiante considerou lides comuns envolvendo instituições financeiras, colhidas a partir da jurisprudência do Superior Tribunal de Justiça, cujo temas contam com disciplina no sistema de autorregulação bancária.

(i) *Oferta de crédito responsável.* O sistema de autorregulação bancária disciplinou a oferta de crédito de modo amplo por meio do Normativo n. 010/2013 e suas revisões posteriores. Existem inúmeras obrigações impostas aos bancos com o propósito de garantir informação e cooperação para que os mutuários possam tomar uma decisão informada a respeito da operação de crédito.

Além disso, anos antes da sanção recente da Lei n. 14.181/2021, que tratou do superendividamento, as normas de autorregulação da FEBRABAN já tratavam deste fenômeno infelizmente comum, estipulando aos bancos obrigações relativas a renegociações.

O Superior Tribunal de Justiça, ao julgar casos em que se debateu se existem direitos do consumidor em situação de superendividamento, não considerou a existência de deveres assumidos pelos próprios bancos quanto a este tema.

Em 2017, por exemplo, a Corte foi firme ao considerar que os mútuos são atos jurídicos perfeitos e devem ser preservados, independentemente da situação em que se encontre o mutuário. Naquela oportunidade, considerou-se que o superendividado poderia lançar mão apenas do procedimento de insolvência civil[471].

Contudo, desde 2013, e particularmente com a revisão feita em 2018, é possível dizer que existem instrumentos à mão do superendividado para fazer frente a esta circunstância. A adesão dos bancos ao Normativo n. 010/2013 impõe que suas regras sejam observadas em face de terceiros, à maneira de um contrato normativo.

Por exemplo, o Normativo n. 010/2013 estipulou direito subjetivo ao mutuário em receber um plano de renegociação do banco, contemplando remissão, total ou parcial, de juros de mora, correção monetária e juros remuneratórios. Este sistema foi reforçado com o Normativo n. 018/2017, que tratou especificamente da renegociação de dívidas. Nele, os bancos se obrigaram a adotar políticas ativas de tratamento do problema. Foi prevista também uma espécie de plano de recuperação do consumidor superendividado com o propósito de permitir a recuperação financeira do devedor.

Este conjunto de regras não é normalmente considerado em lides sobre este tema. Ele permite extrair direitos ao mutuário e fixar *standards* importantes para avaliar a conduta da instituição financeira.

Se, sendo sua obrigação, o banco não confere ao superendividado o tratamento previsto no contrato normativo de autorregulação, isto justifica a intervenção judicial no caso. A omissão quanto a regras às quais ele aderiu de modo voluntário não pode ser considerada algo usual e sem efeito jurídico algum.

[471] Conforme trecho da ementa: "[...] 5. Não há supedâneo legal e razoabilidade na adoção da mesma limitação, referente a empréstimo para desconto em folha, para a prestação do mútuo firmado com a instituição financeira administradora da conta-corrente. Com efeito, no âmbito do direito comparado, não se extrai nenhuma experiência similar – os exemplos das legislações estrangeiras, costumeiramente invocados, buscam, por vezes, com medidas extrajudiciais, solução para o superendividamento ou sobreendividamento que, isonomicamente, envolvem todos os credores, propiciando, a médio ou longo prazo, a quitação do débito. 6. À míngua de novas disposições legais específicas, há procedimento, já previsto no ordenamento jurídico, para casos de superendividamento ou sobreendividamento – do qual podem lançar mão os próprios devedores – que o da insolvência civil". BRASIL. **Superior Tribunal de Justiça**, Recurso Especial n. 1.586.910-SP, Rel. Min. Luis Felipe Salomão, 4ª Turma, j. 29/08/2017, DJe 03/10/2017.

Por fim, a recente Lei n. 14.181/2021, ao tratar do plano de recuperação do superendividado, encampou boa parte das soluções da autorregulação da FEBRABAN, porém, com a dificuldade e os custos inerentes à judicialização do assunto.

(ii) *Crédito concedido a idosos.* As operações de crédito realizadas com pessoas idosas são reguladas pelo Normativo n. 023/2020. O texto prevê cuidados especiais que garantam a segurança patrimonial da pessoa idosa na relação com seu banco.

A instituição financeira deve garantir, por exemplo, que a oferta de crédito seja adequada às necessidades, aos interesses e aos objetivos dos consumidores idosos. Além disso, é previsto o direito de a pessoa idosa não receber ligações de *telemarketing* se não desejar, de obter, da instituição financeira, o bloqueio de transações financeiras com indícios de fraude, além de ter prioridade em todos os canais de atendimento.

A relação entre bancos e pessoas idosas tem sido objeto de debate no âmbito do Superior Tribunal de Justiça. A Corte já discutiu, por exemplo, a validade do contrato de financiamento firmado com idoso indígena analfabeto[472] e a possibilidade de desconto de parcelas, de empréstimo consignado, de benefício previdenciário[473].

É certo que o idoso não é um tolo, como já assentou o Tribunal[474]. A despeito disso, a oferta de crédito para este grupo deve ser objeto de controle pelo Poder Judiciário com parâmetros de legalidade mais restritos do que ocorreria em relações ordinárias, havendo de se reconhecer a sua condição de consumidor hipervulnerável[475].

[472] BRASIL. **Superior Tribunal de Justiça**, Recurso Especial n. 1907394-MT, Rel. Min. Nancy Andrighi, 3ª Turma, j. 04/05/2021, DJe 10/05/2021.

[473] BRASIL. **Superior Tribunal de Justiça**, Recurso Especial n. 1834231-MG, Rel. Min. Nancy Andrighi, 3ª Turma, j. 15/12/2020, DJe 18/12/2020.

[474] BRASIL. **Superior Tribunal de Justiça**, Recurso Especial n. 1358057-PR, Rel. Min. Moura Ribeiro, 3ª Turma, j. 22/05/2018, DJe 25/06/2018.

[475] A esta conclusão se chega pela interpretação conjunta e sistemática do Código de Defesa do Consumidor e do Estatuto do Idoso (Lei n. 10.741/2003). A condição de hipervulnerável tem sido admitida entre autores brasileiros, que ratificam a tese da interpretação sistemática: "A vulnerabilidade agravada do idoso é manifesta no âmbito de contratações que são ordinariamente celebradas por consumidores de vulnerabilidade apenas presumida. O público idoso revela-se como alvo potencial de propagandas e práticas comerciais abusivas que se

Nesta linha, a autorregulação bancária expressamente concede um regime jurídico distinto e mais protetivo do idoso, do que ocorreria em relações bancárias comuns.

O Superior Tribunal de Justiça, contudo, nos dois casos indicados não considerou este ponto. Em ambos, entendeu igualmente lícitos o contrato firmado com idoso analfabeto e o uso de benefícios previdenciários para pagamento de crédito consignado.

As normas de autorregulação, na hipótese, serviriam de fonte importante para a avaliação da conduta dos bancos. Tendo o banco se comprometido com a oferta de crédito responsável em face de idosos, seria conveniente saber em que condição o contrato com o idoso analfabeto e o empréstimo em consignação foram firmados.

À luz dessas regras, o julgamento teria considerado um panorama jurídico mais amplo, formado pelas normas legais e pelas normas do regime contratual ao qual os bancos aderiram voluntariamente.

(iii) *Atendimento em agências físicas.* O atendimento em agências físicas está regulado pelo Normativo n. 004/2009, cujo texto foi revisto e atualizado em junho de 2015. Como exemplo, por meio dele, as instituições signatárias obrigam-se a garantir tempo de espera máximo de 20 minutos para o atendimento nos guichês.

Esta obrigação ajustada em contrato normativo de autorregulação deve ser considerada em casos relativos ao tempo excessivo de espera em filas de bancos. O Superior Tribunal de Justiça considera que esta espera enseja dano moral, inclusive de caráter transindividual[476].

aproveitam da reduzida capacidade de discernimento do idoso para impor a contratação de serviços. Um dos exemplos mais paradigmáticos é a celebração de contratos de empréstimos consignados entre instituições financeiras e consumidores idosos, pois a lógica da sociedade de consumo visualizou lucros certeiros com tal contratação eis que, em regra, idosos possuem rendimentos mensais fixos, sendo por isso a contratação mais segura". ROSA, Luiz Carlos Goiabeira; BERNARDES, Luana Ferreira; FÉLIX, Vinícius César. O idoso como consumidor hipervulnerável na sociedade de consumo pós-moderna. **Revista Jurídica da Presidência**, Brasília, v. 18, n. 116, out. 2016-jan. 2017, p. 551.

[476] 6. É cabível, em tese, por violação a direitos transindividuais, a condenação por dano moral coletivo, como categoria autônoma de dano a qual não se relaciona necessariamente com aqueles tradicionais atributos da pessoa humana – dor, sofrimento ou abalo psíquico. Precedentes. 7. Quando for excessiva, a espera por atendimento em fila de banco é capaz

À luz da norma contida no contrato normativo de autorregulação, tratando-se de violação recorrente do período de 20 minutos, é possível tomá-lo como um critério objetivo para apurar o dano causado.

Ainda no âmbito da autorregulação, há um conjunto relevante de casos cuja discussão gira em torno da atuação do Conselho Nacional de Autorregulamentação da Publicidade (CONAR). Em um dos grupos de casos, discute-se se os critérios utilizados pelo CONAR para permitir ou não publicidade comparativa devem ser considerados pelo Poder Judiciário.

No Superior Tribunal de Justiça, o tema foi discutido no Recurso Especial n. 1668550/RJ, julgado pela 3ª Turma daquele Tribunal. O caso girava em torno de uma publicidade comparativa feito por uma indústria de pilhas contra outra, comparando os dois produtos e demonstrando por testes que a sua pilha tinha maior duração.

Ao considerar o panorama normativo sobre o tema, a relatora afirmou:

> Embora não se trate de normatização cogente, dotada de *status* de lei – na medida em que editada por órgão privado (Conselho Nacional de Autorregulamentação Publicitária – Conar) e ao arrepio da competência exclusiva prevista no art. 22, XXIX, da CF/1988 – o que se verifica é que suas disposições não colidem com o estatuído pelo CDC.

Além disso, reconheceu-se:

> além de revelarem quais as práticas usualmente adotadas pelos participantes do mercado, que a ele se submetem livremente, servem de importante fonte subsidiária à solução dos conflitos, coadunando-se, sobretudo, com os retro citados princípios da boa-fé e da lealdade publicitária[477].

de ensejar reparação por dano moral. Precedentes: BRASIL. **Superior Tribunal de Justiça**, Agravo Interno nos Embargos de Declaração no Agravo em Recurso Especial n. 1618776/GO, Rel. Min. Nancy Andrighi, 3ª Turma, j. 24/08/2020, DJe 27/08/2020. Contudo, outros acórdãos consideram necessária a presença, além do tempo excessivo, de elementos que demonstrem outros constrangimentos. Nesta linha: BRASIL. **Superior Tribunal de Justiça**, Agravo Interno no Agravo em Recurso Especial n. 1515718/MT, Rel. Min. Raul Araújo, 4ª Turma, j. 29/10/2019, DJe 21/11/2019.

[477] BRASIL. **Superior Tribunal de Justiça**, Recurso Especial n. 1668550/RJ, Rel. Min. Nancy Andrighi, 3ª Turma, j. 23/05/2017, DJe 36/05/2017.

No âmbito dos Tribunais de Justiça, esta orientação também é vista com frequência. No Paraná, por exemplo, o Tribunal de Justiça do estado considerou normas do CONAR[478] para avaliar se a publicidade feita por uma universidade, comparando-a com uma concorrente, era abusiva ou não. Naquela oportunidade, observou-se que esta "matéria está, ainda, regulamentada, pelo Código Brasileiro de Autorregulamentação Publicitária, que não é uma lei, mas um conjunto de orientações do CONAR, observadas na fiscalização dos aspectos éticos e morais das campanhas publicitárias". Por força disso, a comparação publicitária entre as duas universidades era autorizada porque, dentre outras razões, foram respeitadas as normas de autorregulação[479].

A doutrina dos contratos normativos valida esta conclusão. Com efeito, contratos normativos criam normas de conduta e os sujeitos que voluntariamente se submetem às suas regras obrigam-se a observá-las. Estas normas servem de parâmetro de integração e de interpretação da conduta das partes em suas relações com terceiros, o que foi corretamente observado nos julgados.

Esta compreensão também tem sido corretamente utilizada pelo Tribunal de Justiça de São Paulo para avaliar se uma dada campanha publicitária é abusiva. Apesar de as regras do CONAR não serem cogentes, a sua condição de norma contratual relevante para servir de parâmetro

[478] CONAR. Artigo 32. Tendo em vista as modernas tendências mundiais e atendidas as normas pertinentes do Código da Propriedade Industrial, a publicidade comparativa será aceita, contanto que respeite os seguintes princípios e limites: a) seu objetivo maior seja o esclarecimento, se não mesmo a defesa do consumidor; b) tenha por princípio básico a objetividade na comparação, posto que dados subjetivos, de fundo psicológico ou emocional, não constituem uma base válida de comparação perante o Consumidor; c) a comparação alegada ou realizada seja passível de comprovação; d) em se tratando de bens de consumo a comparação seja feita com modelos fabricados no mesmo ano, sendo condenável o confronto entre produtos de épocas diferentes, a menos que se trate de referência para demonstrar evolução, o que, nesse caso, deve ser caracterizado; e) não se estabeleça confusão entre produtos e marcas concorrentes; f) não se caracterize concorrência desleal, denegrimento à imagem do produto ou à marca de outra empresa; g) não se utilize injustificadamente a imagem corporativa ou o prestígio de terceiros; h) quando se fizer uma comparação entre produtos cujo preço não é de igual nível, tal circunstância deve ser claramente indicada pelo anúncio.

[479] BRASIL. **Tribunal de Justiça do Estado do Paraná**, Embargos infringentes n. 726379-4/01, Rel. Des. Francisco Luiz Macedo Junior, 9ª Câmara Cível, j. 15/12/2011, DJ 30/01/2012.

de julgamento é considerada pela Corte bandeirante, ainda que isto não ocorra explicitamente.

Para avaliar se uma campanha dirigida ao público infantil era abusiva, por exemplo, a Corte se valeu das normas de autorregulação sobre o tema[480]. O uso destas regras levou o Tribunal a considerar que, não

[480] CONAR. Normas de Autorregulação. "Art. 37 – Os esforços de pais, educadores, autoridades e da comunidade devem encontrar na publicidade fator coadjuvante na formação de cidadãos responsáveis e consumidores conscientes. Diante de tal perspectiva, nenhum anúncio dirigirá apelo imperativo de consumo diretamente à criança. E mais: I – Os anúncios deverão refletir cuidados especiais em relação à segurança e às boas maneiras e, ainda, abster-se de: a) desmerecer valores sociais positivos, tais como, dentre outros, amizade, urbanidade, honestidade, justiça, generosidade e respeito a pessoas, animais e ao meio ambiente; b) provocar deliberadamente qualquer tipo de discriminação, em particular daqueles que, por qualquer motivo, não sejam consumidores do produto; c) associar crianças e adolescentes a situações incompatíveis com sua condição, sejam elas ilegais, perigosas ou socialmente condenáveis; d) impor a noção de que o consumo do produto proporcione superioridade ou, na sua falta, a inferioridade; e) provocar situações de constrangimento aos pais ou responsáveis, ou molestar terceiros, com o propósito de impingir o consumo; f) empregar crianças e adolescentes como modelos para vocalizar apelo direto, recomendação ou sugestão de uso ou consumo, admitida, entretanto, a participação deles nas demonstrações pertinentes de serviço ou produto; g) utilizar formato jornalístico, a fim de evitar que anúncio seja confundido com notícia; h) apregoar que produto destinado ao consumo por crianças e adolescentes contenha características peculiares que, em verdade, são encontradas em todos os similares; i) utilizar situações de pressão psicológica ou violência que sejam capazes de infundir medo. II – Quando os produtos forem destinados ao consumo por crianças e adolescentes, seus anúncios deverão: a) procurar contribuir para o desenvolvimento positivo das relações entre pais e filhos, alunos e professores, e demais relacionamentos que envolvam o público-alvo; b) respeitar a dignidade, ingenuidade, credulidade, inexperiência e o sentimento de lealdade do público-alvo; c) dar atenção especial às características psicológicas do público-alvo, presumida sua menor capacidade de discernimento; d) obedecer a cuidados tais que evitem eventuais distorções psicológicas nos modelos publicitários e no público-alvo; e) abster-se de estimular comportamentos socialmente condenáveis. III – Este Código condena a ação de *merchandising* ou publicidade indireta contratada que empregue crianças, elementos do universo infantil ou outros artifícios com a deliberada finalidade de captar a atenção desse público específico, qualquer que seja o veículo utilizado. IV – Nos conteúdos segmentados, criados, produzidos ou programados especificamente para o público infantil, qualquer que seja o veículo utilizado, a publicidade de produtos e serviços destinados exclusivamente a esse público estará restrita aos intervalos e espaços comerciais. V – Para a avaliação da conformidade das ações de *merchandising* ou publicidade indireta contratada ao disposto nesta Seção, levar-se-á em consideração que: a) o público-alvo a que elas são dirigidas seja adulto; b) o produto ou serviço não seja anunciado objetivando seu consumo por crianças; c) a linguagem,

havendo violação substancial a tal disciplina, não se poderia considerar a publicidade inteiramente abusiva[481].

Em outro caso, a Corte considerou que a proibição de veiculação de campanha, determinada pelo CONAR, era fato relevante para avaliar a abusividade de publicidade dirigida ao público infantil. Na hipótese, julgou-se a legalidade de promoção que obrigava crianças a consumidor alta quantidade de biscoitos para receber brindes.

Embora as normas do CONAR não sejam normas legais, o Tribunal[482] e, posteriormente, o Superior Tribunal de Justiça[483], consideraram o Código de Autorregulação um filtro importante neste exame.

Os grupos de casos, seja no âmbito bancário, seja no campo da publicidade, apresentam outro elemento relevante, relativo aos efeitos do descumprimento dos contratos normativos de autorregulação.

É sabido que, tendo natureza contratual, os códigos de autorregulação somente podem ser firmados nos limites estipulados pela norma legal. Contratos normativos com esta natureza não podem restringir o escopo da regulação realizada pela lei. A autorregulação somente pode ampliar, ou esclarecer, o conteúdo da norma legal, ou agir no campo em que a lei não estipulou regulação alguma.

imagens, sons e outros artifícios nelas presentes sejam destituídos da finalidade de despertar a curiosidade ou a atenção das crianças.

481 BRASIL. **Tribunal de Justiça do Estado de São Paulo**, Apelação n. 1029110-04.2019.8.26.0053, Rel. Des. Teresa Ramos Marques, 10ª Câmara de Direito Público, j. 21/09/2020, DJ 22/09/2020.

482 "Ação Civil Pública Publicidade voltada ao público infantil. Venda casada caracterizada. Aquisição dos relógios condicionada à compra de 05 produtos da linha "Gulosos". Campanha publicitária que infringe o artigo 37 do Código Brasileiro de Auto-Regulamentação Publicitária. Utilização de verbos no imperativo inadequada. Proibição pelo Conar do uso dessa linguagem em publicidade voltada às crianças. Prática comum, que deve ser repudiada. Publicidade considerada abusiva, que se aproveita da ingenuidade das crianças. Sentença reformada. Apelo provido Verbas sucumbenciais impostas à ré." BRASIL. **Tribunal de Justiça do Estado de São Paulo**, Apelação 0342384-90.2009.8.26.0000, Rel. Des. Ramon Mateo Júnior, 7ª Câmara de Direito Privado, j. 08/05/2013, DJ 08/05/2013.

483 Merece registro o fato de a Ministra Assussete Magalhães ter considerado o caso "paradigmático", tendo em vista a oportunidade de a Corte estabelecer limites para a publicidade infantil. Estes limites, como se infere do acórdão, tem suporte importante nas normas do CONAR. BRASIL. **Superior Tribunal de Justiça**, Recurso Especial n.1.558.086/SP, Rel. Min. Humberto Martins, 2ª Turma, j.10/03/2016, DJ 15/04/2016.

Por força disso, o descumprimento de um contrato normativo deve ser considerado mais grave do que um descumprimento legal. Embora a parte interessada não fosse obrigada, ela aderiu a certos *standards* mais rigorosos, visando a obter benefícios econômicos e reputacionais em razão deste ato.

Este ponto de vista deve ser considerado pela jurisprudência ao julgar casos sob a ótica de contratos normativos de autorregulação. O controle de legalidade das condutas, e as respectivas sanções, devem ser mais rigorosas. Trata-se de considerar os códigos de autorregulação como negócios dotados de efeitos jurídicos, e não apenas como compromissos destituídos de qualquer valor.

7.2. Desjudicialização da tutela coletiva: convenções coletivas de consumo como contratos normativos

O sistema brasileiro de tutela coletiva é composto por inúmeros instrumentos para o exercício do direito de ação na tutela de interesses de uma coletividade.

Além de uma lei geral para a ação civil pública (Lei n. 7.347/85), há no Brasil um regulamento abrangente para a tutela coletiva de consumidores (Código de Defesa do Consumidor) e outras leis especiais, a exemplo da legislação que disciplina a ação popular (Lei n. 4.717/1965) e a tutela coletiva de investidores (Lei n. 7.913/1989).

Não há, contudo, atenção correspondente para a previsão de instrumentos extrajudiciais que possam resolver conflitos coletivos. Na Lei de Ação Civil Pública, somente em 1990, por alteração promovida pelo Código de Defesa do Consumidor, foi prevista a possibilidade da autocomposição em lides desta natureza. De modo lacônico, permitiu-se aos "órgãos públicos", ou seja, aparentemente excluindo-se os entes privados legitimados para a ação civil pública, tomarem "dos interessados compromisso de ajustamento de sua conduta às exigências legais" (art. 5º, § 6º).

É certo que houve avanços. Quanto à possível restrição feita aos entes privados relativa à constituição de termo de ajustamento de conduta, o Supremo Tribunal Federal, ao homologar a transação coletiva referente ao caso dos expurgos inflacionários, considerou expressamente: "a existência de previsão explícita unicamente quanto aos entes públicos diz respeito ao fato de que somente podem fazer o que a lei determina, ao passo que aos entes privados é dado fazer tudo aquilo que a lei não proíbe, segundo preconiza o princípio da legalidade".

O voto, seguido à unanimidade pelos demais Ministros, considerou que "não faria sentido prever um modelo que autoriza a justiciabilidade privada de direitos e, simultaneamente, deixar de conferir aos entes privados as mais comezinhas faculdades processuais, como a de firmar acordos"[484].

Apesar disso, a autocomposição judicial coletiva ainda é rara, e menos usual ainda a negociação coletiva anterior à instauração de litígios. De um modo geral, dá-se pouquíssimo uso à convenção coletiva de consumo, prevista no art. 107 do Código de Defesa do Consumidor. A previsão deste instrumento na legislação consumerista insere-se no cenário de valorização da negociação coletiva como modo de prever e de superar litígios de massa[485].

Além disso, a convenção coletiva é meio de incentivo à participação social e democrática dos consumidores, enquanto grupo de interesses, na regulação das relações de consumo[486].

À vista disso, o uso das convenções coletivas de consumo permite (i) viabilizar o exercício democrático dos interesses de consumidores e outros grupos de interesse; (ii) incentivar a autocomposição enquanto política pública, desjudicializando conflitos; e ainda (iii) estabelecer a tutela de interesses coletivos não apenas por meio do poder público, como também no âmbito do direito privado, como espécie de *private enforcement* para respeito e exercício destes direitos.

[484] BRASIL. **Supremo Tribunal Federal**. Arguição de Descumprimento de Preceito Fundamental n. 165 Distrito Federal, Rel. Min. Ricardo Lewandoswski, j. 15/02/2018, DJe 01/03/2018.

[485] MACIEL JÚNIOR, Vicente de Paula. **Convenção coletiva de consumo**: interesses difusos, coletivos e casos práticos. Belo Horizonte: Del Rey, 1996, p. 130.

[486] "A possibilidade de apenas a sociedade civil organizada poder participar de convenções coletivas de consumo encontra-se atrelada ao fato de que lhe compete a batalha pelos próprios ideais e anseios, não crendo que o poder público o fará com a perspicácia desejada e sem ceder às manobras do mercado. Com a passagem da revolução industrial e sua ética de trabalho (fordismo) ao momento pós-industrial, afirma Zygmunt Bauman, surge uma estética *del consumido* – 'o trabalhador teria sido substituído pelo consumidor'. É esse trabalhador, cujos direitos foram reconhecidos, que se torna o consumidor esperado pelo capitalismo e que não pode cruzar os braços". SILVA, Joseane Suzart Lopes da. Convenções coletivas de consumo e a relevância da participação da sociedade civil organizada na prevenção e no combate às práticas mercadológicas abusivas. **Revista do CEPEJ**, Salvador, n. 16, 2015, p. 313.

A convenção coletiva de consumo, sob esta última perspectiva, tem o potencial de funcionar como importante mecanismo de autorregulação, nos termos vistos na seção anterior.

Contrastando com o forte sistema de tutela judicial coletiva, fruto do trabalho de décadas da doutrina e da jurisprudência, há ainda relativamente pouca atenção para a tutela extrajudicial coletiva – e, neste âmbito, menos ainda quanto à convenção coletiva de consumo. A despeito dos bons propósitos e vantagens, a regulação deficiente da convenção coletiva de consumo levou ao seu desprestígio[487].

O artigo 107 do Código de Defesa do Consumidor, ao prever a possibilidade de constituição de convenções coletivas de consumo, estabeleceu dois limites que acabaram por restringir o alcance deste instrumento.

Fixou-se como requisito de sua exigibilidade o registro em cartório de títulos e documentos e, ainda assim, foi estabelecido que a convenção somente "obrigará os filiados às entidades signatárias" (artigo 107, § 2º).

As duas restrições devem ser questionadas. Em primeiro lugar, ambas se contrapõem: se a convenção apenas gera efeitos para os signatários, é inadequado que se exija o registro em cartório de títulos e documentos, cujo objetivo seria dar ciência a terceiros dos termos do negócio firmado.

O legislador, aparentemente, a pretexto de atribuir segurança jurídica à convenção, preferiu a presunção (vez que o registro não garante o acesso à informação) à realidade: a informação efetiva e mais ampla poderia, por exemplo, ser obtida obrigando-se as entidades a divulgarem a convenção em *sites* na internet, redes sociais ou jornais.

Em segundo lugar, a limitação dos efeitos da convenção aos filiados das entidades cria um grave desincentivo ao uso deste instrumento.

É certo que a causa última da convenção é a pacificação de uma relação controvertida entre um fornecedor ou vários fornecedores, e seus

[487] Marcelo Milagres e Viviane Garios, igualmente, referem um "sentimento de desperdício dessa convenção na sociedade brasileira, que, apesar de sofisticada a ponto de realizar sua criação, pouco se apossou de sua aplicação como ferramenta extrajudicial de composição do massificado antagonismo entre consumidores e fornecedores". Os autores consideram que é "preciso resgatar-se o instituto como tentativa de se romper com uma cultura jurídica baseada na litigiosidade e na supervalorização da jurisdição". MILAGRES, Marcelo de Oliveira; GARIOS, Viviane Cabral Giordano. A subutilização das convenções coletivas de consumo na sociedade de consumo em massa. **Revista de Direito Privado**, São Paulo, v. 100, jul.-ago. 2019.

consumidores. É difícil encontrar motivos para que uma convenção coletiva de consumo seja firmada. O seu principal objetivo não seria alcançado, uma vez que as associações de consumidores precisariam congregar todos, ou parte substancial dos interessados na composição do conflito ou da controvérsia estabelecida.

Tomar a convenção coletiva de consumo como uma espécie de contrato normativo permite superar estes obstáculos[488].

A despeito da previsão do Código de Defesa do Consumidor, o uso da cláusula geral de atipicidade dos contratos normativos, por interpretação conjunta dos artigos 113, § 2º, 421-A, I e 425, todos do Código Civil, admite a constituição de uma convenção coletiva de consumo atípica. Diante disso, é possível constituir negócios entre fornecedores, isoladamente ou reunidos em suas respectivas entidades coletivas e associações de consumidores ou outras entidades da sociedade civil – fundações, institutos de defesa do consumidor ou órgãos públicos, como o PROCON ou o Ministério Público.

Um instrumento com este perfil não deve ser inválido. A sua exigibilidade decorre da liberdade de contratar e da autonomia das partes para regular, nos limites da lei, seus próprios interesses.

[488] Em sentido aproximado, ainda que a expressão contrato normativo não seja utilizada, esta parece ser a posição de Maciel Júnior: "Ao mesmo tempo em que se apresenta como contrato entre as partes, a Convenção Coletiva de Consumo revela sua característica de norma abstrata para regular futuras relações. Por outro lado, essas convenções, que devem obrigar somente aos filiados, podem afetar interesses de pessoas que não participam das associações, porquanto os interesses objeto da regulamentação referem-se à qualidade de produtos, preços, quantidade, e os produtos postos no mercado de consumo são destinados tanto à apropriação dos associados como não associados". MACIEL JÚNIOR, Vicente de Paula. **Convenção coletiva de consumo**: interesses difusos, coletivos e casos práticos. Belo Horizonte: Del Rey, 1996, p. 131. Neste mesmo sentido: "No universo dos conceitos jurídicos, na realidade, o contrato colectivo enquadra-se na categoria de contrato normativo. O contrato normativo consiste no facto de, através dele se determinar, de modo vinculante para as partes, as condições que as mesmas partes serão obrigadas a inserir nos contratos singulares futuros que eventualmente venham a ser concluídos entre elas ou com terceiros [...]. A função do contrato normativo é, em suma, a de pré-determinar, em geral e em abstracto, o conteúdo que deverá ser recebido numa série de contratos singulares concretos, que as partes do contrato normativo poderão de futuro concluir". ROPPO, Enzo. **O contrato**. Trad. Ana Coimbra e Januário Gomes. Coimbra: Almedina, 2009, p. 322.

Além disso, contra o problema da restrição da abrangência aos signatários, é possível se valer da estipulação em favor de terceiros. Por este elemento, fundamental para a constituição de contratos normativos externos, a empresa ou a associação signatária obriga-se em face da outra parte do contrato normativo a conduzir-se nos termos da convenção em face de terceiros – interessados ou lesados – conforme o caso.

A maior parte da doutrina tem se inclinado ao entendimento de que a convenção coletiva de consumo deve se restringir apenas aos associados[489]. Esta afirmação deve ser vista com ressalvas.

A liberdade de contratar e o princípio da relatividade contratual, realmente, não permitem impor os termos da convenção a quem não estiver representado por sua entidade ou não a firmou diretamente. Contudo, é perfeitamente possível que a convenção seja firmada de modo que as empresas signatárias se obriguem a praticar certas condições contratuais com terceiros.

Assim, seus efeitos se aplicariam os consumidores, desde que eles consentissem com as condições que lhes sejam apresentadas. Além disso, tratando-se de modalidade de contrato normativo, os compromissos assumidos pelos contratantes podem ser utilizados como parâmetros de interpretação e integração dos contratos individuais[490].

A convenção também poderá fixar parâmetros de interpretação, integração e normas de conduta aos signatários.

Por força da função regulatória, o contrato normativo firmado na forma de convenção coletiva de consumo pode, por exemplo: (i) estipular que as empresas signatárias, representadas por suas entidades ou que venham a aderir à convenção, se comprometam a abolir determinado comportamento; (ii) obrigá-las com padrões de conduta nas suas relações com consumidores; (iii) criar certificações, auditadas por empresas

[489] MACIEL JÚNIOR, Vicente de Paula. **Convenção coletiva de consumo**: interesses difusos, coletivos e casos práticos. Belo Horizonte: Del Rey, 1996, p. 131; AMARAL, Luiz Otávio Oliveira. Da convenção coletiva de consumo (art. 107 e 108). *In*: GRINOVER, Ada Pellegrini; BENJAMIN, Antônio Herman de Vasconcellos e; FINK, Daniel Roberto; FILOMENO, José Geraldo Brito; NERY JUNIOR, Nelson; DENARI, Zelmo. **Comentários ao Código do Consumidor**. 4. ed. Rio de Janeiro: Forense, 2012, p. 403.

[490] SILVA, Joseane Suzart Lopes da. Convenções coletivas de consumo e a relevância da participação da sociedade civil organizada na prevenção e no combate às práticas mercadológicas abusivas. **Revista do CEPEJ**, Salvador, n. 16, 2015, p. 319-320.

independentes, a fim de incentivar o cumprimento da convenção, dentre outras estipulações.

Esta abordagem permite dar tratamento adequado a alguns grupos de casos sobre o ajustamento de conduta realizado no âmbito da tutela jurisdicional coletiva, especialmente quando firmados no âmbito extrajudicial com associações, e não com entes públicos.

O termo de ajustamento de conduta tem natureza contratual, conforme reconhecido pela ampla maioria da doutrina[491]. Na hipótese em que ele vincule contratos futuros que venham a ser firmados pelos signatários com terceiros, deve-se tomá-lo também como um contrato normativo[492].

Estas considerações podem ser aplicadas para solucionar o problema dos efeitos do termo de ajustamento em face de contratos firmados pelo signatário com terceiros. Estas hipóteses ocorrem com alguma frequência no mercado de consumo, em especial no mercado imobiliário.

Para regularizar um empreendimento ou compor possível conflito com os adquirentes, construtoras e incorporadoras firmam termos de ajustamento. Nestes, podem obrigar-se, por exemplo, a dar aos seus clientes o direito à resolução do contrato ou compensações por atraso na entrega da obra[493].

Termos de ajustamento com este perfil devem ser considerados contratos normativos. Eles podem ser contratos normativos corporativos, se o termo for assinado com entidade coletiva (uma associação, por exemplo), ou não corporativos, se firmados por pessoas jurídicas comuns (uma sociedade empresária). Negócios deste tipo criam obrigação apenas para

[491] Neste sentido, com referências a inúmeros autores: NERY, Ana Luiza. **Teoria geral do termo de ajustamento de conduta**. 3. ed. São Paulo: RT, 2017, p. 130.

[492] Em sentido aproximado: "Nesse contexto, o compromisso de ajustamento de conduta aparece como fonte de direito de obrigações à medida que se caracteriza como negócio jurídico bilateral, vinculando as partes que o celebraram, a fim de que sejam cumpridos os termos nele postos. E é justamente por essa razão que é tão importante caracterizar o compromisso de ajustamento de conduta como fonte de direito de obrigações porque essa circunstância lhe confere natureza jurídica de contrato, que faz lei entre as partes". NERY, Ana Luiza. **Teoria geral do termo de ajustamento de conduta**. 3. ed. São Paulo: RT, 2017, p. 138.

[493] Como exemplo, conferir: BRASIL. **Tribunal de Justiça do Distrito Federal**, Recurso Inominado n. 0704931-97.2014.8.07.0016, Rel. Juiz Arnaldo Correa Silva, 2ª Turma Recursal, j. 04/08/2015, DJ 16/09/2015; BRASIL. **Tribunal de Justiça do Estado do Rio Grande do Sul**, Apelação AC n. 0264118-30.2019.8.21.7000, Rel. Des. Carlos Cini Marchionatti, 20ª Câmara Cível, j. 11/12/2019, DJ 13/12/2019.

uma das partes e, caso haja, como é frequente, dever de dar determinada condição negocial em contratos com terceiros, poderão ser classificados como contratos normativos externos.

Estas cláusulas, que preordenam regras de contratos com terceiros, devem ser consideradas reflexo da função preparatória do contrato normativo. Uma vez firmado o termo de ajustamento, seus termos passam a integrar o conteúdo dos contratos com terceiros e, se estes desejarem, podem exercer os direitos nele previstos.

A natureza do termo com estas características, ou seja, firmado com uma associação privada representante de consumidores, por exemplo, ratifica que o terceiro somente pode ser alcançado pelos seus efeitos se manifestar seu consenso[494] no contrato futuro.

Isto deverá ser feito por meio de adesão expressa ao conteúdo do contrato normativo. Caso o signatário não cumpra com o que se obrigou no termo de ajustamento, o terceiro terá legitimidade para exigir o seu cumprimento, haja vista a possibilidade de interpretar a obrigação nele pactuada como uma estipulação em favor de terceiro (art. 436, Código Civil).

Para tanto, o termo deve prever obrigação de o signatário dar publicidade ao seu conteúdo. Ainda que não exista regra neste sentido, este dever lhe é imposto como desdobramento da boa-fé objetiva, a fim cooperar

[494] Nesta linha: "O Termo de Ajustamento de Conduta firmado entre o Ministério Público e a construtora, para indenizar espontaneamente seus consumidores pelo atraso na entrega da obra, é de aceitação opcional dos adquirentes das unidades imobiliárias, não inviabilizando, assim, pedido de indenização distinto". BRASIL. **Tribunal de Justiça do Distrito Federal**, Apelação n. 0019653-44.2013.8.07.0007, Rel. Des. Esdras Neves, 6ª Turma Cível, j. 18/03/2015, DJ 31/03/2015. "A celebração de Termo de Ajustamento de Conduta pela empresa apelante junto ao Ministério Público do Distrito Federal e Territórios não possui o condão de influir prejudicialmente nas relações negociais firmadas com os consumidores, não podendos os ônus do termo serem negativamente transferidos aos promitentes compradores do imóvel". BRASIL. **Tribunal de Justiça do Distrito Federal**, Apelação n. 0706160-64.2019.8.07.0001, Rel. Des. Hector Valverde, 1ª Câmara Cível, j. 13/11/2019, DJ 25/11/2019. "Destaca-se ainda que o parágrafo terceiro da cláusula oitava do TAC dispõe que a aceitação da indenização fixada é opção do consumidor que põe recusá-la ou pleiteá-la em juízo. No caso, não há dúvidas de que os autores optaram pela indenização prevista no TAC, visto que o pedido inicial foi expresso. Ademais, é mais benéfico aos consumidores". BRASIL. **Tribunal de Justiça do Distrito Federal**, Apelação n. 0015420-17.2016.8.07.0001, Rel. Des. Roberto Freitas, 3ª Câmara Cível, j. 18/12/2020.

com os terceiros para que possam exercer direito o objeto do termo de ajustamento.

O controle dos efeitos de contratos normativos com este perfil deve ser feito à luz da norma legal e da adesão dos terceiros. Se o termo de ajustamento de conduta afrontar a lei, criando prejuízo a consumidores, por exemplo, o regime contratual instituído não será válido e não poderá gerar efeitos.

Esta lógica, no âmbito do direito dos contratos, ratifica a orientação de processualistas, no sentido de que o termo de ajustamento de conduta extrajudicial (portanto, com natureza de convenção coletiva de consumo), apenas tem efeitos se for para beneficiar o indivíduo, e não para prejudicar pretensões pessoais[495].

Por outro lado, exigir que o terceiro deve aderir ao que foi estipulado no contrato normativo viabiliza que ele próprio possa avaliar se aquilo que foi pactuado é útil ou não aos seus interesses.

Assim, sob este ponto de vista, o termo de ajustamento de conduta pode assumir a condição de um contrato normativo atípico de consumo, assumindo a condição de uma convenção coletiva de consumo, mas sem as restrições previstas no art. 107 do Código de Defesa do Consumidor.

O seu conteúdo não pode obrigar terceiros; o signatário, porém, pode obrigar-se a oferecer as condições previstas no instrumento aos terceiros. Seu interesse pode ser alcançado na medida em que a solução será negociada com uma entidade coletiva, e não caso a caso.

Além disso, técnicas contratuais próprias dos contratos normativos podem ser utilizadas para criar mecanismos de incentivo à adesão, a exemplo de: (i) estipular no contrato normativo um processo de negociação, com prazos e objetivos; (ii) delegar a terceiros a verificação de determinadas condições de fato que sirvam de premissa para o acordo, como auditorias e exames técnicos; (iii) formar comissões de acompanhamento e "mesas" de negociações, de modo a dar publicidade aos terceiros que ao fim aderirão ou não ao contrato; (iv) criar parâmetros, e não apenas obrigações, como por exemplo para reconhecer que as partes, no contrato

495 NERY, Ana Luiza. **Teoria geral do termo de ajustamento de conduta**. 3. ed. São Paulo: RT, 2017, p. 235; GRINOVER, Ana Pellegrini. Novas tendências em matéria de ações coletivas nos países de *civil law*. *In*: WAMBIER, Luiz Rodrigues; WAMBIER, Teresa Arruda Alvim (org.). **Doutrinas essenciais**: processo civil. v. IX. São Paulo: RT, 2011, p. 1.015.

normativo, lograram reconhecer a situação de fato que levou ao acordo, o que deverá ser considerado pelo Poder Judiciário no julgamento de demandas dos terceiros que não aderirem à convenção[496].

Por fim, importante ter em vista que termos de ajustamento de conduta firmados por associações devem observar o requisito da representatividade adequada. Esta exigência, levantada por processualistas, não pode ser dispensada na hipótese de se tomar termo como um contrato normativo.

Este requisito é usualmente suscitado como forma de garantir que as entidades privadas tenham, de fato, dentre os seus objetos, a defesa dos interesses do grupo representado na tutela coletiva. A doutrina costuma observar que o exame das condições materiais e do histórico institucional dos entes privados é um meio de garantir a maior efetividade possível do processo coletivo, uma vez que os direitos postulados são, em verdade, do grupo substituído, e não do legitimado privado que atuará em juízo[497].

No Brasil, este debate se dá à luz da ausência de norma expressa sobre o tema. Contrariamente, nos Estados Unidos, consta das *Federal Rules of Civil Procedure* que a representatividade adequada dos direitos coletivos postulados em juízo (*adequacy of representation*) é requisito obrigatório para o recebimento das *class actions*, como desdobramento do devido processo legal[498].

[496] Alguns exemplos hipotéticos: (i) uma construtora que tenha atrasado as obras de um empreendimento poderá estipular no contrato normativo, em conjunto com a associação de adquirentes, uma indenização pelo atraso, cujo valor considere os prejuízos causados e, de outro lado, o fato de que o atraso decorreu da modificação inesperada de licenças que haviam sido dadas anteriormente pelo Poder Público; (ii) uma empresa de telefonia que tenha muitas reclamações quanto à qualidade dos seus serviços pode firmar com associação de consumidores um contrato normativo contendo um plano de ação para melhorias, com reuniões periódicas e acompanhamento da sua implementação. Ao fim, a associação pode conceder um selo de qualidade; (iii) um banco pode firmar com uma entidade acadêmica na área de proteção de dados um contrato normativo para estabelecer boas práticas quanto à segurança e a tratamento de informações dos seus clientes, pelo qual o banco obriga-se a implementá-las nos contratos com terceiros.

[497] GIDI, Antonio. **A *class action* como instrumento de tutela coletiva dos direitos**. As ações coletivas em uma perspectiva comparada. São Paulo: RT, 2007, p. 107-108.

[498] ROQUE, André Vasconcelos. O que significa representatividade adequada? Um estudo de direito comparado. **Revista Eletrônica de Direito Processual**, Rio de Janeiro, v. 4, n. 4, 2009, p. 177.

A despeito disso, sem pretensão de esgotar o tema, tornou-se corrente na jurisprudência o exame da representatividade adequada das associações. Este exame tem se restringido à pertinência temática entre o objeto da tutela coletiva e as finalidades institucionais da entidade, e à verificação do requisito temporal de constituição da entidade (artigo 5º, V, "a", Lei n. 7.347/1985)[499].

Apenas excepcionalmente este exame alcança outros elementos das entidades, como as condições materiais, técnicas ou morais para representarem direitos coletivos em juízo, a fim de evitar fraudes processuais ou violações evidentes ao devido processo legal[500], na esteira da longa literatura existente entre autores brasileiros que pugnam por um controle judicial mais abrangente da representação coletiva[501].

[499] "1. A jurisprudência deste STJ já firmou entendimento de que as associações, para ajuizarem validamente Ação Civil Pública, devem demonstrar, dentre outros, o requisito da pertinência temática, entre suas finalidades institucionais e o objeto da demanda coletiva. Precedentes: REsp. 1.091.756/MG, Rel. Min. MARCO BUZZI, Rel. p/Acórdão Min. MARCO AURÉLIO BELLIZZE, DJe 5.2.2018 e AgRg nos EDcl nos EDcl no REsp. 1.150.424/SP, Rel. Min. OLINDO MENEZES, DJe 24.11.2015." BRASIL. **Superior Tribunal de Justiça**, Agravo Interno no Recurso Especial 1350108/DF, Rel. Min. Napoleão Nunes Maia Filho, 1ª Turma, j. 14/08/2018, DJe23/08/2018. "1. As associações civis, para ajuizar ações civis públicas ou coletivas, precisam deter representatividade adequada do grupo que pretendam defender em juízo, aferida à vista do preenchimento de dois requisitos: a) pré-constituição há pelo menos um ano nos termos da lei civil – dispensável, quando evidente interesse social; e b) pertinência temática – indispensável e correspondente à finalidade institucional compatível com a defesa judicial do interesse". BRASIL. **Superior Tribunal de Justiça**, Recurso Especial 1357618/DF, Rel. Min. Luís Felipe Salomão, 4ª Turma, j. 16/09/2017, DJe 24/11/2017.

[500] "5. A qualidade moral e técnica necessária para a configuração da pertinência temática e da representatividade adequada tem íntima relação com o respeito das garantias processuais das pessoas substituídas, a legitimidade do provimento jurisdicional com eficácia ampla e a própria instrumentalização da demanda coletiva, evitando o ajuizamento de ações temerárias, sem fundamento razoável, ou propostas por motivos simplesmente políticos ou emulatórios." BRASIL. **Superior Tribunal de Justiça**, Recurso Especial 1509586/SC, Rel. Min. Nancy Andrighi, 3ª Turma, j.15/05/2018, DJe 18/05/2018.

[501] Inventário amplo e recente destes autores pode ser colhido em: VAROTTO JÚNIOR, Christovão de Moura. O controle da representação adequada de interesses: o caso do incêndio da boate Kiss. *In*: VITORELLI, Edilson; ZANETI JÚNIOR. Hermes (coord.). ***Casebook* de processo coletivo**: estudos de processo a partir de casos. v. 2. São Paulo: Almedina, 2020, p.159-199.

Exame semelhante deve ser realizado também em caso de celebração de termo de ajustamento de conduta com entidades privadas. Mesmo em momento anterior a um litígio, em caráter extrajudicial, as entidades privadas legitimadas a celebrarem o termo representam interesses que não são seus, mas sim da coletividade substituída.

A constituição de um termo de ajustamento de conduta com com natureza de contrato normativo não deve prescindir deste requisito. Ainda que suas regras são se apliquem de modo obrigatório e automático a terceiros, as repercussões do que vier a ser celebrado, sobretudo à vista dos parâmetros de interpretação e de integração dos contratos individuais, recomenda que a representação adequada também seja exigida nestes casos.

7.3. Franquia empresarial: responsabilidade do franqueador e contrato normativo

Por meio de um contrato de franquia, uma empresa dita franqueadora cede a outra, dita franqueada, direitos de uso de marca e modelos de negócio, recebendo em pagamento (*royalties*) e um percentual sobre os lucros[502].

A franquia tem como principal propósito viabilizar a distribuição de bens e de serviços, valendo-se para tanto dos esforços e do capital de terceiros. Cada unidade franqueada opera como se fosse a própria franqueadora. É mandatório que se uniformize o padrão de atendimento, o *layout* do estabelecimento comercial, a publicidade e os produtos.

Com isto, a franqueadora consegue expandir seus negócios sem dispor de capital, visto que o investimento e a operação de cada unidade são de responsabilidade de cada franqueada. De seu lado, a franqueada restringe o risco ao aderir a uma cadeia de franqueados que compartilham

[502] Este é, em resumo, o teor da definição presente na Lei n. 13.966/2019, que disciplina a franquia empresarial: "Art. 1º Esta Lei disciplina o sistema de franquia empresarial, pelo qual um franqueador autoriza por meio de contrato um franqueado a usar marcas e outros objetos de propriedade intelectual, sempre associados ao direito de produção ou distribuição exclusiva ou não exclusiva de produtos ou serviços e também ao direito de uso de métodos e sistemas de implantação e administração de negócio ou sistema operacional desenvolvido ou detido pelo franqueador, mediante remuneração direta ou indireta, sem caracterizar relação de consumo ou vínculo empregatício em relação ao franqueado ou a seus empregados, ainda que durante o período de treinamento.

despesas com publicidade e fornecedores, sob uma bandeira normalmente já conhecida e um modelo de negócio que já se mostrou exitoso.

Está correta, sob esta perspectiva, a definição contida na epígrafe da Lei n. 13.966/2019, que substituiu a legislação anterior, ainda da década de 1990. O novo diploma, já na sua epígrafe, considera a franquia empresarial como um sistema.

Destaca-se, assim, o fato de que ao firmar um contrato de franquia, as partes não disciplinam apenas uma troca econômica. O franqueado, à toda vista, adere a uma rede complexa. O sucesso deste sistema depende de uma sofisticada disciplina das condutas de cada um dos seus elementos, de maneira que, associados a interesses comuns, seja possível alcançar mais clientes e mais lucros.

Estas peculiaridades têm permitido à doutrina atribuir ao contrato de franquia a condição de um fenômeno que rompe com inúmeros dogmas da teoria clássica dos contratos[503].

Autores ligados a linhas de pesquisa de temas contemporâneos à teoria dos contratos, como a categoria dos contratos relacionais, referem-se à franquia com frequência como exemplo de negócio que não se restringe à realização de uma troca econômica[504], antes viabilizando a criação de um vínculo permanente de colaboração entre as partes.

Por isso, também é comum a menção à franquia como exemplo de contrato que constitui uma organização econômica ou um sistema estável para a disciplina de uma associação de interesses[505].

Todos estes elementos atribuem ao contrato de franquia a natureza de contrato normativo. Ainda que se tenha em mente a diversidade de modelos de negócio, é possível afirmar que: (i) é usual a preordenação

[503] Gunther Teubner toma o contrato de franquia como ponto de partida para o tratamento das redes contratuais, objeto de seus estudos em inúmeras obras. Não por acaso, considera estas redes, de que a franquia é um exemplo, como um fenômeno social disruptivo. TEUBNER, Gunther. Coincidentia oppositorum: hybrid networks beyond contract and organisation. *In*: AMSTUTZ, Marc; TEUBNER, Gunther (ed). **Networks**. Legal issues of multilateral cooperation. Portland: Hart Publishing, 2009, p. 13.

[504] GOETZ, Charles; SCOTT, Robert. Principles of relational contracts. **Virginia Law Review**, Charlottesville, v. 67, n. 6, p. 1091, set. 1981, p. 1.091.

[505] TEUBNER, Gunther. Hybrid laws: constitutionalizing private governance networks. *In*: KAGAN, Robert; WINSTON, Kenneth (ed.). **Legality and community**. Berkeley: Berkeley Public Policy Press, 2002, p. 320.

de contratos futuros, a serem firmados pela franqueada com a franqueadora, com fornecedores ou clientes, o que é feito por meio de códigos de conduta ou condições gerais para adesão à franquia; e (ii) relações com este perfil criam uma associação duradoura entre as partes, cuja disciplina exige ampla normatização.

Neste cenário, dentre os litígios mais comuns existentes em torno deste contrato, a jurisprudência registra o grupo de casos relativo à responsabilidade do franqueador por ação ou omissão do franqueado.

Os casos variam, mas a hipótese do grupo de casos pode ser assim ilustrada: em uma unidade franqueada de uma rede de lanchonetes, um dos clientes é vítima de discriminação racial por parte de um dos vendedores. Tratando-se de um sistema de franquia, a marca, os produtos, a publicidade e o sistema de atendimento são completamente uniformizados no âmbito da rede. Os vendedores, por exemplo, são intensamente treinados e preparados pela franqueadora para atuar conforme as regras e o seu código de conduta. Apesar disso, a unidade franqueada tem autonomia jurídica, ou seja, é a contratante formal de seus próprios empregados e de seus clientes. Neste cenário, o franqueador pode ser responsabilizado pelos danos experimentados pelo cliente da unidade franqueada?

A posição atual no âmbito do Superior Tribunal de Justiça considera que, à luz do Código de Defesa do Consumidor, o franqueador deve ser responsabilizado. Como ele integra a cadeia de consumo, a sua responsabilidade é solidária[506] (arts. 7º, parágrafo único[507], e 25[508], do Código de Defesa do Consumidor).

Esta compreensão, contudo, ainda é um tema em aberto. Sobram questões ainda não respondidas adequadamente. Ilustram as fricções

[506] BRASIL. **Superior Tribunal de Justiça**, Recurso Especial 1.426.578/SP, Rel. Min. Marco Aurélio Bellizze, 3ª Turma, j. 23/06/2015, DJe 22/9/2015. Este julgado, da Terceira Turma, é referido com frequência também em julgados da Quarta Turma. Neste sentido: BRASIL. **Superior Tribunal de Justiça**, Agravo Interno no Recurso Especial 1459155/SP, Rel. Min. Luís Felipe Salomão, 4ª Turma, j. 16/05/2017, DJe 19/05/2017.

[507] BRASIL. Lei n. 8.078/1990 (Código de Defesa do Consumidor). "Art. 7º. [...] Parágrafo único. Tendo mais de um autor a ofensa, todos responderão solidariamente pela reparação dos danos previstos nas normas de consumo".

[508] BRASIL. Lei n. 8.078/1990 (Código de Defesa do Consumidor). "Art. 25. É vedada a estipulação contratual de cláusula que impossibilite, exonere ou atenue a obrigação de indenizar prevista nesta e nas seções anteriores".

entre a solução que tem sido dada pelo Superior Tribunal e a realidade dos contratos os seguintes temas: (i) ainda que aplicável a legislação consumerista, já se afastou a responsabilidade da franqueadora porque foi provado que ela não tinha ingerência sobre a atuação da franqueada[509]; (ii) o argumento da cadeia de consumo não foi suficiente para condenar, no Brasil, a franqueadora nacional, por ato ocorrido em unidade franqueada no exterior[510]; e (iii) na responsabilidade entre franqueada e franqueadora, o Superior Tribunal já afastou a natureza do contrato de franquia para considerar este negócio uma sociedade de fato, obrigando as partes a dividirem prejuízos[511].

Considerar que sistemas de franquia operam por força de contratos normativos permite que novos argumentos sejam apresentados neste debate. À luz dos contratos normativos, a franqueadora não é apenas uma contratada da franqueada. Longe disso, parte muito substancial das atividades de uma unidade fraqueada em um sistema de franquia é disciplinado pela franqueadora[512]. Os mecanismos que instituem este controle estão previstos em um contrato normativo, no âmbito do qual inúmeras normas de conduta são fixadas para a franqueada[513].

[509] BRASIL. **Tribunal de Justiça do Estado do Paraná**, Recurso Inominado 0028559-55.2018.8.16.0182, Rel. Juiz Nestário da Silva Queiroz, 1ª Turma Recursal Cível, j. 25/05/2020, DJ 26/05/2020.

[510] BRASIL. **Tribunal de Justiça do Estado da Bahia**, Apelação 0058362-75.2003.8.05.0001, Rel. Des. Pilar Tobio, 1ª Câmara Cível, DJ 30/01/2017.

[511] BRASIL. **Superior Tribunal de Justiça**, Agravo Interno no Recurso Especial 1.296.028/RJ, Rel. Min. Raul Araújo, 4ª Turma, j. 22/08/2017, DJe 13/09/2017.

[512] "The franchisor concludes structurally similar bilateral with the franchisees. The contracts oblige the franchisees to maintain the standards which provide a basis for the system to appear uniformly on the market. To secure the adherenceof the system standards, the contracts contain an instruction and the control system. The franchisor in the Only person who contracts with all of them". Tradução livre: "O franqueador conclui, estruturalmente, contratos bilaterais similares com os franqueados. Os contratos obrigam os franqueados a manterem os padrões que garantem que o sistema pareça uniforme para o mercado. Para garantir a aderência aos padrões do sistema, os contratos contêm instruções e sistemas de controle. O franqueador é a única pessoa que tem contrato com todos eles". HELDT, Cordula. Internal relations and semi-spontaneous order: the case of franchising and construction contracts. *In*: AMSTUTZ, Marc; TEUBNER, Gunther (ed). **Networks**. Legal issues of multilateral cooperation. Portland: Hart Publishing, 2009, p. 137.

[513] "The imperative of the preservation of the unitary image determines that franchisees will be restricted in the use of their own resources and performances supplied to them in

O contrato de franquia institui um regime contratual. Ao aderir a uma rede de franquias, a franqueada não pode operar sob suas regras e vontades. Sua conduta junto aos clientes, por meio de seus próprios empregados, está intensamente disciplinada pela franqueadora, o que é feito para instituir padrões de atendimento e serviços aptos a garantir que, em qualquer unidade da rede, os consumidores possam usufruir da mesma qualidade.

Este regime especial deve ser considerado ao apurar-se a conduta de franqueadores em face de terceiros. Se a franqueadora aufere os benefícios da instituição de um regime contratual comum, deve também ter os ônus disso. A conduta das partes deve ser interpretada, e integrada, à luz da disciplina contratual do sistema de franquia.

Sob este prisma, não se pode desconsiderar no julgamento do grupo de casos examinado as regras do contrato normativo firmado entre franqueadora e franqueado. É a partir deste exame que será possível avaliar qual o regime contratual estabelecido entre as partes e, por conseguinte, entre as partes e terceiros.

O grau de uniformização da atuação da franqueada e de restrição de suas atividades é um critério muito relevante para responsabilizar a franqueadora. A depender do grau de direção das atividades da franqueada, por força do contrato normativo, será possível extrair a responsabilidade da franqueadora pelos danos que a franqueada venha a causar a terceiros.

Embora tenha autonomia patrimonial e jurídica, é certo que praticamente todas as condutas da franqueada na operação de seus negócios são

the service of the overall network image. An additional criterion indicating the presence of a network is furnished by contractual regulation of centrally designed competition modes for the association, whereby individual contracts refer to a common marketing practice. The degree of incorporation is only strengthened when franchising contracts impose unitary purchasing practices on franchisees". Tradução livre: "O imperativo da preservação da imagem unitária determina que os franqueados sejam restringidos no uso de seus próprios recursos e atribuições a serviço da imagem global da rede. Um critério adicional que indica a presença de uma rede é fornecido pela regulamentação contratual de modalidades de competição centralizadas para a associação, em que os contratos individuais referem-se a uma prática comercial comum. O grau de incorporação só é fortalecido quando os contratos de franquia impõem práticas de compra unitária aos franqueados". TEUBNER, Gunther. **Networks as connected contracts**. Trad. Michelle Everson. Portland: Hart Publishing, 2011, p. 159.

estipuladas pelo contrato normativo. Isto permite atribuir responsabilidade à franqueadora pelos atos da franqueada em face de terceiros[514].

Sob este prisma, justifica-se a responsabilidade solidária entre franqueadora e franqueada, em razão de fato ou vício do produto ou serviço, à luz do Código de Defesa do Consumidor. A relação descrita entre ambas confirma que a franqueadora não é apenas uma contratada da franqueada: como é regra em negócios deste tipo, ao disciplinar todas as etapas da prestação do serviço ou da venda do produto, a franqueadora é parte da cadeia de consumo, para os fins da incidência da regra do artigo 7º da Lei n. 8.078/1990.

Fora da seara consumerista, porém, embora fosse justificável, a legislação brasileira não atribui regime de solidariedade contratual entre franqueadora e franqueado. Neste caso, sem previsão legal ou contratual, não se pode presumir a solidariedade entre as partes (artigo 265, Código Civil[515]).

7.4. Contratos bancários: execução de créditos e contrato normativo

A realização de operações de financiamento bancário coligadas a um contrato-base deve ser considerada hipótese de adoção de contratos normativos.

Nestas operações, o beneficiário final firma com a instituição financeira um contrato inicial, estipulando condições negociais para todas as

[514] Gunther Teubner considera que redes de franquia, a depender do grau de centralização da disciplina, precisam ser tratadas como corporações, e não como arranjos em que a franqueadora seja uma mera contratada da franqueada: "[...] when franchising nets are highly centralized they need to be treated explicitly as full-fledged corporate arrangements and exposed to the mandatory rules of the law of economic enterprises. [...] Organizational liability rules would be especially suited to those cases in which franchising committees as quasi-corporate bodies make collective decisions for the whole network". Tradução livre: "Quando as redes de franquia são altamente centralizadas, elas precisam ser tratadas explicitamente como arranjos corporativos completos e expostos às regras obrigatórias da lei de corporações. [...] As regras de responsabilidade corporativa seriam especialmente adequadas para os casos em que os comitês de franquia, como quase-entidades corporativas, tomam decisões coletivas para toda a rede". TEUBNER, Gunther. Hybrid laws: constitutionalizing private governance networks. *In*: KAGAN, Robert; WINSTON, Kenneth (ed.). **Legality and community**. Berkeley: Berkeley Public Policy Press, 2002, p. 327.

[515] BRASIL. Código Civil (2002). "Art. 265. A solidariedade não se presume; resulta da lei ou da vontade das partes".

operações que as partes venham a firmar no futuro. Com isto, operações futuras de crédito, a exemplo da antecipação de recebíveis ou de financiamentos obtidos em linhas de crédito distintas, além serem contratadas em instrumentos próprios, ficarão submetidas ao negócio-base inicialmente contratado[516].

Nem todo contrato bancário terá esta estrutura, o que não permite dizer que todo contrato bancário seja um contrato normativo. Havendo, contudo, estes elementos, esta sua natureza deve ser reconhecida para os fins de lhe aplicar o regime jurídico indicado ao longo deste trabalho. Isto ocorrerá, por exemplo, nos contratos de abertura de crédito em geral, cujo mútuo ou operação futura se aperfeiçoe por meio de outro instrumento[517].

Na jurisprudência, discute-se se o crédito constituído em contratos normativos de abertura de conta corrente pode ser objeto de execução judicial. O debate aqui tem lugar na medida em que o contrato-base possa ser considerado título executivo extrajudicial, na forma do artigo 784, III e V, do Código de Processo Civil[518], mas os contratos a ele ligados, não.

No grupo de casos examinado, foi possível identificar hipóteses em que o contrato-base era assinado por duas testemunhas ou nele havia a instituição de garantia real para as operações futuras. Porém, nos instrumentos das operações futuras, no qual o débito foi constituído, os requisitos do título executivo não constavam.

A solução predominante nestes casos não permite a execução do débito. A maioria dos julgados, inclusive no âmbito do Superior Tribunal

[516] RIZZARDO, Arnaldo. **Contratos de crédito bancário**. 4. ed. São Paulo: RT, 2003, p. 74-75.

[517] Orlando Gomes, em sentido contrário, embora recolha no contrato de abertura de crédito elementos do contrato normativo, considera que a natureza é irrelevante "porque, em verdade, a abertura de crédito é hoje contrato bancário típico, de feição própria, irredutível a outra figura jurídica do Direito contratual". GOMES, Orlando. **Contratos**. 27. ed. Rio de Janeiro: Forense, 2019, p. 349. Ao contrário, contudo, a definição da natureza é importante na medida em que permite aplicar a tais instrumentos os efeitos do contrato normativo. Além disso, a circunstância de tratar-se de contrato típico não exclui a sua condição de contrato normativo. Como visto, contratos normativos devem ser considerados modelos de contratação, e nesta condição podem servir igualmente para a constituição de contratos típicos ou atípicos.

[518] BRASIL. Código de Processo Civil (2015). "Art. 784. São títulos executivos extrajudiciais: [...] III – o documento particular assinado pelo devedor e por 2 (duas) testemunhas; [...] – o contrato garantido por hipoteca, penhor, anticrese ou outro direito real de garantia e aquele garantido por caução";

de Justiça, considera que o instrumento por meio do qual o débito foi constituído não é um título executivo extrajudicial. Os sucessivos precedentes nesta linha levaram a Corte a aprovar o Enunciado n. 233, consolidando a sua jurisprudência sobre o tema no sentido de que "O contrato de abertura de crédito, ainda que acompanhado de extrato da conta-corrente, não é título executivo".

Além disso, ainda que os dois instrumentos possam ser considerados títulos executivos, a Corte considera que se o valor do débito depender da apresentação de outros documentos, que não o próprio título, não se pode considerar que ele tenha liquidez. Isto lhe retiraria a eficácia executiva[519].

À luz da doutrina dos contratos normativos, a compreensão predominante não parece ser a melhor. A função dos contratos normativos é preordenar as condições dos negócios futuros e atribuir-lhes o mesmo regime jurídico para fins de interpretação ou integração. Tendo isto em vista, não se pode tomar os instrumentos das operações de crédito como se fossem eles completamente isolados e singulares.

Por força da coligação contratual existente, o regime instituído pelo contrato-base se integra aos contratos futuros. Este é o principal efeito da coligação contratual: a repercussão da validade e da eficácia do contrato-base sobre a cadeia contratual[520]. Assim, se ao contrato-base pode ser atribuída a natureza de título executivo extrajudicial, este efeito deve se

[519] Neste sentido: "1. Emerge no tráfego comercial, como espécie de contrato de abertura de crédito, o chamado crédito documentado, ou crédito documentário, consistente no ajuste, geralmente, entre o comprador de mercadoria e instituição financeira, para que esta libere o crédito ao vendedor da mercadoria, mediante apresentação dos documentos exigidos. Contrato caracterizado pela triangularização de transações entre comprador, vendedor e instituição financeira, com liberação do crédito condicionada à apresentação da documentação da venda, comumente chamado de *vendor*. 2. Aplica-se, no caso, a Súmula n. 233/STJ: 'O contrato de abertura de crédito, ainda que acompanhado de extrato da conta-corrente, não é título executivo'. BRASIL. **Superior Tribunal de Justiça**, Recurso Especial n. 1.022.034/SP, Rel. Min. Luís Felipe Salomão, 4ª Turma, j. 12/03/2013, DJ 18/04/2013. "1. O contrato particular de abertura de crédito à pessoa física visando financiamento para aquisição de material de construção – Construcard, ainda que acompanhado de demonstrativo de débito e nota promissória, não é título executivo extrajudicial". BRASIL. **Superior Tribunal de Justiça**, Recurso Especial n. 1323951/PR, Rel. Min. Luís Felipe Salomão, 4ª Turma, j. 16/05/2017, DJe 14/06/2017.

[520] MARINO, Francisco Paulo de Crescenzo. **Contratos coligados no direito brasileiro**. São Paulo: Saraiva, 2009, p. 97.

projetar sobre os créditos que venham a ser constituídos nas operações a ele submetidas.

A existência do contrato normativo permite que se tome o sistema contratual que ele constitui como se fosse apenas um negócio. A jurisprudência formada em sentido contrário considera que dois instrumentos coligados não formam um título executivo.

A interpretação não parece ser a melhor na medida em que, fosse o mesmo negócio firmado em apenas um instrumento, a condição de título seria atribuída pela Corte – justamente o efeito que se pretende obter ao realizar-se a coligação contratual com o contrato normativo de abertura de crédito.

Enfim, a abertura do crédito e a preordenação de certas condições (no contrato normativo) e, de outro lado, a contratação efetiva do crédito (em contratos futuros), devem ser vistos como um único negócio. A função preparatória e a função regulatória do contrato normativo permitem esta conclusão, de maneira que as suas cáusulas passam a integrar, *per relationem*, o contrato que lhe seja posterior. Os dois, juntos, devem ser interpretados como um só.

Esta mesma orientação permite concluir que as garantias pactuadas no contrato normativo de abertura de crédito asseguram o crédito nos contratos que sejam ligados a ele. Por força deste raciocínio, é correto dizer que o fiador que firma o contrato de abertura de crédito não precisa ratificar expressamente os demais contratos, como aliás admite o próprio Superior Tribunal de Justiça[521]. A lógica quanto à aplicação do mesmo

[521] "1. A jurisprudência desta Corte é no sentido da validade da cláusula que estabelece a prorrogação automática da fiança com a renovação do contrato principal, cabendo ao fiador, acaso intente sua exoneração, efetuar, no período de prorrogação contratual, a notificação de que reza o art. 835 do Código Civil". BRASIL. **Superior Tribunal de Justiça**. Agravo Interno no Recurso Especial 1.698.392/SP, Rel. Min. Raul Araújo, 4ª Turma, DJe 19/11/2018. Esta orientação também encontra-se assentada na Terceira Turma daquela Corte: "RECURSO ESPECIAL. CONTRATOS BANCÁRIOS. FIANÇA. PRORROGAÇÃO AUTOMÁTICA. CLÁUSULA EXPRESSA. LEGALIDADE. PRETENSÃO DE EXONERAÇÃO DA FIANÇA. INVIABILIDADE. 1. Ação ajuizada em 24/09/2012. Recurso especial 22/07/2014 e atribuído a este gabinete em 25/08/2016. 2. A jurisprudência deste STJ afirma a validade da cláusula que estabelece a prorrogação automática da fiança com a renovação do contrato principal, cabendo ao fiador, acaso intente sua exoneração, efetuar, no período de prorrogação contratual, a notificação de que reza o art. 835 do Código Civil". BRASIL. **Superior Tribunal de Justiça**, Recurso Especial 1.502.417/MG, Rel. Min. Nancy Andrighi, 3ª Turma, DJe 26/5/2017.

regime jurídico deve ser ampliada para atribuir eficácia executiva a um negócio com este perfil.

Por último, merece destaque o *distinguishing* que a própria jurisprudência do STJ tem feito, ainda na hipótese de contrato normativo de abertura de crédito, se este tiver sido estipulado em valor fixo[522]. A distinção, contudo, apenas parece confirmar que a posição hoje majoritária não se mostra a mais acertada.

Nas duas hipóteses, o crédito efetivo objeto da execução dependerá da avaliação do contrato posterior. A circunstância de o crédito previsto no contrato normativo ser fixo não significa que a execução corresponda àquele valor; a apuração efetiva depende de quanto foi contratado pelo correntista, o que à toda vista pode corresponder a valor inferior.

Considerar esta hipótese como apta a aparelhar uma execução de título extrajudicial reforça a permissão que também deve ser dada se o contrato-base tiver eficácia executiva e, mesmo havendo previsão de valor fixo, o débito puder ser extraído do contrato ou dos contratos que sejam a ele submetidos.

7.5. *Shopping center*: a regulação da associação de interesses comuns a partir de um contrato normativo

Outro grupo de casos liga o contrato normativo aos contratos de locação no âmbito de *shopping center*. Inúmeras decisões qualificam este instrumento como um contrato normativo[523].

[522] "2. A jurisprudência desta Corte orienta que o contrato de mútuo bancário ou de abertura de crédito fixo, com disponibilização de valor e prazo de pagamento determinados, constitui título apto a embasar demanda executiva." BRASIL. **Superior Tribunal de Justiça**, Agravo Interno no Recurso Especial 1533169/SC, Rel. Min. Lázaro Guimarães (Des. convocado), 4ª Turma, j. 24/04/2018, DJe 02/05/2018. "3. O acórdão estadual firmou que somente o contrato de crédito fixo é considerado título executivo, natureza que não se estende ao contato de crédito rotativo, como no caso sub judice. Esse entendimento está em sintonia com a jurisprudência do STJ acerca da matéria". BRASIL. **Superior Tribunal de Justiça**, Agravo Interno no Recurso Especial 1049119/RJ, Rel. Min. Marco Aurélio Bellizze, 3ª Turma, j. 06/06/2017, DJe 19/06/2017.

[523] A título ilustrativo, confira-se: BRASIL. **Tribunal de Justiça do Estado de São Paulo**, Apelação n. 0146208-27.2012.8.26.0100, Rel. Des. Milton Carvalho, 4ª Câmara de Direito Privado, j. 06/06/2013, DJ 13/06/2013; BRASIL. **Tribunal de Justiça do Estado de Santa Catarina**, Apelação n. 0001656-04.2006.8.24.0045, Rel. Des. Jorge Luís Costa Beber, 2ª Câmara de Direito Civil, j. 10/11/2016; BRASIL. **Tribunal de Justiça do Estado de Goiás**,

A condição de contrato normativo, segundo Orlando Gomes, decorreria de que nele não se convenciona apenas a ocupação de um espaço comercial. Ao contratarem um negócio com este perfil, as partes disciplinam a ampla estruturação do centro de compras, considerado pelo autor como algo organizado e complexo[524].

Maria Helena Diniz também destaca esta característica, observando que a submissão a regras gerais uniformizadoras do regime contratual vigente no âmbito do empreendimento é um pressuposto importante para o bom funcionamento do centro comercial, assim, o contrato normativo é o instrumento por meio do qual o propósito deste negócio é atingido[525].

A qualificação feita pelos autores é compatível com a praxe contratual em torno deste negócio. Como se sabe, o locatário, ao aderir a um centro comercial com estas características, compromete-se a exercer a posse sobre o espaço em atenção às normas de funcionamento do *shopping*

Apelação 1506164188, Rel. Des. Stenka Neto, 3ª Câmara Cível, j. 04/05/2010, DJ 1º/06/2010; BRASIL. **Tribunal de Justiça do Estado do Maranhão**, Agravo de Instrumento n. 0006070-63.2012.8.10.0000, Rel. Jorge Rachid Mubárack Maluf, 1ª Câmara Cível, j. 24/01/2013, DJ 30/01/2013; BRASIL. **Tribunal de Justiça do Estado do Mato Grosso do Sul**, Apelação n. 0810049-69.2014.8.12.0001, Rel. Des. Eduardo Machado Rocha, j. 20/06/2017.

524 "O contrato de locação firmado entre o locador e locatário, segundo um formulário-tipo ou *standard*, é um contrato normativo como outro qualquer. Todas as partes nele se mantêm atentas a todas as obrigações no momento da contratação, pois dele decorre não apenas a ocupação de um espaço, mas toda a estruturação de um negócio organizado e complexo. Ambas as partes – locador e locatário – são, naturalmente, experimentados negociantes, que sabem o que desejam e são juízes de seus próprios interesses. Não tem cabimento, portanto, a tutela jurisdicional para equilíbrio das duas relações contratuais entre as partes, pois não se cogita de parte mais fraca ou inexperiente". GOMES, Orlando. Traços do perfil jurídico de um "shopping center". *In*: ARRUDA, José Soares; LOBO, Carlos Augusto da Silveira (coord.). ***Shopping centers*.** Aspectos jurídicos. São Paulo: RT, 1984, p. 147.

525 "O *shopping center* envolve um complexo organizacional relativo a sua localização, a sua viabilidade econômica, à captação de recursos, à adesão ao *tenant mix* por parte dos lojistas, que se subordinarão a um contrato normativo, que traça normas para seu bom funcionamento e sucesso comercial. O contrato firmado é, portanto, normativo e não por adesão, embora seja *standard*, contrato tipo, com cláusulas e condições impressas, por conter normas atinentes aos direitos e deveres dos contraentes, à ocupação de um espaço, à estruturação de um negócio organizado e complexo. Tais normas gerais regedoras do funcionamento e das locações do shopping center constituem contrato normativo declaratório ou *contractus mater*, estabelecido pelo empreendedor". DINIZ, Maria Helena. **Tratado teórico e prático dos contratos**. v. 3. 2. ed. São Paulo: Saraiva, 1993, p. 33.

center, a exemplo de horário de abertura, fechamento, uso de sistemas para aferimento das vendas, contribuição para fundo promocional, dentre outras regras.

Com este objetivo, a locação nesta hipótese não importa apenas na cessão da posse em troca do pagamento do aluguel. Ela associa o proprietário, ou operador, do *shopping center*, e o locatário para viabilizar a organização peculiar do centro de compras.

Existem aí elementos que atribuem ao instrumento a função regulatória da relação entre os contratantes, que não se esgota na cessão da posse. Ela vai além e disciplina uma associação para o objetivo comum de promover o centro, aumentar o volume de visitantes e as vendas.

Esta condição justifica que o regime jurídico deste negócio não seja inteiramente o regime das locações comuns de imóveis. A função regulatória e a unificação de todos os contratantes em torno das mesmas regras contratuais justificam a inaplicabilidade da Lei de Locações (Lei Federal n. 8.245/1991).

Este ponto de vista ratifica a racionalidade do seu artigo 54[526], que afasta a incidência de suas disposições de direito material, à exceção das prerrogativas mínimas previstas pelo mesmo dispositivo, mantidas as disposições procedimentais.

Considerá-lo um contrato normativo traduz, no âmbito da dogmática contratual, tanto a disposição mencionada da Lei de Locações, como a realidade deste negócio, cuja principal particularidade está na disciplina normativa da associação existente entre lojista e o *shopping center*. Esta perspectiva pode ser utilizada para dar solução jurídica aos problemas causados pela pandemia de Covid-19 na relação entre lojistas e *shopping center*.

[526] BRASIL. Lei Federal n. 8.245/1991. "Art. 54. Nas relações entre lojistas e empreendedores de *shopping center*, prevalecerão as condições livremente pactuadas nos contratos de locação respectivos e as disposições procedimentais previstas nesta lei. § 1º. O empreendedor não poderá cobrar do locatário em *shopping center*: a) as despesas referidas nas alíneas *a*, *b* e *d* do parágrafo único do art. 22; e b) as despesas com obras ou substituições de equipamentos, que impliquem modificar o projeto ou o memorial descritivo da data do habite-se e obras de paisagismo nas partes de uso comum. § 2º. As despesas cobradas do locatário devem ser previstas em orçamento, salvo casos de urgência ou força maior, devidamente demonstradas, podendo o locatário, a cada sessenta dias, por si ou entidade de classe exigir a comprovação das mesmas".

Em todo o mundo, o Poder Judiciário tem sido chamado a dar respostas para problemas concretos vividos pelos lojistas quanto ao fechamento dos centros por força de atos do poder público. Mais recentemente, nova tensão foi criada em razão da alta inesperada do Índice Geral do Preços ao Mercado[527], o que levou ao aumento inesperado de mais de 30% no valor dos aluguéis para o ano de 2021.

A possível revisão dos contratos de locação, à luz destes eventos e das regras previstas no Código Civil para resolução, ou revisão, por onerosidade excessiva (arts. 478 a 480[528]), deve ter em vista a particularidade dos contratos normativos.

Na medida em que o lojista se submeteu ao regime contratual instituído pelo contrato normativo e que este regime tenha regras constituídas em benefício do que motivou o lojista a explorar espaço comercial em um *mall*, desconsiderá-lo totalmente seria um grave erro.

A solução, nestes casos, deve manter ao máximo este mesmo regime contratual e esta mesma causa que levou à disciplina da relação. Concretamente, isto significa que é juridicamente equivocado (i) desobrigar o lojista de contribuir com as despesas do *mall*; ou (ii) mudar arbitrariamente o índice de correção monetária previsto no contrato firmado entre as partes[529].

[527] O Índice Geral de Preços ao Mercado (IGPM) foi criado no final dos anos 1940 pela Fundação Getulio Vargas e mede a variação mensal dos preços no país, tomando como base a variação de preços de bens e serviços, bem como de matérias-primas utilizadas na produção agrícola, industrial e construção civil. No âmbito do mercado imobiliário, tradicionalmente o IGPM é indicado como mecanismo de reajuste dos aluguéis em contratos de locação.

[528] BRASIL. Código Civil (2002). “Art. 478. Nos contratos de execução continuada ou diferida, se a prestação de uma das partes se tornar excessivamente onerosa, com extrema vantagem para a outra, em virtude de acontecimentos extraordinários e imprevisíveis, poderá o devedor pedir a resolução do contrato. Os efeitos da sentença que a decretar retroagirão à data da citação”; “Art. 479. A resolução poderá ser evitada, oferecendo-se o réu a modificar eqüitativamente as condições do contrato”; “Art. 480. Se no contrato as obrigações couberem a apenas uma das partes, poderá ela pleitear que a sua prestação seja reduzida, ou alterado o modo de executá-la, a fim de evitar a onerosidade excessiva”.

[529] Decisões em tutela provisória neste sentido tem sido comuns, em todo o Brasil. A título ilustrativo, confira-se: BRASIL. **Tribunal de Justiça do Estado de São Paulo**, Agravo de instrumento 2012910-93.2021.8.26.0000, Rel. Des. Francisco Occhiuto Júnior, j. 12/02/2021; BRASIL. **Tribunal de Justiça do Estado do Ceará**, Processo n. 0217453-47.2021.8.06.0001, Juíza Mirian Porto Mota Randal Pompeu, 27ª Vara Cível da comarca de Fortaleza,

Decisões deste tipo subvertem os termos da associação existente entre as partes para atingir objetivos comuns. Dispensar ou reduzir o pagamento das despesas retira a capacidade da administradora de seguir disciplinando o centro de compras. Por seu turno, mudar arbitrariamente o índice modifica o regime contratual instituído no âmbito do *shopping center* através do contrato normativo.

A natureza normativa dos contratos utilizados para organizar um *shopping center* não pode ser desconsiderada na análise da possível aplicação do artigo 478 do Código Civil, em razão da pandemia da Covid-19. A eventual intervenção do Poder Judiciário, sobretudo quando o objetivo for revisar o contrato, e não resolvê-lo, não pode converter este negócio em mera locação de espaço.

A causa contratual que é imanente a este tipo de negócio vai além da simples cessão da posse e envolve uma associação de interesses comuns, razão pela qual o contrato normativo disciplina e cria regras de governança para esta relação.

Neste contexto, desobrigar o lojista de pagar as despesas ou mudar unilateralmente o índice de reajuste dos aluguéis rompe esta associação de interesses, criando ônus para o locador que não foram originalmente previstos no regime contratual estabelecido, e eventualmente para os demais lojistas, que sofrerão os reflexos do funcionamento defeituoso do centro comercial.

Nestas hipóteses, portanto, deve o Poder Judiciário preferir soluções como: (i) distribuir a onerosidade, revisando o contrato de locação apenas para ampliar o prazo de pagamento do reajuste decorrente do IGPM; (ii) avaliar os efetivos reflexos do fechamento do *mall* ou da pandemia sobre as atividades dos lojistas, individualmente considerados (bancos, por exemplo, não são substancialmente afetados); (iii) a imposição de plano de redução de despesas ao empreendedor do *shopping center*; ou (iv) verificar o efetivo aumento de despesas para, se for o caso, controlar judicialmente exigências onerosas demais.

Por outro lado, esta mesma premissa deve ser utilizada para ampliar os ônus do *shopping center*. A função regulatória do contrato normativo

j. 23/03/2021; BRASIL. **Tribunal de Justiça do Estado de Santa Catarina**, Processo n. 5003734-95.2021.8.24.0064, Juíza Marivone Koncikoski Abreu, 1ª Vara Cível de São José/SC, j. 07/04/2021.

pressupõe que suas normas sejam cumpridas à vista dos objetivos comuns da associação existente entre as partes.

Para isto, a interpretação e a integração dos contratos de locação sob a ótica da doutrina dos contratos normativos deve impor à administradora ou à proprietária do *shopping center* deveres como: (i) obrigação de dar ciência ao locatário a respeito das normas gerais de funcionamento do centro comercial e que corresponderão ao seu regime contratual; (ii) obrigação de ela própria, locadora, cumprir as normas gerais de funcionamento; (iii) obrigação de dar transparência à gestão do *mall*; (iv) obrigação de dar transparência à gestão dos fundos promocionais; e, enfim, (v) obrigação geral de exercer as prerrogativas que lhe sejam asseguradas em benefício da associação de interesses regulada pelo contrato normativo.

No levantamento feito para a elaboração desta pesquisa, vê-se um número grande de decisões que destacam o caráter atípico do contrato de locação em *shopping center*, o que é correto[530].

Isto, contudo, não outorga à locadora imunidade contra as normas legais incidentes sobre o contrato e, tão importante quanto isto, contra o próprio regime contratual que disciplina a associação entre lojista e empreendedor. O contrato de locação deve ser interpretado e integrado pelo regime jurídico instituído no âmbito do *shopping*, de modo a preservar os interesses de ambas as partes e viabilizar que os objetivos comuns sejam alcançados.

[530] Esta compreensão é compartilhada pela doutrina: OLIVEIRA, Fernando Albino de. Fundo de comércio de shopping centers. *In*: PINTO, Roberto Wilson Renault; OLIVEIRA, Fernando Albino de (coord.). ***Shopping centers***. Questões jurídicas. São Paulo: Saraiva, 1991, p. 71; BUZAID, Alfredo. Estudo sobre *shopping center*. *In*: PINTO, Roberto Wilson Renault; OLIVEIRA, Fernando Albino de (coord.). ***Shopping centers***. Questões jurídicas. São Paulo: Saraiva, 1991, p. 13; CARVALHOSA, Modesto. Considerações sobre relações jurídicas em shopping centers. *In*: PINTO, Roberto Wilson Renault; OLIVEIRA, Fernando Albino de (coord.). ***Shopping centers***. Questões jurídicas. São Paulo: Saraiva, 1991, p. 168. Rodrigo Barcelos, particularmente, considera a locação em *shopping center* um contrato atípico misto, na medida em que funde e carrega consigo elementos próprios da locação: BARCELLOS, Rodrigo. **O contrato de *shopping center* e os contratos atípicos interempresariais**. São Paulo: Atlas, 2009, p. 116.

CONCLUSÕES

As mudanças culturais que permitiram a formação da pós-modernidade tiveram efeitos sobre a regulação jurídica dos contratos. Este marco histórico permitiu que o modelo unitário e estático de formação dos contratos fosse fragmentado.

Em razão disso, o respeito ao pluralismo de ideias e às formas distintas de setores sociais se relacionarem economicamente tiveram como consequência, no plano do direito, o reconhecimento da validade jurídica de novos modelos de contratação. Estas mudanças não podem ser vistas em uma relação de oposição ou de substituição. Os modelos de regulação do contrato não competem entre si; o reconhecimento do pluralismo de interesses dignos de tutela jurídica, como característica da pós-modernidade jurídica, tem por consequência o igual reconhecimento destes modelos, também em relação a suas funções e seus efeitos jurídicos.

Assim, ao modelo clássico de formação de contratos, em que as partes exercem igualmente, entre si, a liberdade de definir o conteúdo do contrato (*modelo de formação com ampla liberdade de contratar*), agregaram-se pelo menos dois novas modalidades.

De um lado, o *modelo de formação com restrita liberdade de contratar*, baseado nas figuras do contrato de adesão e das condições gerais do contrato, conta atualmente com ampla aceitação econômica e legislativa, tanto no Código Civil, como na legislação especial, particularmente nas relações de consumo. Por outro, o *modelo de formação com ampla liberdade de contratar para preordenar contratos futuros*, embora tenha crescido nas últimas décadas, ainda não obteve da doutrina jurídica atenção quanto aos efeitos jurídicos esperados pelas partes e admitidos pela legislação.

É neste último quadrante que o *contrato normativo* opera. Contratos normativos são negócios jurídicos bilaterais, ou plurilaterais, cujo objeto é criar normas para regular condutas ou fixar previamente condições negociais para outros contratos futuros, firmados entre os próprios contratantes ou com terceiros.

A formação dos contratos normativos exige que se considere três elementos: (i) trata-se de contrato que uniformiza o regime contratual e articula contratos coligados; (ii) para que seja assim definido e se distinga de outras figuras comuns, exige-se que os contratantes sejam movidos por uma *affectio modulus*; e (iii) na articulação com os negócios futuros, não há necessariamente a obrigação de contratar.

Ao reunir estes três elementos, as partes objetivam formatar uma solução negocial para alinhar interesses entre si, no âmbito de operações econômicas que exigem, para que sejam implementadas, mais de um negócio jurídico. Quando este instrumento projeta efeitos em contratos com terceiros, busca-se uniformizar o regime jurídico, atribuindo deveres específicos e mínimos, nestas relações.

Neste trabalho, buscou-se colher e organizar os efeitos jurídicos deflagrados na formação de contratos normativos, a partir de sua dupla função.

A primeira delas foi designada como *função preparatória*. Nesta perspectiva, o contrato normativo pode ser utilizado como uma etapa prévia à constituição de um negócio jurídico futuro, cujos termos estarão subordinados ao quanto ajustado anteriormente pelas partes contratantes.

O contrato normativo exerce função preparatória na medida em que, ao preordenar certas condições negociais para contratos futuros, estabelece obrigações para a hipótese de as partes virem a contratar, entre si ou com terceiros.

Contratos normativos, mesmo que não obriguem à contratação futura e que projetem seus efeitos para negócios que podem vir a não existir, não são despidos de efeitos jurídicos. Na perspectiva da função preparatória, estes instrumentos devem ser tomados como negócios que geram direito subjetivo às condições negociais previamente estipuladas.

Assim, na dimensão da função preparatória, as cláusulas ajustadas no contrato normativo compõem automaticamente o negócio futuro, a ele submetido, caso venha a ser firmado.

É certo que as partes podem, em consenso, nos contratos futuros, modificar o ajuste anterior realizado no contrato normativo. Caso não o façam, porém, não se exige que o contrato futuro faça referência expressa ao contrato normativo para que suas regras tenham eficácia.

Esta construção tem fundamento, sobretudo, nos postulados da real intenção externada pelas partes contratantes (artigo 112 do Código Civil) e da interpretação desta vontade manifestada conforme a boa-fé (artigo 113, Código Civil). Os dois dispositivos apontam para que, na relação entre contrato normativo e contrato futuro, a única interpretação útil é aquela que toma em conjunto as duas manifestações de vontade, integrando o segundo com os termos pactuados no primeiro.

Esse efeito é válido em contratos normativos internos e externos, neste último caso por meio da estipulação em favor de terceiro (artigo 436, parágrafo único, Código Civil). Embora nos dois casos se possa dizer que a parte que firmou o contrato normativo tem a liberdade de não firmar os contratos futuros, o modo de exercer esta prerrogativa pode atrair a responsabilidade por danos causados em razão da violação do art. 187, Código Civil.

Por fim, conclui-se que o inadimplemento do contrato normativo autoriza a execução específica da obrigação.

A segunda função foi designada como *função regulatória*. Nesta perspectiva, o contrato normativo não apenas prepara contratos futuros. Ele exerce função regulatória na medida em que, ao criar um regime contratual uniforme para uma coligação contratual, estabelece normas de conduta, com características de direito objetivo às partes que se submetam a ele. Ao fazê-lo, suas regras se projetam sobre os negócios futuros que venham a ser firmados entre os contratantes, ou entre os contratantes e terceiros.

Esta específica função dos contratos normativos demonstra a sua utilidade como instrumento de regulação de contratos de longo prazo, contratos coligados e contratos com características relacionais. Nestes negócios, o programa contratual constituído entre as partes exige uma associação de interesses em torno de objetivos comuns. Nestes casos, um mero inventário fixo de obrigações não contempla o real propósito dos contratantes.

É certo que o êxito completo nesta associação de interesses depende, não raro, da constituição de mais de um contrato entre as partes, ou das partes com terceiros. A adoção de contratos normativos permite formalizar as grandes linhas e os deveres mínimos reconhecidos entre si pelas partes, ou com terceiros, independentemente de quantos negócios venham a firmar.

Igualmente, a adesão voluntária a um regime contratual que deva ser observado junto a terceiros, prática bastante comum em códigos de autorregulação, é campo fértil para o uso de contratos normativos.

Para todos estes casos, o efeito jurídico geral decorrente da função regulatória obriga que se tome o contrato normativo como parâmetro de integração e interpretação dos contratos futuros e do comportamento das partes.

Esta construção tem fundamento na interpretação conjunta dos artigos 421-A, I e 113, § 2º, do Código Civil, que concedem às partes a prerrogativa de preordenar regras de interpretação e de integração dos seus contratos. Embora os dispositivos venham sendo interpretados como aptos a autorizar que isto seja feito em um instrumento único, nada obsta que tais parâmetros estejam previstos em um instrumento geral, antecedente e coligado dos demais negócios futuros, como ocorre a partir de um contrato normativo,

Nos contratos normativos internos, isto significa que a disciplina do contrato normativo deve ser sempre utilizada para preencher lacunas de contratos futuros, na interpretação destes instrumentos e do próprio comportamento das partes entre si.

O mesmo efeito geral valerá para os contratos normativos externos, podendo os terceiros se valer de suas cláusulas para integração e interpretação, na medida em que estas podem ser consideradas como estipulações em seu favor (artigo 436, parágrafo único, Código Civil).

As duas funções não se excluem. O efeito jurídico decorrente da função preparatória integra as regras do contrato normativo aos contratos futuros, usualmente em relação a prestações concretas (por exemplo, para exigir o cumprimento de um determinado preço previsto ou de uma cláusula de arbitragem, previsto no contrato normativo). Por seu turno, a função regulatória cria um regime contratual com efeitos sobre os contratos futuros e coligados. Trata-se de uma espécie de moldura antecedente a estes negócios, de maneira que a interpretação e a integração sejam realizadas à luz do contrato normativo (por exemplo, para que um juiz ou árbitro considere o contrato normativo na interpretação de um contrato futuro firmado entre as mesmas partes).

O levantamento da jurisprudência brasileira revela poucas menções expressas ao tema. Este dado, porém, oculta um número relevante de situações em que os elementos dos contratos normativos se fazem presentes. A qualificação jurídica dos negócios no âmbito dos quais ocorrem as controvérsias submetidas aos tribunais deveria considerar a doutrina dos contratos normativos. Sem isto, corre-se o risco de atribuir soluções que não consideram as peculiaridades de contratos com este perfil.

Os grupos de casos recolhidos, particularmente, demonstram a possibilidade de a jurisprudência ser aprimorada. Os efeitos jurídicos enunciados permitem qualificar códigos de autorregulação, convenções coletivas de consumo e termos de ajustamento de conduta, contratos de franquia, certos contratos bancários e contratos de locação em *shopping center*, em determinadas circunstâncias, como contratos normativos.

A adoção desta premissa pelos Tribunais permitiria (i) considerar que estes negócios criam normas aptas a preparar ou regular contratos futuros; (ii) considerar que alguns deles instituem uma associação de interesses entre as partes (especialmente na franquia e no *shopping center*), de modo que considerar o instrumento-base destas relações como contratos normativos permite tomá-los como norma de conduta das partes; e, por fim, (iii) tomar a relação entre tais negócios e os contratos futuros em um regime de coligação, aplicando os efeitos jurídicos enunciados para integração e interpretação.

REFERÊNCIAS

AGÊNCIA NACIONAL REGULADORA DE SAÚDE SUPLEMENTAR. Disponível em: http://www.ans.gov.br/aans/index.php?option=com_centraldeatendimento&view=pergunta&resposta=47&historico=7399711. Acesso em: 13 jul. 2020.

AGUIAR JÚNIOR, Ruy Rosado. Contratos relacionais, existenciais e de lucro. **Revista Trimestral de Direito Civil**, São Paulo, 2011, v. 12, n. 45, p. 97-98, jan.-mar. 2011.

ALMEIDA, Carlos Ferreira de. **Contratos IV**: funções – circunstâncias – interpretação. 2. ed. Coimbra: Almedina, 2019.

AMARAL, Francisco. Racionalidade e sistema no direito civil brasileiro. **Revista de Informação Legislativa**, Brasília, n. 121, p. 236, jan.-mar. 1994.

AMARAL, Luiz Otávio Oliveira. Da convenção coletiva de consumo (art. 107 e 108). *In*: GRINOVER, Ada Pellegrini; BENJAMIN, Antônio Herman de Vasconcellos e; FINK, Daniel Roberto; FILOMENO, José Geraldo Brito; NERY JUNIOR, Nelson; DENARI, Zelmo. **Comentários ao Código do Consumidor**. 4. ed. Rio de Janeiro: Forense, 2012.

ANBIMA. **Normas**. Disponível em: https://www.anbima.com.br/pt_br/autorregular/autorregulacao-e-adesao/atividades-autorreguladas.htm. Acesso em: 16 jul. 2020.

ARAGÃO, Alexandre Santos de. **Agências reguladoras e evolução do direito administrativo econômico**. 3. ed. Rio de Janeiro: Forense, 2013.

ARGENTINA. Senado y Cámara de Diputados la Nación Argentina. **Proyecto de Código Civil**. Buenos Aires: Congresso, 01 ago. 2015. Disponível em: http://www.biblioteca.jus.gov.ar/ProyectoCivil-Parte1.pdf. Acesso em: 16 abr. 2021.

ARNALDEZ, Jean-Jacques; DERAINS, Yves; HASCHER, Dominique. **Recueil des sentences arbitrales de la CCI**: 1996-2000. Paris: ICC Publishing, 2003.

ARONNE, Ricardo. Sistema jurídico e unidade axiológica. Os contornos metodológicos do direito civil-constitucional. **Revista do Instituto de Direito Brasileiro**, Lisboa, n. 01, p. 89, 2013.

ATIYAH, Patrick S. **The rise and fall of freedom of contract**. Oxford: Oxford University Press, 1979.

AZEVEDO, Álvaro Vilaça de. **Curso de direito civil**. Teoria geral dos contratos. 4. ed. São Paulo: Saraiva, 2019 (*ebook*).

AZEVEDO, Antônio Junqueira de. O direito pós-moderno. **Revista USP**, n. 42, jun.-ago. 1999.

AZEVEDO, Antônio Junqueira de. (Parecer). Natureza jurídica do contrato de consórcio (sinalagma indireto). Onerosidade excessiva. Resolução parcial do contrato. *In*: AZEVEDO, Antônio Junqueira de. **Novos estudos e pareceres do direito privado**. São Paulo: Saraiva, 2009.

AZEVEDO, Antônio Junqueira de. (Parecer) Contrato-quadro. Impossibilidade superveniente da obrigação de celebração dos contratos de execução (compra e venda) por inexistência de critério consensual para estipulação do preço. Inadmissiblidade de arbitramento judicial do preço. Resolução *ex nunc* dos contratos-quadros e restituição do enriquecimento sem causa. *In:* AZEVEDO, Antônio Junqueira de. **Novos estudos e pareceres de direito privado**. São Paulo: Saraiva, 2009.

AZEVEDO, Antônio Junqueira de. **Negócio jurídico** – existência, validade e eficácia. 4. ed. São Paulo: Saraiva, 2002.

AZEVEDO, Antônio Junqueira de. A arbitragem e o direito do consumidor. **Revista da Faculdade de Direito da Universidade de São Paulo**, v. 91, p. 265-266, 1996.

BALESTIERI, Massimo. I contratti preparatori: Il contratto normativo. *In*: FAVA, Pasquale (coord.). **Il contratto**: trattato teórico-pratico. Milão: Giuffrè, 2012.

BARASSI, Lodovico. **Diritto del lavoro e assicurazioni sociali**: lezioni tenute al corso di perfeizionamento in studi sindacali e corporativi. v. 1. Milão: Giuffré, 1930.

BARCELLOS, Rodrigo. **O contrato de *shopping center* e os contratos atípicos interempresariais**. São Paulo: Atlas, 2009.

BECKERS, Anna. **Enforcing corporate social responsibility codes**. On global self-regulation and national private law. Portland: Hart Publishing, 2015.

BENJAMIN, Antonio Herman de Vasconcellos. Prefácio. *In*: SEEFELDER, Cláudio; CAMPOS, Rogério (coord.). **Constituição e Código Tributário comentados**. São Paulo: RT, 2020.

BERNAL FANDIÑO, Mariana. Reflexiones sobre los contratos marco. **Universitas**, v. 67, n. 136, p. 1-19, 2018.

BETTI, Emilio. **Teoria geral do negócio jurídico**. Campinas: Servanda, 2008.

BIANCA, Massimo. **Diritto civile**: Il contratto. v. 3. 3. ed. Milano: Giuffré, 2019.

BIANCHINI, Luiza Lourenço. **Contrato preliminar**: conteúdo mínimo e execução. Porto Alegre: Arquipélago Editorial, 2017.

BITTAR, Eduardo. O direito na pós-modernidade. **Revista Seqüência**, Florianópolis, 2008, n. 57, p. 132, dez. 2008.

BLACK, Julia. Critical reflections on regulation. **Australian Journal of Legal Philosophy**, n. 27, 2002.

BLACK, Julia. Decentring regulation: understanding the role of regulation and self-regulation in a post-regulatory world. *In*: MITCHELL, Paul; SUTEU, Silvia; PAPARINKIS, Martins (ed.). **Current legal problems**, v. 54, 2001.

BOBBIO, Norberto. **Teoria da norma jurídica**. Trad. Ariani Bueno Sudatti e Fernando Pavan Baptista. 6. ed. São Paulo: Edipro, 2016.

BOUVIER, Amandine. **Regards sur le contrat de franchise**. 557 f. Tese (Doutorado). França, Universidade de Montpellier, 2015.

BRASIL. Governo Federal. **Portal da Legislação**. Disponível em: http://www.planalto.gov.br/legislacao. Acesso em: 29 jul. 2021.

BRITO, Maria Helena. **O contrato de concessão comercial**: descrição, qualificação e regime jurídico de um contrato socialmente típico. Coimbra: Almedina, 1990.

BUENO, Sérgio. Contrato preliminar. **Doutrinas Essenciais** – obrigações e contratos, v. 4, p. 283-300, São Paulo: RT, 2011.

BULGARELLI, Waldirio. **Contratos mercantis**. 12. ed. São Paulo: Atlas, 2000.

BUZAID, Alfredo. Estudo sobre "*shopping center*". *In*: PINTO, Roberto Wilson Renault; OLIVEIRA, Fernando Albino de (coord.). ***Shopping centers***. Questões jurídicas. São Paulo: Saraiva, 1991.

CAFAGGI, Fabrizio. Self-regulation in European Contract Law. **European Journal of Legal Studies**, 2007.

CAFAGGI, Fabrizio. The regulatory functions of transnational commercial contracts: new architectures. **Fordham International Law Journal**, v. 36, p. 1.559, 2013.

CARBONNIER, Jean. **Sociologia jurídica**. Trad. Luis Diez-Picazo. 2. ed. Madrid: Tecnos, 1982.

CARDOSO, Paula Butti. **Limites subjetivos da convenção de arbitragem**. 184 f. Dissertação (Mestrado em Direito), Universidade de São Paulo (USP), São Paulo, 2013.

CARIOTA-FERRARA, Luigi. Riflessioni sul contratto normativo. *In*: **Archivio Giuridico**, Quarta Serie, v. XXXIV. [S.l.] Padova, 1937. Disponível em: https://www.academia.edu/38550299/Luigi_CariotaFerrara_Riflessioni_sul_contratto_normativo_1937_. Acesso em: 20 mar. 2020.

CARNEIRO, Fernando Toledo. *Boilerplates*: uma olhada nas teorias norte-americanas sobre a padronização contratual. **Revista de Direito Privado**, v. 79, 2007.

CARVALHO, Ângelo Gamba Prata de. A função regulatória dos contratos: regulação e autonomia privada na organização do poder econômico. Brasília, **Revista de Direito Setorial e Regulatório**, v. 5, n. 1, 2019.

CARVALHOSA, Modesto. Considerações sobre relações jurídicas em *shopping centers*. *In*: PINTO, Roberto Wilson Renault; OLIVEIRA, Fernando Albino de (coord.). ***Shopping centers***. Questões jurídicas. São Paulo: Saraiva, 1991.

CATAUDELLA, Antonino. **I contratti**. Parte generale. 4. ed. Torino: Giappichelli, 2014.

CERIONI, Marta. **Prime riflessioni sulle fonti dell'autonomia privata**. Annali dela Facoltà Giuridica dell'Universitá di Camerino, 2012, n. 1. Disponível em: https://afg.unicam.it/sites/afg.unicam.it/files/CERIONI_prime_riflessioni_fonti.pdf. Acesso em: 16 abr. 2021.

CHALHUB, Melhim; DANTZGER, Afrânio. Lei 13.476/2017 preencheu importante lacuna ao regular "garantia guarda-chuva". [S.l.], 31 out. 2017. **Conjur**. Disponível em: https://www.conjur.com.br/2017-out-31/opiniao-lei-preenche--lacuna-regular-garantia-guarda-chuva. Acesso em: 30 maio 2020.

CHAVES, Antonio. Reformulação do ensino do direito civil. Novas técnicas. Um programa. **Revista da Faculdade De Direito**, Universidade de São Paulo, v. 70, p. 37-78, 1975.

CIFUENTES, Marcela. **Los contratos normativos y los contratos marco en el derecho privado contemporâneo**. Disponível em: http://dx.doi.org/10.12804/revistas.urosario.edu.co/sociojuridicos/a.6977. Acesso em: 18 mar. 2021.

COLLINS, Hugh. Introduction to networks as connected contracts. *In*: TEUBNER, Gunther. **Networks as connected contracts**. Portland: Hart Publishing, 2011.

COLLINS, Hugh. **Regulating contracts**. Oxford: University Press, 1999.

COURTOIS, Hélene; BROCHIER, Chantal. Le contrat-cadre en Italie. *In*: SAYAG, Alain (dir.). **Le contrat-cadre**: exploration comparative. Paris: Litec, 1995.

CONSELHO EXECUTIVO DE NORMAS PADRÃO. **Normas Padrão da Atividade Publicitária**: do relacionamento comercial entre anunciantes, agências de publicidade e veículos de comunicação frente à Lei n. 4.680/65 e aos Decretos n. 57.690/66 e 4.563/02, São Paulo. Disponível em: https://www.cenp.com.br/documento/normas-padrao-portugues. Acesso em: 17 jun. 2020.

COSTA, Mário Júlio Almeida. **Direito das obrigações**. 12. ed. Coimbra: Almedina, 2014.

CRISCUOLO, Fabrizio. L'autodisciplina. **Autonomia privata e sistema delle fonti**. Napoli: Edizioni Scientifiche Italiane, 2000.

DEMOGUE, René. **Les notions fondamentales du droit privé**. Essai critique, pour servir d'introduction à l'étude des obligations. Paris: Arthur Rousseau, 1911.

DEUTSCHE DIGITALE BIBLIOTHEK. **Alfred Hueck**. Disponível em: https://www.deutsche-digitale-bibliothek.de/person/gnd/118707744. Acesso em: 03 abr. 2020.

DHAEYER, Bernard. Le contract de factoring en droit belge. **Le Revue Juridique Themis**, v. 9, n. 1, p. 19, 1974.

DÍAZ, Odavia Bueno. **Franchising in European contract law**. Munique: Sellier, 2008.

DIENER, Maria Cristina. **Il contratto in generale**. 3. ed. Milano: Giuffrè, 2015.

DIEZ-PICAZO. **Fundamentos del derecho civil patrimonial**: introduccion teoria del contrato. 5. ed. Madrid: Civitas, 1996.

DINIZ, Maria Helena. **Tratado teórico e prático dos contratos**. v. 3. 2. ed. São Paulo: Saraiva, 1993.

FACHIN, Luiz Edson. **Teoria crítica do direito civil**. 3. ed. Rio de Janeiro: Renovar, 2012.

FANDIÑO, Mariana Bernal. Reflexiones sobre los contratos marco. Bogotá, **Universitas**, n. 136, 2018.

FAVA, Pasquale. Lineamenti storici, comparati e constituzionali del sistema contrattuale verso la european private law. *In*: FAVA, Pasquale (coord.). **Il contratto**: trattato teórico-pratico. Milão: Giuffrè, 2012.

FAVA, Pasquale (coord.). **Il contratto**: trattato teórico-pratico. Milão: Giuffrè, 2012

FEBRABAN. **Autorregulação bancária**. Disponível em: https://portal.autorregulacaobancaria.com.br/. Acesso em: 27 jul. 2021.

FERRARI, Camila. **I contrati dei mercati regolati**. Torino: Giappichelli, 2018.

FERREIRA, Aurélio Buarque de Holanda. **Novo Dicionário da Língua Portuguesa**. 2. ed. Rio de Janeiro: Nova Fronteira, 1986.

FERRI, Luigi. **La autonomia privata**. Trad. Luiz Sandro Mendizabal. Santiago: Ediciones Olejnik, 2018.

FERRO-LUZZI, Paolo. **I contratti associativi**. Milão: Giuffrè, 2001.

FIGUEIREDO, Gabriel Seijo Leal. Estipulação em favor de terceiro. *In*: LOTUFO, Renan; NANNI, Giovanni, Ettore (coord.). **Teoria geral dos contratos**. São Paulo: Atlas, 2011.

FIUZA, César. **Direito civil**: curso completo. 11. ed. Belo Horizonte: Del Rey, 2008.

FOLCO, Carlo. Les paiements par l'intermédiaire des banques. **Revue Trimestrielle De Droit Commercial**, Paris, v. 07, p. 55, 1954.

FORGIONI, Paula. **Contratos empresariais**. 2. ed. São Paulo: RT, 2016.

FORGIONI, Paula. **Contratos de distribuição**. São Paulo: RT, 2005.

FRADERA, Véra Jacob de. Art. 7º: liberdade contratual e função social do contrato – art. 421 do Código Civil. *In*: MARQUES NETO, Floriano Peixoto; RODRIGUES JÚNIOR, Otávio Luiz; LEONARDO, Rodrigo Xavier (org.). **Comentários à Lei de Liberdade Econômica**. São Paulo: RT, 2020.

FRANCHI, Valeria. Le condizioni generali di contratto ed i contratti conclusi medinte moduli o formulari. La tutel della parte debole non predisponente nei confronti delle clausole vessatorie ed abusive. *In*: FAVA, Pasquale (coord.). **Il contratto**. Trattato teórico-pratico. Milão: Giuffrè, 2012.

FRAZÃO, Ana. Internet, novos negócios e economia do compartilhamento: desafios para a regulação jurídica. *In*: MENDES, Laura Schertel; ALVES, Sérgio Garcia; DONEDA, Danilo (coord.). **Internet & regulação**. São Paulo: Saraiva, 2021.

FUNDAÇÃO ITALIANA DE NOTARIATO. **Autonomia privata e fonti del diritto**: atti del convegno tenutosi a Firenzi il 16 maggio 2019. Milão: Giuffrè, 2019.

GAGLIARDI, Rafael Villar. Contratos preliminares. *In*: LOTUFO, Renan; NANNI, Giovanni Ettore (coord.). **Teoria geral dos contratos**. São Paulo: Atlas, 2011.

GAGLIARDI, Rafael Villar. **A exceção do contrato não cumprido**. 300 f. Dissertação (Mestrado em Direito). Pontifícia Universidade Católica de São Paulo (PUC-SP), São Paulo, 2006.

GALGANO, Francesco. **Il negozio jurídico**. Milão: Giuffré, 1988.

GATSI, Jean. **Le contrat-cadre**. Paris: LGDJ, 1996.

GHERSI, Carlos Alberto. Posmodernidad jurídica: el analisis contextual del derecho como contracorrente a la abstracción jurídica. **Revista da Faculdade de Direito da UFRGS**, Porto Alegre, v. 15, p. 21, 1998.

GHESTIN, Jacques. La notion de contrat-cadre et les enjeux théoriques et pratiques quis'y attachent. *In*: CANIVET, Guy; FLAHAULT, Hubert; VATIER, Bernard; CHARRETON, Pierre (org.). **Le contrat-cadre de distribution**: enjeux et perspectives. Disponível em: www.creda.cci-paris-idf.fr/colloques/pdf/1996--contrat-cadre-distribution/03-France-notion.pdf. Acesso em: 25 jan. 2020.

GIDI, Antonio. **A *class action* como instrumento de tutela coletiva dos direitos**. As ações coletivas em uma perspectiva comparada. São Paulo: RT, 2007.

GIELOW, Igor. Embraer acusa Boeing de romper acordo e exige compensação dos americanos: fabricante dos EUA diz que contrato não foi cumprido no prazo, e brasileiros veem deslealdade. **Folha de S. Paulo**. 25 abr. 2020. Disponível em: https://www1.folha.uol.com.br/mercado/2020/04/boeing-desiste-de-comprar--area-de-aviacao-comercial-da-embraer.shtml. Acesso em: 13 jul. 2020.

GILMORE, Grant. **The death of contract**. Columbus: The Ohio State University Press, 1974.

GOETZ, Charles; SCOTT, Robert. Principles of relational contracts. **Virginia Law Review**, Charlottesville, v. 67, n. 6, p. 1091, set. 1981.

GOICOVICI, Juanita. Affectio modulus – cauza contractelor-cadru. **Revista Romana de Drept at Afacerilor**, n. 3, p. 01, 2010.

GOMES, Orlando. **Contratos**. 27. ed. Rio de Janeiro: Forense, 2019.

GOMES, Orlando. **Contratos**. 26. ed. São Paulo: Saraiva, 2008.

GOMES, Orlando. **A convenção coletiva de trabalho**. São Paulo: LTr., 1995.

GOMES, Orlando. Traços do perfil jurídico de um "shopping center". *In*: ARRUDA, José Soares; LOBO, Carlos Augusto da Silveira (coord.). ***Shopping centers*** – aspectos jurídicos. São Paulo: RT, 1984.

GOMES, Orlando. **Transformações gerais do direito das obrigações**. São Paulo: RT, 1967.

GOMES, Técio Spínola. **O processo de formação do contrato**: abordagem comparatista entre a tradição da *common law* e o direito brasileiro. 160 f. 2017. Tese (Doutorado em Direito). Faculdade de Direito da Universidade de São Paulo (USP), São Paulo, 2017.

GONZÁLEZ, Guillhermo Bermúdez. **La franquicia**: elementos, relaciones y estratégias. Madrid: Esic Editorial, 2002.

GORDLEY, James. **The enforceability of promises in european contract law.** Cambridge: Cambridge University Press, 2001.

GRAMSTRUP, Erik Frederico. Contratos relacionais. *In*: LOTUFO, Renan; NANNI, Giovanni Ettore (coord.). **Teoria geral dos contratos**. São Paulo: Atlas, 2011.

GRECCO, Renato. **O momento da formação do contrato**: das negociações preliminares ao vínculo contratual. São Paulo: Almedina, 2019.

GRINOVER, Ana Pellegrini. Novas tendências em matéria de ações coletivas nos países de *civil law*. *In*: WAMBIER, Luiz Rodrigues; WAMBIER, Teresa Arruda Alvim (org.). **Doutrinas essenciais**: processo civil. v. IX. São Paulo: RT, 2011.

GUAGLIONE, Luciano. **Il contratto**: sistema de diritto civile. Torino: Giappichelli, 2018.

GUGLIELMETTI, Giannantonio. Contratto normativo. **Enciclopedia Giuridica Treccani**, t. IX, Roma: IPZDS, 1990.

GUGLIELMETTI, Giannantonio. **I contratti normativi**. Verona: CEDAM, 1969.

GUIMARÃES, Maria Raquel de Almeida Graça Silva. **O contrato-quadro no âmbito da utilização de meios de pagamento eletrônicos**. Lisboa: Wolters Kluwer. Coimbra: Coimbra, 2011.

GÜNTHER, Klaus. **Legal pluralism or uniform concept of law?** Globalisation as a problem of legal theory. No foundations: an interdisciplinary journal of law and justice, Helsinque, 2008, n. 5, abr. 2008. Disponível em: http://www.nofoundations.com/issues/NoFo5Gunther.pdf. Acesso em: 08 jun. 2020.

HANOTIAU, Bernard. Problems raised by complex arbitrations involving multiple contracts – parties – issues. **Journal of International Arbitration**, Kluwer Law International, v. 18, p. 321, 2001.

HELDT, Cordula. Internal relations and semi-spontaneous order: the case of franchising and construction contracts. *In*: AMSTUTZ, Marc; TEUBNER, Gunther (ed). **Networks**. Legal issues of multilateral cooperation. Portland: Hart Publishing, 2009.

HINESTROSA, Fernando. Funcíon, límites y cargas de la autonomía privada. **Revista de Derecho Privado**, n. 26, 2014.

HUECK, Alfred. *Normenverträge*. *In*: **Jherings Jahrbücher für die Dogmatik des bürgerlichen Rechts**, Jena, p. 33-118, 1923.

IDV. Após crise acelerar venda *online*, 'marketplace' define autorregulação. **Instituto para Desenvolvimento do Varejo**, 2020. Disponível em: https://www.idv.org.br/noticia/apos-crise-acelerar-venda-online-marketplace-define-autorregulacao/. Acesso em: 27 jul. 2021.

IHERING, Rudolf von. **El fin en el derecho**. Trad. Leonardo Rodríguez. Madrid: B. Rodríguez Serra, 1911.

IUDICA, Giovanni; ZATTI, Paolo (dir.). **Tratatto di diritto privato**. Milão: Giuffrè, 2001.

JOSSERAND, Louis. A evolução moderna do conceito de contrato. Trad. Thalles Ricardo Alciati Vallim. **Revista de Direito Civil Contemporâneo**, out.-dez. 2018, v. 17, p. 337-351, 2018.

JUSTEN FILHO, Marçal. **O sistema de registro de preços destinado ao regime diferenciado de contratações públicas**. Disponível em: https://www.justen.com.br/pdfs/IE61/IE61_Marcal_RDC.pdf. Acesso em: 16 maio 2020.

KELLY, John Maurice. **Uma breve história da teoria do direito ocidental**. São Paulo: Martins Fontes, 2010.

KELSEN, Hans. **Teoria pura do direito**. Trad. João Baptista Machado. 6. ed. São Paulo: Martins Fontes, 1999.

KONDER, Carlos Nelson. Qualificação e coligação contratual. **Revista Jurídica Luso-Brasileira**, Lisboa, ano 4, n. 01, p. 395, 2018.

KROETZ, Maria Cândida do Amaral. Interpretações – art. 113 do Código Civil. Comentário ao § 2º. *In*: MARQUES NETO, Floriano Peixoto; RODRIGUES JÚNIOR, Otávio Luiz; LEONARDO, Rodrigo Xavier (org.). **Comentários à Lei de Liberdade Econômica**. São Paulo: RT, 2020.

LARENZ, Karl. **Derecho civil**. Parte general. Trad. Miguel Izquierdo Y Macías-Pievea. Santiago: Ediciones Olejnik, 2019.

LARENZ, Karl. **Metodologia da ciência do direito**. Trad. José Lamego. 8. ed. Lisboa: Fundação Calouste Gubenkian, 2019.

LE TROCQUER, Anne-Hélène; LAVAYSSIÈRE, Xavier. Smart contracts et droit des contrats. *In*: France statégie. Les enjeux des blockchains. **Rapport**. [S.l.], 2018. Disponível em: https://www.degaullefleurance.com/wp-content/uploads/2012/08/FS-Rapport-Blockchain-21juin-9h.pdf. Acesso em: 15 jul. 2020.

LEONARDO, Rodrigo Xavier. Os contratos coligados, os contratos conexos e as redes contratuais. *In*: CARVALHOSA, Modesto. **Tratado de direito empresarial**. t. IV. São Paulo: RT, 2016.

LEYENS, Patrick. Self-commitments and the binding force of self-regulation with respect to third parties in Germany. **European Corporate Governance Institute**. Working paper series in law. Working paper n. 379, 2017.

LIMA JÚNIOR, João Manoel de. **Autorregulação** – regime jurídico. Curitiba: Juruá, 2018.

LISBOA, Roberto Senise. **Contratos difusos e coletivos**. A função social do contrato. 4. ed. São Paulo: Saraiva, 2012.

LÔBO, Paulo. **Contratos**. São Paulo: Saraiva, 2018.

LÔBO, Paulo Luiz Netto. Transformações gerais nos contratos. **Revista Trimestral de Direito Civil**, Rio de Janeiro, v.16, p. 109, out.-dez. 2003.

LOPES, José Reinaldo de Lima; QUEIROZ, Rafael Mafei Rabelo; ACCA, Thiago dos Santos. **Curso de história do direito**. São Paulo: Método, 2009.

MACAULAY, Stewart. Non-contractual relations in business: a preliminary study. **American Sociological Review**, Thousand Oaks, v. 28, n. 1, p. 55-67, 1963.

MACAULAY, Stewart. Freedom from contract: solutions in search of a problem? **Wisconsin Law Review**, Madison, 2004.

MACEDO JÚNIOR, Ronaldo Porto. **Contratos relacionais e defesa do consumidor**. 2. ed. São Paulo: Saraiva, 2007.

MACIEL JÚNIOR, Vicente de Paula. **Convenção coletiva de consumo**: interesses difusos, coletivos e casos práticos. Belo Horizonte: Del Rey, 1996.

MACNEIL, Ian. Contracts: adjustment of long-term economic relations under classical, neoclassical and relational contract law. **Northwestern University Law Review**, n. 72, p. 854-906, 1978.

MACNEIL, Ian. **O novo contrato social**. São Paulo: Elsevier, 2009.

MAIA JÚNIOR, Mairan Gonçalves. O conteúdo econômico e jurídico do pacto antenupcial e o planejamento patrimonial familiar. **Revista de Direito Privado**, São Paulo, v. 62, abr-jun. 2015.

MACIEL JÚNIOR, Vicente de Paula. **Convenção coletiva de consumo**: interesses difusos, coletivos e casos práticos. Belo Horizonte: Del Rey, 1996.

MAINE, Henry. **Ancient law**: its connection with the early history of society and its relation to modern ideas. 4. ed. Nova Iorque: Henry Holt and Company, 1906.

MAIORCA, Sérgio. Normativo (contratto). *In*: SACCO, Rodolfo (ed.). **Digesto (discipline privatistiche)**. t. XII. Torino: Utet Giuridica, 1995.

MALUF, Carlos Alberto Dabus. **As condições no direito civil**. Potestativa, impossível, suspensiva, resolutiva. 3. ed. São Paulo: Saraiva, 2011.

MARINO, Francisco Paulo de Crescenzo. **Interpretação do negócio jurídico**. São Paulo: Saraiva, 2011.

MARINO, Francisco Paulo de Crescenzo. **Contratos coligados no direito brasileiro**. São Paulo: Saraiva, 2009.

MARQUES, Claudia Lima. Contratos bancários em tempos pós-modernos. **Revista de Direito do Consumidor**, v. 15, São Paulo, 1998.

MARQUES, Claudia Lima. **Contratos no Código de Defesa do Consumidor**: o novo regime das relações contratuais. 5. ed. São Paulo: RT, 2006

MARQUES NETO, Floriano de Azevedo. Regulação estatal e autorregulação na economia contemporânea. **Revista de Direito Público da Economia**. Belo Horizonte, v. 9, n. 33, p. 79-94, jan.-mar. 2011.

MARTINS-COSTA, Fernanda Mynarski. **Condição suspensiva**. Função, estrutura e regime jurídico. São Paulo: Almedina, 2017.

MARTINS-COSTA, Judith. **A boa-fé no direito privado**. Critérios para sua aplicação. São Paulo: Marcial Pons, 2015.

MARTINS-COSTA, Judith. Contratos: conceito e evolução. *In*: LOTUFO, Renan; NANNI, Giovanni Ettore (coord.). **Teoria geral dos contratos**. São Paulo: Atlas, 2011.

MARTINS-COSTA, Judith. **Modelos de direito privado**. São Paulo: Marcial Pons, 2014.

MATOSO, Camila. Instituto quer certificar empreiteiras; com entidade, Odebrecht tenta reaver controle do setor. Blog. **UOL**. São Paulo, 1 jun. 2019. Disponível em: https://painel.blogfolha.uol.com.br/2019/07/01/instituto-quer-certificar-empreiteiras-com-entidade-odebrecht-tenta-reaver-controle-do-setor. Acesso em: 10 maio 2020.

MEDAUAR, Odete. Regulação e Auto Regulação. **Revista de Direito Administrativo**, n. 228. Rio de Janeiro: Renovar, 2002.

MELLO, Marcos Bernardes de. **Teoria do fato jurídico**: plano de existência. 22. ed. São Paulo: Saraiva, 2019.

MENDES, Davi Guimarães. **O contrato-quadro no direito privado brasileiro**. 2019. Dissertação (Mestrado em Direito), Universidade de São Paulo (USP), São Paulo, 2019.

MENDONÇA, Manoel Ignacio Carvalho de. **Contractos no direito civil brasileiro**. t. I. 2. ed. Rio de Janeiro: Freitas Bastos, 1938.

MENEZES, Daniel Francisco Nagao; LEAL, Marcelo Barreto; GENGHINI, Marco Aurélio Barberato. Cronologia e desenvolvimento jurídico da contratação da empresa farmacêutica Sinovac Biotech pelo Estado de São Paulo (Instituto Butantan) para a produção da vacina Coronavac sob o prisma da inovação. **Revista Justiça do Direito**, v. 35, n. 01, p. 57-83, 2021.

MENEZES CORDEIRO, António. **Tratado de direito civil**. v. 7. Coimbra: Almedina, 2018.

MENEZES CORDEIRO, António. **Tratado de direito civil português**. v. 2, t. 2. Coimbra: Almedina, 2010.

MENEZES CORDEIRO, António. **Tratado de direito civil português**. Parte geral. v. I, t. I, 3. ed. Coimbra: Almedina, 2005.

MESSINEO, Francesco. **Il contratto in genere**. t. I. Milão: Giuffré, 1973.

MILAGRES, Marcelo de Oliveira; GARIOS, Viviane Cabral Giordano. A subutilização das convenções coletivas de consumo na sociedade de consumo em massa. **Revista de Direito Privado**, São Paulo, v. 100, jul.-ago. 2019.

MINDA, Gary. **Postmodern legal movements**. Nova Iorque: New York University Press, 1995.

MJSP. **Ministério da Justiça e Segurança Pública**, 2020. Disponível em: https://www.gov.br/mj/pt-br/assuntos/noticias/mjsp-apresenta-codigo-de-autorregulacao-com-orientacoes-de-venda-na-internet. Acesso em: 27 jul. 2021.

MONTEIRO, António Pinto. Contratos de adesão e cláusulas contratuais gerais: problemas e soluções. **Revista Trimestral de Direito Civil**, São Paulo, v. 7, 2001.

MONTEIRO, Antônio; CUNHA, Carolina. Sobre o contrato de cessão financeira ou de "*factoring*". **Boletim da Faculdade de Direito de Coimbra**, v. 75, p. 550, 2003.

MOREIRA, Vital. **Auto-regulação profissional e administração pública**. Coimbra: Almedina, 1997.

MORRIS, Clarence (org.). **Os grandes filósofos do direito**. Trad. Reinaldo Guarany. São Paulo: Martins Fontes, 2002.

MOUZAS, Stefanos. Write umbrella agreements to foster innovation and avoid regret. **Harvard Business Review**. [S.l.], 2014. Disponível em: https://hbr.org/2014/06/write-umbrella-agreements-to-foster-innovation-and-avoid-regret?utm_medium=twitter. Acesso em: 13 jun. 2020.

MOUZAS, Stefanos; FURMSTON, Michael. From contract to umbrella agreement. **Cambridge Law Journal**, v. 67, n. 1, 2008.

NANNI, Giovanni Ettore. Contratos coligados. *In*: LOTUFO, Renan; NANNI, Giovanni Ettore (coord.). **Teoria geral dos contratos**. São Paulo: Atlas, 2011.

NEGREIROS, Teresa. **Teoria do contrato**. Novos paradigmas. 3. ed. Rio de Janeiro: Renovar, 2006.

NERY, Ana Luiza. **Teoria geral do termo de ajustamento de conduta**. 3. ed. São Paulo: RT, 2017.

NERY JUNIOR, Nelson. Oferta contratual mediante anúncios publicitários. *In*: NERY JUNIOR, Nelson. **Soluções práticas**. v. 3. São Paulo: RT, 2010.

NERY JUNIOR, Nelson. **Soluções práticas**. v. 2. São Paulo: RT, 2010.

OLIVA, Milena Donato; SILVA, Rodrigo da Guia. Notas sobre o *compliance* no direito brasileiro. **Revista Quaestio Juris**, v. 11, n. 04, 2018.

OLIVEIRA, Fernando Albino de. Fundo de comércio de shopping centers. *In*: PINTO, Roberto Wilson Renault; OLIVEIRA, Fernando Albino de (coord.). ***Shopping centers***. Questões jurídicas. São Paulo: Saraiva, 1991.

OLIVEIRA FILHO, João Glicério de; TEIXEIRA, Rafael Carneiro D'Ávila. Limites e possibilidades da arbitragem nas relações de consumo. **Revista de Direito Civil Contemporâneo**, São Paulo, v. 16, p. 159-179, jul-set. 2018.

OST, François; VAN DE KERCHOVE, Michel. **De la pyramide au réseau pour une théorie dialectique du droit**. Bruxelas: Facultés Universitaires Saint-Louis, 2002.

PARGENDLER, Mariana. Desenho contratual em perspectiva comparada: reflexões sobre a relação entre tipificação legal e inovação contratual. **Revista da Faculdade de Direito da Universidade Federal do Paraná**, Curitiba, v. 61, jan-abr. 2016.

PARKER, Christine; SCOTT, Colin; LACEY, Nicola; BRAITHWAITE, John. Introduction. *In*: PARKER, Christine; SCOTT, Colin; LACEY, Nicola; BRAITHWAITE (ed.). **Regulating law**. London: Oxford, 2004.

PENTEADO, Luciano de Camargo. **Efeitos contratuais perante terceiros**. São Paulo: Quartier Latin, 2007.

PENTEADO, Luciano de Camargo. **Integração de contratos incompletos**. Tese (Livre-Docência) – Faculdade de Direito de Ribeirão Preto, Universidade de São Paulo (USP), Ribeirão Preto, 2013.

PERON, Isadora. Senacon pede a aéreas propostas de autorregulação de propagandas de milhagens. **Valor Econômico**, 2020. Disponível em: https://valor.globo.com/empresas/noticia/2020/06/15/senacon-pede-a-aereas-proposta-de--autorregulacao-de-programas-de-milhagem.ghtml. Acesso em: 27 jul. 2021.

PIMENTA, Guilherme. BSM: um tribunal na bolsa de valores. **JOTA**. [S.l.], 26 jun. 2018. Disponível em: https://www.jota.info/especiais/bsm-um-tribunal-na--bolsa-de-valores-26062018. Acesso em: 27 abr. 2021.

POMPEU, Renata Guimarães. **Autonomia privada na relação contratual**. Belo Horizonte: D'Plácido, 2015.

PONTES DE MIRANDA, Francisco Cavalcanti. **Tratado de Direito Privado**. Atual. Marcos Ehrardt Júnior e Marcos Bernardes de Mello. t. III. São Paulo: RT, 2012.

PONTES DE MIRANDA, Francisco Cavalcanti. **Tratado de Direito Privado**. Atual. Marcos Ehrardt Júnior e Marcos Bernardes de Mello. t. V. São Paulo: RT, 2012.

PONTES DE MIRANDA, Francisco Cavalcanti. **Tratado de Direito Privado**. Atual. Bruno Miragem. t. XLII. São Paulo: RT, 2012.

PONTES DE MIRANDA, Francisco Cavalcanti. **Tratado de Direito Privado**. Atual. Pedro Paulo Teixeira Manus e Carla Teresa Martins Romar. t. XLVII. São Paulo: RT, 2012.

PORTILLO, Gloria Yolanda. **Modernos contratos del derecho**. Rosario: Editorial Juris, 2000.

RAMOS, Carmem Lúcia Silveira. A constitucionalização do direito privado e a sociedade sem fronteiras. *In*: FACHIN, Luiz Edson (coord.). **Repensando fundamentos do direito civil contemporâneo**. Rio de Janeiro: Renovar, 1998.

REALE, Miguel. **Fontes e modelos do direito**. São Paulo: Saraiva, 1994.

REALE, Miguel. **Nova fase do direito moderno**. São Paulo: Saraiva, 1990.

RIBEIRO, Joaquim de Souza. **O problema do contrato**. As cláusulas contratuais gerais e o princípio da liberdade contratual. Coimbra: Almedina, 1999.

RIZZARDO, Arnaldo. **Contratos de crédito bancário**. 4. ed. São Paulo: RT, 2003.

RODRIGUES, José Augusto. A escola baiana de direito do trabalho. **Revista de Direito do Trabalho**, v. 123, p. 79-86, jul.-set. 2006.

RODRIGUES, Silvio. **Contratos e declarações unilaterais da vontade**. 29. ed. São Paulo: Saraiva, 2003.

RODRIGUES JÚNIOR, Otávio Luiz. Dogmática e crítica da jurisprudência (ou da vocação da doutrina em nosso tempo). **Revista dos Tribunais**, v. 891, p. 65, jan. 2010.

RODRIGUES JÚNIOR, Otávio Luiz. **Distinção sistemática e autonomia epistemológica do direito civil contemporâneo em face da Constituição e dos direitos fundamentais**. 682 f. 2017. Tese (Livre-Docência). Faculdade de Direito da Universidade de São Paulo (USP), São Paulo, 2017.

ROPPO, Enzo. **O contrato**. Trad. Ana Coimbra e Januário Gomes. Coimbra: Almedina, 2009.

ROPPO, Vincenzo. **Tratatto del contrato**. v. III (a cura de Maria Constanza). Milão: Giuffrè, 2006.

ROPPO, Vincenzo. Il contratto, e le fonti del diritto. *In*: **Il contratto del duemila**. 4. ed. Torino: Giappichelli, 2020.

ROPPO, Vincenzo. **Il contratto**. 2. ed. Milano: Giuffrè, 2011.

ROQUE, André Vasconcelos. O que significa representatividade adequada? Um estudo de direito comparado. **Revista Eletrônica de Direito Processual**, Rio de Janeiro, v. 4, n. 4, 2009.

ROSA, Luiz Carlos Goiabeira; BERNARDES, Luana Ferreira; FÉLIX, Vinícius César. O idoso como consumidor hipervulnerável na sociedade de consumo pós-moderna. **Revista Jurídica da Presidência**, Brasília, v. 18, n. 116, out. 2016-jan. 2017.

RÜDIGER, Dorothee Susanne. **O contrato coletivo no direito privado**: contribuições do direito do trabalho para a teoria geral do contrato. São Paulo: LTr., 1999.

RUSSEL, Oliver Soro. **Los contratos como fuente de normas**: contratos marco, contratos normativos y contratos de colaboración. Madrid: Reus, 2014.

SACCO, Rodolfo; NOVA, Giorgio de. **Trattato di diritto civile**: Il contratto. t. II. Torino: Utet,1993.

SADDY, André. **Regulação estatal, autorregulação privada e códigos de conduta e boas práticas**. Rio de Janeiro: Lumen Juris, 2016.

SALEILLES, Raymond. **De la déclaration de volonté**. Paris: F. Pichon, 1901. Disponível em: http://dlib-pr.mpier.mpg.de/. Acesso em: 06 maio 2021.

SANTOS, Joaquim Antônio Penalva. Regulamentação jurídica do "shopping center". *In:* PINTO, Roberto Wilson Renault; OLIVEIRA, Fernando Albino de (coord.). ***Shopping centers***. Questões jurídicas. São Paulo: Saraiva, 1991.

SANTOS, Ronaldo Lima dos. **Teoria das normas coletivas**. 3. ed. São Paulo: LTr., 2014.

SANTOS, Thiago do Amaral. **Direito de regresso nos contratos de *factoring***. Curitiba: Juruá, 2016.

SAYAG, Alain. **Le contrat-cadre**: exploration comparative. Paris: Litec, 1995.

SAYAG, Alain. Premiére approche de la notion. *In*: SAYAG, Alain. **Le contrat-cadre**: exploration comparative. Paris: LITEC, 1955.

SCHUNCK, Giuliana Bonanno. **Contratos de longo prazo e dever de cooperação**. São Paulo: Almedina, 2016.

SCOTT, Robert. Conflict and cooperation in long-term contracts. **California Law Review**, v. 75, 1987.

SERPA LOPES, Miguel Maria de. **Curso de direito civil**. v. 2. 7.ed. Rio de Janeiro: Freitas Bastos, 2000.

SHONK, Katie. What is an umbrella agreement? an umbrella agreement can help business negotiators build stronger, more durable partnerships – but be aware of certain hazards when negotiating the terms of these deals. **Program on negotiation**. [S.l.], 2021. Disponível em: https://www.pon.harvard.edu/daily/dispute-resolution/what-is-an-umbrella-agreement/. Acesso em: 26 abr. 2021.

SILVA, Clóvis do Couto. O direito civil brasileiro em perspectiva histórica. **Revista de Informação Legislativa**, v. 25, n. 97, p. 170, jan.-mar. 1988.

SILVA, Joseane Suzart Lopes da. Convenções coletivas de consumo e a relevância da participação da sociedade civil organizada na prevenção e no combate às práticas mercadológicas abusivas. **Revista do CEPEJ**, Salvador, n. 16, 2015.

SILVA, Leonardo Toledo da. **Contrato de aliança**. Projetos colaborativos em infraestrutura e construção. São Paulo: Almedina, 2017.

SILVA FILHO, Osny. **Direitos dos contratos e doutrina contratual**. Dissertação (Mestrado em Direito). 271 f. Universidade São Paulo (USP), São Paulo, 2016.

SILVA FILHO, Osny. **Liberdade econômica e autoajuda empresarial**: texto traz uma série de mudanças confusas, redundantes e contraproducentes para a regulação dos contratos. 03 maio 2019. Disponível em: https://www.jota.info/opiniao-e-analise/artigos/liberdade-economica-e-autoajuda-empresarial-03052019. Acesso em: 21 abr. 2021.

SIRENA, Pietro. Contratto normativo (diritto civile). *In*: Il diritto. **Enciclopedia giuridica del Sole 24 Ore**, IV. Milão: Corriere Della Sera, 2007.

SOARES, Bruno; VAN ELSEN, Filip; TEXEIRA, André; LINDEMANN, Cedric; KAPPEL, Eduardo. **Allen & Overy advises Cielo S.A. on their agreement**

with Facebook, Inc. to launch Facebook Pay in Brazil. [S.l.], 15 jun. 2020. Disponível em: https://www.allenovery.com/en-gb/global/news-and-insights/news/allen-overy-advises-ceilo-sa-on-their-agreement-with-facebok-inc-to-launch-facebook-pay-in-brazil. Acesso em: 13 jul. 2020.

SOMMA, Alessandro. **Autonomia privata e strutura del consenso**. Aspetti storico-comparativi di uma vicenda concettuale. v. 3. Milano: Giuffré, 2000.

SOUZA, Antonio Pedro Garcia. **Redes empresariais**. A distribuição de bens e serviços e o seu propósito comum. São Paulo: Quartier Latin, 2021.

SZANIAWSKI, Elimar. **O sindicato e suas relações com a Justiça do Trabalho**. São Paulo: LTr., 1986.

TELLES JÚNIOR, Goffredo. **Iniciação na ciência do direito**. 4. ed. São Paulo: Saraiva, 2008.

TEUBNER, Gunther. Hybrid laws: constitutionalizing private governance networks. *In*: KAGAN, Robert; WINSTON, Kenneth (ed.). **Legality and community**. Berkeley: Berkeley Public Policy Press, 2002.

TEUBNER, Gunther. Coincidentia oppositorum: hybrid networks beyond contract and organisation. *In*: AMSTUTZ, Marc; TEUBNER, Gunther (ed.). **Networks**. Legal issues of multilateral cooperation. Portland: Hart Publishing, 2009.

TEUBNER, Gunther. **Networks as connected contracts**. Trad. Michelle Everson. Portland: Hart Publishing, 2011.

THOMAS-CHODKIEWICZ, Christine; RONZANO, Alain. Le contrat-cadre em droit international. *In*: SAYAG, Alain (dir.). **Le contrat-cadre**: exploration comparative. Paris: LexisNexis, 1995.

TIMM, Luciano. **Direito contratual brasileiro**. Críticas e alternativas ao solidarismo jurídico. 2. ed. São Paulo: Atlas, 2015.

TOBEÑAS, José Castán. **Derecho civil español, común y foral**. t. III. Madrid: Reus, 1978.

TOBIAS, Barreto. Ideia do direito. *In*: **Estudos de direito**. Salvador: Livraria Progresso, 1951.

TOMASETTI JUNIOR, Alcides. **Execução do contrato preliminar**. Dissertação (Mestrado em Direito). Universidade de São Paulo (USP), São Paulo, 1982.

TOMASEVICIUS FILHO, Eduardo. Inteligência artificial e direitos da personalidade: uma contradição em termos? **Revista da Faculdade de Direito da Universidade de São Paulo**, São Paulo, v. 113, jan.-dez. 2018.

TOMASEVICIUS FILHO, Eduardo. **O princípio da boa-fé no direito civil**. São Paulo: Almedina, 2020.

TOMASEVICIUS FILHO, Eduardo. A auto-regulação profissional no Brasil. *In*: DI PIETRO, Maria Sylvia Zanella (org.). **Direito regulatório**: temas polêmicos. Belo Horizonte: Fórum, 2009.

TOMASEVICIUS FILHO, Eduardo. A tal "Lei da Liberdade Econômica". **Revista da Faculdade de Direito da Universidade de São Paulo**, São Paulo, v. 114, jan.-dez. 2019.

TREBILCOCK, Michael; ELLIOT, Steven. The scope and limits of legal paternalism. Altruism and coercion in family financial arrangements. *In*: BENSON, Peter (ed.). **The theory of contract law**. New Essays. Nova Iorque: Cambridge University Press, 2001.

VALIM, Thalles Ricardo Alciati. Natureza jurídica dos contratos eletrônicos. **Revista de Direito do Consumidor**, São Paulo, v. 123, maio-jun. 2019.

VARELA, João de Matos Antunes. **Das obrigações em geral**. v. 1. 10. ed. Coimbra: Almedina, 2018.

VAROTTO JÚNIOR, Christovão de Moura. O controle da representação adequada de interesses: o caso do incêndio da boate Kiss. *In*: VITORELLI, Edilson; ZANETI JÚNIOR. Hermes (coord.). ***Casebook* de processo coletivo**: estudos de processo a partir de casos. v. 2. São Paulo: Almedina, 2020.

VASCONCELOS, Pedro Pais de. **Contratos atípicos**. 2. ed. Coimbra: Almedina, 2009.

VICENTE, Dário de Moura. A autonomia privada e os seus diferentes significados à luz do direito comparado. **Revista de Direito Civil Contemporâneo**, São Paulo, 2016, v. 8, jul.-set. 2016.

VILLAS BÔAS FILHO, Orlando. *Ancient law* – um clássico revisitado 150 anos depois. **Revista da Faculdade de Direito da USP**, v. 106-107, p. 527-562, jan.-dez., 2011-2012.

VILLEY, Michel. **A formação do pensamento jurídico moderno**. São Paulo: Martins Fontes, 2005.

WALD, Arnoldo. O novo Código Civil e o solidarismo contratual. **Revista de Direito Bancário e do Mercado de Capitais**, São Paulo, 2003, v. 21, jul.-set. 2003.

WALD, Arnoldo. Do regime legal do contrato de parceria entre a "X" petroquímica e a Petrobras. **Revista Tributária e de Finanças Públicas**, São Paulo, v. 24, jul.-set. 1998.

WALD, Arnoldo; CAVALCANTI, Ana Elizabeth; PAESANI, Liliana Minardi. **Direito civil**: direito das obrigações e teoria geral dos contratos. 22. ed. São Paulo: Saraiva, 2015.

WALKER, Mark Pickersgill. Grant Gilmore e 'a morte do contrato': o ciclo de vida da 'clássica' teoria geral dos contratos estadunidense. **Revista de Direito Civil Contemporâneo**, v. 20, p. 193-222, jul.-set. 2019.

WEBER, Max. **Economia e sociedade**. Trad. Regis Barbosa e Karen Elsabe Barbosa. v. 2. Brasília: Universidade de Brasília, 1999.

WIEACKER, Franz. **História do direito privado moderno**. Trad. António Manuel Botelho Espanha. Lisboa: Fundação Calouste Gulbenkian, 2004.

BRASIL. **Superior Tribunal de Justiça**, Agravo Interno no Recurso Especial 1049119/RJ, Rel. Min. Marco Aurélio Bellizze, 3ª Turma, j. 06/06/2017, DJe 19/06/2017.
BRASIL. **Superior Tribunal de Justiça**, Recurso Especial 976.679-SP, Rel. Min. Nancy Andrighi, 3ª Turma, j. 08/09/2009, DJe 02/10/2009.
BRASIL. **Superior Tribunal de Justiça**, Recurso Especial 1.510.697-SP, Rel. Min. Ricardo Villas Bôas Cueva, 3ª Turma, j. 09/06/2015, DJe 15/06/2015.
BRASIL. **Superior Tribunal de Justiça**, Recurso Especial 1.575.435-SP, Rel. Min. Ricardo Villas Bôas Cueva, 3ª Turma, j. 24/05/2016, DJe 03/06/2016.
BRASIL. **Superior Tribunal de Justiça**, Recurso Especial 1.705.311-SP, Rel. Min. Nancy Andrighi, 3ª Turma, j. 09/11/2017, DJe 17/11/2017.

Referências normativas

(Associação Brasileira de Normas Técnicas - ABNT)

ABNT NBR 6023: 2018 – Informação e documentação – Referências – elaboração
ABNT NBR 6022:2018 – Informação e documentação – Artigo em publicação periódica técnica e/ou científica – Apresentação
ABNT NBR 6027: 2012 – Informação e documentação – Informação e documentação – Sumário – Apresentação
ABNT NBR 14724: 2011 – Informação e documentação – Trabalhos acadêmicos – Apresentação
ABNT NBR 15287: 2011 – Informação e documentação – Projetos de pesquisa – Apresentação
ABNT NBR 6034: 2005 – Informação e documentação – Índice – Apresentação
ABNT NBR 12225: 2004 – Informação e documentação – Lombada – Apresentação
ABNT NBR 6024: 2003 – Informação e documentação – Numeração progressiva das seções de um documento escrito – Apresentação
ABNT NBR 6028: 2003 – Informação e documentação – Resumo – Apresentação
ABNT NBR 10520: 2002 – Informação e documentação – Citações em documentos – Apresentação